나는 처세술 대신 데이터 분석을 택했다

쉽게 이해하고 활용할 수 있는 AI, Big Data 입문서

나는 처세술 대신
데이터 분석을 택했다 쉽게 이해하고 활용할 수 있는 AI, Big Data 입문서

지은이 정경문 **2쇄 발행일** 2024년 12월 10일 **1판 1쇄 발행일** 2023년 4월 12일
펴낸이 임성춘 **펴낸곳** 로드북 **편집** 홍원규 **디자인** 이호용(표지), 심용희(본문)
주소 서울시 동작구 동작대로 11길 96-5 401호
출판 등록 제 25100-2017-000015호(2011년 3월 22일) **전화** 02)874-7883 **팩스** 02)6280-6901
정가 25,000원 **ISBN** 979-11-982686-0-0 93000

이메일 chief@roadbook.co.kr **블로그** www.roadbook.co.kr

나는 처세술 대신 데이터 분석을 택했다

쉽게 이해하고 활용할 수 있는 AI, Big Data 입문서

추천사

저자는 풍부한 이론과 경험을 가진 데이터 분석 분야의 최고 전문가다. 이 책은 어렵게만 느껴졌던 데이터 분석을 다양한 사례와 시각적인 자료를 통해 이해하기 쉽게 도와준다. 복잡하고 불확실한 세상에서 데이터를 통해 세상을 바라보고 방향을 잡을 수 있는 나침반이 되어 줄 것이다.

_양현진(〈정보보호개론〉 저자, 정보보안 전문가)

많이 알고 있는 것과 쉽게 알려주는 것은 매우 다르다. 저자는 이 두 가지를 모두 겸비한 드문 분임을 장담한다. AI에 대한 변곡점에 서있는 우리에게 “왜 데이터분석을 해야 하는가?”에 대한 질문에서 시작하여, “어떻게 활용해야 하는가?”에 대한 답을 제시하는 입문서이자 지침서다.

_Google Product Experts 전문가 인터뷰 채널 ‘안녕 사이시옷’

여기저기 쏟아지는 데이터에 의해 변화하는 속도가 그 어느 때보다 빠르다고 느껴지는 요즘, 쉬운 비유와 그림으로 설명된 내용을 읽다 보면, 어떻게 데이터를 잘 활용할 수 있을지에 대한 해답을 찾게 해준다.

_주병준(포스코DX 데이터 사이언티스트)

살면서 부딪히는 문제는 다양하다. 이 책은 ‘데이터 분석’을 통해 합리적으로 문제를 해결하는 방법을 알려준다. 이 책에 저술된 다양한 예시와 자료들로 친절하게 안내한 여정을 따라가다 보면, 데이터 분석을 실생활에 어떻게 적용해볼지 생각이 깔끔하게 정리된다.

_이세정(노무사, 〈누구나 쉽게 배우는 인사노무 사례 100개면 되겠니〉 저자)

회사 내에 챗GPT와 꼰대가 같이 존재하는 모순적인 시대에 MZ세대에게 가이드가 될 책, 넘치는 데이터 홍수 안에서, 어떻게 살아남을 수 있을지에 대한 통찰을 담은 책이다.

_김영진(인천대학교 기계공학과 산업인공지능 전문인력양성 사업 참여 교수)

수 년간 찾던 책을 이제야 만났다. 한 편에서는 플랫폼, 데이터, 인공지능, 다른 한 편에서는 문해력, 인문학적 소양이 주요 경쟁력이 된 격변의 시대다. 데이터가 막강한 힘을 가지게 된 세상에서 나침반이 되어 줄 필독서다. 이 책을 통해 데이터 문해력, 활용력, 스토리텔링의 세 마리 토끼를 잡기 바란다.

_김효진(미국 실리콘밸리 테크 회사 데이터 분석가)

경험과 통찰력으로 포장된 '감'이 지배하던 시대를 지나, 우리의 일터는 이미 데이터를 피해갈 수 없는 환경으로 바뀌었다. 현업 전문가의 생생한 팁이 넘쳐 나는 이 책을 통해 모두가 쉽게 데이터와 친해지는 기회를 가져보길 권한다.

_박용근((주) 알엠피 콘텐츠 연구소장)

데이터 분석의 기술을 다루는 다양한 책이 있지만 이러한 기술들을 실제로 데이터에 적용해본 사람이라면 그 이후에 무엇을 해야 하는지에 대한 막막함을 느껴본 적이 있을 것이다. 저자의 다양한 경험과 노하우를 바탕으로 한 예제들을 살피다 보면 이러한 막막함에서 벗어나 어느새 데이터 기반 사고를 하고 있는 자신을 발견하게 될 것이다.

_김동우(POSTECH 인공지능대학원/컴퓨터공학과 교수)

“데이터 기반 사고, 행동으로 체계적인 의사결정을 할 수 있는 실용서”, 데이터, 어디서부터 무엇부터 시작해야 할지가 엄두가 나지 않는다면 데이터 분석의 기본적인 개념부터 실제 데이터 분석을 위해 필요한 도구와 기술까지 쉽고 재미있게 설명된 이 책을 권하고 싶다. 데이터 분석의 중요성, 분석 준비, 미래 전망까지 포함된 이 책을 통해 데이터가 주는 혜안을 얻을 수 있다.

_김계수(세명대학교 사회과학대학장 경영학과 교수)

“무심코 지나쳐 온 일상 생활 속에서 데이터가 갖는 의미를 새삼 일깨워주는 책”, 데이터의 가치는 일상에서 나누는 평범한 대화와 매일 마주하는 뉴스 기사에도 녹아 있다. 어쩌면 우리는 우리가 의식하지 못한 채 데이터를 분석하고 활용할 수 있는 역량을 가졌을 지도 모를 일이다. 마치 말하기, 듣기, 읽기, 쓰기를 통해 의사소통을 원활하게 할 수 있는 것처럼 말이다. 이 책을 통해 잠재되어 있던 데이터 분석 본능이 꿈틀거리는 것을 느낄 수 있었다.

_심승보(한국건설기술연구원 수석연구원)

챗GPT와 함께 우리 앞으로 성큼 다가와버린 인공 일반 지능(AGI) 시대에 데이터에 대한 인사이트를 길러 주고 활용할 수 있게 해주는 필독서다. 데이터를 무기로 커리어를 만들어낸 역자의 경험을 녹여낸 책으로 쉬운 예시와 그림을 따라가다 보면 데이터에 대한 인사이트와 활용법을 얻을 수 있는 데이터 분석 입문서다.

__김석중((주)브이터치 창업자, 공동대표(2021년 특허청 선정 올해의 발명왕)

"이 책은 막연한 개념서와는 다르고, 또한 난해한 전문서와도 다르다." 그런데 흥미롭게도 이 모두의 장점을 가지고 있다. 데이터 분석 입문자가 기대하는 정확한 이해 선상에서, 읽기 편하면서도 구체적인 방법론까지 쉽게 담아내고 있다. 관련 전공의 신입생 또는 비전공자에게 적합한 책으로 꼭 읽어볼 가치가 있는 책이다.

_김관호(인천대학교 산업경영공학과 교수)

최근 마이크로소프트와 OpenAI가 열어젖힌 챗GPT로 AI시대가 성큼 우리 생활 속으로 파고들고 있다. 하지만 여전히 수많은 중요한 결정이 데이터에 기반한 과학적 근거가 아니라 그때그때 시류에 편승되어 주먹구구식으로 진행된다. 데이터 리터러시가 없는 상태에서 아무리 멋진 AI 기술이 펼쳐진들 돼지 목의 진주 목걸이 밖에 되지 못한다. 이에 실제 기업에서 근무하며 데이터 분석을 탐구하고, 또 그 내용을 커뮤니티 리더십으로 이렇게 멋지게 책으로 공유해 준 작가는 현재를 살아내는 가장 현명한 성장 방식의 예라고 하겠다.

_이소영(마이크로소프트 글로벌인플루언서팀 아시아 리전 메니저)

"데이터 분석가 커리어를 시작하는 사람들을 위한 책", 현업 전문가부터 데이터 분석가, 인공지능 전문가까지 커리어 확장을 직접 만들어 온 작가의 데이터 분석과 활용 노하우와 이론을 적절히, 쉽게 버무린 책이다. 데이터, 코딩, 통계, 인공지능에 대해 잘 몰라서 시작이 어려운 이들에게 충분히 캐치 업(Catch Up) 할 수 있다는 용기를 불어넣어 줄 것이라고 확신한다.

_윤혜선(웅진씽크빅 에듀테크연구소 CoE팀장)

"나는 처세술 대신 데이터 분석을 택했다."

1. 아부, 의전, 예스맨의 시대가 저물다

한 설문조사의 결과에 따르면 '신입사원의 절반 이상이 입사 후 2년 이내 퇴사를 결정한다'고 합니다.[01] 그 원인으로 지목된 '성장 결여'와 '세대갈등'은 누구 하나만의 잘못이라고 할 수 없는 시대변화의 산물입니다.

저도 MZ세대로서 15년 동안 직장생활을 했습니다. 답답하고 막막했던 사원 시절을 생생히 기억합니다. 매 순간, 열심히 하지 않은 순간이 없었지만 나의 발전도, 경제적인 자유도 축적되기 어려웠습니다. 저만의 문제는 아니었습니다. 그 시대를 살고 있는 모두의 이야기였으니까요.

회사에서는 사원의 의견이 존중되기 어려웠고, 그럴수록 처세술이 중요했습니다. 직장생활의 어려움을 풀어갔던 것은 '회식'과 '야근'이었습니다. 부장님, 상무님이 퇴근 직전에 소집하는 번개 모임에 "콜"을 외치며, 아내에게 10년 동안 물을 먹여왔습니다. 한 번은 아내가 정성스레 저녁을 차려 놓은 기념일 퇴근시간 무렵, 회식 소식을 늦게 전한 적이 있습니다. 그날 저녁, 우리 집의 현관문은 좀처럼 열리지 않았습니다.

윗분에게 예를 갖추는 것은 한국의 좋은 문화라고 생각합니다. 그렇지만 코로나19 백신도 부작용이 있듯이 좋은 문화도 그로 인한 부작용은 있기 마련입니다. 산업화와 세계화로 인한 경험은

01 출처: MBC 뉴스보도(2022년 3월 16일)

큰 재산이었습니다. 우리는 앞선 세대의 경험을 통해 많은 의사결정을 내려왔습니다. 우리나라가 앞선 기술을 따라가듯이 MZ세대도 기성세대를 잘 따라주었습니다. 여기까지가 세계 경제에서 후발주자였을 때의 일입니다.

반면, 맨 앞에 선 이들은 가보지 않은 길을 헤쳐 갑니다. 경험해 본 일보다 경험해보지 못한 일이 더 많이 나타납니다. 그래서 그들은 경험해보지 못한 미래를 예측해야 합니다. 이제 우리나라는 후발주자에서 선두주자로 자리를 바꾸고 있습니다. 바로 여기서 빅데이터와 인공지능의 힘이 필요하게 되었습니다. 이렇게 새로운 기술과 변화가 생겼고, MZ세대들에게 기회의 문이 열렸습니다.

2. 새로운 변화에 새로운 기회가 있다

MZ세대가 직업을 통해 이루고 싶은 것 중 1위는 '나의 발전', 2위는 '높은 경제력'이라고 합니다.

그렇다면 MZ세대가 원하는 '본인 성장'도 하면서 '돈도 벌 수 있는' 그런 꿈과 같은 일이 있을까요? 결론부터 얘기하자면 '예스맨'으로 매 순간, 열정을 갈아 넣었던 제 인생은 '데이터'를 만나고 나서 많이 달라졌습니다.

제행무상(諸行無常)[02]이라는 말처럼 모든 것은 계속 변합니다. 특히 오늘날에는 변해도 너무 빨리 변합니다. 그 변화와 함께 남은 흔적이 바로 '데이터'입니다. 이렇게 급변하는 세상에서 내리는 의사결정에는 옳고 그름이 없습니다. 다만 더 나은 선택만이 있을 뿐이죠. 그리고 그 선택에는 어김없이 데이터가 등장합니다.

기업은 제도와 정책, 인사와 노무, 계약과 발주 등 수많은 선택에 직면합니다. 그리고 그때마다 합리적인 의사결정을 요구합니다. 개인도 마찬가지입니다. 결혼과 출산, 내 집 마련과 아이 교육, 부동산과 주식 투자까지 인생의 매 순간은 선택으로 이루어져 있습니다.

---

02 "세상 모든 행위는 늘 변하여 한 가지 모습으로 정해져 있지 않다"라는 고사성어입니다.

데이터에 대한 이해가 없을 때는 빅데이터와 인공지능, 기업의 활동, 개인의 삶, 이 모든 것이 별개라고 생각했습니다. 하지만 데이터 분석과 활용이 가능해진 순간부터 회사 업무와 개인의 삶에서의 의사결정은 다른 국면을 맞이하게 되었습니다. 데이터야말로, 회사 그리고 스스로에게 발전을 가져다 준 동력이 되었습니다.

3. 데이터 분석의 장점은 무엇인가

합리적 의사결정

데이터 분석을 택하고 나서 얻은 능력이 있습니다. 현상을 꿰뚫어 보는 눈, 즉 통찰력이 생겼다는 점입니다. 회사에서의 업무는 물론, 일상과 재테크 관점에서도 합리적 사고를 할 수 있게 되었습니다. 그리고 그러한 생각을 바탕으로 의사결정을 내릴 수 있게 되었습니다. 데이터를 근거로 한 명확한 결정은 힘이 있습니다.

모든 결정에는 결과와 책임이 따르기 마련입니다. 그래서 사람들은 결정을 두려워 합니다. 또 이미 결정한 사안에 대해서도 흔들리거나 번복하게 됩니다. 반면에 올바른 데이터의 선택과 활용은 내가 내린 결정에 '믿음'을 줍니다. 믿음은 결단력과 지속적인 행동의 에너지가 됩니다.

회사 밖에서도 통하는 진짜 실력

사실 데이터 분석을 통해 얻게 된 가장 큰 장점은 '반대할 수 있는 자유'입니다. 민주주의에서 찬성과 반대 의견을 표현하는 것은 당연합니다. 하지만 경험에 의한 반대는 적절하지 못할 때가 많습니다. 왜냐하면 개개인의 경험은 모두 다르기 때문입니다. 이유 없는 찬성과 반대는 때론 감정이 소모되기도 합니다. 하지만 데이터에 기반 한 찬성과 반대는 건강한 의사결정 문화를 만들어줍니다.

이제 예스맨의 시대는 끝났습니다. 사장님도, 상무님도, 김대리도 팩트 체크를 원합니다. 우리는 데이터에 기반 한 의사결정에 목말라 있습니다. 뉴스, 인터넷, SNS 등 넘쳐나는 정보에서 진짜 정보를 원합니다. 데이터는 진짜와 가짜를 구별하는 기준이 됩니다.

과거에는 '회식'이 세대를 이어주는 윤활유였다면, 이제는 '데이터'가 그 자리를 대신해 줄 것입니다. 데이터에 기반 한 사고방식은 MZ세대와 기성세대를 이어주는 튼튼한 브리지(Bridge, 다리)가 될 것입니다.

4. 데이터 분석, 사고력부터 키워야 한다

데이터 분석을 한다고 하면, R과 파이썬Python 같은 코딩을 먼저 이야기하는 경우가 많습니다. 그리고 막상 코딩을 배운 후에 대부분 이렇게 얘기합니다.

"제가 배운 코딩을 어디에 어떻게 써먹어야 할지 모르겠어요."

"R, 파이썬 언어만 바꿔가며 코딩만 하는데, 이게 맞는 건가요?"

코딩교육은 과거 우리가 영어를 대하던 태도를 생각나게 합니다. 우리가 영어를 배우는 이유는 무엇일까요? 바로 세계화가 되면서 우리만의 문화와 예술, 제품과 서비스를 세상에 널리 알리기 위해서였습니다. 만약 우리에게 반도체가 없었다면, 배터리가 없었다면, 자동차, 조선, 철강이 없었다면 영어가 다 무슨 소용이 있을까요?

데이터 분석도 마찬가지입니다. 나만의 분야에 전문지식이 있어야 빅데이터든 인공지능이든 연결해서 성과를 창출할 수 있습니다. 그런 의미에서 데이터 분석 방법론과 툴Tool은 음료수를 마시는 빨대입니다. 중요한 것은 "컵 안에 무엇이 담겼느냐"입니다. 여러분에게 필요한 것은 코딩이 아니라 '나만의 지식', 그리고 그것을 '데이터 관점에서 생각하는 힘'입니다.

5. 데이터로 사고하고 분석하고 활용해야 한다

사람들은 '빅데이터 인공지능'이라는 새로운 기술이 나왔고 이것을 배우지 않으면 뒤쳐지는 것 같다는 생각을 하는 것 같습니다. 하지만 실제 데이터 분석 실무에서의 진짜 고민은 "데이터로부터 성과를 이끌어낼 수 있느냐?"입니다 우리는 눈앞에 보이는 자율주행, 로봇 등에 사로잡혀 어떤 문제든지 빅데이터와 인공지능으로 해결할 수 있다고 착각합니다. 예를 들어, 의료 빅데이터에 기반 한 인공지능 진료시스템이 있으면 원격진료와 엑스레이 영상 분석으로 진단과 처방은 가능합니다. 하지만 수술은 병원에 가서 받아야 하지 않을까요?

중요한 일은 "우리가 잘 알고 있는 영역에 빅데이터 인공지능 기술을 접목한다면, 기존에 풀 수 없던 문제도 풀 수 있지 않을까?"하는 데서 시작합니다. 그러려면 나의 전문 분야 그리고 빅데이터와 인공지능의 기반이 되는 데이터에 눈을 떠야 합니다. 이것이 '데이터 기반 사고력'입니다. 급격히 변하는 이 시대에서 필요한 것은 인공지능과의 경쟁이 아니라 인공지능을 다룰 수 있는 능력입니다.

6. 데이터 분석과 활용에 필요한 4가지 역량은 말하기, 듣기, 읽기, 쓰기다

사회생활을 하면서 느낀 중요한 4가지 능력이 있습니다. 바로 '말하기' '듣기' '읽기' '쓰기'입니다. 이 4가지 능력은 모든 일을 하는 데 기본이 되는 아주 중요한 역량입니다. 직장생활을 할 때나 사업을 할 때, 고객이나 동료의 피드백을 잘 들어야 합니다. 그리고 내 생각과 주장을 논리적으로 말하고 발표할 수 있는 능력은 필수입니다. 또 변해가는 세상에 대한 정보와 지식을 습득하는 읽기 능력이 꼭 필요합니다. 마지막으로 쓰기는 논리적으로 사고하고 표현하는 궁극적인 업무의 성과물이자 나아가 인류의 기록입니다.

놀라운 사실이 있습니다. 오늘날 데이터로 이루어진 세상에서 우리는 데이터에 대해 제대로 듣고, 말하고, 읽고, 쓰는 능력을 기른 적이 없다는 것입니다. 그래서 저는 모두가 이해할 수 있는 데이터 분석과 활용 역량을 말하기, 듣기, 읽기, 쓰기, 이 4가지 관점에 대해 차근차근 알아볼 예정입니다.

그런데 그동안 제가 접한 책들은 전문적인 통계 용어나 프로그래밍 언어로 설명하는 방식이 대부분이었습니다. 데이터 활용 능력이 모두에게 필요한 능력이지만 전문가들이 쓰는 용어와 코딩으로 가려져 정작 그 중요한 원리와 가치가 묻혀 있었습니다. 그래서 빅데이터니 인공지능이니 하는 말들이 남의 나라 이야기가 되었다고 생각합니다. 아무쪼록 이 책을 통해 기른 데이터 사고, 분석, 활용 능력을 바탕으로 여러분만의 분야에서 최고로 성장하고, 회사와 인생에서 합리적인 의사결정을 했으면 합니다.

데이터는 여러분에게 '현상을 바라보는 통찰력'과 동시에 '미래를 볼 수 있는 혜안'을 줄 것입니다. 끝으로 이 글을 알아봐 주신 임성춘 편집장님과 힘들 때마다 응원해주신 브런치 동료 작가님들에게 감사 인사를 합니다.

2023년 4월

정경문

차례

추천사 4

프롤로그 8

1장 데이터로 말하는 시대, 나만의 생존전략이 있나요

1 데이터 홍수에서 살아남자 27

01 데이터 관점에서의 세대 구분, '삼포세대' 그리고 '데포세대' 27

02 데이터와 함께 태어나고 성장하는 세대, Grow Up 28

03 데이터를 이해하고 활용하는 세대, Catch Up 29

04 데이터가 막연하고 어려워서 포기하고 싶은 세대, Give Up 30

2 이제는 데이터 생존 시대다 32

01 인생은 B와 D 사이의 C다 32

02 기업 경영에서 데이터가 미치는 영향력 33

03 데이터가 우리 삶에서 차지하는 영향력 35

3 데이터는 돈이고 정보는 힘이다 37

01 데이터는 21세기 석유다 37

02 우리는 데이터의 가치를 어떻게 평가하는가 38

03 새로운 시대의 3대 생산요소: 플랫폼, 데이터, 인공지능 39

04 우리나라의 데이터 산업 시장규모는 얼마인가 40

정리하기 43

2장 데이터 분석보다 데이터 활용이 더 중요해요

1 벚꽃이 피는 시기와 데이터 47

01 데이터란 무엇인가 47

02 데이터는 모든 것의 근원이다 48

03 쓰레기를 넣으면 쓰레기가 나온다 50

04 데이터의 5가지 특성 52

2 여러분에 대해 많은 것을 알고 있는 X 54

01 왜 빅테크 기업들은 검색엔진을 무료로 제공할까 54

02 현대판 헨젤과 그레텔 55

03 X는 우리를 얼마나 알고 있을까 56

04 비행기 사고가 무섭다면, 해외여행을 갈 수 없다 57

3 데이터 분석보다는 데이터 활용이다 59

01 대한민국, 코딩교육 열풍이 불다 60

02 과거에도 데이터 분석 툴이 있었다 62

03 중요한 것은 '빨대'가 아니라 우리가 마실 '음료'다 65

정리하기 67

3장 데이터 활용의 기초 사고력

1 인공지능이 우리 일자리를 대체할까 71

01 사람보다 느린 자동차를 봤나요 71

02 자율주행차의 발달로 바라본 일자리 변화 72

03 미래사회의 일자리 75

2 인공지능을 부려먹는 역량을 키우자 76

01 컴퓨팅 사고력이란 무엇인가 76

정리하기 85

4장 데이터에서 답을 찾고 있나요

1 데이터 안에서 정답을 찾지 말자 89

01 ‘데이터’ 중심으로 생각하지 말고, ‘목적’ 중심으로 생각하자 89

02 ‘데이터 활용을 어려워하는’ 사람들을 위한 해법 91

03 데이터 분석은 그 자체가 ‘목적’이 아니라 ‘방법’이다 95

2 데이터를 활용한 문제해결 3단계 98

01 문제가 생기면 어떻게 해결할까 98

02 1단계 – 문제정의: 우선 문제를 짚고 넘어가자 99

03 2단계 – 원인 분석: 논리적 사고를 통해 원인을 찾자 101

04 3단계 – 해결방안: 문제를 해결하기 위한 데이터를 찾자 102

정리하기 104

5장 데이터를 올바로 활용할 수 있어요

1 우리는 왜 데이터 활용에 실패하는가 109

01 데이터에서 무엇을 얻을 수 있는지에 대한 고민이 필요하다 109

02 해결하고자 하는 문제가 불분명하다 111

03 문제정의, 원인분석, 해결방안의 논리흐름이 부족하다 114

2 목적과 데이터가 일치하는가 117

정리하기 124

6장 이야기를 잘 하는 사람이 데이터도 잘 써요 데이터 말하기

1 데이터로 말하는 게 불편한가요 127

01 데이터 활용에 필요한 4가지 역량 127

2 이야기를 사랑하는 데이터 130
01 뉴스의 흡입력 있는 말하기 비법은 '스토리텔링' + '데이터'다 130
02 감흥 없는 데이터와 눈을 씻고 쳐다보는 데이터는 다르다 132

3 연구논문에서 데이터를 활용하는 방법 138
01 연구논문 역시 '스토리텔링'과 '데이터'의 결합체다 138
02 "내 심장(데이터)을 쏴라"의 핵심은 데이터다 140
03 데이터를 표로 넣을까, 그래프로 넣을까 141

정리하기 145

7장 데이터를 요약해서 말해요 데이터 말하기

1 분석 '결과'말고 '결론'을 말하라 149
01 결과는 데이터와 결론을 이어주는 징검다리 149

2 데이터 기반 주장과 사실의 차이 154
01 어떤 데이터를 보고 그렇게 말할 수 있나 154

정리하기 159

8장 건강한 데이터 말하기의 3요소 데이터 말하기

1 건강한 데이터 말하기를 위한 3요소 163
01 튼튼한 논리구조 만들기 164
02 건강한 데이터 기반 근거 챙기기 166
03 데이터의 적절한 흐름과 양 구성하기 170
04 데이터 말하기, 결국 무엇이 중요할까 176

정리하기 178

9장 데이터, 질문하며 들어요 데이터 듣기

1 데이터, 질문하며 듣기 181

01 데이터 듣기에서 중요한 4가지 질문 181

02 데이터: 데이터가 어떻게 만들어졌나 182

03 분석방법: 가로축과 세로축이 제대로 설정되었나 183

04 주장과 사실: 편견이 포함되어 있지 않은가 187

05 논리구조: 부분과 전체의 논리가 일치하는가 192

정리하기 194

10장 데이터 기반의 비판적 사고력을 키워요 데이터 듣기

1 데이터야, 팩트 체크를 부탁해 199

01 우리 삶에 깊숙이 들어온 가짜뉴스 199

02 데이터 기반의 비판적 사고는 오늘날의 생존능력이다 201

03 팩트 체크를 하는 도구는 바로 데이터다 202

04 비판적 사고를 위해 필요한 두 가지 눈 207

정리하기 211

11장 다른 데이터와 비교하며 들어요 데이터 듣기

1 데이터 비교 듣기능력평가 215

01 데이터 관점에서의 Half Full 또는 Half Empty 215

2 내 월급이 '와친남'보다 적은 이유 218

01 모두에게 평등한 기회를 주고 데이터를 뽑자 218

02 평균의 비밀 221

3 플립 데이터 224
01 데이터 뒤집기 224
02 전체와 맥락을 고려하여 데이터 듣기 227
03 전문용어 없이 데이터를 쉽게 설명할 수 있어야 한다 228
정리하기 230

12장 데이터에서 관계를 읽어요 데이터 읽기

1 개인과 사업의 운을 부르는 데이터 복리의 마법 233
01 복리의 마법으로 행운을 크게 할 수 있다면 233
02 〈오징어 게임〉의 다섯 번째 게임, 유리 징검다리를 건너라 236
03 통계가 거짓말이라고 239
2 삼각관계보다 상관관계, 인간관계보다 인과관계 241
01 정말 까마귀 때문에 배가 떨어진 걸까 241
02 상관관계란 무엇일까 242
03 상관관계와 인과관계를 구분하는 세 가지 방법 244
04 인류의 무기, 인과관계에 대한 판단 248
정리하기 251

13장 데이터 난독증에서 탈출해봐요 데이터 읽기

1 생존을 위한 데이터 분석 255
01 통계를 믿을 수 없다면 어떡하나 255
02 자로 길이를 재듯이, 동일한 기준으로 '지수'를 측정해야 한다 260
2 아들이 줄넘기 반 대표가 되지 못한 이유 265
01 하나의 값으로 나타내려는 본능: 평균 265
02 데이터가 흩어져 있는 정도: 산포도 267

03 데이터와 평균 간에 얼마나 차이가 있는지 확인: 편차 268
04 편차의 평균을 구할 수 없으면 제곱으로: 분산 270
05 제곱하니까 너무 커. 차이의 크기를 원래대로 돌려줘: 표준편차 271
06 빅데이터에서는 '빅'만 중요한 것이 아니다 272
정리하기 275

14장 가설을 검증하며 읽어요 데이터 읽기

1 데이터를 꿰뚫어 보는 4가지 기술 279
01 역대 최고 물가상승률 279
02 데이터를 읽어내는 4가지 기술 282

2 할인쿠폰과 적립쿠폰은 구매효과 차이가 있을까 290
01 할인쿠폰과 적립쿠폰 중 어느 것을 발행할까 290
02 더 많은 사람에게 실험을 해봐야 하지 않을까 293
03 만약, 실험 결과가 애매하다면 어쩌지 294
04 우연히 한쪽으로 쏠리는 경우는 없나요 295
05 지금까지 우리는 그 어렵다는 가설 검증을 한 것이다 298
06 데이터를 놓치면 실패 박물관으로 갈 수 있다 300
정리하기 303

15장 데이터를 자유자재로 다뤄요 데이터 쓰기

1 데이터를 강력하게 만드는 방법 307
01 데이터 붙이기 1: 병합 307
02 데이터 붙이기 2: 잇기 312
03 데이터 짝짓기: 매핑 314

2 데이터를 사이언티스트처럼 데이터를 생각하자 317
01 기업규모가 커질수록 데이터를 효과적으로 다뤄야 한다 317
02 나누기: 분할 318
03 계산하기: 반영 320
04 다시 모으기: 결합 322
05 데이터 사이언티스트처럼 생각하자 323
정리하기 326

16장 데이터를 적절히 저장해요 데이터 쓰기

1 데이터를 알면 화성에서도 살아 돌아올 수 있다 331
01 아날로그와 디지털로 구분되는 데이터 특징 331
02 컴퓨터는 데이터를 어떻게 인식하나 332
03 문자 데이터의 표현 333
04 아스키 코드 334
05 아이폰과 갤럭시의 카메라 화소 비교 337
06 실무에서 디지털 데이터가 중요한 이유 338

2 진달래와 철쭉을 구분하는 방법 340
01 진달래와 철쭉 구분하기 340
02 정형 데이터와 비정형 데이터의 차이 342
03 비정형 데이터의 중요성 344
04 기업 데이터의 선순환 구조 346
정리하기 348

17장 올바른 데이터 구조를 선택해요 데이터 쓰기

1 데이터를 '구조'해 줘 353

01 기업 실무에서 데이터 쓰기의 중요성 353

02 가장 안쪽에 있는 물건이 필요한 날이 창고를 정리하는 날이다 354

03 지구의 종말이 올 때까지의 시간을 계산하자 357

04 줄을 잘 서야 한다고 들었습니다만 359

05 편의점에 음료수가 진열되는 방식 361

06 이름과 전화번호가 뜻하는 것 362

2 데이터 구조를 왜 알아야 하나 364

01 창고 정리가 필요한 이유 364

02 문제를 푸는 공간과 시간 365

정리하기 369

18장 조직의 데이터를 물 흐르듯이 잘 써요 데이터 쓰기

1 데이터, 물 흐르듯이 375

01 물은 우리에게 어떻게 왔을까 375

02. 데이터, 물 쓰듯이 376

2 데이터 마트, 웨어하우스, 레이크 377

01 물은 마트에서, 데이터는 데이터 마트에서 377

02 창고는 정해진 형태에 맞게 물(데이터)을 저장하는 곳이다 379

03 내 데이터는 호수, 그대 노 저어 오오 382

04 데이터에 대한 이해로 부서 간의 장벽을 허물자 384

정리하기 387

19장 데이터 분석과 활용 실무를 세팅해요

1 데이터의 궁극적인 목적은 활용이다 393

01 데이터, 활용할 수 있는가 393

02 조직이 데이터를 잘 활용하기 위한 환경 조건 394

2 데이터 활용 실무 정보 399

01 데이터 활용을 위해 꼭 알아야 할 플랫폼 399

02 빅데이터 플랫폼의 활용 사례 407

정리하기 417

20장 데이터 활용 역량, 조금만 노력하면 쑥쑥 자라요

1 데이터 활용 역량이 중요한 이유 421

01 이 시대에 필요한 역량 421

2 개인에게 필요한 4가지 데이터 활용 역량과 현업 꿀팁 424

01 개인에게 필요한 데이터 활용 역량을 키워요(feat. 현업 꿀팁) 424

02 문제정의 능력 426

03 데이터 수집 역량 429

04 데이터 분석 역량 431

05 결론 도출 및 추진력 434

정리하기 437

에필로그 438

찾아보기 442

나는 처세술 대신 데이터 분석을 택했다

쉽게 이해하고 활용할 수 있는 AI, Big Data 입문서

1장

데이터로 말하는 시대, 나만의 생존전략이 있나요

"박익선 사원, 오늘 저녁에 술 한잔 어때?"

"부장님, 저 오늘 파이썬 학습 동아리에서 줌 미팅이 있는데요."

"뭐라고? … 아무튼 시간이 안 된다는 거지?"

"네, 과제를 작성해서 슬랙으로 오늘까지 제출해야 하거든요. 즐거운 시간 보내세요."

파이썬, 줌, 슬랙, …. 새로 들어온 신입사원과 대화를 몇 마디도 안 했는데 김 부장은 뭔가 얼빠진 기분입니다. 요즘 세대들과 소통하고 업무를 하려면 '데이터, 그거 나도 좀 알아야겠는데'라는 생각이 듭니다.

MZ세대[01]라는 말처럼 세대를 구분하는 다양한 방식이 있습니다. 데이터 활용을 얼마나 할 수 있느냐에 따라 세대를 구분하기도 하고, 또 연결하기도 합니다. 과거에는 '회식'이 세대를 이어주는 윤활유였다면, 이제는 '데이터'가 그 자리를 대신하고 있습니다. 데이터에 기반 한 사고방식은 MZ세대와 기성세대를 이어주는 튼튼한 브리지(Bridge, 다리)가 될 것입니다.

급격히 변하는 세상에서 변화에 대한 발자취를 기록하는 것은 데이터입니다. 데이터는 산업에서의 석유, 우리 몸에서의 물과 같이 생존에 반드시 필요합니다. 세대를 넘어 이렇게 데이터로 말하는 시대에 살아남기 위해서는 어떻게 해야 할까요?

- 데이터 활용 능력의 필요성을 인식해야 합니다.
- 데이터 기반의 의사결정에 대한 개념을 이해하고 말할 수 있어야 합니다.
- 오늘날 산업에서 데이터의 역할과 가치를 이해해야 합니다.

---

01 1980년대 초~1990년대 초중반 출생한 밀레니얼(Millennial)세대와 1990년대 중후반~2010년대 초에 출생한 주머스(Zoomers)세대를 합쳐서 부르는 말입니다. – 출처: 위키백과

1 데이터 홍수에서 살아남자

01 데이터 관점에서의 세대 구분, '삼포세대' 그리고 '데포세대'

삼포세대(三抛世代)는 연애, 결혼, 아이를 포기한 세대를 일컫는, 우리나라에만 있는 신조어입니다. 그 속을 들여다보면, 대한민국의 많은 젊은 세대가 등록금과 생활비 등 경제적 문제로 인해 겪는 아픔을 이해할 수 있습니다. 시대가 급격하게 변하고 그 사이에서 오는 많은 성장과 고통은 결코 경제 분야에 국한된 것은 아닙니다. 우리 생활 전반에 자리 잡은 IT 기술과 디지털 그리고 이로 인해 특정 세대는 말하지 못하는 벽이 생겼습니다. 그것은 바로 '데이터'라는 장벽이고 이 장벽을 넘지 못하는 이들을 일컬어 '데포세대(데이터 포기세대)'라고 합니다.

[그림 1-1] 데이터 관점에서 구분한 세대

02 데이터와 함께 태어나고 성장하는 세대, Grow Up

코로나19로 인해 재택근무 및 원격수업이 확대되면서 줌Zoom은 한번쯤 사용해봐서 알 테고, 구글 미트Google Meet, 엠에스 팀즈MS teams, 슬랙Slack을 아나요? 2000년 이후 태어난 MZ세대들은 인터넷으로 수업을 받습니다. 그리고 팀워크 활동을 오프라인이 아닌 온라인에서 합니다. 여가시간에는 데이터 기반의 맞춤형 알고리즘에 의해 추천된 영상을 즐깁니다. 식당에 가면 한 켠에서 어린아이가 스마트 기기를 통해 영상을 시청하며 이유식을 먹고 있는 장면이 이제 낯설지 않습니다. 즉, 이 세대들은 이미 데이터 기반으로 만들어진 세상 속에 태어났고, 그것과 함께 성장하면서 데이터를 자연스럽게 받아들이고 있습니다. 이른바 '데이터 네이티브Data Native'입니다.

데이터 네이티브들이 사용하는 다양한 소통방식(창구)은 다음과 같습니다.

[그림 1-2] 데이터 네이티브들이 사용하는 대표 애플리케이션

03 데이터를 이해하고 활용하는 세대, Catch Up

반면 저를 포함한 중간 세대들은 어떨까요? 제가 처음 대학에 입학했을 때, '디지털 카메라'가 세상에 처음 등장했습니다. 그 전까지는 필름 카메라가 있었습니다. 이 디지털 카메라로 찍은 디지털 사진은 빨강, 녹색, 파랑으로 세 가지 색을 나타내는 각각의 층이 겹쳐져서 색상을 표현합니다. 그리고 이 세 가지 색상은 0과 255 사이의 숫자로 표현해서 컴퓨터가 인식하도록 합니다. 즉, 색상을 데이터로 변환한 방식인 것입니다.

중간 세대들은 필름 카메라에서 디지털 카메라로의 전환을 이해하고 활용하게 되었습니다. 시기의 차이는 있지만, 기존에 없었던 것들이 생겨나면서 그들은 자의든, 타의든 데이터를 활용하는 방법을 습득하는 것입니다.

"물론, 우리는 디지털 카메라를 활용할 수 있으면 되지, 디지털 카메라의 원리까지 학습할 필요는 없습니다."

[그림 1-3] 디지털 카메라의 색을 표현하는 원리[01]

01 출처: 위키피디아

04 데이터가 막연하고 어려워서 포기하고 싶은 세대, Give Up

마지막으로 데이터와 함께 살고 있는 세대는 우리 부모님 세대입니다. 코로나19가 한창이던 시절, 우리는 식당이나 마트에 갈 때마다 QR코드로 인증해야 하는 번거로움을 겪었습니다. 이때 저희 양가 부모님 모두 QR코드 설정과 활용 방법을 어려워해서 제가 도왔습니다. QR코드가 무엇이고, 이것을 개인 휴대폰에서 어떻게 활용하는지에 대해서 간단한 과외를 했던 거죠.

부모님 입장에서는 QR코드가 Quick Response의 약자라는 것은 알 필요가 없습니다. 그리고 이 작동 원리에 대해 세부적으로 이해할 필요도 없습니다. 오늘 제가 드리고 싶은 이야기의 핵심이 바로 이것입니다.

"우리는 QR코드를 사용할 수 있으면 되지,
QR코드의 구성요소와 의미는 필수적인 요소가 아닙니다."

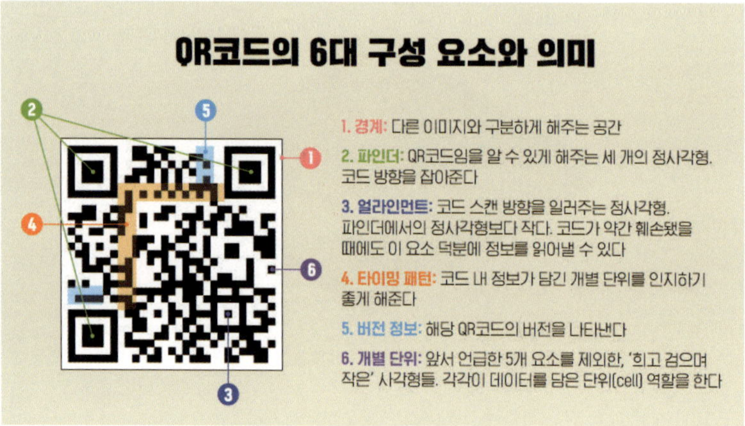

[그림 1-4] QR코드의 구성요소와 의미[02]

02 출처: 삼성뉴스룸

"데이터가 무엇이고, 어떻게 활용할 수 있는가?"

결국, 우리가 이 시대를 살아가는 데 꼭 필요한 능력은 "활용할 수 있는가?"입니다. 데이터와 인공지능이라는 복잡한 개념 속에서 우리는 데이터 분석가가 될 필요도, 데이터 사이언티스트가 될 필요도 없습니다.

"가난하게 태어난 것은 여러분의 잘못이 아니지만, 가난하게 죽는 것은 여러분 책임이다."[03]

빌 게이츠의 말입니다. 우리는 태어난 시기를 선택할 수 없습니다. 마찬가지로 데이터가 없는 세상에서 태어난 것은 누구의 잘못도 아닙니다. 하지만 데이터를 활용하지 못하고 죽는 것은 우리 스스로의 책임입니다. 데이터 세대 구분은 한번 정해지면 바뀌지 않는 것이 아닙니다. 활용을 할 수 있다면 생존할 수 있다는 데 집중해야 합니다.

무인도에서 생존해야 되는 상황이라고 가정하겠습니다. 내 앞에 돼지 한 마리가 있습니다. 돼지고기에 대한 해박한 지식이 없이도 생존을 위해서는 돼지고기를 먹을 수(활용할 수) 있으면 됩니다. 돈가스로 먹어도 되고, 삼겹살로 먹어도 되는 것처럼 돼지고기를 활용할 수 있다면 생존할 수 있습니다. 그만큼 활용은 원리 그 이상으로 중요합니다.

03 If you were born poor, it's not your mistake. But if you die poor, it's your mistake.

2 이제는 데이터 생존 시대다

01 인생은 B와 D 사이의 C다

"인생은 B와 D 사이의 C다"라는 말 혹시 들어봤나요? B는 Birth(탄생), D는 Death(죽음)입니다. 그러면 C는 뭘까요? 바로 Choice(선택)입니다.

[그림 1-5] 인생은 삶과 죽음 사이의 선택이다

이 말은 탄생과 죽음 사이에는 끝없는 선택이 있다는 의미입니다. 우리는 태어나서 죽을 때까지 수많은 선택에 직면합니다. 때로는 그 선택이 인생에 엄청난 영향을 미치기도 합니다. 그렇다면 우리는 현명한 선택을 하기 위해 어떻게 해야 할까요? 선택을 다른 말로 '의사결정(Decision Making)이라고 합니다.

사실 우리는 '선택'을 할 때, 우리도 모르는 사이에 데이터에 기반해서 결정을 하고 있습니다. 그 데이터는 바로 우리의 '경험'입니다. 어른들은 갓 내린 향기로운 커피가 뜨겁다는 것을 다양한 경험을 통해 알고 있습니다. 하지만 어린아이들은 그런 경험이 없습니다. 그래서 부모는 "앗, 뜨거워" 하며 놀라거나 아픈 시늉을 하면서 시각과 청각 데이터로 아이에게 정보를 전달합니다.

이렇듯 경험하지 않은 사실에 대한 데이터가 우리 머릿속에는 존재하지 않습니다. 그렇지만 우리 두뇌 속에 데이터양을 늘리는 방법이 있습니다. 그것은 '독서' '공부' '미디어'입니다. 책을 많이 읽고, 공부를 하고, 신문기사를 읽거나 뉴스를 보는 행위의 목적은 간접경험이라는 '데이터'를 늘리기 위해서입니다. 이렇게 간접적으로 경험된 데이터는 뇌에 쌓이고 어떤 행위를 하게 될 때, 정보 또는 지식의 형태가 되어 행동으로 이어집니다. 이렇듯 우리는 생존을 위해 이미 데이터를 학습해왔습니다.

02 기업 경영에서 데이터가 미치는 영향력

데이터 이야기를 좀 더 이어가 볼까요? 요즘 자영업을 하는 분들은 많이 힘듭니다. 어느 날 뉴스를 보다가 이런 기사를 접하게 되었습니다.

"음식점 창업, 5년 후면 10곳 중 8곳 망한다."

2021년 통계청이 발표한 〈기업생멸 행정통계〉에 따르면, 음식점 등 1인 기업을 포함한 우리나라 사업체 수는 약 652만 개로 전년 대비 4.4%가 증가했습니다. 그럼 이렇게 많은 기업이 얼마나 오랫동안 경영이 되고 있을까요?

[그림 1-6]의 맨 왼쪽의 '전체' 지표를 보면, 창업한 전체 기업 중 1년 이내에 63.7%만 살아남고 나머지는 폐업을 합니다. 특히, '숙박/음식점업'을 보면 5년 생존율이 20.5%입니다. 뉴스기사의 10곳 중 8곳이 망한다는 데이터가 여기 있네요. 반대로 얘기하면 음식점을 창업하고 5년 뒤에도 계속 장사를 하고 있는 가게는 10곳 중 2곳, 그러니까 대부분 망한다는 데이터 분석 결과입니다.

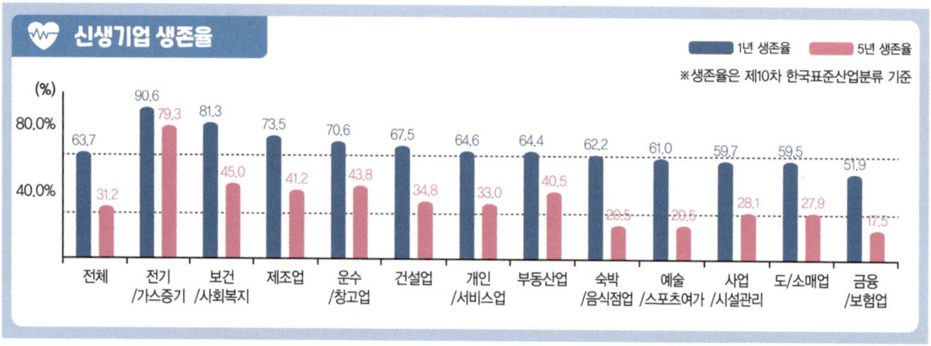

[그림 1-6] 신생기업의 업종별 생존율[04]

예를 들어, 제가 음식점을 개업한다고 가정하겠습니다. 무작정 창업하지는 않겠죠. 그럼 무슨 생각부터 할까요? '요즘 어떤 식음료 업종이 돈을 많이 벌지?'라는 생각부터 할 겁니다. 그런 후 식음료 업종별 또는 제품별 매출액을 알고 싶을 겁니다. 한두 개 데이터 가지고는 안 되죠. 위치나 상권 등이 각각 다르니까요. 그리고 부동산 임대나 유지보수 비용도 알아보겠죠. 다음으로 주변에 유사한 가게가 얼마나 있는지도 조사할 겁니다.

이때 '공공데이터 포털'이라는 사이트에 가보면 업종별로 개업과 폐업에 관한 자료를 전부 데이터로 받아서 분석할 수가 있어요. 또한 SNS에서 요즘 가장 많이 해시태그(#)가 걸리는 맛집을 분석해 볼 수도 있죠. 데이터 기반으로 창업 준비를 하는 데는 몇 날 며칠이 걸릴지 모릅니다. 이렇게 하지 않으면 프랜차이즈 가맹점 모집 부서에서 준 데이터를 덥석 믿고 창업해서, 앞서 언급한 10곳 중 8곳이 되어 버릴지도 모르겠습니다.

하물며 개인사업도 이렇게 면밀히 검토하고 결정하는데, 매출이 10조 원, 100조 원 단위인 기업은 어떨까요? 그 의사결정의 책임은 가히 어마어마합니다. 과거에는 경험이 많은 경영진의 직관에 의해서 의사결정이 좌우되는 경우가 많았어요. 직관이 뛰어난 CEO를 능력이 있다고 칭송하던 때도 있었습니다. 하지만 사람은 실수를 할 수도 있고, 요즘같이 트렌드가 급변하는 세상에서는 불확실성이 더 커졌죠. 그래서 기업과 개인은 성공할 확률을 높이고, 실패할 확률을

04 출처: 통계청(데이터), 한겨레신문(그림)

줄이는 최적의 의사결정을 하고 싶어합니다. 그것이 바로 '데이터 기반의 의사결정'입니다. 그리고 이것이 우리가 궁극적으로 원하는 비즈니스와 인생의 합리적 선택 방법입니다.

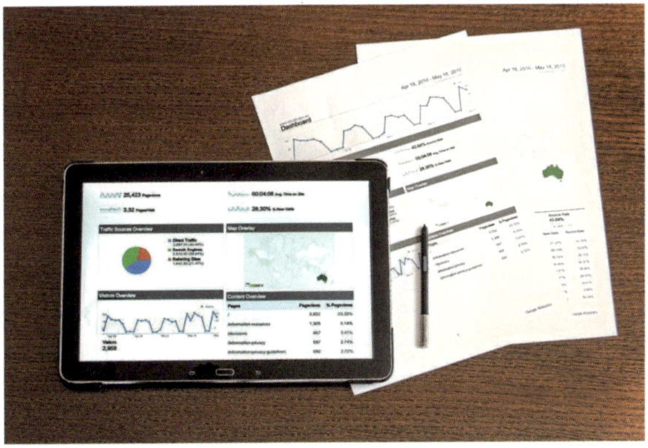

[그림 1-7] 데이터 기반 의사결정[05]

03 데이터가 우리 삶에서 차지하는 영향력

지난 겨울, 강원도로 가족여행을 갔습니다. 아침 일찍 일어나 준비하고 아이들을 차에 태우고 출발했습니다. 그런데 아내가 "어, 내 전화기 어디 갔지?" 하고 얘기하는 거예요. 영동고속도로 진입 직전에 이 사실을 깨닫고 다시 집으로 돌아갔습니다.

"스마트폰을 두고 나오면 불안해요."

이렇듯 이제 우리는 스마트폰과 뗄레야 뗄 수 없는 사이가 되어버렸습니다. 오죽하면 10명 중 6명이 스마트폰을 집에 두고 나오면 불안한 상태를 느낀다고 할까요. 앞서 살펴본 코로나19 백신 QR코드와 같은 앱이 동작하는 스마트폰은 이제 우리 생활의 필수품이 되었습니다. 우리가 하루 종일 스마트폰을 사용하기 때문이죠.

05 출처: 픽사베이

스마트폰으로 주말에 가족들과 꽃구경을 갈 장소를 검색해보고, 주변의 맛집도 찾아봅니다. 그리고 당일에는 길 찾기 앱을 사용해 목적지에 도착합니다. 가족들과 같이 사진을 찍고, 다시 SNS에 포스팅을 합니다. 이때 스마트폰은 우리도 모르는 사이 검색(쿠키), 지도(타임라인), 사진(이미지), SNS(네트워크) 데이터를 생성하고 있습니다. 그리고 이 데이터들은 아주 정교한 방식을 거쳐 기업의 마케팅에 사용됩니다.

"데이터, 이용하거나 이용당하거나(USE or USED)."

이렇게 좋든 싫든, 우리 삶은 이미 데이터 세계(Data World)의 일부분이 되었습니다. 이것이 바로 우리가 데이터를 등한시할 수 없는 이유입니다. 다음 글에서는 기업의 정교한 마케팅 방식에 대해 알아보고, 데이터에 이용당하는 것이 아닌 '데이터를 활용하는 방법'을 알아보겠습니다.

3 데이터는 돈이고 정보는 힘이다

01 데이터는 21세기 석유다

서울 출장 중에 주유소에 갔다가 '휘발유 리터당 2,190원'이라는 가격을 보고 깜짝 놀랐습니다. 당시 우크라이나–러시아 전쟁으로 인한 영향으로 국제 유가가 많이 올랐다고 듣긴 했는데, 휘발유 값이 2,000원을 훌쩍 넘고 말았습니다. 불과 얼마 전까지만 해도 1,500원~1,600원 사이였던 것으로 기억하는 데 말이죠.

[그림 1-8] 서울시내 주유소 휘발유 가격[06]

석유는 자동차, 난방, 발전 등 우리 산업에 없어서는 안 되는 산업재입니다. 석유는 우리 눈에 보이고, 우리 손으로 직접 다루고, 또 그 가격도 확인할 수 있습니다. 반면, 항상 우리 주변에 있고, 없어서는 안 되는 또 다른 산업재가 있습니다. 바로 '데이터'입니다. 데이터는 석유와 달리 눈에 보이지 않고, 손으로 만질 수 없고, 가격을 매길 수도 없습니다.

06 출처: 이투데이(22년 4월 9일 기준)

하지만 데이터는 석유처럼 제조업, 물류업, 금융업 등 다양한 산업의 핵심 원료입니다. 또 모바일과 PC를 기반으로 전 세계 사람들에게 IT 서비스를 제공하죠. 무엇보다 경제의 밑바탕이 되는 곳에서 정보를 제공함으로써 산업의 효율성과 생산성을 높여줍니다. 또한 아는 바와 같이 구글, 아마존과 같은 빅테크 기업은 이런 데이터를 기반으로 사람들에게 서비스를 제공하면서 전 세계에서 상상할 수 없을 만큼의 돈을 벌어들이고 있습니다.

02 우리는 데이터의 가치를 어떻게 평가하는가

이렇게 엄청난 힘을 가진 데이터를 우리는 어떻게 인식하고 있을까요? 사실 우리는 종종 커피쿠폰과 데이터를 맞바꾸는 행위를 합니다. 그로 인해 나의 전 재산을 나타내는 데이터가 커피 한 잔 값 정도라고 인식하고 있을지 모릅니다.

'마이 데이터My Data'[07]란 말을 들어봤나요? 아마도 마이 데이터는 잘 몰라도 은행에서 주는 커피쿠폰은 받아서 사용했을 수 있습니다. 실제로 우리나라의 마이 데이터 서비스는 2022년 1월 5일에 시행되었습니다. 은행과 인터넷 포털사이트는 해당 서비스에 대한 데이터 및 정보 동의를 얻기 위해 편의점 금액권, 커피쿠폰, 포인트 등의 경품을 제공합니다. 기업들은 왜 우리에게 커피쿠폰을 주면서 데이터를 모으려고 하는 걸까요?

실제 우리가 유튜브로 잘 알고 있는 미국 회사 구글Google은 이른바 데이터를 통해 돈을 벌고 있습니다. 유튜브는 본인들이 직접 영상을 만들지 않습니다. 구글도 검색엔진만을 제공하지 콘텐츠를 직접 제작하지 않습니다. 하지만 그들의 매출은 310조 원 규모[08]이고, 이는 전 세계에 공장이 있는 삼성전자 매출 279조 원[09]보다 많은 규모입니다. 그리고 구글의 영업이익률은 30%가 넘습니다. 이는 우리 아버지들이 세계 각국에 나가 땀을 흘리고 있는 우리 건설업계의 영업이익률 5%와 비교하면 마음이 편치만은 않습니다.

07 개인이 행정, 금융거래, 의료, 통신, 교육 등의 서비스를 이용하면서 만들어진 정보에 대하여 정보주체가 접근하고, 저장하고, 활용하는 등의 능동적인 의사결정을 하는 서비스를 말합니다. - 출처: 위키백과

08 구글 자료(2022년 2월 2일)

09 삼성전자 발표(2022년 1월 7일)

03 새로운 시대의 3대 생산요소: 플랫폼, 데이터, 인공지능

20세기에는 '토지' '자본' '노동'이 3대 생산요소였습니다. 농업에서는 농작물을 재배할 수 있는 토지가 필요했고, 그 위에 자본을 들여 씨를 사서 뿌리거나 모종을 심고, 노동력을 투입해서 그것들을 기르고 수확했습니다. 제조업도 마찬가지죠. 공장과 생산설비를 지을 토지가 필요하고, 공장을 지을 공사비와 공장을 운영할 운영비 등이 필요합니다. 그리고 그 공장에서 일할 노동자가 필요합니다.

하지만 오늘날에는 이야기가 좀 달라졌습니다. 앞서 살펴본 구글과 같은 플랫폼 기업들은 다른 세 가지를 가지고 막대한 이익을 내고 있습니다. 그것은 '플랫폼' '데이터' '인공지능'입니다.

운송회사 우버는 택시가 한 대도 없고, 호텔 숙박업을 하는 에어비앤비는 호텔이 하나도 없습니다. 단지 앱 하나만 있을 뿐입니다. 이것을 우리는 '플랫폼Platform'이라고 합니다. 플랫폼에 열차가 드나들듯이 생산자, 소비자는 그 플랫폼 안에서 다양한 트래픽Traffic(데이터의 흐름)[10]을 발생시킵니다.

이런 트래픽은 '데이터Data'를 쌓이게 합니다. 그리고 이 데이터를 이용하면 사람들에게 최적의 서비스를 제공할 수 있습니다. 이를 테면 '어떻게 알고 나에게 이 상품을 보여줬어? 딱 내가 사려고 했던 것인데 말이야'라는 생각이 들도록 말이죠. 이 서비스는 사람이 일일이 추천해주지 않습니다. 물론 그럴 수도 없습니다. '인공지능(AI)'은 사람을 대신해서 이 데이터를 학습하고 곧바로 최적의 서비스를 제공하는 역할을 해줍니다.

10 서버와 스위치 등 네트워크 장치에서 일정 시간 내에 흐르는 데이터의 양을 말합니다. 웹 사이트에 트래픽이 많다는 것은 사용자 접속이 많아서 전송하는 데이터의 양이 많다는 것을 뜻합니다. – 출처: 해시 넷 위키

[그림 1-9] 데이터 시대 3대 생산요소인 플랫폼, 데이터, 인공지능

04 우리나라의 데이터 산업 시장규모는 얼마인가

지금은 중요한 산업의 변화가 빠르게 일어나고 있는 순간입니다. 공감하나요? 마치 차 안에 타고 있으면 그 속도를 실감하지 못하는 것처럼, 우리가 그 변화의 한 가운데 살고 있기 때문에 인식하지 못하고 있을 뿐입니다. 그렇다면 우리나라의 데이터 산업은 잘 변화하고, 성장하고 있을까요?

"과학기술정보통신부 나와 주세요."

이번에는 구체적으로 데이터 산업의 시장규모를 알아보겠습니다. 과학기술정보통신부에서 실시한 〈데이터 산업 현황 조사〉에 따르면, 데이터, 네트워크, 인공지능 분야의 성장이 지속되고 있는 것으로 나타났습니다. 구체적으로는 2020년 말 기준으로, 데이터 산업 전체 시장규모는 19조 원 규모로 전 년 대비 14.3% 성장했습니다. 이는 전 년도의 성장률 8.3%보다 훨씬 높은 성장세입니다.

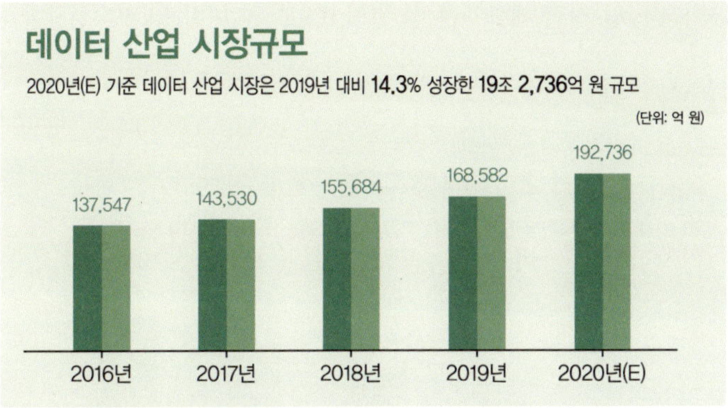

[그림 1-10] 우리나라 데이터 산업 시장규모[11]

데이터 산업의 부문별 규모를 살펴보면, 데이터 판매 및 제공 서비스업 시장이 9.3조 원 규모로 가장 높고, 다음은 데이터 구축 및 컨설팅 서비스업이 7.4조 원 규모, 그리고 데이터 처리 및 관리 솔루션 개발 공급업이 2.4조 원 규모로 나타났습니다.

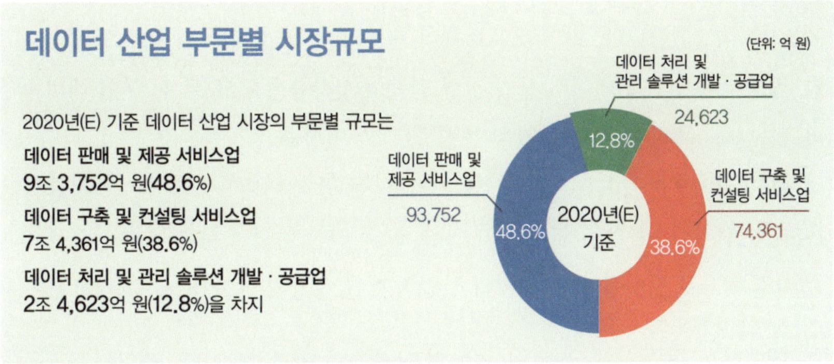

[그림 1-11] 데이터 산업 부문별 시장규모

그렇다면 데이터 산업 직접 매출 규모는 어떨까요? '직접 매출'이란 광고 및 시스템 운영관리 등 데이터 관련 간접 매출을 제외하고, 데이터와 직접 관련 있는 시장 매출 규모를 의미합니다.

11 출처: 2020년 데이터 산업 현황조사_결과보고서, 과학기술정보통신부, 이하 [그림 1-12]까지 출처 동일

2020년 기준 데이터 산업 직접 매출액은 전 년의 9.9조 원 대비 14.6% 성장한 11.4조 원으로 나타났습니다.

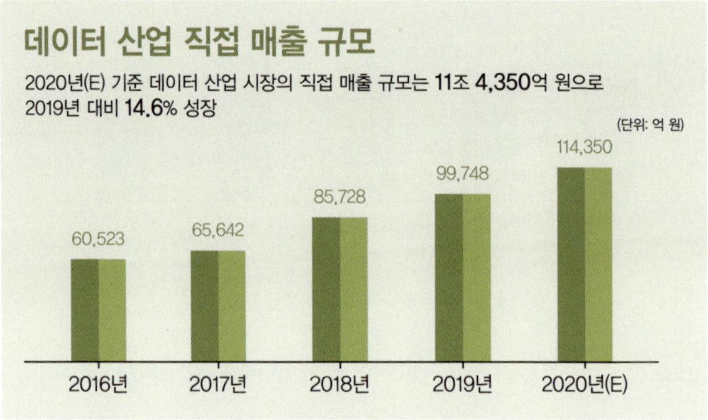

[그림 1-12] 데이터 산업 직접 매출 규모

한국은행의 〈기업경영분석〉에 따르면 국내 진 산업의 매출 증감률은 2010년~2019년 기준으로 연평균 3.9% 성장했습니다. 반면 소프트웨어 개발 및 공급업, 컴퓨터 프로그래밍, 시스템 통합 관리업, 정보서비스업 등 데이터 산업 관련 업종의 성장률은 8.5%로 전 산업 대비 높은 성장률을 나타냈습니다. 특히 데이터 산업을 중심으로 본 연평균 성장률은 7.7%로 나타났습니다. 이를 비교해보면 2019년~2020년의 14.6% 성장은 전 년 대비 두 배 가까운 성장률입니다. 또한 2020년~2021년 성장률은 코로나19의 영향, 그로 인한 디지털 문화 변화 등으로 그 성장률이 점차 높아질 것으로 전망됩니다. 데이터 산업의 빠른 성장과 변화가 느껴지나요?

1장에서는 데이터 시대를 살고 있는 우리의 현 모습을 알아보았습니다. 데이터는 생각보다 우리 삶의 모든 부분에서 영향을 주고, 또 깊게 관여하고 있습니다. 이른바 데이터 생존의 시대를 살아가는 전략은 바로 "데이터를 활용하라"입니다. 지금까지 설명한 내용을 통해 눈에 보이지 않는 공기와 같았던 데이터를 인식하고, 중요성을 이해했다면 다음 장부터는 '데이터 활용'에 대해 자세히 알아보겠습니다.

정리하기

1. 데이터 홍수에서 살아남자.

01. 데이터 관점에서의 세대 구분, '삼포세대' 그리고 '데포세대'

- IT 기술과 디지털화로 인해 특정 세대는 '데이터 활용'에 대한 벽을 갖게 되었습니다.
- 데이터 관점에서 세대를 크게 데이터 Grow Up, Catch Up, Give Up 세대로 나눌 수 있습니다.

02. 데이터와 함께 태어나고 성장하는 세대, Grow Up

- 태어날 때부터 데이터 기반으로 갖춰진 세상 속에 있었고, 그것과 함께 성장한 데이터 네이티브를 Grow Up 세대라고 합니다.

03. 데이터를 이해하고 활용하는 세대, Catch Up

- 기존에 없었던 IT 신기술과 제품들이 생겨나면서 데이터를 활용하는 방법을 자의든 타의든 습득하며 살아가는 중간 세대를 Catch Up 세대라고 합니다.

04. 데이터가 막연하고 어려워서 포기하고 싶은 세대, Give Up

- 일상생활에 필요한 데이터 활용 지식을 타인에게 일부 또는 전부를 의존하고 있으며 데이터에 대한 이해와 활용이 어려운 세대를 Give Up 세대라고 합니다.

2. 이제는 데이터 생존 시대다.

01. 인생은 B와 D 사이의 C다.

- 우리는 일생에서 직접 경험과 간접 경험을 통해 데이터를 습득합니다. 그리고 선택과 의사결정을 할 때 데이터에 기반합니다.

02. 기업 경영에서 데이터가 미치는 영향력

- 과거 기업은 최고 경영자의 직관에 의해 의사결정을 했지만, 오늘날에는 데이터 기반 의사결정을 선호하고 있습니다.
- 데이터 기반 의사결정을 지향하는 이유는 성공할 확률을 높이고 실패할 확률을 줄이는 최적의 의사결정을 하기 위해서입니다.

03. 데이터가 우리 삶에서 차지하는 영향력

- 오늘날 데이터로 이뤄진 세상에서 우리는 데이터 소비자(Data Consumer)인 동시에 데이터 생산자(Data Producer) 역할을 수행하고 있습니다.

3. 데이터는 돈이고 정보는 힘이다.

01. 데이터는 21세기 석유다.

- 21세기 석유는 데이터입니다.
- 데이터는 석유와는 달리 눈에 보이지 않고, 손으로 만질 수도 없고, 가격을 매길 수도 없지만, 데이터는 석유처럼 제조업, 물류업, 금융업 등 다양한 산업에서 모바일과 PC 기반으로 전 세계 인구에 대한 IT서비스를 제공합니다.

02. 우리는 데이터의 가치를 어떻게 평가하는가.

- 우리는 데이터의 가치를 제대로 평가해야 하며, 데이터 주인으로서 권리 행사를 할 수 있어야 합니다.
- 데이터를 활용하는 빅테크 기업들은 직접 콘텐츠를 제작하지 않아도 매출, 영업 이익이 직접 제품을 생산하는 제조업보다 높습니다.

03. 새로운 시대의 3대 생산요소: 플랫폼, 데이터, 인공지능

- 20세기에는 생산의 3요소가 토지, 자본, 노동이었다면, 21세기에는 플랫폼, 데이터, 인공지능이 생산의 3요소입니다.
- 빅테크 기업들이 무료로 서비스를 제공하는 이유는 트래픽을 발생시켜 고객들의 데이터를 얻기 위함입니다.

04. 우리나라의 데이터 산업 시장규모는 얼마인가.

- 데이터 산업 전체 시장규모는 19조 원 규모로 전년 대비 14.3% 성장했습니다.
- 데이터 판매 및 제공 서비스업 시장이 9.3조 원 규모로 가장 높고, 다음은 데이터 구축 및 컨설팅 서비스업이 7.4조 원 규모, 그리고 데이터 처리 및 관리 솔루션 개발 공급업이 2.4조 원 규모로 나타났습니다.
- 데이터 산업 직접 매출액은 전년 9.9조 원 대비 14.6% 성장한 11.4조 원으로 나타났습니다.

2장

데이터 분석보다 데이터 활용이 더 중요해요

"어머, 서연이는 아직 코딩 안 배워요?"
"네? 저희는 아직…."
"앞으로 빅데이터, 인공지능이 점차 발전한다는데, 코딩은 필수 아니겠어요?"
"아, 네…."
"시우는 어제 자기가 게임을 만들었다고 좋아하더라고요."
"몇 학년이라고 했죠?"
"3학년이요. 우선 아이가 코딩에 관심이 있는지 방과후 코딩교육반을 신청해보는 건 어때요?"

워킹맘들의 대화에서 코딩교육이라는 주제가 등장했습니다. 직장에 다니면서 아이들 교육까지 신경 쓰는 슈퍼우먼 서연이 엄마는 사실 오늘 뜨끔했습니다. 요즘 부쩍 회사에서 데이터 활용 아이디어니 뭐니 하는 통에 정작 자신이 관련 공부를 해야 할 필요성을 느꼈기 때문입니다. 도대체 데이터라는 것이 무엇이고 코딩은 꼭 필요한 걸까요?

이 장에서는 데이터가 무엇인지를 알아보고, 데이터와 데이터 분석 도구에 대한 실체를 알아봅니다.

1 벚꽃이 피는 시기와 데이터

01 데이터란 무엇인가

'데이터'라는 단어를 들으면 어떤 생각이 떠오르나요? 아마도 우리에게는 '데이터 무제한' '데이터 선물'과 같은 말이 가장 익숙하지 않을까 생각됩니다. 그렇다면 우리는 이 무제한의 데이터를 어디에 쓸까요? 유튜브로 영상을 시청하거나, 네이버로 검색을 하거나 또는 친구들과 카카오톡으로 대화하고 사진을 주고받는 데 대부분의 데이터를 사용합니다. 그래서 우리에게 '데이터는 사용하는 것'이라는 인식이 자연스레 자리를 잡은 것 같습니다.

데이터는 이제 우리가 살아가는 데 꼭 필요한 공기와도 같습니다. 데이터가 없으면 사랑하는 가족과 연락하기가 어렵습니다. 다른 예로, 한 은행에서 다른 은행으로 돈을 보내거나 받을 때도 데이터가 없다면 직접 은행에 가야 하는 번거로움이 생깁니다. 데이터는 우리 삶을 윤택하게 해주는 소중한 것임에 틀림없습니다. 하지만 막상 "데이터는 무엇인가요?"라는 질문에 답하기란 쉽지 않을 겁니다. "알고 쓰면 약이 되지만 모르고 쓰면 독이 될 수 있다"는 생각을 가지고 데이터를 이해하고 쓰면 어떨까요?

데이터의 어원은 라틴어 'datum'이라는 단어에서 유래되었다고 합니다. 그리고 datum은 '주다(to give)'라는 뜻의 단어인 dare의 과거분사형으로 '주어진 것'이라는 뜻입니다. 그후 '데이터'라는 말은 사람들 사이에서 보다 추상적인 개념으로 쓰여 왔습니다. 데이터는 '이론을 세우는 데 기초가 되는 사실, 자료'라는 사전적 의미가 있는 동시에 '추정 또는 예측을 위한 근거'라는 의미도 있습니다.

앞서 '무제한' '7GB(기가바이트)'와 어울리는 단어 '데이터'는 통신으로 주고받는 정보의 '양'에 초점을 두고 있습니다. 반면 우리가 알아볼 '데이터'는 그 안에 들어 있는 정보의 '질'에 대해 이야기하고 있습니다. 이런 데이터에 대해 관심을 두고 좀더 깊게 알아보고자 합니다.

우리가 조금만 관심을 가진다면 정보의 원천이 되는 이 데이터를 사방에서 볼 수 있습니다. TV 뉴스에서부터, 신문기사, 연구논문, 회사 경영분석 보고서, 그리고 주식과 부동산, SNS까지 데이터는 우리 생활과 산업의 전반적인 과정에서 핵심적인 역할을 수행합니다.

뉴스 보도가 구체적 사실이라고 신뢰를 주고자 할 때, 어김없이 데이터가 등장합니다. 또 논문에서 핵심적인 부분의 연구성과는 데이터로 증명합니다. 예를 들어, 코로나19 백신에 대한 효과는 실험군(백신을 맞은 집단)과 대조군(백신을 맞지 않은 집단)의 데이터를 비교, 확인하고 검증했기 때문에 신뢰할 수 있게 됩니다.

그렇다면 이렇게 뉴스에서 보도하는 내용은 데이터일까요, 정보일까요? 또 연구논문에서 어디까지가 데이터이고 어디서부터가 지식일까요? 우리는 데이터, 정보, 지식에 대해 종종 혼동하기도 합니다. 이제 이 물음에 대해 답변할 차례입니다.

[그림 2-1] 뉴스에서 데이터와 연관된 단어로 만든 워드 클라우드(Word Cloud)

02 데이터는 모든 것의 근원이다

DIKW 피라미드는 아래에서부터 Data(데이터), Information(정보), Knowledge(지식), Wisdom(지혜)을 의미합니다. 이 이론은 미국 펜실베이니아 대학의 러셀 L. 애코프Russell L. Ackoff에 의해 처음 언급되었습니다.

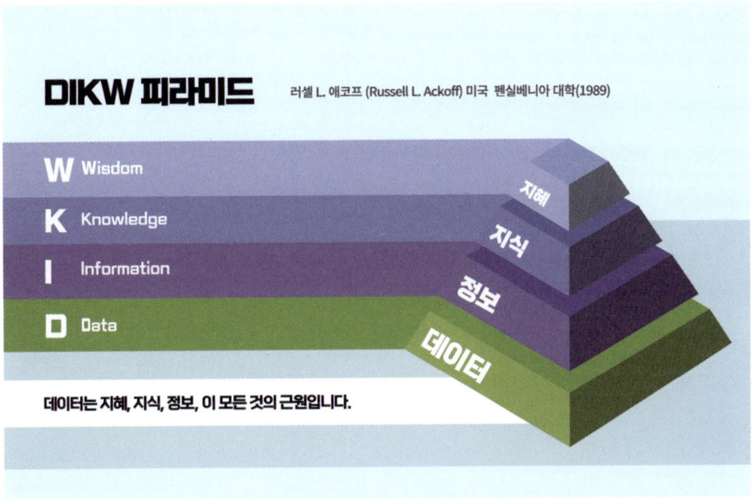

[그림 2-2] DIKW 피라미드

DIKW 피라미드의 가장 아래층부터 살펴보겠습니다.

- **데이터(Data)** 관찰과 실험을 통해 얻은 사실입니다. 이는 데이터가 가공되기 전, 있는 그대로를 의미합니다. 이렇게 얻어진 데이터는 어떠한 결론, 판단, 예측을 내리는 데 기초가 됩니다. 예를 들어, "올해 벚꽃이 처음 핀 날짜는 4월 10일이다"라고 관찰한 사실은 데이터입니다.
- **정보(Information)** 이런 데이터를 가공하여 원하는 형태로 얻어낸 규칙입니다. 앞서 얻은 다양한 데이터 중에 우리에게 필요한 내용을 뽑아낸 것이죠. 보통 관찰된 숫자에 대한 평균이나 분류값 등이 여기에 해당됩니다. 벚꽃의 예로 본다면, "올해 지역별 벚꽃이 핀 날짜를 지도상에 표시하면 이렇다"라는 것은 정보입니다.
- **지식(Knowledge)** 앞서 가공한 정보를 일반화 또는 체계화한 패턴입니다. 우리는 이 지식을 현실에 적용하거나 활용할 수 있습니다. 이때는 다양한 방면의 정보들이 서로 비교되거나 융합되기도 합니다. 벚꽃의 경우, 작년 개화시기보다 올해 개화시기가 더 빠르다는 비교를 통해 "우리나라 개화시기가 빨라지고 있다"라고 일반화할 수 있습니다.

- **지혜(Wisdom)** 지식의 근본적인 원리를 주어진 상황과 맥락에 맞게 적용하는 것을 말합니다. 또는 개별적인 문제에 맞게 그 지식을 적용하는 것을 의미하죠. 따라서 지혜는 원리에 대한 깊은 이해를 통해 미래를 예측, 문제에 대한 해결 및 판단을 하는 것입니다. "올해는 늦게 예약을 해서 경주 벚꽃여행 시기를 놓쳤습니다(주어진 상황). 그렇다면 벚꽃이 매년 빨리 피고 있기 때문에 내년에는 올해보다 좀 더 일찍 경주 벚꽃여행을 예약해야겠다"라고 예측하고 판단합니다.

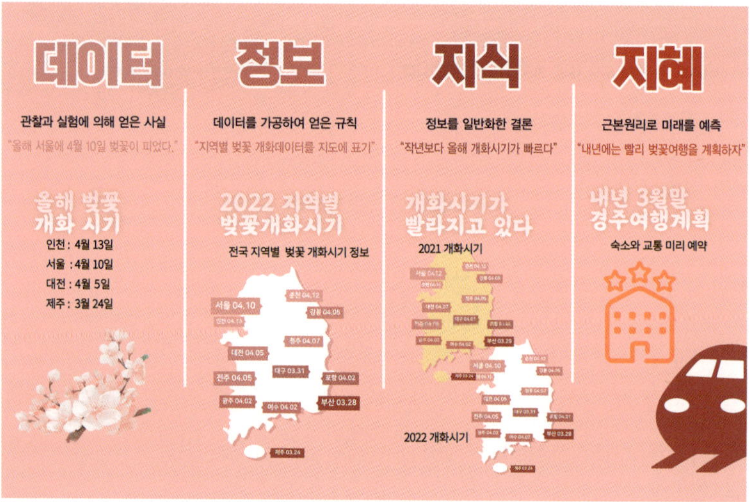

[그림 2-3] 벚꽃 개화 시기를 통한 데이터, 정보, 지식, 지혜

03 쓰레기를 넣으면 쓰레기가 나온다

"가비지 인, 가비지 아웃(GIGO, Garbage In, Garbage Out)"[01]이라는 말을 들어봤나요? 바로 "쓰레기를 넣으면 쓰레기가 나온다"라는 뜻으로 IT, 빅데이터, 인공지능 분야에서 데이터의 중요성을 의미하는 문장입니다. 위 DIKW 피라미드에서 살펴봤듯이 정보, 지식, 지혜의 근간이 되

01 IBM의 프로그래머 조지 퓨엑슬에 의해 처음 언급되었습니다.

는 데이터는 매우 중요합니다. 제 아무리 훌륭한 데이터 사이언티스트Data Scientist[02], 그리고 인공지능이라도 쓰레기 데이터를 넣으면 쓰레기 데이터 분석 결과가 나오고, 인공지능도 의도했던 목적으로 작동하지 않습니다.

이 용어는 인공지능이나 데이터 분석에서 사용하지만, 실제 우리 일상생활에서도 마찬가지입니다. 정확한 데이터로 결정을 내리지 못하면, 잘못된 결과를 초래할 수 있기는 인간도 마찬가지입니다. 그래서 왜곡된 정보를 바탕으로 결론을 내리지 않도록 우리는 여러 사람의 의견에 귀를 기울이곤 합니다.

컴퓨터의 경우에는 온전히 입력된 데이터를 가지고 결과물을 출력하기 때문에 부정확한 데이터로는 부정확한 결과를 낼 수밖에 없습니다. 즉, 출력물의 품질은 입력물의 품질보다 나을 수 없다는 말입니다.

[그림 2-4] 쓰레기 데이터를 넣으면, 쓰레기 결과가 나온다(Garbage In, Garbage Out)

02 수학, 통계학, 컴퓨터 과학 등의 지식을 가지고, 데이터를 분석한 후 직관력을 통해 인공지능(AI)을 개발하는 사람들을 일컫는 말입니다.

04 데이터의 5가지 특성

데이터를 활용할 때 무턱대고 쓰기보다는 그 특성을 이해해야 합니다. 그렇다면 데이터는 어떤 특징이 있을까요? 결론부터 말해 오늘날 데이터의 특징은 최초 3V에서 이제는 5V[03]를 말하고 있습니다. 요즘은 빅데이터, 빅데이터 얘기하니까 일단 양(Volume)이 많을 것 같은 느낌이 드는데요. 정말 그런지 하나씩 살펴보겠습니다.

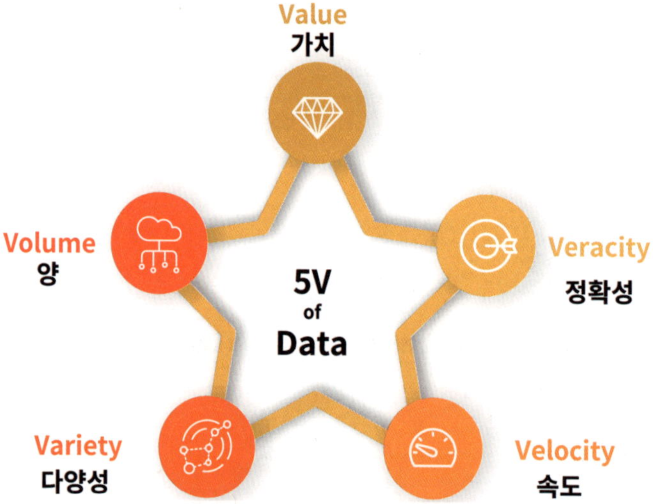

[그림 2-5] 5V로 나타나는 데이터의 특성[04]

오늘날의 데이터는 거대한 크기의 빅데이터이며, IBM에 따르면 전 세계에서 생산되는 데이터는 하루에 약 25억 기가바이트(GB)로 추산됩니다. 또 세계 데이터 총량은 2022년 80제타바이트(ZB)이며, 2025년에는 175제타바이트로 그 양이 늘 것으로 전망됩니다. 여기서 1제타바이트란, 10^{21}으로 Full HD 영화 2,500억 개를 저장할 수 있는 용량입니다. 쉽게 설명하면 세계 인구인 77억 명의 사람이 각각 7개의 HD 영화를 매일 업로드하고 있는 정도의 양입니다.[05]

---

03 5V는 3V인 Volume(양), Variety(다양성), Velocity(속도)에 Veracity(정확성), Value(가치)를 더한 것입니다.

04 출처: https://medium.com/@get_excelsior/big-data-explained-the-5v-s-of-data-ae80cbe8ded1

05 영화 한 편의 용량(4GB)×7개×77억 명×365일≒80ZB

과거에는 주로 숫자나 문자를 데이터로 인식했다면, 오늘날에는 사진과 같은 이미지, 그리고 음성, 유튜브로 익숙한 동영상 등 데이터의 형태도 다양해졌습니다. 또한 오늘날 존재하는 데이터의 90%는 지난 10년 동안에만 생성됐다고 할 만큼 생성과 공유 속도가 엄청나게 빠릅니다.[06]

인구가 많아질수록 범죄자 수도 늘어나는 것처럼, 데이터가 많아질수록 엉터리 데이터도 늘어납니다. 따라서 데이터를 분석할 때 그 데이터의 품질이 믿을 만한지, 데이터가 정확한지에 대한 특성을 살펴야 하는 필요가 생겼습니다. 그것이 오늘날 데이터의 새로운 속성인 '정확성'입니다.

마지막으로 데이터는 우리에게 '가치'를 제공해줍니다. 데이터를 기반으로 한 의사결정을 통해 기존에는 얻지 못했던 통찰을 얻을 수 있습니다. 데이터 분석을 통해 고객과 비지니스에 효과적인 가치를 창출해냅니다. '구슬이 서 말이라도 꿰어야 보배'라는 말처럼 아무리 좋은 데이터라고 해도 활용하지 않으면 소용이 없습니다. 오늘날의 데이터는 빅데이터이고, 우리는 빅데이터를 가공, 분석, 활용할 수 있는 기술을 가졌다고 이야기합니다. 하지만 실상을 들여다보면 아직 데이터를 이해하고 활용하기 위한 초보 단계에 머무르고 있습니다.

이어서 우리 일상에 깊이 들어온 데이터의 기회와 위협을 통해 데이터 활용에 대해 좀 더 접근해보겠습니다.

06 출처: Portsmouth 대학의 멜빈 봅손(Melvin Vopson)

❷ 여러분에 대해 많은 것을 알고 있는 X

01 왜 빅테크 기업들은 검색엔진을 무료로 제공할까

"아빠, 우리나라에 항공모함이 있어?"

요즘 같이 복잡한 세상에서 오늘도 아들은 아빠가 모르는 걸 물어봅니다.

"글쎄, 네이버에 물어봐."

아빠는 이렇게 대답합니다. 아빠는 모르지만 네이버는 알고 있죠. 우리나라에서 "네이버에 물어봐"라는 말과 같은 뜻으로 미국 등 다른 나라에서는 "구글링 해 봐"라는 말이 있습니다.

"Just google it"

"Just google it"처럼 google(구글)이라는 단어는 한 기업을 나타내는 고유명사이지만 이제는 "인터넷을 통해 원하는 정보를 검색하다"라는 동사로 쓰이고 있습니다. 2006년부터 검색엔진 서비스를 시작해온 구글은 전 세계 검색엔진 시장에서 약 92%를 점유하고 있습니다.

2021년 국내 검색엔진 순위를 보면 네이버가 56.1%, 구글이 34.7%로 그 뒤를 바짝 쫓고 있습니다. 그런데 궁금한 점이 있습니다. 왜 빅테크 기업들은 검색엔진을 무료로 제공할까요? 그 답은 앞서 언급한 것처럼 '플랫폼'이 되기 위해서입니다. 예전에는 문자 요금이 건당 50원이었던 시절이 있었는데, 이제는 카카오톡이 그 자리를 차지하고 있습니다. 카카오가 카카오톡을 무료로 제공해주는 이유도 바로 플랫폼 사업자가 되기 위해서입니다.

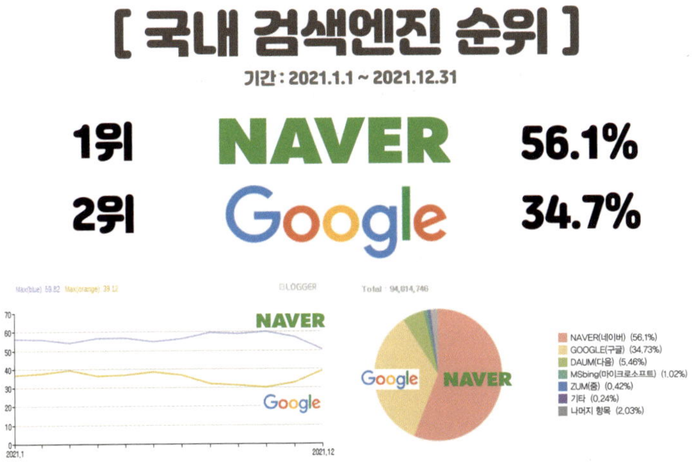

[그림 2-6] 국내 검색엔진 순위(2021년)[07]

02 현대판 헨젤과 그레텔

우리가 인터넷 검색을 하고, 이런저런 웹 사이트에 접속하면, 해당 웹 사이트에서는 우리 컴퓨터에 '쿠키cookie'라는 정보를 남겨놓습니다. 그리고 우리가 나중에 다시 그 웹 사이트에 접속하면 이 과자 부스러기(쿠키)를 통해 우리를 인식합니다. 마치 헨젤과 그레텔이 과자 부스러기를 조금씩 떨어뜨려서 나중에 다시 집으로 찾아가는 원리처럼 말이죠. 사용자가 10억 명이 넘는 구글의 경우에는 이런 과자 부스러기 말고도 더 많은 것이 있습니다.

검색기록, 타임라인Time Line[08], 유튜브 시청 기록을 통해 데이터를 축적하고 있습니다. 2021년 6월 유료화가 된 구글 포토에는 사진을 통한 인물, 사물 인식뿐만 아니라, 사진이 찍힌 위치 등 정보(메타 데이터)도 기록됩니다(단, 구글은 드라이브, 지메일, 포토에 보관된 콘텐츠는 광고에 사용하지 않습니다).

07 출처: 인터넷 트렌드(http://www.internettrend.co.kr)
08 내 휴대폰 위치 기록을 토대로 내가 방문한 장소와 이동 경로를 추정하여 표시하는 구글 서비스입니다.

[그림 2-7] 쿠키 파일의 비유

03 X는 우리를 얼마나 알고 있을까

지금 스마트폰을 켜고, 구글 또는 유튜브 오른쪽 상단에 있는 프로필 사진을 눌러보세요. 그리고 [Google 계정 관리] → [데이터 및 개인 정보 보호] → [맞춤 설정된 광고] → [내 광고 설정] 메뉴에 들어가 보세요. 깜짝 놀랄 수도 있습니다. 구글은 나이, 성별, 결혼 여부부터 시작해서 좀 더 민감한 정보인 자녀 유무, 회사 직원 수, 가계수입, 주택소유 여부까지 추정해낸 결과를 가지고 있습니다. 우리가 항상 들고 다니면서 사용하는 스마트폰이 하루 종일 데이터를 생산했다고 생각하면 됩니다.

심지어 자녀 유무는 그 분류가 자녀의 나이와 수를 고려해서 나누어져 있습니다. 이런 데이터를 광고주에 판매하고, 이 데이터를 산 광고주가 우리에게 맞춤형 광고를 제공할 수 있었던 것입니다. 그나마 다행인 것은 애플을 시작으로 이런 개인 정보 데이터에 대해서 앱과 광고주의 접근을 제한하는 자정의 노력이 시작되었다는 것입니다.

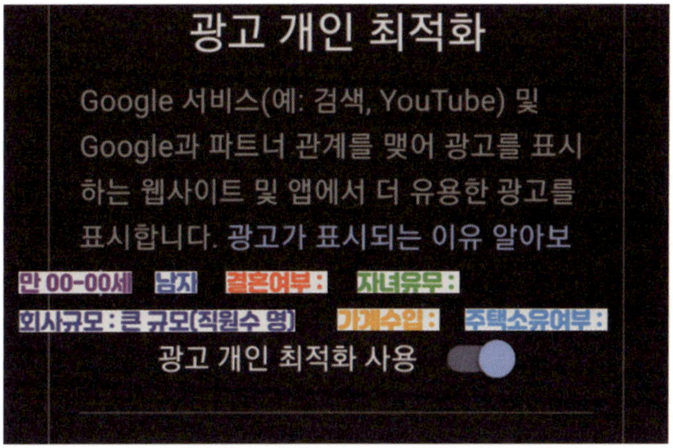

[그림 2-8] 구글의 개인광고 최적화 화면

04 비행기 사고가 무섭다면, 해외여행을 갈 수 없다

여러분은 하루에 스마트폰을 몇 시간이나 사용하나요? 놀라지 마세요. 최근 조사결과에 따르면 한국인의 하루 평균 스마트폰 사용 시간은 5시간입니다. 수면시간을 제외하면 하루의 1/3가량을 온라인 플랫폼에서 보내고 있는 셈입니다. 이처럼 우리의 일상은 온라인이 되었고, 동시에 우리 또한 데이터 세상의 일부분이 되었습니다. 이제 우리는 구글, 네이버, 카카오와 같은 빅테크를 사용하지 않고 살 수 있을까요? 데이터 세상의 일원인 우리는 다양한 빅테크 플랫폼 안에서 데이터 생산자의 역할도 하고, 데이터 소비자의 역할도 하고 있습니다.

비행기 사고는 많지 않지만 한번 사고가 나면 승객 모두가 목숨을 잃을 정도로 피해가 큽니다. 하지만 그 사고가 무서워서 해외여행을 가지 않을 분은 없다고 생각합니다. 마찬가지로 데이터도 알면 효과적으로 활용할 수 있고, 모르면 내 것마저 빼앗기거나 이용당할 수 있습니다.

세상은 끊임없이 변화합니다. 구글도, 유튜브도 기존에 없던 새로운 것입니다. 그리고 기회는 늘 새로운 곳에 있습니다. 새로운 것에는 도전이 필요하지만 '도전'과 '성공'은 같은 단어가 아닙니다. 새로운 도전에서 실패의 확률을 줄이고, 성공의 확률을 높이는 것이 생존의 조건입니다.

마찬가지로 위협은 없애고 기회를 잡고 싶다면 데이터와 친해져야 합니다. 데이터는 여러분이 결정할 수 있는 근거를 제시해 줄 뿐만 아니라, 여러분 스스로의 결정을 믿도록 해줄 것입니다.

저는 많은 분이 데이터에 대해 올바로 알고, 데이터로 말하고 듣고 읽고 쓸 수 있는 능력을 기를 수 있다면 좋겠습니다. 글을 읽고 쓰는 능력을 '문해력', 영어로는 '리터러시$_{\text{literacy}}$'라고 합니다. 이처럼 데이터에 대해서도 문해력을 키울 수 있으면 좋겠습니다.

다음 절에서는 데이터를 활용하는 수단에 대해 알아보겠습니다.

3 데이터 분석보다는 데이터 활용이다

"알파고 VS. 이세돌"

2016년 3월, 대한민국뿐만 아니라 세계를 떠들썩하게 만든 대결이 있었습니다. 바로 구글이 만든 인공지능 '알파고(딥마인드)'와 이세돌의 바둑 대결입니다. 알파고는 고성능 컴퓨터 1,200대 이상으로 만들어진 슈퍼 컴퓨터입니다. 그리고 머신러닝이라는 방법을 통해 바둑의 기보(바둑돌을 내려놓는 순서의 기록)를 학습한 인공지능이 컴퓨터 안에 들어 있습니다.

[그림 2-9] 알파고(좌, 대리인)와 이세돌(우)의 바둑 대결[09]

09 출처: 오마이뉴스

바둑의 모든 경우의 수는 가로 19줄×세로 19줄=361개이고, 경우의 수를 계산하면 2×10^{170}으로 어마어마하게 큰 수입니다. 제 아무리 알파고라고 해도 이 경우의 수를 모두 계산하는 데는 천문학적인 시간이 걸립니다(10^{726}억 년 이상).

따라서 알파고는 이런 경우의 수를 모두 계산한 것이 아니라, 기존에 잘 알려진 대국의 기보 데이터를 공부한 것이죠. 그리고 바둑의 고수들이 어느 자리에 돌을 많이 놓는지, 어디에 돌을 놓았을 때 이길 확률이 높은지를 계산하여 최적의 수를 찾는 방식을 택했습니다. 바로 수학(통계)과 데이터 분석입니다.

바로 이때부터였습니다. 4차 산업혁명 시대가 재조명되고, 사람들은 인공지능의 존재에 대해 인식하기 시작했습니다. 그리고 동시에 대한민국에는 코딩교육 열풍이 불었습니다.

01 대한민국, 코딩교육 열풍이 불다

동네 학원가를 지나가다 보면 어김없이 코딩학원이 보입니다. 초등학교 교과과정부터 코딩교육이 포함될 만큼 그 파급 속도가 빠릅니다. 학부모 사이에서는 조기 교육이 중요하다면서 아이들의 스케줄을 짤 때 영어 유치원에 추가로 코딩학원까지 넣고 있죠. 강습비도 주 1회에 30만 원에서 100만 원까지 하는 곳도 있습니다.

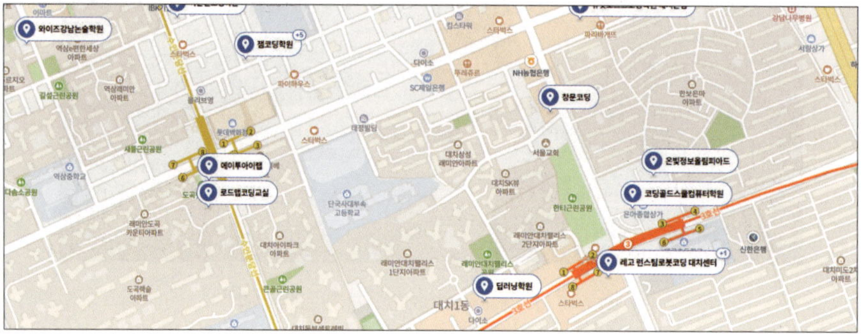

[그림 2-10] 네이버 지도에서 코딩학원으로 검색한 결과[10]

10 출처: 네이버 지도

기억할지 모르겠지만 이런 분위기는 매우 낯익은 광경입니다. 마치 1990년~2000년대 세계화니 뭐니해서 영어를 대하던 우리의 태도가 생각납니다. 그 당시 많은 가족은 영어를 배우기 위해 해외로 유학을 떠났고 그 바람에 '기러기 아빠'라는 신조어가 생겨날 정도였으니까요. 한창 유행하던 영어는 이제 어느 정도 거품이 걷혔습니다.

그런데 잘 생각해보면 영어만 잘한다고 되는 것은 없었던 것 같습니다. 영어는 나의 재능을 표현하는 수단(언어)일뿐이지 그 이상은 아니었습니다. 예를 들어, 내가 미술을 잘 한다면 나의 그림을 영어로 표현할 수 있어야 세계적인 무대에 설 수 있다는 것이고, 명확한 사업 아이템이 있어야 영어로 비즈니스를 할 것입니다. 그런 의미에서 내가 잘 하는 그 무엇은 컵 안에 든 음료이고, 영어는 음료를 입으로 옮기기 위한 수단(빨대)입니다. 중요한 것은 빨대가 아니라 컵 안에 든 음료입니다.

마찬가지로, 우리가 코딩교육을 대하는 자세에서도 핵심을 놓치고 있지는 않나 다시 한번 생각해 볼 문제입니다. 몇 해 전, 〈SBS 스페셜〉이라는 TV 프로그램에서 우리나라 코딩교육에 대해 아주 기막힌 영상을 제작했습니다.[11]

아빠는 컴퓨터가 되고 아이들이 컴퓨터에게 빵에 잼을 바르는 작업을 지시합니다. 첫 번째 시도를 합니다. 아이가 "빵 위에 잼을 바르는 칼로 바른다"라고 말하자, 아빠는 빈 칼로 빵을 문지를 뿐입니다. 두 번째 시도인 "버터 통 안에 잼을 바르는 칼을 넣는다"에서 아빠는 뚜껑이 안 열린 버터통을 빵칼로 두드립니다. 그리고 세 번째 시도에서는 아이들이 지시 내용을 응용해서 아빠가 잼과 버터를 맨손으로 바르게 하는 골탕을 먹이게 합니다.

사실 이 영상은 〈샌드위치 코딩〉이라는 미국 프로그래머 아빠의 영상을 리메이크한 것으로 우리가 데이터 분석을 포함한 코딩교육을 어떻게 바라봐야 하는지에 대한 시사점을 줍니다. 어린 자녀의 컴퓨터 코딩교육을 염두에 두고 있다면 본 영상의 시청을 적극 추천합니다.

컴퓨터는 미리 짜인 논리 흐름에 따라 들어온 입력(데이터)을 처리합니다. 우리가 봤을 때 바보 같은 행동, 또는 의도하지 않은 행동을 할 수 있는 것은 컴퓨터에게 정확히 일을 시키지 못한 우리의 잘못이 큽니다. "정확히 일을 시킨다"는 "내가 풀고자 하는 문제의 목표가 명확하다"는 것

---

11 참고: 〈SBS 스페셜〉 '내 아이가 살아갈 로봇 세상' 세 아들의 코딩교육(https://lnkd.in/gpjsteKx)

을 의미합니다. 그리고 컴퓨터에게 무엇(입력 데이터)을 주어야 하는지를 알고 있어야 합니다. 컴퓨터는 스스로 데이터를 걸러 듣거나 유추할 수 없기 때문입니다. 그런 의미에서 앞서 언급한 "Garbage In, Garbage Out"의 의미가 적용됩니다. 올바른 데이터를 넣어줬을 때, 비로소 정확한 결과값을 얻을 수 있습니다.

여기서 얻을 수 있는 메시지는 이렇습니다.

1. 컴퓨터는 우리가 명령하는 순서와 논리, 구체적 지시에 따라 작업을 수행한다.
2. 컴퓨터에게 올바르게 일을 시키기 위해서는 내 생각을 의도한대로 컴퓨터에게 전달하는 논리적 사고 과정이 필요하다.

02 과거에도 데이터 분석 툴이 있었다

"R과 파이썬 넌 누구니? R과 파이썬에 대한 과도한 집착"

제가 어릴 적에 퍼스널 컴퓨터(PC)가 처음 나왔습니다. 그리고 지금의 코딩학원처럼 동네마다 컴퓨터학원이 하나둘씩 생겨나기 시작했습니다. 그리고 Basic[12] Dos라는 운영체제를 통해 컴퓨터에게 순서대로 일을 시키는 프로그래밍의 기초를 배웠던 기억이 납니다.

프로그래밍 언어는 PC가 개발되고 역사와 함께 계속 진화하고 바뀌어 왔습니다. 1950년대 '포트란Fotran'이라는 언어에서부터 1970년대 C 언어와 파스칼Pascal, 그리고 1980년대 C++가 등장했습니다. 그리고 오늘날에는 파이썬Python, 자바Java, C#이 한 시대를 아우르고 있습니다.

4차 산업혁명이 화두로 떠오르면서 기업에서는 가장 먼저 했던 것이 있습니다. 바로 너도 나도 '데이터 분석 방법론'을 교육시키는 것이었습니다. 기업 강연, 대학교, 대학원, 협회와 정부에서까지 그야말로 교육의 풍년이었습니다. 그리고 그 방법론과 함께 분석 툴에 대한 실습이 있었습니다.

12 Beginner's All-purpose Symbolic Instruction Code의 머리글자로, 마이크로소프트에서 1983년 개발한 기초 프로그래밍 언어입니다.

2015년부터 'R' 데이터 분석 툴부터 시작해서 요즘은 '파이썬'이 대세입니다. 프로그래밍 언어 사용 순위를 분석한 결과, 2019년부터 파이썬이 월등히 1위를 차지하고 있습니다. 그에 반해 R은 그 점유율이 2019년의 4%에서 2023년에는 10위 밖으로 밀려났습니다. 실제 데이터 분석 업계에서도 그 확장성 때문에 R보다는 파이썬을 사용하는 분석가들이 더 많습니다.

앞서 제가 프로그래밍 '언어'라고 표현했습니다. 언어(Language), 그러니까 영어, 한국어, 중국어와 같이 'R'과 '파이썬'도 데이터 분석 프로그래밍 '언어'입니다. 그래서 우리가 2000년대 영어를 대하던 그 사교육의 상황과 정확히 일치합니다. 영어가 세계화를 위해 우리의 훌륭한 문화와 제품을 세계에 알릴 수단(Method)과 도구(Tool)로써의 언어였다면, 마찬가지로 R과 파이썬 또한 우리 콘텐츠와 서비스를 효과적으로 만들어줄 방법으로서의 언어입니다.

Mar 2023	Mar 2022	Change	Programming Language	Ratings	Change
1	1		Python	14.83%	+0.57%
2	2		C	14.73%	+1.67%
3	3		Java	13.56%	+2.37%
4	4		C++	13.29%	+4.64%
5	5		C#	7.17%	+1.25%
6	6		Visual Basic	4.75%	-1.01%
7	7		JavaScript	2.17%	+0.09%
8	10	↑	SQL	1.95%	+0.11%
9	8	↓	PHP	1.61%	-0.30%
10	13	↑	Go	1.24%	+0.26%
11	9	↓	Assembly language	1.11%	-0.79%
12	15	↑	MATLAB	1.08%	+0.28%
13	12	↓	Delphi/Object Pascal	1.06%	-0.06%
14	23	⇈	Scratch	1.00%	+0.47%
15	17	↑	Classic Visual Basic	0.98%	+0.38%
16	**11**	⇊	**R**	**0.93%**	**-0.44%**

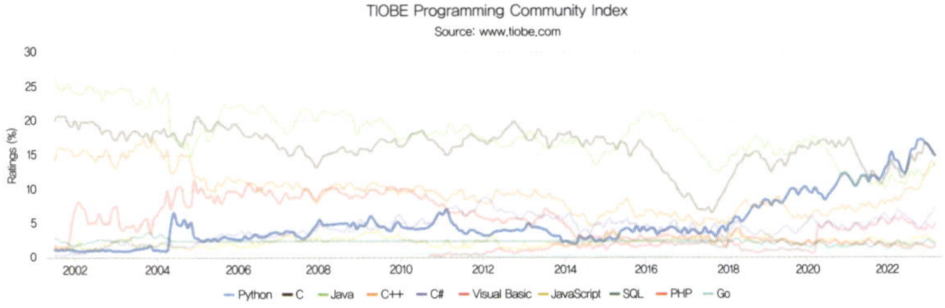

[그림 2-11] 2023년 프로그래밍 언어 순위(TIOBE Index for Mar 2023)

과거에도 데이터 분석을 위한 언어는 얼마든지 있었습니다. 사람들은 '통계'라고 하면 관심을 보이지 않지만, '머신러닝' '인공지능'이라고 하면 구름처럼 모여드는 상황입니다. 심지어 현업에서는 간단한 선형 모델(Y = aX +b 형태)로 풀 수 있는 문제를 반드시 '딥러닝'을 써서 풀어 달라고 요구하는 고객이 있을 정도입니다.

[그림 2-12] 머신러닝과 AI를 바라보는 군중심리[13]

포트란Fotran, C++와 C#을 거쳐 R이 짧은 흥망성쇠를 거치고 이제는 파이썬이 자리를 차지했을 뿐입니다. 그 시대의 언어는 계속해서 바뀌고 있기 때문에 파이썬이 앞으로 영원하라는 법도 없습니다. 데이터 분석 언어들을 지금 배운다 한들 그 언어가 10년 뒤, 20년 뒤에도 계속 살아

13 출처: https://www.reddit.com/r/ProgrammerHumor/comments/b2bucw/machine_learning_and_ai/original comic by sandserif

있으리라는 법이 없습니다. 그래서 우리는 언어와 방법론이 아닌 "컴퓨터 관점에서 어떻게 문제를 해결할 것인가?"에 대한 논리적 사고력을 길러야 합니다.

03 중요한 것은 '빨대'가 아니라 우리가 마실 '음료'다

다시 한번 강조하지만, 정말 중요한 것은 분석 방법론과 분석 툴(프로그래밍 언어)이 아닙니다. '방법론' 그리고 '툴'은 우리가 해결하기를 원하는 문제를 풀기 위한 '수단'에 불과합니다. 학교에서는 분석 프로그램으로 R과 파이썬을 썼다고 하면, 겉보기에 그럴듯한 데이터 분석 과제가 되었을지 모릅니다. 거꾸로 현업에서 그와 같은 결과물을 원한다면 이렇게 지시하게 됩니다.

"김프로, 우리 부서(회사)에 방대한 양의 빅데이터가 있어.
뭐가 나올지 모르지만 파이썬, 딥러닝 뭐 이런 거로 만들어서
성과물을 가져와 봐."

여러분은 이 업무를 잘 수행할 자신이 있나요? 제 아무리 데이터 분석 역량이 뛰어나다고 해도, 단순히 코딩 실력만 가지고는 이 문제는 풀 수 없습니다. 왜냐하면 문제 자체가 정의되지 않았기 때문입니다. 문제가 없기 때문에 원인도 없고 원인에 맞는 해결도 어렵습니다.

생각하는 과정 없이 분석 툴만 다루게 되면 '시키는 것만 잘 하는 사람'이 될 뿐입니다. 그리고 시키는 것만 잘하는 것은 언젠가 로봇에 의해 대체될 수밖에 없습니다. 실제 코딩 한 줄 없는 오토 ML 서비스[14]가 상용화되고 있는 현실입니다. 실제 데이터를 잘 활용하려면 분석 툴보다 생각하는 힘, 즉 데이터 사고력이 수반되어야 합니다. 여기서 말하는 '데이터 사고력'이란 문제정의부터 해결방안까지 짜임새 있는 논리로 전개하는 능력입니다.

그러려면 데이터 분석 툴은 잠시 내려놓고, "무엇을 말하고 싶은가?"와 같이 분석 목적을 먼저 생각해야 합니다. 그렇게 되면 풀고자 하는 문제에 대해 명확히 이해하고 정의를 내릴 수 있습니다. 문제가 정의된 후에야 비로소 "아, 이 데이터가 필요하겠네"라고 인식할 것입니다. 그 다

14 Microsoft Azure AutoML, Google Cloud AutoML과 같이 반복적인 기계 학습(ML, Machine Learning) 모델 개발 작업을 자동화한 클라우드 서비스를 말합니다.

음 단계는 무턱대고 데이터 분석을 하는 것이 아니라, “어떻게 분석해야 하는지를 생각해보는 과정”을 거쳐야 합니다.

“무작정 데이터 분석부터 하는 것은 위험하다.”

현업에서 많은 프로젝트를 거치며, 실제로 필요한 능력은 ‘분석 수단에 얽매이지 않고, 논리적으로 문제를 정의하고 원인을 분석하고 해결하는 능력’입니다. 그렇지 않은 많은 프로젝트와 실무에서는 수박 겉핥기 수준의 해결방안을 도출하는 데 많은 시간과 비용이 투입되기도 합니다. 아쉬운 결론이 나오는 이유는 데이터 분석 툴의 사용이 서툴러서가 아니라, 논리적 사고가 빈약하기 때문입니다.

앞으로 목적과 문제를 정의하고, 필요한 데이터나 분석을 얼마나 다양한 시각에서 전개해 나갈 수 있는지에 대해 이야기하려고 합니다. 다음 장에서는 빅데이터와 인공지능이 더욱 발전할 수록 살아남을 수 있는 능력, 세상 속에서 슬기롭게 살아가기 위한 데이터 활용에 대해 구체적으로 알아보겠습니다.

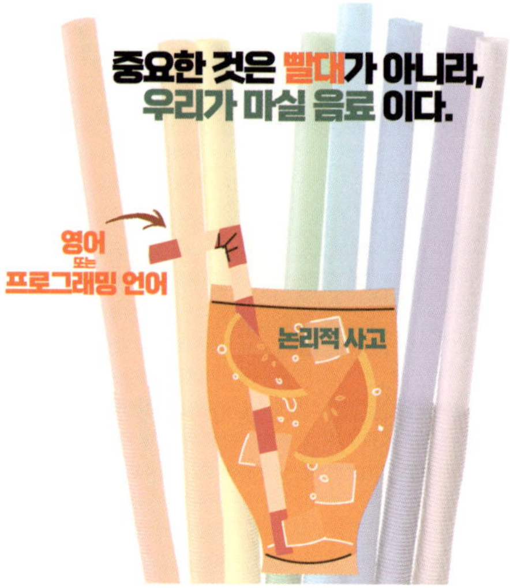

[그림 2-13] 데이터 분석 툴은 말 그대로 툴(Tool, 도구)일 뿐이다

정리하기

1. 벚꽃이 피는 시기와 데이터

01. 데이터란 무엇인가.

- 데이터의 어원은 라틴어 'datum(주어진 것)'에서 유래되었습니다.
- 데이터는 '이론을 세우는 데 기초가 되는 사실, 자료'라는 사전적 의미와 동시에 '추정 또는 예측을 위한 근거'라는 관용적 의미가 있습니다.

02. 데이터는 모든 것의 근원이다.

- 데이터(Data): 관찰과 실험에 의해 얻은 사실, 가공되기 전 있는 그대로를 의미합니다.
- 정보(Information): 이런 데이터를 가공하여 원하는 형태로 얻어낸 규칙을 의미합니다.
- 지식(Knowledge): 앞서 가공한 정보를 일반화 또는 체계화한 패턴입니다.
- 지혜(Wisdom): 지식의 근본적인 원리를 주어진 상황과 맥락에 맞게 적용하는 것을 말합니다.

03. 쓰레기를 넣으면 쓰레기가 나온다.

- '가비지 인, 가비지 아웃(Garbage In, Garbage Out)'은 "쓰레기를 넣으면 쓰레기가 나온다"라는 의미입니다.

04. 데이터의 5가지 특성

- Volume(양), Variety(다양성), Velocity(속도), Veracity(정확성), Value(가치)입니다.

2. 여러분에 대해 많은 것을 알고 있는 X

01. 왜 빅테크 기업들은 검색엔진을 무료로 제공할까.

- 빅테크 기업이 검색엔진을 무료로 제공하는 이유는 '플랫폼'이 되기 위해서입니다.

02. 현대판 헨젤과 그레텔

- 인터넷 검색을 하고, 웹 사이트를 접속하면 우리 컴퓨터에 '쿠키'라는 과자 부스러기가 남습니다.

03. X는 우리를 얼마나 알고 있을까

- 우리가 항상 들고 다니면서 사용하는 스마트폰이 하루 종일 데이터 센서 역할을 하고 이 데이터를 통해 인공지능은 다양한 정보를 추정해 냅니다.

04. 비행기 사고가 무섭다면, 해외여행을 갈 수 없다

- 실패의 확률을 줄이고, 성공의 확률은 높이는 것처럼 위협을 없애고 기회를 잡고 싶다면 데이터와 친해져야 합니다.

3. 데이터 분석보다는 데이터 활용이다.

01. 대한민국, 코딩교육 열풍이 불다.

- 중요한 것은 나의 재능 또는 사업 아이템이고, 영어는 그것은 표현하는 수단입니다.
- 컴퓨터는 스스로 데이터를 걸러 듣거나 유추할 수 없기 때문에 무엇(입력 데이터)을 주고 어떤 일을 시켜야 할지를 결정하는 것은 우리(사람)입니다.

02. 과거에도 데이터 분석 툴이 있었다.

- R과 파이썬 또한 우리 콘텐츠와 서비스를 효과적으로 만들어줄 수단과 도구로써의 언어일 뿐입니다.

03. 중요한 것은 '빨대'가 아니라 우리가 마실 '음료'다.

- 단순히 데이터를 보는 방식이나 분석 방법론, 프로그래밍 언어만 가지고는 객관적인 문제 해결에 도움이 되지 않습니다.
- 데이터 분석 문제를 디자인하는 능력은 다음과 같습니다.
  ❶ 목적과 문제를 정의하는 것
  ❷ 문제를 풀기 위해 필요한 데이터를 설정하는 것
  ❸ 그 데이터를 분석하는 것

3장

데이터 활용의 기초 사고력

"짱구 아빠가 두 명이네?"
"어, 한 명은 로봇이고 한 명은 진짜 아빠야."
"누가 진짜 아빠야?"
"나도 잘 모르겠어, 아빠처럼 좀 덜 똑똑한 쪽이 진짜 짱구 아빠가 아닐까?"
"어? 그래…."

서연이가 〈짱구, 로봇 아빠의 역습〉이라는 만화를 보고 있습니다. 인공지능 로봇이 이제는 눈 앞에 다가온 현실입니다. 만화가 아니라 실제 휴머노이드 로봇의 제작과 출시가 대두되고 있습니다. 덜 똑똑한 쪽이 진짜 아빠라니, 이러다가 우리의 일자리가 대체되는 것은 아닌지 불안감이 엄습합니다.

인공지능의 발달은 우리에게 도움을 주게 될까요? 아니면 경쟁하고 위협하는 존재가 되는 것일까요? 인공지능은 인간과 마찬가지로 학습이 필요합니다. 그리고 학습에 필요한 것이 바로 데이터입니다. 그렇다고 강아지에게 밥을 주듯이 로봇에게 데이터만 준다고 해결되지는 않을 것 같습니다. 인공지능 로봇을 부려먹으면서 편하게 살려면 어떤 능력이나 기술이 필요할까요?

인공지능을 설계하고 기술을 활용하기 위해 이미 우리 안에 내재된 강력한 사고력에 대해 알아보겠습니다.

1 인공지능이 우리 일자리를 대체할까

01 사람보다 느린 자동차를 봤나요

"자동차가 도로에서 우연히 말을 만나면 정지해야 한다."

위 문구는 어디에서 왔을까요? 이것은 '동물보호법'의 한 조항이 아닙니다. 자동차가 많지 않은 아프리카의 법도 아닙니다. 세계 최초로 자동차를 개발한 2차 산업혁명의 상징 국가, 영국 법의 일부입니다.

시간을 좀 거슬러 올라가겠습니다. 1865년 세계 최초로 '증기 자동차'가 개발되었습니다. 자동차의 등장으로 인해 기존 교통수단으로 생계를 이어가던 마차 업자들은 항의했습니다. 그 결과, 영국은 〈붉은 깃발법〉을 만들었습니다. 이 법에는 "자동차가 도로에서 우연히 말을 만난다면 무조건 정지해야 한다." "또한 자동차는 말을 놀라게 하는 연기나 증기를 내는 것을 법으로 금지한다." 등의 세부 준칙이 있었습니다.

놀라겠지만 이 법은 오늘날의 〈도로교통법〉을 이루는 근간입니다. 무엇보다도 이 법이 〈붉은 깃발법〉으로 불리는 이유는 '붉은 깃발'을 들고 있는 사람(기수)이 자동차 앞에서 선도(먼저 걸어가야)하기 때문입니다. 즉, 자동차는 사람의 걸음걸이보다 빨리 운행할 수 없었던 거죠. 영국 국회는 말도 안 된다고 생각되는 이 법을 통과시켰습니다. 이 사례는 옛날에나 혹은 외국에서나 가능한 이야기일까요?

한 때 논란이 되었던 '카카오 택시'나 '타다' 역시 기존 시장 참여자들의 반발이 있었습니다. 어느 쪽이 '옳다, 그르다'라는 입장을 떠나서 생각해보겠습니다. 시대의 변화는 우리가 좋다고, 싫다고 바꿀 수 있는 것이 아닙니다. 우리는 예측하기보다는 대응하고 적응하는 존재입니다. 과거의 마차와 오늘날의 택시는 그 맥락을 같이 합니다. 이 문제가 꼭 마차와 택시에 국한된 것일까요?

02 자율주행차의 발달로 바라본 일자리 변화

전기차와 함께 자율주행기술을 선도하는 테슬라Tesra의 성장이 대단합니다. 사람들은 테슬라가 다가서고 있는 자율주행이라는 목표에 박수를 보냅니다. 처음에는 모두 안 된다고, 어렵다고 말했습니다. 하지만 이제는 인공지능이라는 '게임 체인저Game Changer'가 나타났습니다.

자율주행이란 인공지능이 사람을 대신해 주행상황에 따른 판단을 내리는 기술을 말합니다. 크게 두 분야로 나누어보면, 먼저, 주행상황을 데이터로 인식, 처리하는 부분이 있고, 그 다음으로는 그 상황에서 최적의 판단을 내리는 부분이 있습니다. 다시 말해 데이터를 인식, 처리하고 판단하는 속도가 자동차의 주행속도보다도 더 빨라졌다는 것을 의미합니다.

인공지능은 언제부터 이렇게 똑똑해진 걸까요? 데이터가 방대해지고, 학습하는 데 시간은 덜 걸리게 되었습니다. 사람의 하루 평균 운전시간은 한 시간(평균이동 거리는 39km)[01]이라고 합니다. 그렇지만 인공지능은 하루종일 먹지도, 쉬지도, 자지도 않고 운전을 학습할 수 있습니다. 쉬지 않고 학습하는 인공지능과 사람의 운전실력은 결국 어떻게 될까요?

자율주행차 기술이 향상되는 것과 동시에 끊임없는 얘기되는 논란을 데이터로 살펴보겠습니다.

"자율주행은 위험하다. 믿지 못하겠다."

자율주행의 위험성을 간과해서는 안 되지만 이와는 반대로 일부 사람들은 자율주행의 위험성을 지나치게 부정적으로 바라보는 경향이 있습니다. 실제 사람이 운전하는 자동차의 경우 자동차가 사고가 200,000건/년 이상 발생하고 있습니다.

다음에 제시한 자율주행 자동차의 사고 건수와 우리나라의 한 해 교통사고 건수를 비교해보면 사고율을 추정할 수 있습니다.

01 출처: 서울연구원 도시정보센터, 자동차 한 대당 하루 평균 주행거리: 39.2km

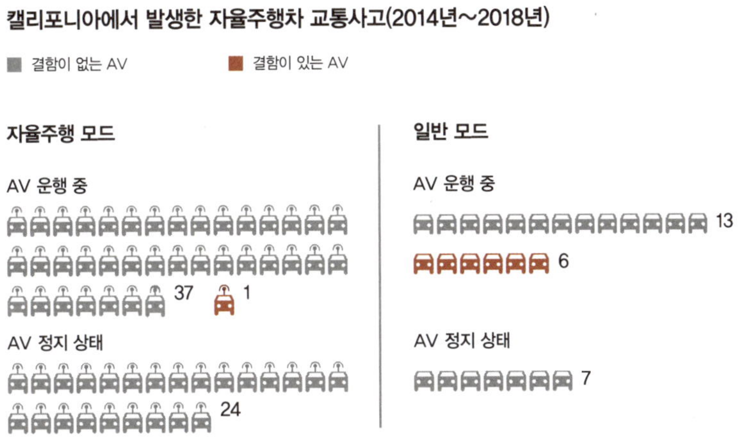

[그림 3-1] 자율주행차 사고에 대한 분석 결과[02]

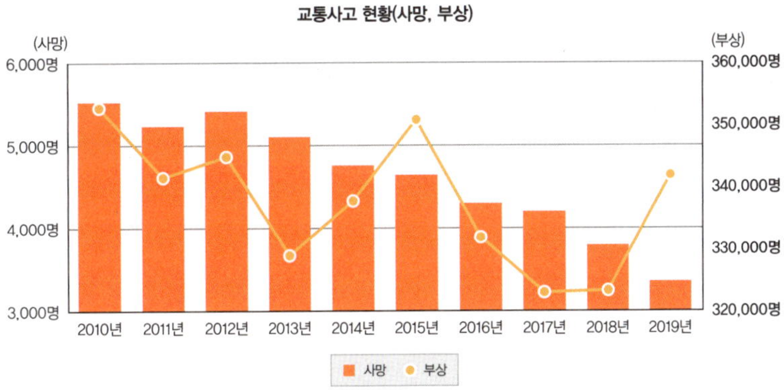

[그림 3-2] 우리나라 교통사고 현황 통계(2010~2019)[03]

2019년 기준으로 사망자는 3,349명으로 지속적인 감소 추세지만, 부상자는 341,712명으로 크게 늘었습니다. 사고 건수만으로 봤을 때는 2019년 229,600건으로 전년의 217,148건과 대비해서 다소 늘고 있는 수치입니다.

02 출처: 노컷뉴스

03 출처: e-나라지표

자율주행 자동차는 인간의 과실에 비하면 오히려 사고율을 획기적으로 줄일 수 있다고 판단됩니다. 결국 인공지능은 우리를 위험하고 힘든 일에서 해방시켜 줄 것입니다. 물론 스스로 해방을 원하지 않는다면 이야기는 달라지겠지만요.

자율주행 자동차가 거리에 다니는 시대, 우리는 인력거를 끄는 직업을 갖기를 원할까요? 아니면 붉은 깃발을 들고 자동차 앞에 서겠습니까? 질문을 반대로 하는 게 더 맞을 수 있겠습니다.

"아직도 사람들은 자동차 대신에 인력거를 타기 원할까요?"

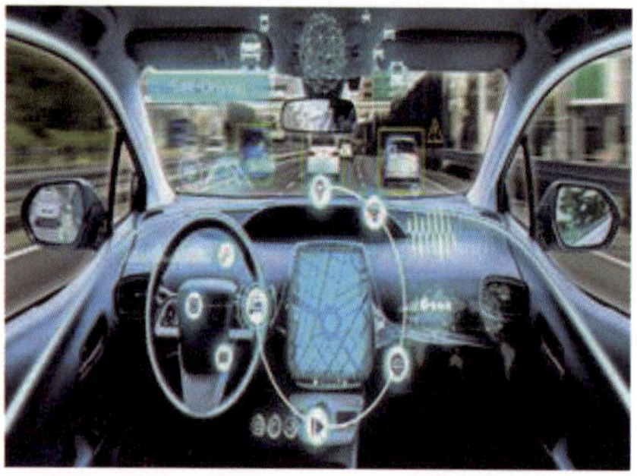

[그림 3-3] 일본의 인력거(왼쪽)와 자율주행차(오른쪽)[04]

이렇듯 자율주행 인공지능은 우리에게 하루 평균 한 시간 이상의 또 다른 자유를 줄 것입니다. 하지만 누군가에게는 이 자유가 생계를 위협하는 것일 수 있습니다. 자유를 주는 것이 아니라 생계수단을 뺏는 개념입니다. 즉, 인공지능과 일자리를 두고 경쟁을 하게 되는 것이죠.

기업의 인재상에 '전문성을 가지고, 근면 성실하게 맡은 바 책임을 다하는 사람'이라는 문구는 이제 바뀌고 있습니다. 인공지능은 잠도 자지 않고, 스마트폰으로 딴짓을 하거나 게으름도 피우지 않을 만큼 근면합니다. 방대한 데이터를 바탕으로 객관적인 지식을 짧은 시간에 찾아내는 전문성은 사람과 비교할 수 없습니다.

그렇다면 앞으로의 미래사회에는 어떤 일자리가 살아남고, 어떤 능력이 중요하게 될까요?

---

04 출처: 픽사베이(좌), LG CNS(우)

03 미래사회의 일자리

빅데이터, 인공지능의 기술이 발달하고 역할이 확장되면서 직업에도 많은 변화가 있으리라는 것은 확실합니다. 그리고 코로나19의 영향으로 그 속도가 빨라질 것이라는 생각도 할 수 있습니다. 가까운 예로 식당이나 편의점에 가면 사람 대신 기계(키오스크)에 주문을 하고 계산을 하게 되었습니다. 식당이나 편의점에서의 일자리가 그만큼 줄어들게 된 것이죠.

그렇다면 일자리가 없어지기만 했을까요? 데이터와 IT 기술의 발달은 이를 중심으로 새롭고 다양한 직업을 창출해냈습니다. 예를 들어, 기업에서 빅데이터를 다루는 빅데이터 전문가라든지, 금융과 정보 통신 분야에서 신뢰성을 담당하는 핀테크 보안전문가, 사람처럼 생각하고 행동하는 능력을 갖춘 프로그램을 개발하는 인공지능 전문가와 같은 직업이 생겨났습니다.

앞으로 일자리는 두 가지 형태로 구분할 수 있습니다.

하나는 인공지능과 협력하는 일자리입니다.

인공지능이 발전했고, 또 빠른 속도로 발전했지만 그것을 담는 그릇, 하드웨어의 발달 또한 필요합니다. 사람의 섬세한 동작과 손길은 아직 로봇이 흉내내기 어렵습니다. 또 인공지능은 데이터를 학습해야만 결과를 도출할 수 있습니다. 그래서 충분한 데이터가 있는 분야에만 적용될 수 있습니다. 이 분야를 제외하면 사람과 함께 협력해야 합니다.

다른 하나는 인공지능을 설계하는 일자리입니다.

인공지능은 사람이 특정 목적을 가지고 만든 컴퓨터 프로그램입니다. 우선 "어떤 인공지능이 필요한가?"는 질문과 결정은 사람만이 결정할 수 있습니다. 그리고 이런 컴퓨터 프로그램은 그 기능을 하기 위해 빅데이터를 학습해야 하죠. 데이터는 학습이 가능한 형태로 정리되어야 합니다. 최종적으로 우리가 원하는 업무와 기능을 수행하는지 판단하는 역량까지 있어야 합니다. 또 이런 절차를 창조적으로 설계하고 분야 간 연결을 수행하는 능력이 필요합니다.

2 인공지능을 부려먹는 역량을 키우자

**"컴퓨팅 사고력은 과학자뿐만 아니라
모든 사람이 갖춰야 하는 기본적인 역량이다."**

인류발전에 크게 기여한 기술 중 하나를 꼽으라면 무엇이 있을까요? 바로 '인쇄술'을 들 수 있습니다. 15세기에 발명된 인쇄술은 사람들에게 글과 책을 선사했습니다. 책이 대량으로 공급되면서 인류의 읽기와 쓰기 능력이 보편화되었습니다. 이때부터 정보와 지식의 대중화가 시작되었습니다.

마찬가지로 오늘날 인터넷, 모바일, 클라우드 등의 'IT 기술'은 인류의 삶을 획기적으로 변화시켰습니다. 특히 좀 더 많은 사람에게 양질의 콘텐츠(데이터)를 신속하게 공급해주고 있습니다. 신인류는 이 데이터를 읽고 쓰고 다루는 능력이 필요합니다. 이런 데이터 활용 역량의 기초는 바로 '컴퓨팅 사고력'에 있습니다.

'컴퓨팅 사고력'이라는 개념은 2006년 카네기 멜론 대학의 지넷 윙Jeannette Wing 교수가 발표하면서 등장했습니다. 읽기, 쓰기, 셈하기와 같이, 모든 사람이 배워서 활용할 수 있는 보편적인 기술이며, 갖춰야 할 역량이라고 말했습니다.

01 컴퓨팅 사고력이란 무엇인가

컴퓨터는 우리가 문제를 해결하는 데 도움을 줄 수 있습니다. 하지만 모든 문제를 컴퓨터로 해결할 수 있는 것은 아닙니다. 우리가 가장 먼저 해야 할 일은 "문제가 무엇인지?"와 "어떻게 해결할 것인지?"를 생각하는 것입니다. 컴퓨팅 사고력은 이런 문제의 본질에 대해 접근하도록 합니다.

'컴퓨팅'이라는 단어 때문에 혼동하는 부분이 있습니다. 컴퓨팅 사고력(Computational Thinking)은 컴퓨터처럼 생각하거나, 컴퓨터 과학자처럼 생각하는 것이 아닙니다. 컴퓨터는 생각할 수 있는 능력이 없기 때문에 "컴퓨터처럼 생각한다"는 말 자체가 어울리지 않습니다. 그보다는 컴퓨터에게 무엇을 하라고 정확히 지시할 수 있는 능력입니다. 이것이 바로 컴퓨터 그리고 인공지능과 공존하는 시대에서 우리가 갖춰야 할 생존능력입니다.

문제들은 언뜻 보기에 복잡해 보입니다. 컴퓨팅 사고력은 이 복잡한 문제를 작고 처리하기 쉬운 문제로 나누는 것부터 시작합니다(① 분할). 다음으로 그 작은 문제들과 유사한 문제가 이전에 어떻게 해결되었는지 파악합니다(② 패턴인식). 그 후 중요한 사항에만 초점을 맞추고, 관련이 작거나 관련이 없는 세부 정보는 무시하고 단순하게 볼 수 있습니다(③ 추상화). 마지막으로 이 문제들을 해결하기 위한 절차나 규칙을 세울 수 있습니다(④ 알고리즘).

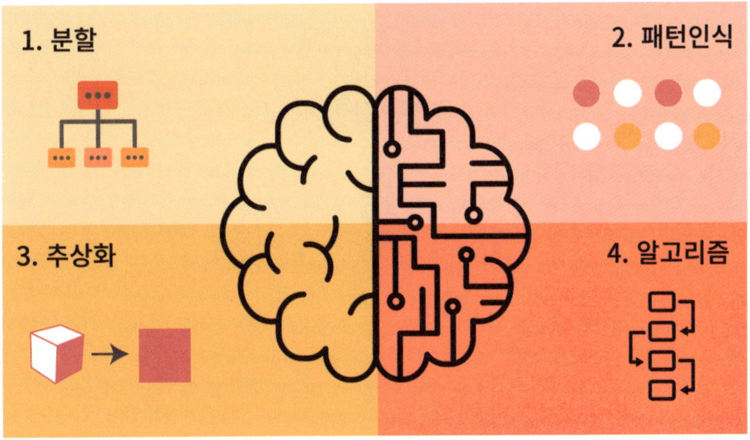

[그림 3-4] 컴퓨팅 사고력의 4가지 구성요소[05]

이렇게 컴퓨팅 사고력은 크게 4가지 요소로 구성됩니다. 다음 단락에서부터 각 요소를 알아보고 활용할 수 있는 능력을 길러보겠습니다.

05 출처: https://www.bbc.co.uk/bitesize/guides/zp92mp3/revision/1

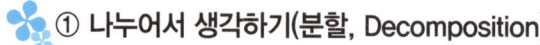

① 나누어서 생각하기(분할, Decomposition)

"뭉치면 어렵고, 흩어지면 쉽다."

데이터 분석에서 데이터를 '분석'한다는 건 무슨 뜻일까요? 한 덩어리를 나누고 쪼개서 개별 요소로 나눈다는 의미입니다. 우리에게 주어진 문제를 작은 부분으로 나누고, 나누어진 부분은 필요하다면 다시 해결 가능한 부분으로 잘게 나누는 과정이 바로 분석인 것이죠. 분석(分析)은 한자로 나눌 분(分), 쪼갤 석(析)입니다. 즉, "나누어 쪼갠다"라는 뜻입니다. 감이 안 온다고요?

[그림 3-5] 컴퓨팅 사고력 - ① 분할

그럼 지난 시간에 다룬 '벚꽃여행'을 계속해서 예로 들어보겠습니다. '여행 계획'을 짤 때 처음으로 할 일은 무엇을 해야 하는지, 그 리스트를 만들고 문제를 나누는 것입니다. 깔끔하고 적절한 가격의 숙소를 예약하고, 기차로 갈지, 차로 이동할지, 교통편을 결정할 것입니다. 그리고 도착한 첫째 날에는 지역 맛집에 가서 저녁식사를 하고, 둘째 날에는 벚꽃 명소에 가서 사진을 찍기로 계획합니다.

이것을 분할하면 ① 숙소 ② 교통편 ③ 맛집 ④ 즐길거리(벚꽃 명소 등)와 같이 크게 4가지로 나눌 수 있습니다. 이렇게 문제를 작은 단위로 쪼개 놓으니 아내와 남편이 일을 나누어서 할 수 있어 부담도 훨씬 줄어들었습니다.

이렇게 문제를 나누어서 푸는 방식을 좀 더 컴퓨터 과학적인 용어로는 '분할과 정복(Divide and Conquer)'이라고 합니다. 하나의 문제를 하위 문제로 나누어가면서 쉽게 풀 수 있는 작은 단위로 나눈(divide) 후, 이를 정복(conquer)하고, 다시 이를 합쳐서(combine) 해결하는 개념입니다.

간단한 예를 하나 더 들어보겠습니다. 오늘 학교에서 수학 문제 5개를 풀라는 숙제를 받았습니다. 그렇다면 5명의 친구들이 한 문제씩 푼 다음, 합쳐서 하나의 정답지를 완성하는 것이 분할입니다. 이처럼 분할은 문제를 나누어 여러 개의 작은 문제로 쪼개고, 작은 문제들의 해결방안을 생각하는 과정입니다.

하나의 복잡한 문제를 잘게 쪼개어 문제를 이해하고 해결하면 다음과 같은 장점이 생깁니다.

1. 문제가 작은 단위로 나누어집니다.
2. 작은 문제는 쉽게 처리할 수 있습니다.
3. 나누어진 문제들은 좀 더 전문적인 지식이 있는 팀이나 사람이 맡아서 협업할 수 있습니다.

② 유사한 문제 찾아보기(패턴인식, Pattern Recognition)

"다른 사람들은 어떻게 갔다 왔대?"

어떤 문제에 직면했을 때 그 문제를 가장 빨리 푸는 방법은 '비슷한 문제를 어떻게 해결했는지 확인'하는 것입니다. 우리가 경험했던 문제 중에 유사한 문제가 있었다면 가장 좋겠죠. 그렇지 않다면 유사한 경험이 있는 사람에게 물어보거나 그 경험들을 찾아볼 겁니다. 그러면 그 과정에서 비슷한 요소가 있는 문제를 찾고, 해결책을 찾을 수 있을 겁니다. 이처럼 문제에서 일정한 패턴이나 반복되는 규칙, 유사점과 공통점을 찾아내는 과정을 '패턴인식'이라고 합니다.

벚꽃여행을 위해 우리는 4가지 작은 문제로 나누는 데까지 성공했습니다. 이때부터 우리는 '데이터'가 필요합니다. 기존에 유사한 시간, 장소, 일정으로 여행을 갔던 사람들의 후기를 찾습니다. 그중 만족스러웠던 숙소, 맛집, 즐길거리에 대한 유사 패턴이 보일 겁니다.

내가 찾은 데이터 중에서 4가지 요소인 숙소, 교통편, 맛집, 즐길거리에 대해 나의 스타일과 가장 유사한 패턴을 찾아냅니다. 그리고 그 패턴에서 공통점과 차이점을 인식하면서 문제는 해결책에 다가서게 됩니다.

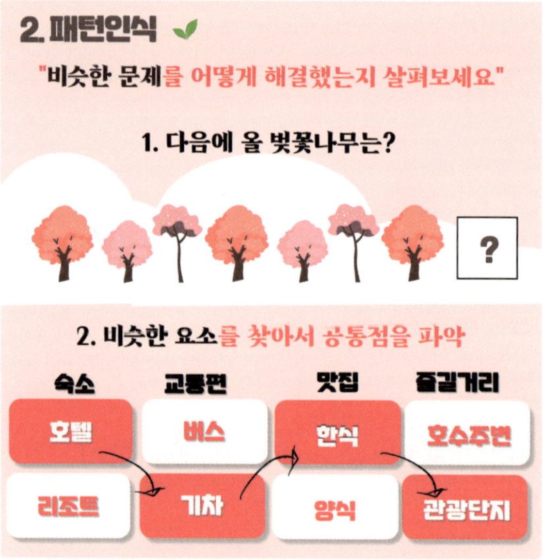

[그림 3-6] 컴퓨팅 사고력 – ② 패턴인식

예를 들어, 내가 가고자 했던 곳이 경주라면, 경주에 대해서 다음 요소를 고려해볼 것입니다.

❶ 숙소: ★★★★ 성급 이상의 호텔
❷ 교통편: 낭만이 있는 기차를 선호
❸ 맛집: 유아용 의자가 비치된 한정식 위주
❹ 즐길거리: 유모차가 이동할 수 있는 벚꽃거리

공통점과 차이점을 파악할 수 있는 능력은 사람들의 핵심 아이디어 및 개념의 기억을 도와줍니다.

또 다른 예로, 곱셈구구(예전의 구구단)에서 5단의 경우, 5×1=5, 5×2=10, 5×3=15, 5×4=20에서 정답은 1의 자리가 5와 0을 반복하고, 십의 자리의 패턴은 두 번마다 바뀝니다. 벚꽃과 곱셈구구의 예처럼 어떠한 문제에 대해 분할된 조각의 유사한 점과 차이점을 찾아낸다면 좀 더 쉽게 해결방안에 접근할 것입니다.

③ 단순하게 생각하기(추상화, Abstraction)

"뭐 이리 복잡해, 단순하게 생각해."

추상화란 무엇일까요? 내가 '정말로 필요한 내용'과 '생략해도 되는 내용'을 구분해 내는 것입니다. 우리가 원하는 일에 집중하려면 불필요한 특성은 생략하고, 핵심에 집중하여 단순하게 만드는 과정이 필요합니다. 흔히 일기예보에서 '해' 그림으로 맑은 날씨를 추상화해서 나타내고, 와이파이 서비스는 전파가 확대되는 기호를 추상화해서 사람들에게 개념을 전달합니다.

[그림 3-7] 컴퓨팅 사고력 - ③ 추상화

저는 벚꽃 감성이라서 계속 벚꽃으로 예를 들어보겠습니다. 벚꽃은 꽃잎이 분홍색이고, 잎이 5개이며, 가운데 부분에 짙은 분홍색의 수술 등이 있다는 게 가장 큰 특징이 있습니다. 수술의 개수가 몇 개인지, 꽃받침의 색이 초록색인지 갈색인지는 추가적인 정보입니다. 이런 세부사항은 걸러낼 수 있는 정보인 것이죠.

그렇다면 추상화는 왜 중요할까요? 문제를 풀 때, 우리는 그 문제를 둘러싼 세부사항을 함께 만나게 됩니다. 앞선 문제는 "벚꽃 잎은 분홍색이고 5개다." "잎 가운데 수술이 있다." 같은 '핵심 특성'이 있고, 또 꽃수술의 개수나 꽃받침의 색과 같은 '세부 특성'이 있습니다. 이 과정은 문제 해결에 도움이 되지 않는 세부 특성과 같은 패턴을 없애 줍니다. 벚꽃을 단순화해서 그림으로 그린 것처럼, 우리 앞에 주어진 문제에서 본질만을 남기고 나머지는 생략하도록 하는 데 도움을 줍니다.

④ 머릿속에서 순서대로 상상해보기(알고리즘, Algorithm)

"어르신들, 키오스크로 주문하기 어려워!"

코로나19로 인해 일상생활에서 크게 바뀐 점이 있다면 바로 식당에서 키오스크를 통해 주문하는 방식이 대표적인 예입니다. 잘 알다시피 키오스크는 사람 대신 주문, 결제 등의 기능을 하는 터치스크린 방식의 무인 단말기입니다. 한 조사 단체에 따르면 70세 이상 고령 소비자 5명을 대상으로 직접 실험해본 결과, 5명 모두 패스트푸드점의 키오스크에서 주문을 완료하지 못했다고 합니다.[06]

키오스크는 주문을 받는 사람과 주문을 하는 사람의 의사소통 절차를 그대로 컴퓨터로 옮겨 놓은 방식입니다. 예를 들어 키오스크의 주문 절차를 살펴보겠습니다.

1. 화면을 터치하세요.
2. 메뉴를 선택하세요.

---

06 출처: 매일경제(2022년 5월 29일자)

❸ 수량을 선택하세요.

❹ 포장/매장을 선택하세요.

❺ 결제 방식을 선택하세요.

❻ 주문번호가 호출되면 상품을 가져가세요.

키오스크의 주문 절차는 위와 같은 순서로 표현할 수 있습니다.

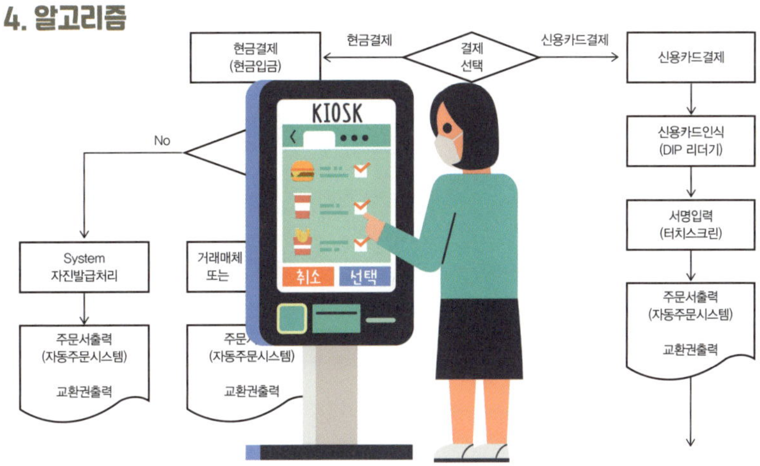

[그림 3-8] 컴퓨팅 사고력 – ④ 알고리즘

또 다른 예로 요리 과정을 들 수 있습니다. 우리는 요리를 할 때, 머릿속으로 먼저 전체 과정을 그려봅니다. 여기서 만들어 볼 저녁 메뉴는 된장찌개입니다.

❶ 필요한 재료인 된장, 두부, 애호박, 양파, 마늘을 떠올립니다.

❷ 냉장고를 열어서 확인한 후 없는 재료를 먼저 사야겠죠.

❸ 그리고 머릿속에서 재료들을 손질해보고,

❹ 물도 끓여놓고,

❺ 순서대로 재료를 투입합니다.

이처럼 음식 레시피는 훌륭한 알고리즘의 하나입니다.

키오스크 사용법이나 요리 과정처럼 어떤 일의 순서 또는 프로세스를 컴퓨터 과학에서는 '알고리즘'이라고 합니다. 알고리즘이 한번 설계되면 '키오스크 주문'과 '된장찌개 끓이기'처럼 무한반복을 통해서 실행이 가능한 하나의 시스템이 되는 것입니다.

알고리즘은 한 번에 완벽한 형태가 되기 어렵습니다. 된장찌개 끓이기의 예에서 갑자기 가스가 들어오지 않는 돌발상황이 생길 수 있습니다. 그리고 키오스크 예에서는 모바일 쿠폰으로 주문하고 싶은 고객도 있을 겁니다. 또 벚꽃 여행에서는 하루 종일 비가 내리는 경우도 생기겠죠?

이렇게 예기치 못한 상황을 설정해서 다시 알고리즘을 설계해야만 합니다. 이와 같이 실수와 잘못으로부터 배우는 것을 '디버깅Debugging'이라 말합니다. 디버깅이란 의도치 않은 에러가 발생했을 때 조치하는 행위입니다.

"읽고 쓰고 말할 수 있다면 누구나 할 수 있다."

앞선 시간에 배운 코딩교육의 열풍은 '프로그래밍 언어'를 사용하는 능력입니다. 반면 컴퓨터 사고력은 우리 일상생활의 문제를 해결하기 위해, 우리의 창의적 사고방식을 컴퓨터 기술과 결합하는 융합의 과정입니다. 결론은 "창의적인 일은 인간이 하고, 반복적인 일은 컴퓨터에 시킨다"입니다.

인문학, 과학, 예술 분야 등 우리 주변의 다양한 분야에서 컴퓨팅 사고력을 사용하고 있습니다. 여러분의 전문 분야에서의 지식(Human Intellignce)에 데이터를 활용할 수 있는 사고력을 더하면 기존에 해결하지 못했던 문제를 창의적으로 해결할 수 있을 것으로 기대합니다.

컴퓨팅 사고력은 컴퓨터에 안에 있는 것이 아니라 여러분 안에 있습니다.

정리하기

1. 인공지능이 우리 일자리를 대체할까.

01. 사람보다 느린 자동차를 봤나요.

- 새로운 기술에 의한 일자리의 변화로 갈등이 생깁니다.
  - 사례 1: 붉은깃발법. 자동차 앞에 붉은 깃발을 든 사람이 앞장서서 가야만 했습니다.
  - 사례 2: 여객자동차 운수사업법. 플랫폼 운송사업과 택시 사업자 간의 갈등입니다.

02. 자율주행차의 발달로 바라본 일자리 변화

- 인공지능은 우리를 위험하고 힘든 일에서 해방시켜 줄 것입니다.
- 밥도 먹지 않고, 잠도 자지 않는 인공지능과 경쟁하지 않아야 합니다.

03. 미래사회의 일자리

- 미래사회의 일자리는 두 가지 형태로 구분할 수 있습니다.
  - 인공지능과 협력하는 일자리: 충분한 데이터가 없는 분야, 사람의 섬세한 동작과 손길이 필요한 분야입니다.
  - 인공지능을 설계하고 활용하는 일자리: 컴퓨터가 사고하는 방식을 이해하고 창조적으로 설계, 분야 간 연결하는 능력이 필요한 분야입니다.

2. 인공지능을 부려먹는 역량을 키우자.

01. 컴퓨팅 사고력이란 무엇인가

- 컴퓨터에게 무엇을 하라고 정확히 지시할 수 있는 능력입니다.
- 컴퓨팅 사고력 4가지 요소: ① 분할 ② 패턴인식 ③ 추상화 ④ 알고리즘
- 전문 분야 지식에 컴퓨팅 사고력을 더하면 문제를 창의적으로 해결할 수 있습니다.

02. 나누어서 생각하기(분할, Decomposition)

- 분할은 문제를 나누어 여러 개의 작은 문제로 쪼개고, 작은 문제들의 해결 방안을 생각하는 과정입니다.
- 하나의 복잡한 문제를 잘게 쪼개어 문제를 이해하고 해결하면 다음과 같은 장점이 생깁니다.
  - 문제가 작은 단위로 나누어집니다.
  - 작은 문제는 쉽게 처리할 수 있습니다.
  - 나누어진 문제들은 보다 전문적인 지식이 있는 팀이나 사람이 맡아서 협업할 수 있습니다.

03. 유사한 문제 찾아보기(패턴인식, Pattern Recognition)

- 문제를 가장 빨리 푸는 방법은 '비슷한 문제를 어떻게 해결했는지 확인'하는 것입니다.
- 문제에서 일정한 패턴이나 반복되는 규칙, 유사점과 공통점을 찾아내는 과정을 '패턴인식'이라고 합니다.

04. 단순하게 생각하기(추상화, Abstraction)

- 필요한 내용과 생략해도 되는 내용을 구분해 내는 것입니다.
- 문제 해결에 도움이 되지 않는 세부 특성과 같은 패턴을 없애주고 '핵심특성'만 남겨줍니다.

05. 머릿속에서 순서대로 상상해보기(알고리즘, Algorithm)

- 어떤 일의 순서 또는 프로세스를 컴퓨터 과학에서는 '알고리즘'이라고 합니다.
- 실수와 잘못으로부터 배우는 것을 '디버깅'이라 말합니다.

4장

데이터에서 답을 찾고 있나요

"50년 만의 물가쇼크!"

우리나라를 비롯한 세계 각지에서 물가상승 현상이 나타난 것을 두고 나온 말입니다. 물가가 많이 올라 살기가 힘들다고 얘기하는 분이 많습니다. 이런 상황을 반영하는 것이 바로 '최저임금'입니다. 노동의 대가로 최소한 이만큼은 받아야 의식주 해결이 가능하다는 취지로 생긴 최저임금제도는 노동자의 생활안정과 생존권을 보호하는 제도입니다.

이 최저임금은 매년 노동계 대표와 경영계 대표 그리고 중립에 선 공익위원들이 모여 결정하게 됩니다. 그런데 고물가 상황 속에서 최저임금을 올려야 한다는 쪽도, 동결해야 한다는 쪽도 고물가 데이터를 들고 나왔습니다. 노동계는 음식, 주거와 같이 생활과 밀접한 물가가 계속 오르니 최저임금도 올라야 한다고 주장합니다. 높은 금리와 물가로 노동자의 생존권이 위협받고 있다고 물가 데이터를 제시합니다. 반대로 경영계는 최저임금을 동결해야 한다고 말합니다. 제품을 생산하는 원재료 등 물가가 너무 올라서, 최저임금이 오르면 기업의 실적 악화와 고용 축소로 이어질 수 있다는 우려 때문입니다. 이 주장 역시 물가 데이터를 근거로 들었습니다.

최저임금을 올려야 한다는 쪽도, 동결해야 한다는 쪽도 모두 물가 데이터를 근거로 주장을 펼치고 있습니다. 이처럼 같은 데이터에서 다른 결론이 나오는 이유는 무엇일까요?

여러분은 둘 중 어느 쪽이 맞다고 생각하나요? 한 발 떨어져서 보면 오히려 데이터에는 정답이 없는 게 아닐까요? 이 장에서는 데이터에서 답을 찾고 있는 '데이터 중심', 분석 프로그램에 초점이 맞춰진 '분석 툴 중심', 그리고 내가 알고자 하는 목적에 따라 데이터를 활용하는 '목적 중심'에 대해 알아보겠습니다.

1 데이터 안에서 정답을 찾지 말자

01 '데이터' 중심으로 생각하지 말고, '목적' 중심으로 생각하자

저는 2018년부터 고용노동부 지방노동청에서 취업 멘토링 봉사를 하고 있습니다. 학창시절에 저도 한 재단에서 장학금을 지원 받으면서 졸업과 취업 준비를 했습니다. 그래서인지 취업과 진로가 막연한 20대를 겪은 저에게, 같은 입장의 학생들을 돕는 멘토링 봉사가 참 보람됩니다. 그 멘토링 강연에서 데이터 분석가로서 진로를 희망하는 학생들에게 공통적으로 하는 질문이 있습니다.

"다음 데이터를 어떻게 활용할 수 있을까요?"

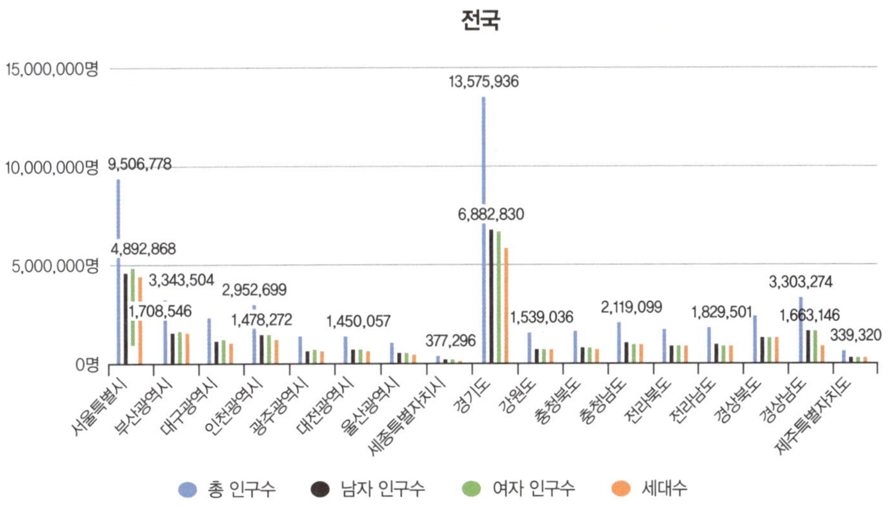

[그림 4-1] 2022년 3월 주민등록 인구통계(행정안전부)[01]

01 출처: https://jumin.mois.go.kr/

질문을 받은 학생들은 "경기도의 인구가 가장 많다"라거나 "서울의 인구가 부산의 인구보다도 세 배나 많다"라는 식의 해석을 합니다.

그런데 과연 단순히 '인구가 많고 적음'이나 '수치 계산'이 실질적으로 얼마나 유용할까요? 우리는 수학시험 문제에 들어있는 그래프를 해석해서 정답을 찾는 것에 익숙한 게 아닌가 되돌아보게 됩니다. 실제 이런 정보는 데이터가 보여주는 현상입니다. 이런 해석은 개인이나 사업주에게도 큰 도움이 되지 못합니다. 왜냐하면 왜 데이터를 분석했는지에 대한 '목적'이 없기 때문입니다.

"여러분은 무슨 말이 하고 싶은가요?"

제가 학생들에게 질문한 것은 "데이터를 통해 무엇을 말할 수 있는가(What CAN you say)"보다는 "무엇을 말하고 싶은가(What do you WANT to say)"입니다.

CAN(할 수 있다)과 WANT(원한다)의 차이점을 알아보죠. 데이터를 통해 무엇을 말할 수 있다(CAN)는 데이터에 모든 가능성과 범위가 한정됩니다. 그에 반해 무엇을 원하는가(WANT)는 그 중심이 데이터가 아니라 '나의 사고(생각)'에 달려 있습니다.

CAN(할 수 있다)의 경우, '데이터와 그래프에 한정된 생각'을 전제합니다. 그래서 이미 확보한 데이터와 만들어진 그래프를 파악하는 일에서 벗어나지 못합니다. 그러면 애당초 내가 왜 데이터 분석을 시작했는지에 대한 목적은 사라져버리게 되죠. 그 결과, 데이터 분석에 대한 목적은 사라지고 데이터 분석 자체만 남는 꼴이 됩니다.

반면, WANT(원한다)는 생각하는 힘, 즉 사고력을 요구합니다. "나는 무엇을 말하고 싶은가?"라고 질문하는 순간 다음 과정을 거치게 됩니다. 데이터 분석을 수행하기 전, ① 내가 왜 이 분석을 하는지에 대한 본래의 목적을 생각하게 됩니다. ② 그 다음에는 어떤 데이터가 필요한지를 생각합니다. ③ 그리고 데이터들을 다양한 관점에서 바라보면서 목적을 중심으로 사고하는 과정을 거치게 됩니다.

이처럼 데이터 사고력은 한정된 데이터를 가지고 무엇을 할 수 있는지(CAN)를 알아보는 과정에서 시작하는 것이 아니라, 내가 무엇을 원하는가(WANT)에서 출발합니다. 제가 강조하는 데이터 사고력이 데이터가 아니라 바로 여러분 안에서 나와야 한다고 말하는 이유입니다.

02 '데이터 활용을 어려워하는' 사람들을 위한 해법

"데이터, 그리고 분석 기술에 현혹되지 마세요."

제가 여러분 손에 망치를 하나 쥐어 주겠습니다. 그럼 여러분은 무엇을 할까요? 아마 망치로 할 수 있는 일을 찾기 시작할 겁니다. 그리고 얼마 지나지 않아 모든 것이 '못'으로 보이게 됩니다. "여러분이 가진 도구가 망치뿐이라면 모든 문제는 못처럼 보일 것이다"라는 말입니다. 만약, 여러분이 데이터 활용을 위한 도구로써 '데이터'와 '분석 기술'에 집중한다면 없는 문제를 만들어 내거나 본래 문제가 왜곡될 수 있다는 의미입니다.

데이터 활용을 어려워하는 분은 다음처럼 하는 경우가 많습니다.

1. 회사 시스템이나 인터넷에서 수집한 데이터를 보면 일단 엑셀이나 파이썬과 같은 툴부터 켭니다.
2. 인터넷 강의에서 배운 대로 데이터를 더하거나 빼보고, 알록달록한 그래프도 그려봅니다.

그러면 처음에는 본인이 데이터 분석을 하고 있다는 설렘 같은 것을 느낄지도 모르겠습니다. 하지만 시간이 지나면서 어느새 데이터 분석이 아닌 '코딩' 또는 '작업'을 하고 있는 자신을 발견하게 됩니다. 그리고는 "내가 뭐 때문에 이것을 하고 있지?"라는 회의감이 밀려오는 순간을 맞이합니다.

[그림 4-2] 분석 스킬에 현혹되지 마세요

어떤가요? 비슷한 경험을 한 적 있지 않나요? 이렇게 잘못된 작은 경험이 쌓여서, "툴은 다룰 수 있는데, 데이터 활용은 어려워"라는 생각이 무의식 안에 자리 잡게 됩니다.

"김 과장, 데이터에서 보고거리 좀 뽑아와 봐"라는 지시를 받거나, 혹은 스스로 '데이터 안에서 인사이트를 찾아야 해'라며 무턱대고 데이터에 달려들지도 모릅니다. 그렇게 되면 시간만 쓰고 아무것도 얻지 못한 자신을 발견하게 됩니다. 그런 후 자신은 데이터 분석에 필요한 기술이 부족하다고 결론을 짓고 내 길이 아니라고 생각합니다.

많은 경우, 데이터 활용을 어려워하는 분들은 데이터에서부터 시작하려고 합니다. 하지만 여러분이 손에 넣은 데이터는 정말로 모든 현상을 다 설명해 줄 수 있는 빅데이터인가요? 교과서에서 보았던 '한 학급 학생들의 수학점수와 영어점수에 대한 합계 예제'처럼 계산이 딱 떨어지는 문제를 현실에서는 실제로 만나기가 어렵습니다. 결론적으로 여러분이 우연히 손에 넣은 데이터는 문제의 부분을 설명할 수 있는 데이터에 한정될 가능성이 높기 때문입니다.

이 경우 명확한 사실 한가지는 데이터가 여러분에게 정답을 주지 못한다는 점입니다. 왜냐하면 여러분의 머릿속에는 '문제' 자체가 없기 때문입니다. '답'은 해결하고자 하는 '문제'가 있을 때만 존재할 수 있습니다. 따라서 여러분이 무엇을 원하는지, 어떤 문제를 해결하고 싶은지에 대한 고민이 가장 우선되어야 합니다.

예를 들어, [그림 4-1]에서 본 '주민등록 인구통계'에서 해야 할 첫 번째 일은 무엇이었을까요? 바로 원하는 문제를 찾고 거기에 맞는 데이터를 선택하는 일입니다. 그렇지 않다면 데이터 분석 툴로 그래프를 그리는 작업으로 전락할 가능성이 높습니다.

"데이터 활용이 어려운 분들을 위한 해법은 뭘까요?"

우리는 수집한 데이터가 문제를 바라보는 관점을 오히려 더 좁게 만들지 않는지를 생각해봐야 합니다. 만약, 아무런 사고과정 없이 데이터 분석을 하게 되었을 때는 아래와 같은 두가지 상황이 발생하게 됩니다.

[상황 1]

- 손 안에 있는 데이터를 주의 깊게 살펴본다.
- 데이터에서 찾을 수 있는 문제에만 주목한다.
- 문제를 해결했다고 결론을 내린다.

이런 경우, 본질적인 문제를 보지 못하고 현상에 매달리게 됩니다. 데이터가 찾은 문제가 정말 여러분이 해결하려고 했던 문제일까요? 아니면 어쩌다 발견한 '현상'에 불과한 것일까요? 지금까지 큰 영향력이 없었던 현상을 문제라고 정의하고 달려드는 것은 아닌지 살펴봐야 합니다. 제가 강조하는 적절한 '사고과정'을 거치지 않았다면, 해결하는 문제를 작은 현상에 국한시키게 되고 유연한 사고가 어려워집니다.

[상황 2]

- 손 안에 있는 데이터를 주의 깊게 살펴본다.
- 데이터에서 얻을 수 있는 정보가 너무 적다고 판단한다.
- 다시 데이터를 모은다. 또 다시 정보가 부족하다고 느낀다.

둘째는 정말로 필요한 데이터와 얻을 수 있는 정보의 양이 부족하다는 점입니다. 예를 들어, 여러분 손 안에 있는, 많다고 생각한 데이터가 100만큼 있습니다. 그런데 아무리 분석을 해도 그

중에서 10~20만큼의 정보 밖에는 뽑아내지 못합니다. 이때 여러분은 다시 데이터를 모으기 시작할 겁니다. 설문조사, 웹 크롤링, 사내 데이터, 외부 데이터 등 또 닥치는 대로 모을 겁니다. 그리고 다시 데이터가 부족하다고 생각하며 데이터를 또 모으게 될 것입니다.

반대로 목적을 중심으로 출발하면 어떻게 될까요? 먼저 내 목적에 어떤 데이터가 필요한지를 생각해볼 것입니다. 내가 필요한 데이터가 100만큼이라고 했을 때 사내 데이터 중 목적에 맞는 데이터를 20만큼 얻고, 사내에 없는 데이터 중 20만큼은 외부에서 사오고, 또 20만큼은 웹에서 수집하고, 정량적 데이터가 없는 부분에 대해 설문조사 등 적절한 방법으로 필요한 데이터를 취득할 것입니다. 즉 데이터를 전략적으로 대하게 됩니다.

한마디로 요약해서 데이터에서 정답을 찾으려고 한다면 결국 사고가 굳어지고, 데이터로 얻을 수 있는 정보의 양도 한정되게 됩니다. 이렇게 무작정 데이터를 분석하는 분들을 위한 해법은 다음 질문을 스스로에게 하는 것입니다.

[그림 4-3] 데이터 안에서 정답 찾기

즉, 다음 질문이 데이터를 적절하게 활용하기 위한 해법입니다.

데이터를 적절하게 활용하기 위한 해법

❶ 나는 왜 이 데이터를 분석하는가?

→ 데이터 자체가 아닌, 내가 왜 이 데이터를 분석하려고 하는지 '진짜 목적'을 정의해봅니다.

❷ 문제가 무엇인가?

→ 데이터에서 문제를 찾지 말고, 데이터 분석에 앞서 '내가 풀고자 하는 문제'가 무엇인지 생각해봅니다.

❷ 나는 무엇을 원하는가?

→ 원하는 최종 결과(물)의 형태를 상상해봅니다.

03 데이터 분석은 그 자체가 '목적'이 아니라 '방법'이다

요즘 사람들 사이에서는 '데이터 사이언스 = 코딩'이라는 잘못된 인식이 있는 것 같습니다. 정작 데이터 사이언스의 주인공은 데이터와 데이터 분석 프로그래밍이 아니라 데이터를 다루는 사고력입니다.

데이터 분석의 궁극적인 목적은 합리적 의사결정과 문제해결입니다. 그리고 그 분석을 하기 위한 것이 데이터 분석 프로그램입니다. 그래서 코딩(프로그래밍)은 어디까지나 목적을 이루기 위한 수단입니다. 앞서 말씀드린 망치가 필요할 때는 못질이 필요한 포인트와 순간입니다.

지금 현업과 학교에서는 모두가 망치질을 할 수 있고 나만 못하면 불안해하는 것 같습니다. 그리고 모두 망치를 들고 다니면서 여기 저기 두드리고 있습니다. 목수는 많은데, 무엇을 만들지는 모르는 상황과 같습니다. 그래서 저는 여러분에게 데이터 분석 방법이나 데이터 분석 툴 중심의 접근 방법을 전달하지는 않습니다. 여러분이 무엇을 만들지, 어떤 문제를 풀 것인지 생각해보고 올바른 데이터로 올바른 방법을 통해 목적을 달성하도록 도울 것입니다.

다음의 세 가지 접근방식에 대해 살펴보고 여러분은 어떤 접근방식을 취하고 있는지 스스로 자각해 보기를 권합니다.

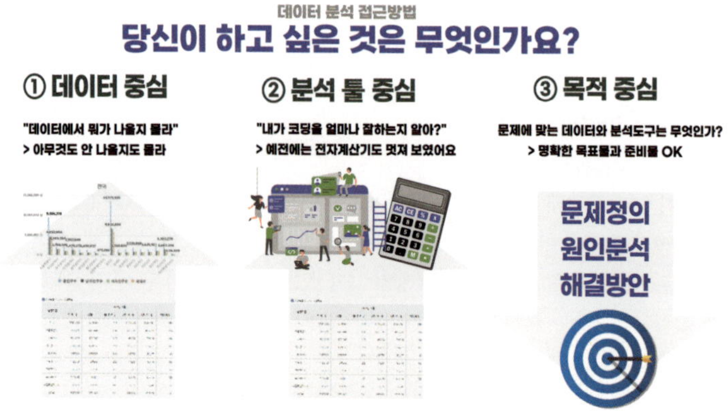

[그림 4-4] 데이터 분석 접근 방법

① 데이터 중심

생각보다 행동이 앞서는 사람들이 범하기 쉬운 접근 방식입니다. 데이터에서 통찰력을 얻어낼 수는 있지만 모든 데이터가 통찰력을 주지는 않습니다. 무엇보다도 중요한 사실은 어떤 일이든지 시간과 자원이 한정되었다는 점입니다.

데이터를 분석하기 전에 "데이터로 얻을 수 있는 결론은 이러할 것이다"라고 생각해보는 과정이 필요합니다. 이것을 우리는 "가설을 세운다"라고 말합니다. 가설을 세우지 않고 데이터를 먼저 들여보는 것은 무작정 맨바닥에 삽을 꽂아 넣으며 금을 캐겠다고 하는 것과 같습니다. '데이터'라는 금광에서 금을 캐는 사람은 합리적 추론에 의해 금의 위치를 추적하고 검증하는 쪽입니다.

② 데이터 분석 툴 중심

디지털화 교육의 일환으로 코딩교육의 기회가 많아졌습니다. 파이썬과 R 등으로 직접 코딩을 수행하면 어려운 무언가를 해결했다는 성취감이 듭니다. 하지만 그로부터 얻은 결론은 과거 엑셀로 얻은 결론과 얼마나 차이가 있을까요? 또 여러분이 다루는 그 데이터가 진정으로 방대한 양의 빅데이터이기 때문에 분석 툴을 사용할 수밖에 없었는지 되돌아봐야 합니다.

내가 하고 있는 이 작업이 데이터를 활용하고 있는 것이 아니라, 단순히 데이터 분석 툴을 활용하고 있는 것은 아닌지 살펴봐야 합니다. 툴은 말그대로 Tool(도구)일 뿐입니다. 주객전도가 일어나기 쉬운 부분입니다. 파이썬 코딩을 하고 있는지, 데이터 분석을 하고 있는지를 스스로에게 자문해보기 바랍니다.

③ 목적 중심

이 사고방식은 "내가 무엇을 원하는가"에서부터 출발합니다. 바로 데이터를 분석하는 목적에 해당합니다. 데이터나 코딩에서 시작하는 것이 아니라 원하는 목적에서 시작해서 필요한 데이터를 정의하고 수집합니다. 데이터를 분석하고 결과와 최종 결론을 도출하게 되는 프로세스입니다.

데이터 자체에 빠지다 보면 본래 우리가 하고자 했던 일, 현실의 문제가 왜곡되는 경우가 많습니다. 그렇기 때문에 과거 IT버블 시기에도 다양한 시스템이 도입되었지만 실망으로 귀결되었던 기억이 있습니다. 중요한 것은 문제를 정의하고 그 후에 문제 해결에 필요한 데이터는 무엇인지, 컴퓨터로 해결할 수 있는 문제인지를 생각해보는 목적 중심의 데이터 활용 프로세스입니다.

지금까지는 우리에게 정말 필요한 능력은 '데이터 중심'이 아닌 '목적 중심'으로 사고하는 방법이라는 것을 살펴보았습니다. 다음은 문제를 정의하고, 원인을 분석하고, 결론을 도출하는 구체적인 방법에 대해 알아보겠습니다.

2 데이터를 활용한 문제해결 3단계

**"멘토님, 데이터 분석은 할 줄 아는데,
이게 지원회사에 얼마나 마음을 끌지 모르겠어요."**

취업 멘토링에서 데이터 분석가로서 진로를 희망하는 학생들에게 가장 많이 받은 질문입니다. 제 생각에 요즘 학생들은 못하는 게 없습니다. 코딩, 영어, 자격증 등 개개인의 역량이 과거보다 월등히 뛰어나다고 생각합니다. 그런데도 현업에서 다소 아쉽게 느껴지는 부분이 바로 '문제 그 자체'보다는 '도구를 다루는 능력'을 먼저 익히고 있다는 점입니다. 즉, 그들에게 가장 중요하지만 간과하고 있는 것은 바로 '문제 해결 역량'입니다.

그러므로 여러분의 능력이 회사의 문제를 해결할 수 있다는 것을 예시를 통해 보여줘야 합니다. 회사에 입사하는 동시에 수많은 문제에 직면하게 됩니다. 단순히 "내가 어떤 일을 해야 하는지"에서부터 새로운 상황과 위기 속에서 "회사가 어떻게 대응해야 하는지"에 대한 것들입니다. 그것들은 일정한 과정도 정답도 존재하지 않습니다. 심지어 없는 문제도 스스로 만들어서 풀게 되는 경우도 있습니다.

01 문제가 생기면 어떻게 해결할까

"간단명료한 문제 해결 3단계가 있습니다."

일상생활에서 문제가 생기면 대부분의 사람들은 직관적으로 해결하려고 합니다. 기침이 나면 약국에서 감기약을 사 먹습니다. 회사 매출이 부진하면 홍보나 마케팅을 더 공격적으로 진행합니다. 즉시 해결이 가능한 문제는 직관적인 답이 효과적일 때도 있습니다. 왜 그 문제가 생겼는지 깊게 생각해 볼 시간이 없거나 또는 그럴 필요가 없는 문제일 경우가 그렇습니다. 하지만 비즈니스 상황을 비롯한 많은 문제는 복잡한 상황과 영향을 주는 다양한 요인으로 구성되어 있습니다. 그럴 때는 누구나 알 수 있는 다음 3단계를 거쳐 문제를 해결합니다.

"1단계: 문제정의 → 2단계: 원인분석 → 3단계: 해결방안"

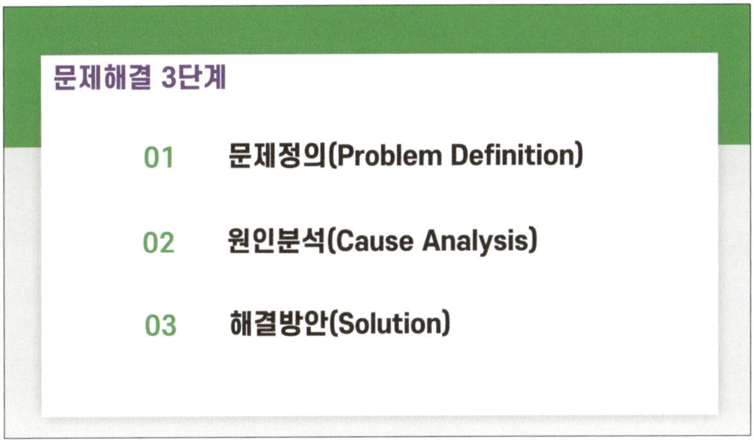

[그림 4-5] 문제해결 3단계

02 1단계 – 문제정의: 우선 문제를 짚고 넘어가자

문제가 무엇인지를 정의하는 것은 굉장히 중요한 부분입니다. 풀고자 하는 문제가 명확해야만 해답을 구할 수 있습니다. 만약, 문제가 명확하지 않다면, 문제가 정해져 있지 않은 시험지를 받고 답안지를 작성해야 하는 상황과 같습니다. 답안지를 작성해서 제출했는데 문제를 바꾼다면, 시험에서 좋은 점수를 받기 어려울 것입니다.

실제 비즈니스에서는 문제가 계속 변하는 상황이 발생하기도 합니다. 그래서 어떤 프로젝트를 시작할 때, "문제는 이것이다"라고 정의하고 시작하는 것이 매우 중요합니다. 그렇지 않으면 계속해서 변하는 문제를 푸느라 프로젝트를 종료할 수 없습니다.

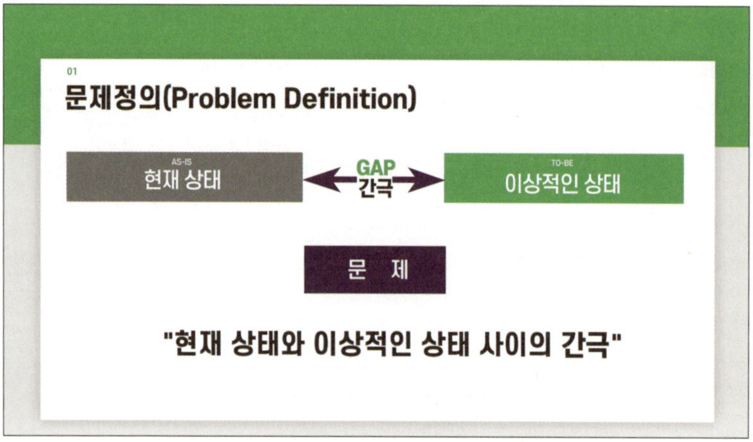

[그림 4-6] 1단계 – 문제정의

문제를 정의할 때, 다음의 세 가지 질문을 거칩니다.

❶ 이상적인 상태는 무엇인가?
❷ 현재 상태는 어떤가?
❸ 이상적인 상태와 현재 상태의 간극은 얼마인가?

문제는 바로 이상적인 상태와 현재 상태의 간극이 발생하는 지점에 있습니다. 이상과 현재, 둘 사이의 간극(gap) 차이를 우리는 문제로 정의하고 간극을 좁히거나 없애는 것을 목표로 삼습니다.

현재 사업 매출이 10억 원이고, 이상적인 매출이 12억 원이라면 그 차이는 2억 원이고 이 간극을 좁히는 것이 문제입니다. 즉, "연간 매출 2억 원을 어떻게 증가시킬 것인가?"라는 문제를 정의할 수 있는 것입니다.

03 2단계 – 원인 분석: 논리적 사고를 통해 원인을 찾자

기침 때문에 한 달 이상을 고생한 적이 있습니다. 우리는 기침이 나면 직관적으로 판단하고 바로 감기약을 먹습니다. 물론 저도 약국에서 바로 감기약을 사 먹었습니다. 하지만 낫지 않더라고요. 아무리 약을 먹어도 낫지 않아서 병원에 가서 전문의를 만나 이런저런 진찰을 받았습니다. '역류성 식도염'이라고 하더군요. 그 진단에 따른 처방 약을 먹고 나았습니다. 병원에 가지 않았다면 오히려 원인도 모른 채 병을 더 키울 수 있었습니다.

이처럼 정확한 원인을 도출하기 위해서는 우선 원인 '후보'를 선정해야 합니다. 그러려면 우선은 원인 '후보'를 두 개 이상 나열한 뒤 평가하는 방식을 사용하면 됩니다. 그 방법을 좀 더 논리적으로 구성한다면 어떠한 현상을 나타내는 원인을 빠짐없이 구조화하는 것입니다. 그리고 그 원인에서 한 단계 더 잘게 쪼개거나 더 깊게 생각해보는 것입니다.

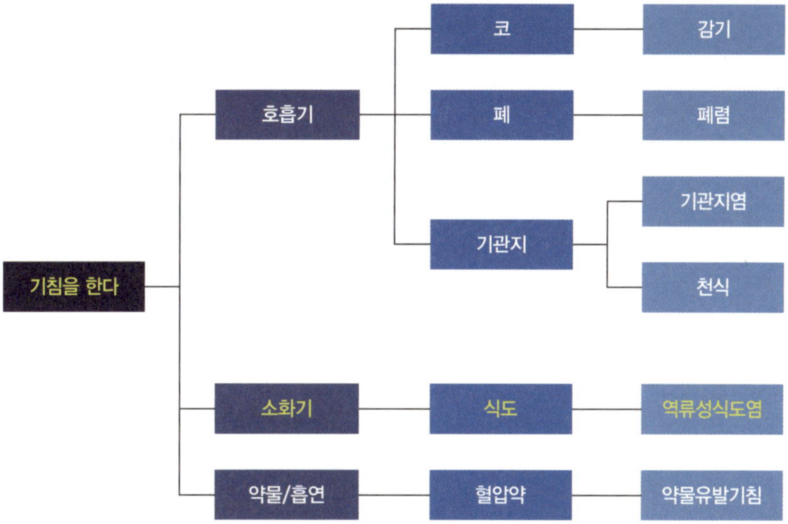

[그림 4-7] 2단계 – 원인 분석

[그림 4-7]과 같은 방식을 '논리적 트리(Logical Tree)'라고 합니다. 앞서 예로 든 기침의 경우로 살펴보겠습니다. 전문의는 다음과 같은 질문을 합니다.

질문	답변	논리적 사고
담배를 피우나요?	아니요	약물유발기침 아님
복용 중인 약이 있나요?	아니요	
콧물이나 가래같이 다른 증상이 있나요?	아니요	감기/폐렴/기관지염 아님
식사 전후로 심해지나요?	예	소화기 이상 증상
통증 같은 게 느껴지나요?	예	위/식도 이상 증상
가슴 쪽에서 타는 느낌이 나나요?	예	역류성 식도염 확률이 높음
커피나 빵, 초콜릿, 술 등을 좋아하나요?	예	

[표 4-1] 논리적 트리의 적용 예

전문의가 하는 질문은 그냥 하는 것이 아니라, 논리적 사고를 통해 문제를 구조화한 뒤 질문하는 것입니다. 데이터 분석도 이와 같은 방식과 같습니다. 이처럼 원인을 구조화하게 되면, 직관적으로 생각하지 못하는 것에 대해 알 수 있게 됩니다. 그리고 어떤 데이터를 분석해야 하는지도 구체적으로 알 수 있게 되죠.

추가 원인 분석 접근 방법으로는 "왜"라는 질문을 5번 이상하는 5WHY 방법과, 생선뼈와 같이 생겼다고 해서 붙여진 이름인 '생선뼈 다이어그램(Fishbone Diagram)'을 그려보는 방법이 있습니다. 문제를 생선의 머리 부분에 두고 각 부분별로 생선의 뼈와 같이 분기하여 원인을 적어보는 방식입니다. 이렇듯 다양한 방법론 중 한 가지를 선택해서 사용하면 됩니다.

04 3단계 – 해결방안: 문제를 해결하기 위한 데이터를 찾자

지금까지 문제해결을 위해 현 상태와 이상적인 상태의 간극을 파악하는 '문제정의' 과정과 '원인 분석'을 수행했습니다. 이제는 문제해결에 필요한 구체적인 해결 작업을 해야 합니다. 이번에는 우리에게 좀 더 익숙한 김밥을 예로 들어보겠습니다.

소풍날 김밥을 만들기 위해 필요한 것은 김밥 재료, 요리 도구, 그리고 아이가 좋아하는 김밥 종류 등이 있습니다. 입력되는 데이터는 밥하기, 재료 손질, 김밥말기, 자르기, 도시락 싸기 등의 작은 단위로 나눌 수 있습니다. 이렇게 하면 소풍 김밥이 완성되는 것이지요.

많이 들어본 것 같다고요? 네, 이것이 앞서 알아본 컴퓨팅 사고력입니다. 우리는 해결방안을 데이터 관점에서, 그리고 컴퓨터 관점에서 접근할 수 있도록 합니다.

"데이터를 활용했을 때 더 효과적인가?"

무엇보다도 제일 중요한 것은 "해결방안이 데이터를 활용했을 때 더 효과적인가?"라는 질문을 먼저 해야 한다는 것입니다. 데이터에서 문제를 찾지 말고, 문제를 해결하기 위해 데이터를 찾는다는 말의 의미가 바로 여기에 있습니다. 누구나 다 알고 있는 김밥 문제를 컴퓨터로 풀 필요는 없습니다. 하지만 외출 중에도 김밥 재료가 냉장고에 있는지를 컴퓨터가 알 수 있다면(냉장고가 김밥 재료를 인식할 수 있다면) 이야기는 좀 다르게 전개될 수 있을 겁니다.

이처럼 컴퓨터와 함께 문제를 해결하는 열쇠가 바로 '알고리즘'입니다. 일반적인 문제해결 과정과 다르게 컴퓨터를 이용하여 문제를 해결할 때는 현재의 문제를 데이터 관점에서 접근하고 분석해야 합니다. 문제정의 과정에서 핵심요소를 추출하여 컴퓨터로 처리할 수 있는 알고리즘을 설계하고 설계된 알고리즘에 따라 프로그램을 작성하여 문제를 해결합니다. 또한 프로그램이 제대로 작동되는지 확인해보고 오류가 생기면 수정을 통해 정확한 프로그램을 만들어야 합니다.

이 장에서는 데이터가 무엇인지 그리고 어떻게 활용해야 하는지를 알아보았습니다. 다음 장에서는 실제 데이터를 통해 목적을 중심으로 문제를 해결하는 방법을 살펴보겠습니다.

정리하기

1. 데이터 안에서 정답을 찾지 말자.

01. '데이터' 중심으로 생각하지 말고, '목적' 중심으로 생각하자.

- 데이터를 통해 무엇을 말하고 싶은지를 스스로에게 질문하는 목적 중심 사고력이 필요합니다.

02. '데이터 활용을 어려워하는' 사람들을 위한 해법

- 눈 앞에 보이는 데이터, 그리고 분석 기술에 집중하지 마세요.
- 데이터 자체 아닌, 내가 왜 이 데이터 분석을 하려고 하는지 '진짜 목적'을 생각해야 합니다.
- 데이터 분석에 앞서 내가 풀고자 하는 문제가 무엇인지 정의해보고 원하는 최종 결과물의 형태를 상상해봅니다.

03. 데이터 분석은 그 자체가 '목적'이 아니라 '방법'이다.

- 데이터 자체에 빠지다 보면 본래 우리가 하고자 했던 일, 현실의 문제가 왜곡되는 경우가 많습니다.

2. 데이터를 활용한 문제해결 3단계

01. 문제가 생기면 어떻게 해결할까

- 간단명료한 문제 해결 3단계: 문제정의 → 원인분석 → 해결방안

02. 1단계_문제정의: 우선 문제를 짚고 넘어가자.

- 문제를 정의할 때, 다음의 세 가지 질문을 거칩니다.
  - 이상적인 상태는 무엇인가?
  - 현재 상태는 어떠한가?
  - 이상적인 상태와 현재 상태의 간극은 얼마인가?

03. 2단계_원인 분석: 논리적 사고를 통해 원인을 찾자.

- 정확한 원인을 도출하기 위해서는 우선 원인 '후보'를 선정해야 합니다.
- 그 원인에서 한 단계 더 잘게 쪼개거나, 더 깊게 생각해보는 것입니다.
- 이런 방식을 논리적 트리(Logical Tree)라고 합니다.

04. 3단계_해결방안: 문제를 해결하기 위한 데이터를 찾자.

- "해결방안이 데이터를 활용했을 때 더 효과적인가?"라는 질문을 먼저 해야 합니다.
- 컴퓨터와 함께 문제를 해결하는 절차나 방법을 '알고리즘'이라고 합니다.
- 컴퓨터를 이용하여 문제를 해결할 때는 문제를 데이터 관점에서 접근하고 분석해야 합니다.

나는 처세술 대신 데이터 분석을 택했다

쉽게 이해하고 활용할 수 있는 AI, Big Data 입문서

5장

데이터를 올바로 활용할 수 있어요

"아빠, 큰일났어. 2750년에는 우리나라 인구가 전부 없어진대!"
"그래, 그게 사실이야?"
"어, 오늘 학교 사회 시간에 배웠는데 아이들을 점점 안 낳고 있대."
"왜, 원인이 뭔데?"
"아이들을 키우기 어려운 환경이 되고 있다고 하더라고."
"그럼 어떻게 해결해야 된다고 생각하는데?"
"내 생각엔 아빠가 용돈을 많이 주면 환경이 좀 나아질 것 같은데."
"예끼, 요 녀석~!"

서연이가 언급한 우리나라의 인구문제는 정말 큰 이슈입니다. 2022년 2월에 발표한 우리나라의 출산율은 0.81입니다. 쉽게 설명해 한 명의 인구가 0.81명의 아이를 낳고 죽으니 인구가 줄어들 수밖에 없습니다. 이런 문제는 어떻게 접근하고 해결해야 할까요? 우선 문제가 무엇인지 정확하게 짚어내고, 데이터를 활용해서 원인을 분석하고, 원인에 딱 맞는 해결방안을 찾아야 할 것입니다.

이 장에는 데이터 활용에 실패하는 이유와 데이터로 문제를 해결하는 방법에 대해 알아보겠습니다.

1 우리는 왜 데이터 활용에 실패하는가

01 데이터에서 무엇을 얻을 수 있는지에 대한 고민이 필요하다

이제 "데이터 활용이 중요하다"는 공감대가 서로 간에 형성되었다고 생각합니다. 그런데 데이터 활용이 왜 제대로 되지 못하는 것일까요?

데이터 분석을 하다 보면, "데이터에서 유의미한 결과를 뽑지 못하겠어" "데이터는 분석했는데 이게 맞는지 모르겠어"라고 하는 등 진퇴양난에 빠져버립니다. 이렇듯 데이터로부터 결론을 맺지 못하는 기초적인 문제부터, 실제 현상과는 다른 결론을 도출하고선 "데이터에서 올바른 결론을 내렸다"라고 잘못 판단하는 치명적인 문제까지도 발생합니다.

"겨우 이거 알아내려고 데이터 분석을 했어?"

실무에서 많은 시간을 투입해서 데이터 분석을 한 후 결론을 도출하고 보고했을 때, 현업 전문가들은 이렇게 반문합니다. "겨우 이거 알아내려고 그 고생을 하셨어요? 그냥 아는 건데…." 데이터 분석 경험이 없는 경우, 이런 부정적 피드백에 지치기도 합니다.

하지만 이 피드백은 그냥 지나칠 문제가 아닙니다. 이 말인즉, 데이터를 중심으로 분석을 했다는 의미이기 때문입니다. 애당초 해당 분야에 대한 지식이 없기 때문에 문제를 명확히 설정하지 않은 상태에서 데이터 분석을 시작했습니다. 그렇기 때문에 데이터에서 문제와 정답을 동시에 찾으려고 했을 가능성이 높습니다.

제가 경험한 많은 경우, 데이터 활용에 실패하는 주요 원인은 다음 세 가지입니다.

❶ 해결하고자 하는 문제가 불분명하다.
❷ 문제정의, 원인분석, 해결방안의 논리흐름이 부족하다.
❸ 목적과 데이터가 일치하지 않는다.

앞서 설명한 것처럼, 가장 먼저 해결해야 할 문제는 '데이터'에서부터 시작한다는 점입니다. 데이터가 있고, 데이터 분석가가 있으면 마치 문제가 해결될 것처럼 대하는 태도를 보입니다. 실제 현업에서는 빅데이터 분석 프로젝트를 위해 비싼 비용과 시간을 들여 데이터 분석 전문회사에 의뢰하는 경우가 많습니다. 하지만 문제가 명확하지 않으면, 투입한 돈과 시간에 비해 별 성과물 없이 끝나게 될 것입니다.

이런 원인을 해결하고, 데이터 활용을 잘 하려면 아래 그림으로 설명한 내용이 필요합니다.

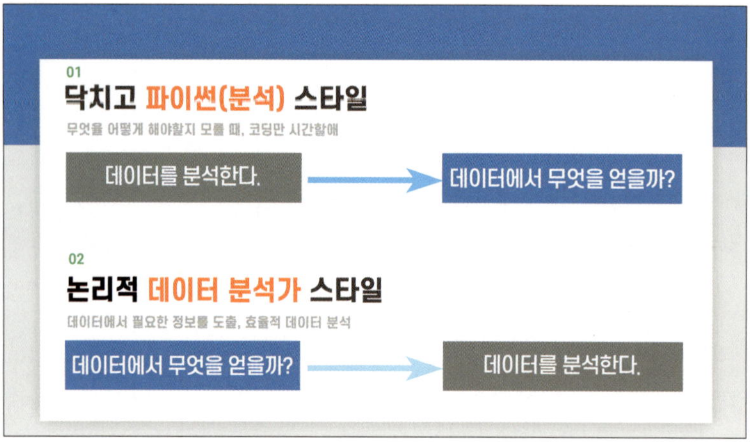

[그림 5-1] 데이터를 잘 활용하기 위한 방법

데이터 분석 '작업'과 데이터에서 무엇을 얻고자 하는 '생각' 중에서 무엇이 먼저일까요? 무엇을 어떻게 해야 할지 전혀 모르는 사람은 일단 데이터부터 만지고 봅니다. 데이터 분석 툴을 이용해서 데이터를 전처리하고 시각화하고 그래프를 읽어 내려고 합니다.

반대로, 문제가 무엇인지 명확히 인식하고 접근하는 사람은 "내가 지금 무엇을 하고 있는가?"에 대한 질문에 정확히 대답할 수 있습니다. 그리고 내가 하고자 하는 목적에 맞는 데이터를 찾습니다. 그리고 "그 데이터에서 무엇을 얻을 수 있을까?"에 대한 대한 가설을 세우고 데이터를 분석합니다.

역설적이게도 우리의 사고를 방해하는 툴은 바로 '데이터 분석 툴'입니다. 우리는 데이터 분석 툴(파이썬)을 켜기 전에 먼저 "이 데이터를 어떻게 분석할 것인가?"에 대해 생각해야 합니다. 하지만 대부분의 사람들은 생각의 과정에 가치를 부여하지 않고 '데이터'와 '분석 기술'에만 집중합니다. 이제 위에서 제시한 세 가지 원인에 대해 하나씩 살펴보면서 그 이유를 찾아보겠습니다.

02 해결하고자 하는 문제가 불분명하다

"Do You Know What You Want Know?"
(당신은 알고 싶은 것이 무엇인지 알고 있나요?)

이런 질문을 하면, 데이터 분석을 하고 싶은 사람은 약간 멈칫합니다. 그리고 이렇게 말합니다. "데이터에서 찾으면 되지 않을까요?" 또는 "그러니까 이 데이터 분석을 하는 이유는…"처럼 장황하게 설명하려고 합니다. 그런데 한두 가지 질문을 더 해보면 바로 알 수 있습니다. 이 데이터 분석의 타깃(목표)은 무엇인가요? 그렇다면 원가절감이라든지, 품질향상이라든지 개념적인 대답이 나올 것입니다. 그런 후 다음 질문을 이렇게 합니다. "타깃을 값으로 나타낸 지표와 데이터가 있나요?" 그러면 침묵이 흐르게 됩니다.

데이터를 활용하기 위해 가장 먼저 하는 질문은 바로 "타깃(목표)이 무엇인가?"입니다. 좀 더 구체적으로 목표 '값', 다른 말로 '데이터'가 있어야 합니다. 목표로 삼는 데이터(Y)가 있고 그 데이터에 영향을 미치는 데이터(X)가 있어야지 문제를 만들 수가 있습니다. 비즈니스와 일상의 문제를 'Y=aX'라는 형태로 만들어내는 것을 우리는 '문제정의'라고 합니다.

이제 예제를 통해 구체적으로 살펴보겠습니다. "우리나라 인구문제를 데이터로 해결해보자"라는 주제로 생각해보겠습니다. 이 주제에 대해 데이터를 활용할 경우, 무엇부터 시작할까요?

"멸종위기 한국인"

간단히 생각해서 남편과 아내, 두 명의 어른이 두 명의 아이를 낳고 죽는다면, 이론적으로는 인구가 동일하게 유지될 것입니다. 이를 대체출산율[01]이라고 합니다. 그런데 지금 대한민국의 인구 증가와 감소를 나타내는 지표인 합계출산율[02]이 0.81을 기록했습니다. 즉, 인구가 감소하고 있다는 이야기입니다.

2014년의 한 연구에서 한국인의 멸종시기를 2750년으로 예측했습니다. 충격적인 사실은 이 멸종시기를 2013년 합계출산율 1.19로 계산했다는 점입니다. 그리고 현재 이 합계출산율이 놀라운 속도로 줄어들고 있습니다. 영국 옥스퍼드 대학교 인구문제연구소 콜먼 교수는 "한국은 지구상에서 제일 먼저 소멸되는 나라가 될 것이다"라고 경고했습니다. 그만큼 우리나라의 인구감소와 출산율은 심각한 문제입니다.

이런 인구감소를 해결하는 것이 데이터 분석의 목적이라고 하겠습니다. 그렇다면 어디서부터 어떻게 해결해야 할까요?

이 질문에 가장 먼저 나오는 의견은 이미도 "인구 데이터를 수집해서 현재 상태를 파악한다"일 겁니다. 그렇다면 구체적으로 인구문제에서 '어떤 부분'의 데이터를 뽑아야 할까요? 즉 어떤 종류의 인구문제를 해결하고자 하는지에 따라 데이터가 달라집니다. 인구감소를 해결하는 문제를 정의하는 구체적인 방법을 예로 들면 다음과 같은 것을 생각할 수 있습니다.

❶ 출산과 육아 비용이 너무 많이 들기 때문에 국가가 일정 부분을 지원해야 한다.
❷ 청년의 미래에 대한 불안을 해소하고 지역균형발전을 이뤄서 양질의 일자리가 많아져야 한다.
❸ 열악한 계층의 주거 환경을 개선하고, 자산격차를 줄이고, 신노동법으로 소득격차를 줄여야 한다.

---

01 한 국가가 인구가 감소하지 않고 유지하는 데 필요한 수준의 출산율을 말하며, 한국과 같은 국가에서는 대체출산율이 일반적으로 2.1명이며, 아프리카 등과 같이 사망률이 높은 지역의 경우 인구 유지를 위한 대체출산율은 더 높은 편입니다. - 출처: 위키백과

02 가임 여성(15세~49세) 한 명이 평생 동안 낳을 것으로 예상되는 평균 출생아 수를 나타낸 지표로, 출산력 수준을 나타내는 대표적 지표로 사용됩니다. - 출처: 위키백과

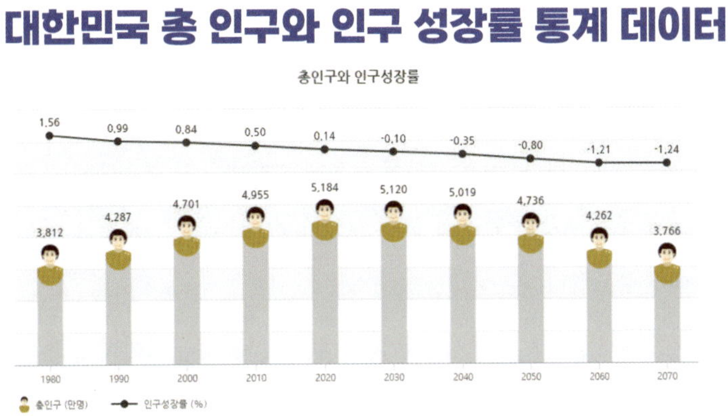

	1980	1990	2000	2010	2020	2030	2040	2050	2060	2070
총인구(만명)	3,812	4,287	4,701	4,955	5,184	5,120	5,019	4,736	4,262	3,766
인구성장률(%)	1.56	0.99	0.84	0.50	0.14	-0.10	-0.35	-0.80	-1.21	-1.24

[그림 5-2] 2022년 대한민국 인구통계[03]

어떤가요? 그럴 듯한 주장인가요? 이 예시는 실제로 〈제20대 대한민국 대통령 선거 후보 토론회〉에서 후보자들이 한 발언입니다. 대통령이 되려고 하는 후보 간에도 이 문제를 해결하기 위한 해답은 저마다 달랐습니다.

여러분은 혹시 이 세 가지 주장 중에 어떤 것이 옳은 정책이라고 판단했나요? 예를 들어, 인구 문제는 당연히 "1번이 정답이지"라고 생각했나요? 아니면 "2번"이라고 했나요? 만약, 셋 중에서 정답을 찾는 분이 있다면, 그분은 특별히 주의해야 합니다. 왜냐하면 어딘가 (데이터 안에는) 정답이 존재한다는 사고에 갇혀 있기 때문입니다.

우리는 여태껏 학교 선생님이 낸 시험 문제, 그리고 수능 문제에 익숙해져 있습니다. 그런 문제의 공통점은 바로 정답이 존재한다는 것입니다. 그래서 우리는 통계를 배울 때도, 현상을 파악할 때도 정답을 빠르고 정확히 구하는 것이 습관화되어 있습니다.

하지만 오늘날의 사회현상은 그렇게 간단하지도 않고 쉽게 정답을 구할 수 없습니다. 더군다나 앞으로 다가올 미래에는 더욱 그렇습니다.

---

03 출처: 통계청

챗GPT 투자와 개발로 인공지능 산업에서 앞서 나가고 있는 마이크로소프트(MS)도 2016년 인공지능 챗봇 초기 버전 '테이Tay'를 출시 16시간 만에 종료한 이력이 있습니다. 왜냐하면 일부 사용자들이 인종·성 차별적인 부적절한 내용을 학습시켰기 때문입니다. 이것은 목적에 맞게 사용되지 못한 대표적 사례입니다. 이후 챗봇들은 은행 고객대응 등 특정 목적에 특화되었습니다.

이처럼 데이터의 활용에 있어서 사람에 의해 목적과 의도, 그리고 분석과 활용 방향을 분명히 설정하는 것이 매우 중요합니다.

이렇게 분명한 목적의식을 가지고 문제, 데이터, 해결방안을 구분지어 연결하는 능력이 바로 다음에서 설명할 내용입니다.

03 문제정의, 원인분석, 해결방안의 논리흐름이 부족하다

"문제의 원인을 찾아서 해결해."

데이터를 사용하는 목적은 무엇일까요? 문제를 해결하거나 개선하기 위해서입니다. 그래서 앞서 우리는 문제를 분명히 정의하였습니다. 그렇다면 문제를 해결하기 위해서는 근본 원인을 해결해야 합니다. 그래서 데이터에 앞서 다음의 문제 해결 3단계 프로세스는 모든 것의 기초가 됩니다.

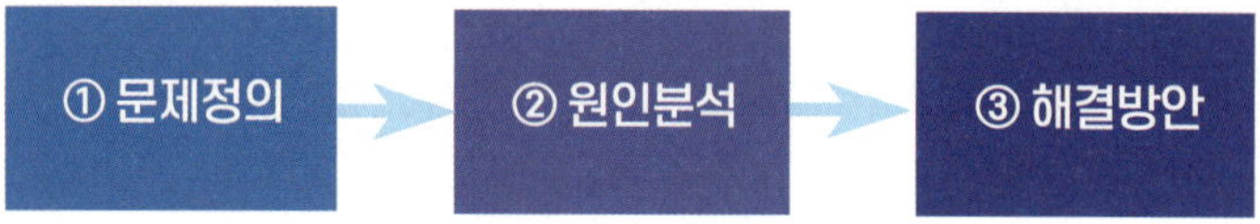

[그림 5-3] 문제해결 3단계

아이를 학원에 데려다 주는 길에 현수막을 하나 발견했습니다. 신도시에 "중·고등학교의 증설과 신설이 필요하다"는 내용이었습니다. 우리 실생활에 놓인 문제를 해결하는 일만큼 중요한 일은 없습니다. 그렇다면 이 사안을 가지고 위 문제해결 3단계에 대입시켜 생각해보겠습니다.

❶ 문제정의: 신도시 중· 고등학교 부족

❷ 원인분석: 신도시로의 급격한 인구유입과 학교총량제[04]로 인한 신도시 학교 신설의 어려움

❸ 해결방안: 증설, 폐교 및 신설

만약, 문제를 제대로 정의하지 않았다면 어떻게 되었을까요? 중학교 학생 수와 고등학교 학생 수, 학교 수로 평균 학급 수 정도를 계산하고 그래프를 그려볼 것입니다. "그런 다음 뭘 하지?"라는 생각에 멈칫 할 것입니다.

두 번째로 원인이 제대로 설정되지 않았다면, '신도시 평균 학급당 학생 수 〉 구도심 평균 학급당 학생 수'를 원인으로 지목하고 신도시에 학교를 늘려야 한다고 주장할 수 있습니다. 하지만 실제로 방금 말한 비교는 현상이지 원인이 아닙니다. 학교 총량제로 인한 학교의 위치와 학생들의 통학시간 분석이 추가로 필요해 보입니다.

세 번째로 해결방안의 경우, 구체적으로 관내에 몇 학급이 필요한지(수량), 동별 학생 수와 통학시간을 고려했을 때 어디에 학교를 신설해야 하는지(위치) 등이 제시되어야 합니다.

실무에서 자주 접하는 사례가 하나 더 있습니다. 문제와 연관이 있어 보이는 데이터를 무턱대고 분석해서 나온 그래프를 결론으로 삼는 실수와 해결책입니다.

예를 들어, 데이터 분석을 통해 "여성의 사회적 지위가 높아짐에 따라 출산율이 낮아진다"라는 결과가 나왔다고 가정해보겠습니다. 여성 취업률과 출산율은 반비례 관계다.[05] 따라서 인구문제를 해결하기 위해서는 여성의 취업률을 낮춰야 한다는 어처구니없는 해결방안을 내지는 않을 것입니다.

반대로 "출산율을 높이기 위해 육아환경을 개선해야 한다"라는 목적을 가지고 시작했다고 하겠습니다. 육아는 여성뿐만 아니라 남성도 함께하는 일이므로, 여성과 남성의 육아휴직 데이터, 어린이집 수와 평균대기일 수 등의 데이터를 수집할 계획을 세웁니다. 그리고 결론으로 "출산율을 육아관점에서 바라봤을 때 해결방안은 이러하다"고 말할 수 있습니다.[06]

---

04 학교와 고등학교 한 개교를 신설하기 위해서는 타 중학교와 고등학교 한 개교를 폐교시키거나, 아니면 학교 신설 대신 기존 학교의 이전을 전제로 합니다. – 출처: 나무위키

05 '음의 상관관계다'라고도 표현하며 상관관계는 뒤에서 다룰 예정입니다.

06 실제 출산율은 결혼 → 출산 → 육아로 이어지는 사이클이라고 보았을 때, 범위를 육아로 한정하게 됩니다.

이처럼 데이터가 말하는 바는 절대적이지 않습니다. 데이터를 활용하여 문제해결에 성공하는 방법의 시작은 “내가 무엇을 알고 싶은가?” “무엇을 해결하고 싶은가?”라는 목적과 문제에서 출발하는 것, 직접적인 원인에 해결방안을 제시할 것이라는 문제해결 3단계를 잊지 마세요. 어떤 데이터가 필요할지 파악하는 것은 다음 단계입니다. 이제 무턱대고 파이썬(데이터 분석 툴)부터 켜고 시작하는 일은 없었으면 좋겠습니다.

2 목적과 데이터가 일치하는가

앞서 데이터 활용에 실패하는 두 가지 이유인 불분명한 문제, 문제정의 – 원인분석 – 해결방안의 논리적 흐름에 대해 알아보았습니다. 명확한 문제, 원인, 해결방안에 이어서 필요한 것은 바로 '데이터'입니다. 그런데 말하고자 하는 바와 논리적으로 맞지 않는 데이터가 사용될 때가 많습니다. 이것이 바로 데이터 활용 실패의 세 번째 원인입니다.

"말하는 바와 데이터가 일치하지 않는다."

다음은 데이터 분석 멘티들을 대상으로 〈우리나라 농업문제와 발전방향〉에 대한 데이터 활용을 진행한 사례입니다. 제시한 데이터는 2020년 11월 통계청에서 발표한 〈통계로 본 농업의 구조 변화〉입니다. 만약, 여러분이 다음과 같은 과업을 받는다면 어떤 결론과 성과물을 내겠나요?

[과업지시]
다음 데이터는 2020년 11월 통계청에서 발표한 〈통계로 본 농업의 구조 변화〉입니다. 다음 데이터를 활용하여 농촌지역을 활성화시키기 위한 문제를 도출하고 해결해보세요.

다음은 3개 조로 구성된 멘티들이 작성한 보고서와 결론을 요약한 내용입니다. 멘티들의 보고서를 보면서 여러분 나름대로 생각을 정리해보면 좋겠습니다.

<1조 보고서>
보고서 제목 없음

[사용 데이터 1] 대한민국 농가 인구 추이

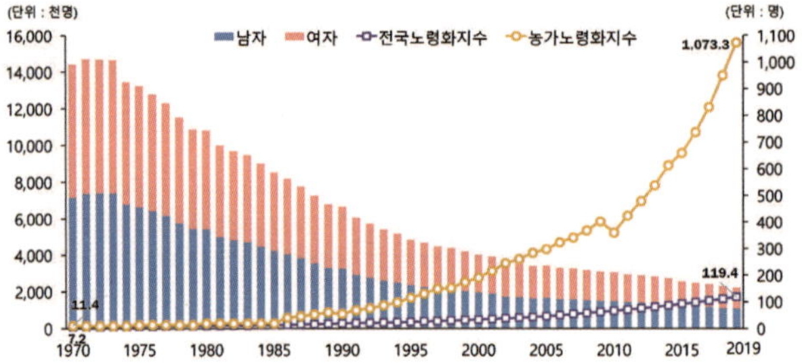

[그림 5-4] 대한민국 농가 인구 추이

[사용 데이터 2] 대한민국 연령별 농가인구(15세 이상) 비중 추이

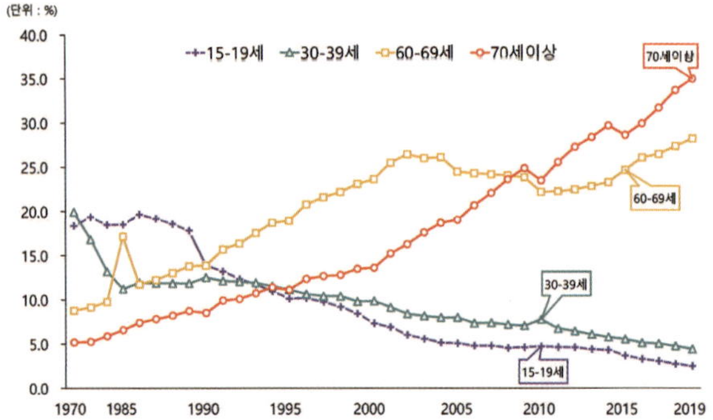

[그림 5-5] 대한민국 연령별 농가인구(15세 이상) 비중 추이

[1조 결론]

- 농가 인구는 1970년대 초반 이후로 지속적으로 감소하고 있다.
- 농가의 고령화 지수는 전국 노령화 지수보다 매우 높다.
- 농가의 고령화가 심각하다.

1조 보고서 평가: 목적과 문제에 대한 정의를 했는가

1조 보고서는 농가 인구 추이에 대한 데이터를 가지고 왔습니다. 충분한 데이터 분석 시간을 주지 못해서 성과물이 다소 약소하다고 말할지는 모르겠지만, 현실에서도 시간과 자원은 늘 한정되어 있다는 점을 말하고 싶습니다.

이 성과물의 경우 데이터를 분석하고, 거기서 도출한 메시지를 그래프 아래 표현했습니다. 일단 보고서의 제목이 〈1조 보고서〉라고만 되어 있습니다. 앞서 살펴본 문제와 목적은 바로 이 제목에 드러나야 합니다. 첨삭한다면 '농가 인구 고령화 해소를 위한 방안' 정도가 좋겠습니다.

요즘 학생들은 '데이터 분석'이라고 하면 '파이썬 코딩'으로 인식하는 경우가 많습니다. 그러므로 어디선가 구해온 데이터와 구글링한 코드를 조합하여 그래프를 그리고 결론을 도출하는 방식을 취하고 있는 경우가 많습니다. 만약, 제대로 된 선생님을 만나지 못했다면 여전히 도구에 집중하고 있을지 모릅니다. 하지만 실제 현업의 문제에 맞닥뜨렸을 때는 왜 이 데이터 분석이 필요한지에 대한 '목적'과 해결하고자 하는 '문제'를 찾는 것이 우선입니다. 여기에 대한 생각과 고민이 있은 후, 문제에 맞는 데이터를 수집해야 합니다. 즉 데이터 중심이나 데이터 분석 툴 중심이 아닌 '목적 중심'이어야 한다는 것입니다.

이 경우, 입수한 데이터를 중심으로 성과물을 만들었기 때문에, 데이터를 통해 나온 시각화 장표를 해석했습니다. 이것들이 원래 우리가 원하던 농가 인구 고령화의 해소방안이었나요? 인터넷 검색을 통해 찾은 데이터에서 우연히 뽑아낸 정보를 '문제'라고 하는 것은 설득력을 갖추기 어렵습니다.

앞서 소개한 문제해결 3단계 관점에서 보아도, '문제정의 → 원인분석 → 해결방안'에 맞는 내용을 찾아보기 어렵습니다. 이런 형태는 겉보기에는 그럴 듯하지만 데이터를 잘 활용했다고 보기 어렵습니다. 이렇게 성과물을 만들게 되면, 듣는 사람은 "그래서 결론이 뭐지?" "농가 인구 고령화를 어떻게 해결하라는 거지?"라는 데이터 무용론을 제기할 것입니다.

<2조 보고서>
농촌 인력부족을 해결하기 위한 방안

[사용 데이터 1] 산업별 취업자수

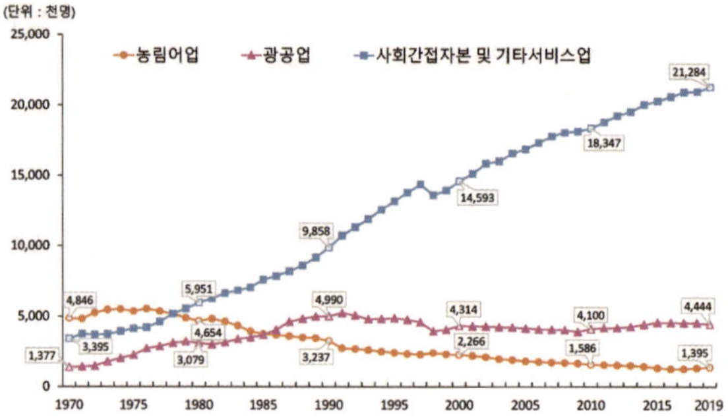

[그림 5-6] 산업별 취업자수

[사용 데이터 2] 다문화 농가 및 인구추이

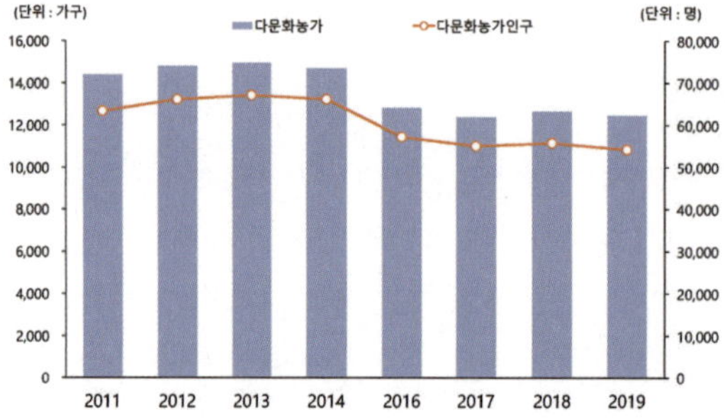

[그림 5-7] 다문화 농가 및 인구추이

[2조 결론]

- 문제점: 영농 후계자가 부족하다.
- 현상: 다문화 농가가 증가하면서 영농 후계자 부족을 메워주고 있다.
- 결론: 영농 후계자가 필요하다.

2조 보고서 평가: 문제정의 → 원인분석 → 해결방안의 논리흐름이 부족하다

2조의 성과물은 〈농촌 인력부족을 해결하기 위한 방안〉이라는 제목을 통해서 목적과 문제를 잘 정의했습니다. 기존의 시각화된 자료를 사용해서인지 광공업이나 사회간접자본 및 기타서비스업 등 다른 사업의 취업자수 데이터도 함께 포함되어 있습니다. 직접적으로 상관은 없지만 비교를 위해 제시했다고 이해해보겠습니다.

보고서 하단을 보면 문제점, 현상, 결론을 도출해냈습니다. 언뜻보면 훌륭합니다. 하지만 그 내용을 봤을 때 영농 후계자 부족을 문제로 삼았는데, 이에 해당하는 데이터를 제시하는 데에는 실패한 듯 보입니다. 오히려, 1조 보고서의 '연령별 농가인구 비중 추이'나 '농가노령화지수' 데이터를 포함했으면 하는 아쉬움이 있습니다.

제목에 드러난 문제점인 농촌 인력부족에 대해, 현상은 농림어업 취업자 수가 감소하고 있는 것으로 알 수 있지만, 결론으로 도출한 문제점은 '영농 후계자 부족'으로 서로 다릅니다. 더군다나 부족이라는 말은 수요와 공급의 개념에서 필요한 양(수요)보다 생산이나 투입 양(공급)이 적을 때 쓰는 용어입니다. 만일, 부족이라는 말을 하려면 농가 인구에 대한 수요 데이터가 필요하겠습니다.

학생들이 작성한 보고서를 '문제정의 → 원인분석 → 해결방안' 순으로 정리해보면 다음과 같습니다.

- **문제점:** 농촌의 인력이 부족하다.
- **원인:** 농림어업 신규 취업자 수가 줄고 있기 때문이다.
- **해결방안:** 농업 취업자 수를 늘리기 위해 다문화 농가를 확대해야 한다.

농촌의 인력부족 문제에 있어서 다양한 원인이 있겠지만, 신규 취업자로 수가 감소하고 있다는 현상을 하나의 원인으로 지목했습니다. 수요와 공급 데이터를 추가로 수집하고 분석해서 인력부족 문제에 대한 원인과 해결방안을 논리적으로 생각하는 순서로 구성하면 데이터 활용의 모습을 갖추게 됩니다.

<3조 보고서>
농가의 정보화 기기 활용 부족과 소득향상 방안

[사용 데이터 1] 정보화 기기활용 농가 추이

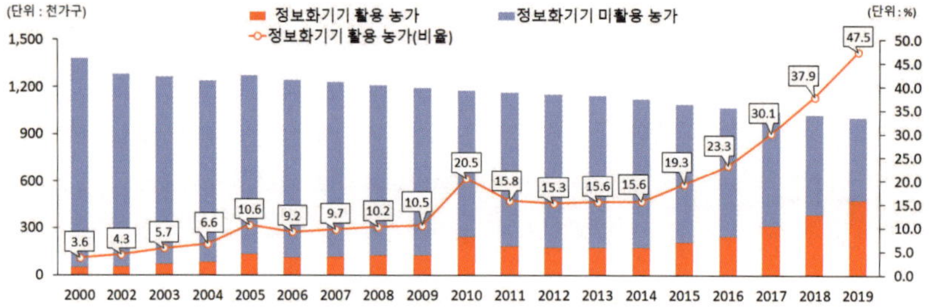

[그림 5-8] 정보화 기기활용 농가 추이

[사용 데이터 2] 소득 종류별 농가소득 추이

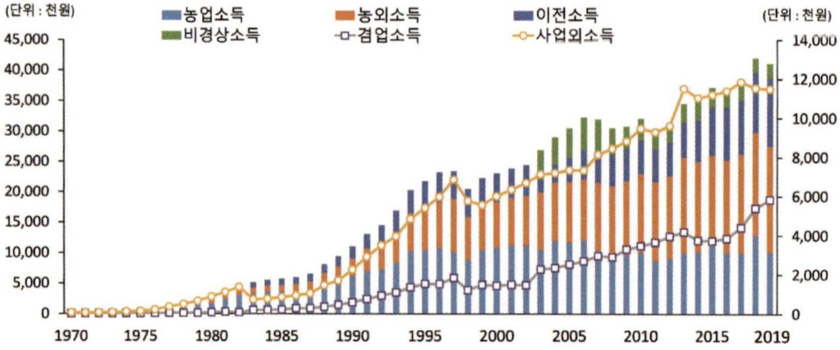

[그림 5-9] 소득종류별 농가소득 추이

[3조 결론]

- 문제점: 농가의 정보화 기기 활용이 부족하다.
- 정보화 기기활용 농가가 증가하면 농가소득도 증가한다.
- 농가에서 정보화 기기를 잘 활용하면 농가소득이 상승한다.

3조 보고서 평가: 목적과 데이터가 일치하는가

이번에는 목적과 데이터가 일치하는지를 봐주면 좋겠습니다. 제목을 보면 '농가의 정보화 기기 활용 부족과 소득향상 방안'을 '문제'로 잡았습니다. 언뜻 들으면 정보화 기기 활용과 소득향상은 관련이 있을 것 같습니다. 하지만 첫 번째 시각화 그래프를 보면 정의된 '문제'와 실제 데이터가 표현하고 있는 결과가 반대인 것을 알 수 있습니다. 왜냐하면 정보화 기기 활용 농가는 계속 증가하기 때문에 '부족'이라고 볼 수 없습니다. 우리가 배운대로 제시된 데이터가 정의된 '문제'와 일치하고 있지 않습니다.

아마도 분석한 사람은 '농가의 소득' 추이 그래프를 통해 '농가의 정보화 기기 활용 → 생산성 향상 → 소득 증가'라는 논리를 머릿속에서 만들어냈을 것입니다. 의도는 충분히 이해가 되지만 논리적으로 근거를 뒷받침하지 못했습니다. 또한 '농가의 정보화 기기 활용 증가'의 원인으로 '농가소득의 증가' 결과를 짝지은 부분은 데이터가 없습니다. 정보화 기기 활용이 단순히 시간에 따라 증가했고, 농가소득도 우연히 증가했을 수 있기 때문입니다. 이럴 경우, 단순히 정보화 기기와 농업소득과의 원인과 결과의 관계를 증명하는 근거가 있으면 더욱 좋겠습니다.

이처럼 데이터 분석은 화려하게 잘 되었더라도 논리적 전개가 미흡하다면 결론의 설득력이 떨어지게 됩니다.

정리해보면 학생들의 데이터 분석 보고서는 다음과 같은 문제점이 있었습니다.

- 문제정의가 제대로 되지 않았다.
- 문제정의 → 원인분석 → 해결방안의 논리흐름이 부족했다.
- 목적에 맞는 데이터를 활용하지 못했다.

올바른 데이터로 올바른 문제를 풀기 위해서는 가장 중요한 문제정의, 그리고 논리흐름, 적절한 데이터 활용이라는 것을 꼭 기억하기 바랍니다.

다음 장부터는 지금까지 알아본 데이터 사고력을 바탕으로 데이터 활용에 꼭 필요한 4가지 기본능력인 데이터 말하기, 듣기, 읽기, 쓰기에 대해 알아보겠습니다.

정리하기

1. 우리는 왜 데이터 활용에 실패하는가.

01. 데이터에서 무엇을 얻을 수 있을지에 대한 고민이 필요하다.

- 실제 데이터 활용에 실패하는 주요 원인은 다음 세 가지입니다.
  - 원인 1: 해결하고자 하는 문제가 불분명하다.
  - 원인 2: 문제정의, 원인분석, 해결방안의 논리흐름이 부족하다.
  - 원인 3: 목적과 데이터가 일치하지 않는다.

02. 해결하고자 하는 문제가 불분명하다.

- 먼저 '내가 알고 싶은 게 무엇이지?'에 대한 답변을 생각해봅니다.
- 아이디어뿐만 아니라, 광범위하고 객관적인 주장을 합리적으로 전달할 수 있는 효과적인 도구(무기)가 바로 데이터입니다.

03. 문제정의, 원인분석, 해결방안의 논리적 흐름이 부족하다.

① 내가 무엇이 알고 싶은가?

② 무엇을 해결하고 싶은가?

③ 필요한 데이터가 무엇일까?

- 문제의 직접적인 원인에 대한 해결방안을 제시합니다.

2. 목적과 데이터가 일치하는가.

01. 말하는 바와 데이터가 일치하지 않는다.

- 왜 이 데이터 분석이 필요한지에 대한 '목적'과 해결하고자 하는 '문제'를 찾는다.
- 문제정의, 원인분석, 해결방안의 논리구조를 만든다.
- 데이터와 정의된 문제가 일치하는지 살펴보고, 제시한 데이터와 데이터 사이의 관계를 데이터로 증명한다.

6장

이야기를 잘 하는 사람이 데이터도 잘 써요

"아빠, 근데 배트맨 영화에는 왜 이렇게 악당이 많아?"

"응, 저 영화의 배경이 미국의 1980년쯤인데 그때 사람들이 엄청 살기 어려워서 그래."

"왜 살기 어려웠는데?"

"많은 아빠들이 회사에서 쫓겨나고, 물건은 안 팔리는데, 음식값은 비싸기까지 했대."

"요즘도 치킨 비싸다며? 그럼 살기 어려워지면 우리도 악당이 되는 거야?"

"아니, 뭔가 설명이 잘못됐는데…, 데이터를 보면서 설명해주면 안 될까?'

아빠는 요즘 부쩍 자란 아들의 질문에 대답하지 못하고 식은 땀만 흘리는 경우가 많아졌습니다. 아무리 아빠라지만 이야기로만 풀기에는 뭔가 부족합니다. 무엇이 더 필요한 걸까요? 직장을 잃는 사람들의 비율이 높아질수록 범죄가 일어나는 빈도가 높아진다는 실업률과 범죄 건수의 상관관계만 설명하면 아들은 이해를 못할 것 같고요. 아빠는 이야기와 데이터를 섞어 설명할 생각에 푹 빠졌습니다.

이 장에서는 데이터와 스토리텔링이 만나서 가치를 만드는 중요한 이야기를 해볼까 합니다. 그것은 바로 '데이터 말하기 역량'입니다.

1 데이터로 말하는 게 불편한가요

01 데이터 활용에 필요한 4가지 역량

"아이들이 아니라 '우리'를 걱정할 때다."

"요즘, 학교에서 컴퓨터 배우니?"
"응, 정보 시간에 배워."

"그럼, 아빠가 교과서 좀 볼 수 있을까?"
"허걱, 이럴 수가?!"

얼마 전 우리 아이의 〈정보 교과서〉를 보다가 깜짝 놀랐습니다. 관련업에 종사하는 사람의 시각으로 볼 때, 교과서의 내용이 굉장히 짜임새 있게 구성되어 있었습니다. 반면에 제가 처음 IT업계에 입문할 때만 해도 자료가 부족해서 인터넷과 원서, 수험서 등에서만 지식을 얻을 수 있었습니다.

제가 놀란 이유 중 첫 번째는 교과서 내용이 전문적이고 포괄적이었기 때문이고, 두 번째는 정보화 기술이 우리 정규 교과과정에 반영된 속도 때문이었습니다. "이렇게 빨리 기술이 교과서에 녹아 들었다니…." 저는 교과서에서 양질의 지식을 배울 수 있도록 노력해 준 분들에게 감사하고 싶습니다. IT 현업에 있는 제가 교과서를 보고 지식체계를 재정립하면 좋겠다는 생각이 들 정도였으니까요. 바로 이런 부분이 첫 장에서 데이터로 세대를 구분할 수 있다고 설명한 이유입니다.

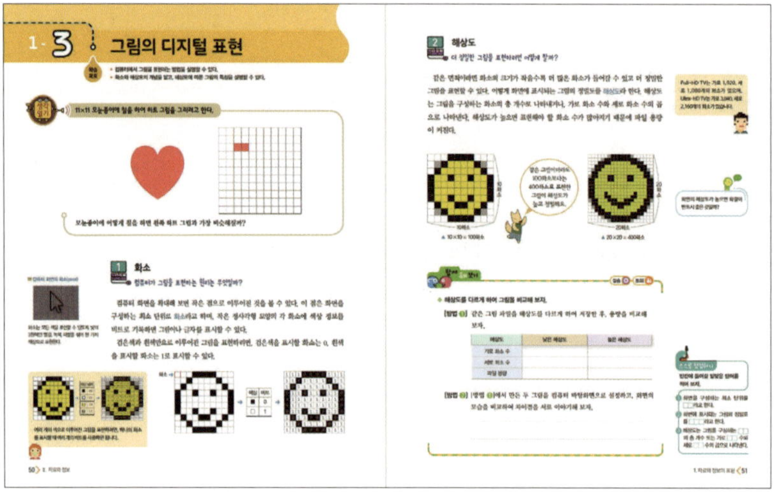

[그림 6-1] 중학교 정보 교과서의 일부분 '그림의 디지털 표현'[01]

태어날 때부터 데이터 속에서 살고, 양질의 정보기술 교육과정을 거친 세대와 갑자기 떨어진 기술에서 서바이벌을 외치며 살고 있는 세대는 받아들일 수 있는 정보의 양과 질이 다를 수밖에 없습니다. 그렇기 때문에 우리에게는 '데이터 문해력(Data Literacy)' 교육이 필요합니다.

데이터 문해력 교육이 정말 시급한 사람은 정규 교육과정에서 데이터를 체계적으로 배우고 있는 아이들이 아니라, 당장 성과(Performance)를 내야 하는 바로 '우리'입니다.

다시 교과서 이야기로 되돌아가 보겠습니다. 지금은 초등학교 교육과정이 개정되었지만, 국어 교과서는 7차 교육과정까지 듣기, 말하기, 읽기, 쓰기로 구성되어 있었습니다.[02] 원래 말하기, 듣기, 읽기, 쓰기 순이었는데, 말하기보다 듣기의 순서가 앞으로 바뀐 이유는 경청하는 자세가 중요해진 사회적 분위기가 반영되었다고 합니다.

이렇게 학교에서 가장 처음 배우는 능력은 말하기, 듣기, 읽기, 쓰기입니다. 그 이유는 바로 이 4가지 능력이 세상을 사는 데 가장 기본이 되는 언어와 사고 능력이기 때문입니다. 이것은 우리

01 출처: 중학교 정보 교과서
02 7차 교육과정 이후로는 수시로 개정되었습니다.

말뿐만 아니라 영어에서도 마찬가지입니다. Speaking, Listening, Reading, Writing이 어김없이 등장합니다.

특히 사회에 나와서 느낀 것은 이 4가지 능력이 모든 일을 하는 데 기본이 되는 아주 중요한 역량이라는 점입니다. 직장생활을 할 때나 개인사업을 할 때, 내 생각과 주장을 논리적으로 말하고 발표할 수 있는 능력은 필수입니다. 그리고 고객과 동료들의 피드백을 귀 기울여 잘 들어야 합니다. 또 변해가는 세상에 대한 정보와 지식을 습득하는 읽기 능력 역시 필수입니다. 마지막으로 쓰기는 논리적으로 사고하고 표현하는 궁극적인 업무의 성과물이자 나아가 인류의 기록입니다.

앞서 언급한 대로, 우리 기성세대는 데이터에 대해 제대로 말하고, 듣고, 읽고, 쓰는 능력을 기른 적이 없습니다. 이 장에서는 우리가 습득해야 하는 데이터 활용 역량 중에서 말하기, 듣기, 읽기, 쓰기 이 4가지에 대해 차근차근 알아보겠습니다.

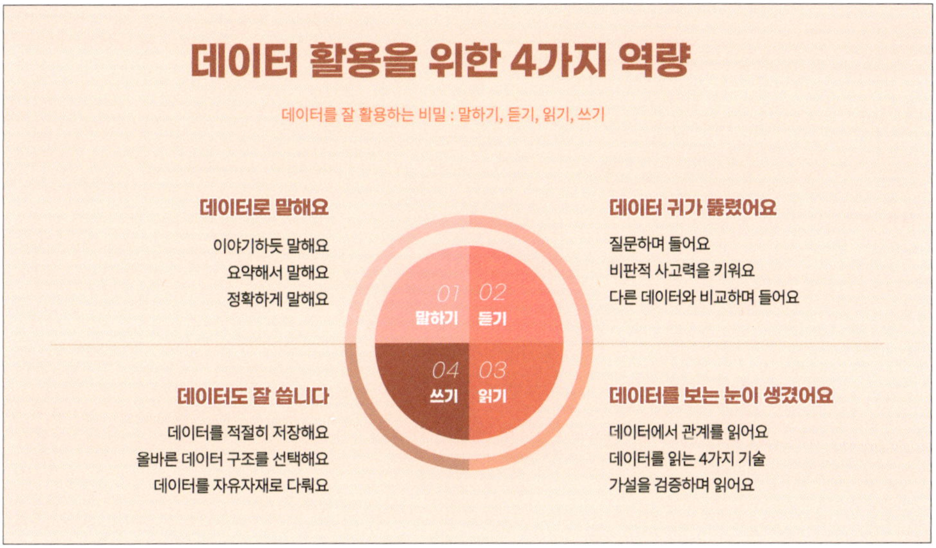

[그림 6-2] 데이터 활용을 위한 4가지 역량

2 이야기를 사랑하는 데이터

01 뉴스의 흡입력 있는 말하기 비법은 '스토리텔링' + '데이터'다

"밤 11시, 모두 잠든 시간"

"밤 11시, 모두 잠든 시간, 적막한 거리 위에 등장한 한 그림자가 있습니다."

아빠에게 쫓겨나 거리로 뛰어나온 아이 성준이(가명)입니다. 자신에게 대꾸를 하는 성준이가 마음에 들지 않았던 아빠는 성준이의 몸 이곳저곳을 때렸습니다. 성준이에게 가해진 행위, 아동학대는 옆집, 앞집, 심지어 다른 지역에서도 계속해서 늘어나고 있습니다.

2019년 아동보호 전문기관에서 집계된 아동학대 신고건수는 총 41,389건입니다. 전년 대비 약 13.7% 가 증가한 수치입니다.

학대 아동을 가장 가까이에서 마주하는 사람들은 반복되는 아동학대의 원인을 다음처럼 보고 있습니다.

"우리나라의 아동학대에 대한 예산은 안정적으로 운영할 수 있는
일반 회계 예산이 아니고 범죄피해자 기금, 복권기금이다 보니
운영에 있어서도 안정을 추구하기가 어렵습니다."

한 보도에 따르면 아동학대 예산 중 일반회계에 의한 예산은 전체 예산 415억 원 중 10%인 42억 원에 불과하다고 합니다.

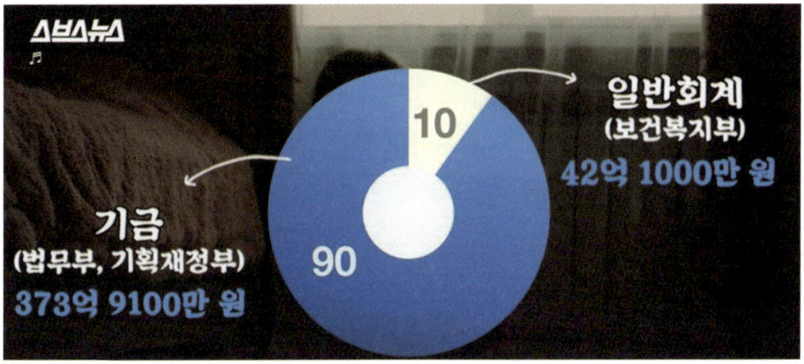

[그림 6-3] 2019년 아동학대 관련 예산 현황[03]

"데이터는 이야기를 사랑합니다."

우리는 기억합니다. 안타까운 아동학대 뉴스를 보고 가슴 아팠던 사실을 기억합니다. 저도 아이들 이야기만 나오면 마음이 턱 막히는데요. 뉴스에서는 많은 사람이 기사를 널리 알리도록 하는 비법이 존재합니다. 그것은 바로 스토리텔링Storytelling으로 시작해서 데이터로 힘을 실어주는 방법입니다.

앞선 뉴스 기사에서 "밤 11시, 모두 잠든 시간, 적막한 거리 위에 등장한 한 그림자가 있습니다"로 시작하는 이야기가 바로 스토리텔링 기법입니다. 우리가 모두 기억하고 있는 곰과 호랑이가 동굴에서 마늘과 쑥을 먹는 단군신화, 신드바드와 알라딘의 모험이 담긴 아라비안 나이트, 그리고 어릴 적 할머니의 옛날이야기는 어떻게 우리 머릿속에 오래도록 기억될 수 있을까요? 그것은 바로 귀에 쏙 들어오는 '스토리'가 있기 때문입니다. 덴마크의 미래 학자 롤프 엔센Rolf Jensen은 그의 책 〈드림 소사이어티〉에서 '이야기야말로 사람들을 또 다른 세상으로 이끌 수 있는 방법'이라고 말했습니다.

03 출처: SBS 뉴스(한국에서 아동학대가 절대 안 사라지는 이유, 스브스 뉴스)

만약, 위의 아동학대 뉴스 기사를 다음처럼 데이터만 가지고 봤다면 어떤 느낌이 들었을까요?

"아동보호 전문기관에서 집계된 신고건수는
총 41,389건, 전년대비 약 13.7%가 증가했습니다."

그 사실 자체는 전달이 되겠지만 건조한 데이터를 통해서 우리가 받아들이는 정보는 오래 지속되지 못하거나 그 강도가 크지 않을 것이 분명합니다. 반면에 '성준'이라는 가상의 인물을 서두에 등장시키면서 우리의 감성을 열고 데이터를 집어넣습니다. 그런 면에서 스토리텔링은 우리의 가슴을 열어주는 열쇠입니다.

[그림 6-4] 가슴의 창문을 여는 열쇠, 데이터

02 감흥 없는 데이터와 눈을 씻고 쳐다보는 데이터는 다르다

"스태그플레이션(Stagflation)"

전쟁과 코로나19 등으로 인해 세상이 어지러운 요즘 시기에 뉴스를 보면 이 단어가 참 많이 들립니다. 바로 '스태그플레이션'입니다. 스태그플레이션이란 스태그네이션Stagnation(경기침체)+인플레이션Inflation(물가상승)의 합성어로, 경기가 좋지 않은 상황인데, 동시에 물가도 상승하는 경제현상을 말합니다.

그래서 사람들은 과거에 있었던 이와 유사한 상황에서의 데이터를 분석해서 오늘을 사는 지혜를 얻고 싶어 합니다. 그런 의미에서 제가 운영하는 경제 포스트에 올렸던 데이터 분석을 인용해서 감흥 없는 데이터와 살아있는 데이터를 비교해보고자 합니다.

아래는 FRED 미국 연방준비은행에서 1912년부터 1920년까지 미국 다우존스 주가지수 데이터를 받아서 직접 분석한 그래프입니다. 여러분은 다음 데이터 시각화 장표를 보고 어떤 생각이 드나요?

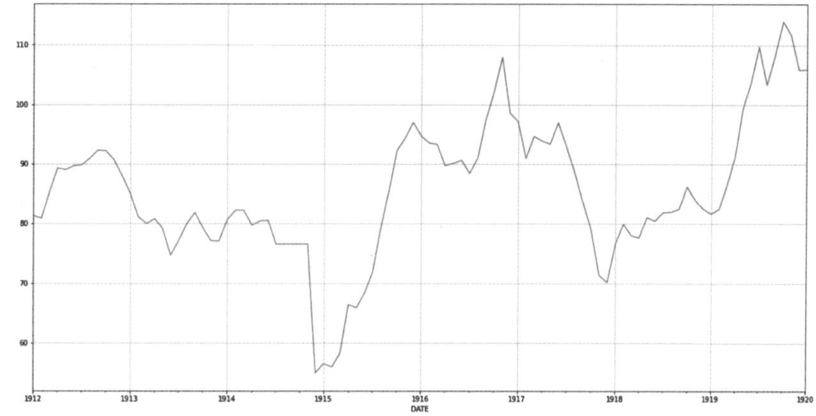

[그림 6-5] 미국 다우존스 지수(1912년~1920년)[04]

아마도 "주가가 시간이 지남에 따라 오르락 내리락 했구나" 정도로 대수롭지 않게 받아들일 것입니다. 그럼 다음 그래프를 보겠습니다.

04 출처: FRED 미국 연방준비은행 연구소 데이터

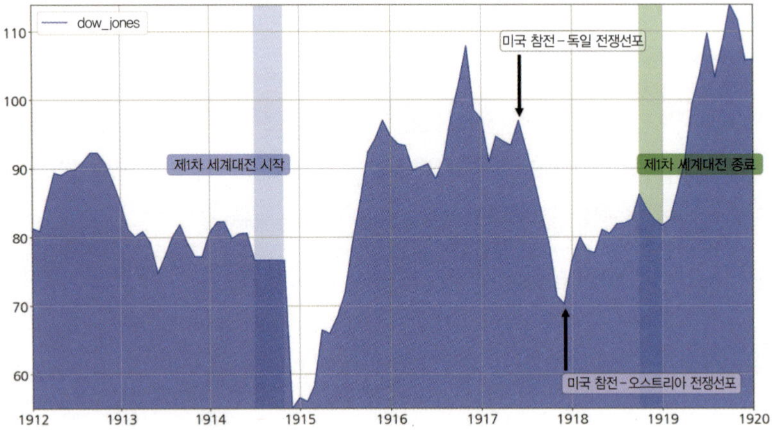

[그림 6-6] 미국 다우존스 지수(1912년~1920년)와 역사적 사건[05]

같은 미국 다우존스 지수 그래프입니다만, 이제는 조금 달리 보일 것입니다. 해석을 하지 않더라도 여러분 스스로가 이야기를 만들어내고 있을 겁니다.

데이터의 시대적 배경인 1910년대 이야기를 잠깐 해보겠습니다.

"탕, 탕."

1914년 6월 28일 비극의 역사가 시작된 총성이 울려 퍼졌습니다. 그 두 발의 총알 중 하나는 오스트리아 프란치 페르디난디Franz Ferdinand 황태자의 목을 관통했고, 나머지 한 발은 바로 옆에 있던 황태자비 조피Sophie를 쓰러뜨렸습니다.

이렇게 오스트리아와 세르비아 사이에서 시작된 전쟁으로 인해 다우존스 지수는 7월 30일에 −6.9% 급락했습니다. 그리고 그해 12월까지 미국 주식시장은 한동안 셧다운Shutdown되었습니다. 같은 해 12월 12일 주식시장이 재개장했는데, 그동안 기다렸던 매물들이 폭포수처럼 쏟아져서 하루만에 −23.5% 하락했습니다. 그것이 바로 그래프에서 가운데 움푹 파인 부분입니다.

---

05 출처: FRED 미국 연방준비은행 연구소 데이터

최저점은 전쟁의 시작과 주식시장의 재개장 시점(1914년 12월)이었고, 2차 대폭락은 미국의 참전 시점(1917년 6월)이 되었습니다. 전쟁이 진행되는 동안 미국의 참전과 우세 등 예상하기 어려운 상황 속에서 주식시장 역시 변동폭이 매우 커졌습니다. 1914년 7월 28일 시작된 제1차 세계대전은 1918년 11월 11일에 종료되었습니다. 하지만 결론적으로 약 4년 간의 전쟁이 1918년 말 공식적으로 종료되고, 기존 주가 대비 50% 상승, 최저점 대비 두 배 상승했습니다.

이렇게 무미건조했던 주가 그래프는 제1차 세계대전이라는 '스토리'를 만나면서 새로운 생명을 낳게 됩니다. '데이터'는 '이야기'를 사랑했고, 둘이 결혼해서 '가치'를 낳았습니다.

[그림 6-7] 데이터와 이야기가 결합하면 생기는 가치

경제 이야기를 하나 더 풀어보겠습니다. 이번에는 1971년~1981년까지의 미국 주가지수 데이터를 시각화해보았습니다.

그리고 이 시기의 역사적 상황에 대해 이야기를 하려고 합니다. 욤 키푸르 전쟁은 1973년 10월 6일에 시작되었습니다. 1973년 10월 6일은 유대인에게는 최대 명절인 욤 키푸르Yom Kippur이었고, 아랍인들에겐 라마단Ramadan 기간이었죠.

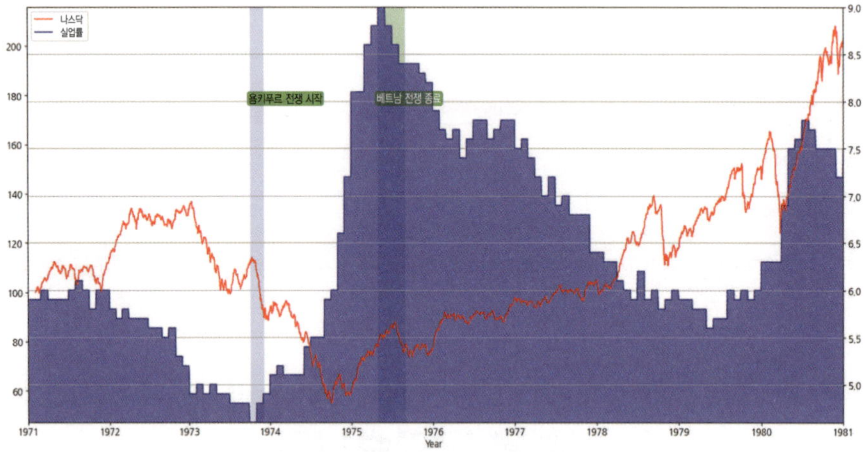

[그림 6-8] 미국 나스닥 지수(1971년~1981년)와 역사적 사건[06]

미국이 이스라엘에 무기를 제공하고, 소련이 아랍을 지원하면서 전쟁이 심화되었고 전 세계 경제에 충격을 주게 된 오일쇼크를 유발했습니다. 이 전쟁으로 중동 산유국들이 이스라엘을 지지한 미국 등에 경제적 피해를 주기 위해 석유 수출을 금시했고, 국제유가가 급등했습니다. 산유국 연합(OPEC)은 회의를 통해 원유 가격을 17% 인상한다고 발표한 데 이어 매월 원유 생산을 전월에 비해 5%씩 감산하기로 결정했기 때문입니다.

이렇게 경제가 악화되자 당시 미국의 레이건 정부는 엄청난 구조조정을 실시했고, 그 바람에 실업률이 1982년 당시 12%까지 치솟았습니다. 이 당시 레이건 대통령을 암살하려는 미수 사건이 있었을 정도였습니다. 이처럼 이 시기는 범죄율이 매우 높게 상승하게 되고 저소득층과 부유층이 뚜렷하게 구별되었습니다. 그리고 이 시기를 배경으로 만든 영화 〈조커〉와 〈택시 드라이버〉를 본다면 이 그래프는 더 이상 지면 위의 선이 아니라 우리 머릿속에서 살아 움직일 것입니다.

---

06 출처: FRED 미국 연방준비은행 연구소 데이터

[그림 6-9] 영화 〈다크나이트〉에서 조커가 휴지조각처럼 돈을 태우는 장면(위)과 베트맨(아래)[07]

어땠나요? 단순히 데이터를 바라보는 것과 스토리텔링을 함께 듣는 것. 둘 사이에는 분명한 차이가 있습니다. 다시 정리하면 스토리텔링은 우리의 가슴을 열어주는 열쇠입니다. 그리고 아무런 감흥이 없는 데이터에 생명력을 불어넣어 주는 비법이기도 합니다. 여러분이 만들어낼 가치는 '데이터+스토리'에 있습니다.

여러분의 손에는 데이터가 있습니다. 그럼 이제 여러분은 무엇을 만들겠습니까?

07 출처: https://www.hani.co.kr/arti/culture/movie/302153.html

3 연구논문에서 데이터를 활용하는 방법

01 연구논문 역시 '스토리텔링'과 '데이터'의 결합체다

"코로나19 백신 부스터 샷[08]은 효과가 있을까요?"

이에 대한 답을 말할 때, 우리는 데이터를 사용합니다. 아래 그래프에서 빨간색과 파란색 선이 다르다는 것은 누구나 인식할 수 있습니다. 그렇다면 무엇이 다른 걸까요?

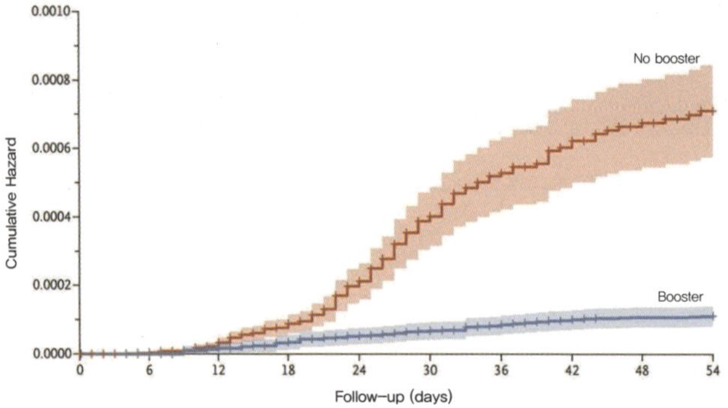

No. at Risk										
No booster	841,428	723,609	520,459	326,741	202,797	145,021	111,761	101,695	90,036	83,989
Booster	46,259	119,332	322,203	515,639	639,315	696,859	729,971	739,945	756,591	757,614
Cumulative No. of Events										
No booster	0	3	20	43	72	103	119	129	134	137
Booster	0	0	4	12	23	33	46	57	62	65

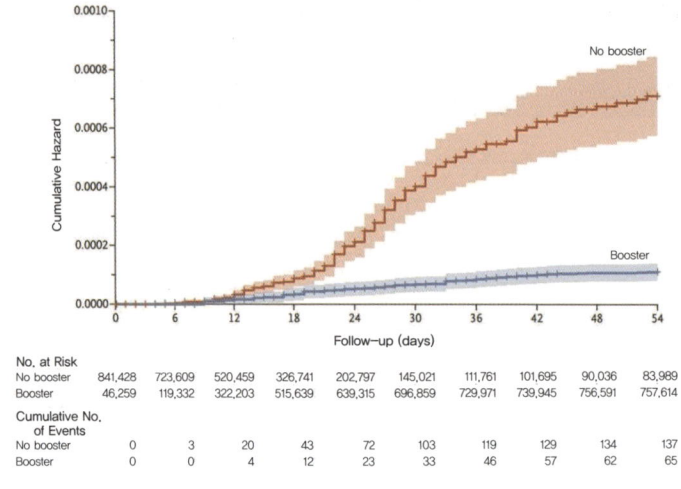

[그림 6-10] 화이자 백신의 추가접종에 의한 결과[09]

빨간색 그래프는 1차 백신을 맞은 후 부스터 샷을 접종하지 않은 사람들(No Booster)이며, 파란색 그래프는 부스터 샷을 접종한 사람들(Booster)입니다. 다음으로 축을 확인해보겠습니다. 가

08 백신의 효과를 높이기 위해 백신접종 뒤 일정시간 후 추가로 접종하는 것을 말합니다.

09 출처: 와이넷 Ynet

로 방향의 X축은 시간으로 1차 백신을 맞은 후 경과한 일수이고, 세로 방향의 Y축은 사망 위험 정도입니다.

우리는 상세정보를 보지 않고도 부스터 샷을 맞지 않으면 맞은 경우에 비해 시간에 따라 사망 위험도 높아지는 것을 인지할 수 있습니다. 그래서 "연구결과 부스터 샷이 사망률을 크게 낮춘다. 부스터 샷을 맞아야 한다"라는 결론에 도달하게 됩니다.

연구논문은 '연구결과를 논리적으로 표현한 문서'입니다. 연구논문은 과학, 의학, 기술, 경제 등 다양한 주제에 대해 사실을 탐구하여 인류에 기여하는 역할을 합니다. 오늘날 우리가 누리는 과학과 의학 기술은 연구논문이라는 형태로 최초 검증되었습니다. 이런 연구논문은 연구결과의 검증을 위해 연구목적부터 결과검증까지를 논리적으로 전달하는 것이 매우 중요합니다.

그러므로 대다수의 논문은 다음의 5가지 단계를 거쳐 작성됩니다.

- **1단계:** 연구목적
- **2단계:** 문제정의
- **3단계:** 연구방법
- **4단계:** 연구결과 및 검증
- **5단계:** 결론

[그림 6-11] 연구논문을 작성하는 목차 5단계

명확한 논문을 작성하기 위해 가장 먼저 해야 할 일은 생각의 흐름을 구성하는 것입니다. 생각의 흐름을 일목요연하게 표현하는 것을 다른 말로 '논리적 사고'라고 합니다. 연구논문은 '만약, 연구한 방법을 적용하면 이러할 것이다'라는 가설을 수립하고 검증하는 과정을 거치게 됩니다.

- 내가 왜 이 연구를 시작했으며(① 연구목적),
- 기존의 연구에서의 한계점과 문제는 이러했고(② 문제정의),
- 그래서 나는 특별히 이런 방법으로 해결을 시도했다(③ 연구방법).
- 그래서 다음과 같은 결과가 나왔고, 데이터로 검증되었다(④ 연구결과 및 검증).
- 따라서 결론은 이렇다(⑤ 결론).

이런 단계로 미뤄 봤을 때, 연구논문은 연구에 대한 스토리텔링인 동시에 데이터로 그 결과를 도출하고 검증하는 데이터 스토리텔링입니다.

02 "내 심장(데이터)을 쏴라"의 핵심은 데이터다

"내가 말하고 싶은 결론을 전달하는 데 필요한 데이터"

연구논문에서 핵심은 결과에 대한 검증입니다. 그래서 앞의 단계를 추상화해보면 2단계가 됩니다.

- **1단계:** 나는 A라고 생각한다.
- **2단계:** 데이터 B가 내 생각을 검증하기 때문에 A는 옳다.

앞서 살펴본 코로나19 백신 부스터 샷에서 여러분은 어떤 부분을 봤나요? 그렇습니다. 연구목적, 기존 연구, 연구방법보다 그 결과 데이터를 확인하고 바로 결론을 내렸습니다. 이처럼 데이터는 핵심이고 결론이며, 어떤 주장의 설득력(힘)은 데이터에서 나온다고 할 수 있습니다.

[그림 6-12] 핵심인 데이터를 향해 쏴라

사실 연구과정에서는 다양한 관찰과 실험을 통해 데이터를 습득합니다. 연구를 해본 분은 알겠지만, 연구에 몰입하는 그 순간에는 엄청난 집중력과 노력을 투자합니다. 그러면서 수많은 데이터가 생성되죠. 따라서 연구자에게는 필요 이상으로 많은 데이터가 있습니다. 하지만 이 모든 것에 대한 그래프를 그려서 넣을 수는 없습니다. 자신의 이야기에 어울리는 데이터를 논문에 넣어야 합니다.

결론적으로 '내가 하고 싶은 이야기와 어울리는 데이터'가 필요합니다. '결론 = 데이터' 즉, 결론이 데이터와 같아야 합니다. 아무리 많은 데이터가 있다고 할지라도 내가 말하고자 하는 바와 다르면 어떨까요? 그것은 데이터, 그리고 데이터로 그린 그래프, 그림의 나열일 뿐 정확한 의미를 전달하기 어렵습니다. 그렇다면 어떤 데이터를 어떻게 넣어야 할까요?

03 데이터를 표로 넣을까, 그래프로 넣을까

데이터를 표현할 때 표와 그래프를 구분하는 방법에 대해 알아보겠습니다.

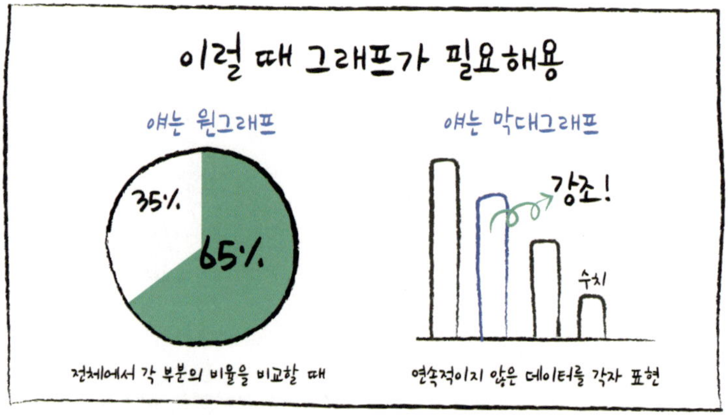

[그림 6-13] 원그래프와 막대그래프를 사용하는 용도

① 이럴 때 표를 사용해요

표는 가로(행)와 세로(열)의 그 격자 안에 수치나 정보를 넣은 것을 말합니다. 이 경우, 원인이 결과에 미치는 영향을 자세히 볼 수 있습니다. 표는 보는 사람으로 하여금 정확한 값을 찾고, 비교하게 할 수 있습니다. 보는 사람 입장에서는 다소 집중력과 시간이 필요하지만, 원하는 데이터를 뽑아 볼 수 있다는 장점이 있습니다. 예를 들어, 평균, 표준편차, 통계량 등 전문 지식이 있는 사람에게는 더 깊은 가능성을 제공합니다. 데이터의 일부분에만 초점을 맞춘 경우, 전반적인 관계를 설명하는 그래프가 더 나을 수 있습니다.

- **장점:** 정확한 값이 필요한 경우, 원하는 데이터를 직접 확인할 수 있고 2차 가공과 판단이 가능하다.
- **단점:** 값을 파악하는 데 다소 집중력과 시간이 소요되고, 전체적인 추세를 나타내는 데 불리 하다.

② 이럴 때 그래프가 필요해요

그래프는 점과 선으로 이루어진 자료구조를 말합니다. 전체적인 추세를 보여주는 데 유용합니다. 또한 보는 사람으로 하여금 많은 양의 데이터가 나타내는 결과를 빠르게 전달할 수 있습니다. 예를 들어, 데이터가 나타내는 경향(오르고 내리는), 예외(특별히 높거나 낮은), 패턴(반복되는 주기) 등을 손쉽게 알려줍니다. 또한 나타내고자 하는 데이터의 종류나 쌍이 여러 개라면 이들 간의 관계를 설명하기 용이합니다. 따라서 데이터 분석을 통해 막대그래프, 원그래프, 상자 수염 그림, 산점도 등 다양한 방식으로 우리가 원하는 결과를 보여줄 수 있습니다.

- **장점:** 전체적인 경향/예외/패턴 등을 보여주는 데 효과적이고, 여러 데이터 쌍 간의 관계를 설명할 수 있다.
- **단점:** 세부적인 수치를 확인하는 데 어렵고, 통계지표는 필요 시 별도로 표현해야 한다.

주요 그래프의 유형별 용도는 아래와 같이 간단히 정리하고 이후에 차차 배워보겠습니다.

- **원그래프(Pie Graphs):** 전체에 대한 각 부분의 백분율을 표현할 때 사용한다.
- **막대그래프(Bar Graphs):** 연속적이지 않은 유형의 데이터별 값을 표현할 때 사용한다.
- **선그래프(Line Graphs):** 연속 범위 또는 시간에 대한 변화를 설명할 때 사용한다.
- **산점도(Scatter Plots):** 연속된 두 데이터 간의 관계를 설명할 때 사용한다.

이 장에서는 뉴스가 데이터를 소개하는 법과 연구논문의 논리적 전개를 통한 스토리텔링과 데이터의 결합을 알아보았습니다. 그리고 내가 말하고 싶은 결론을 전달하는 데 필요한 데이터를 넣어야 하고 '결론 = 데이터'라는 개념을 이해했습니다. 그리고 마지막으로 언제 표를 사용하고 그래프를 사용하는지 구체적으로 알아보았습니다.

마지막으로 이렇게 정리하겠습니다.

"여러분의 이야기에 데이터를 넣어보세요.
이야기에 신뢰가 쌓일 것입니다."

"여러분의 데이터에 이야기를 넣어보세요.
데이터가 팔딱팔딱 활어처럼 생명력이 느껴질 것입니다."

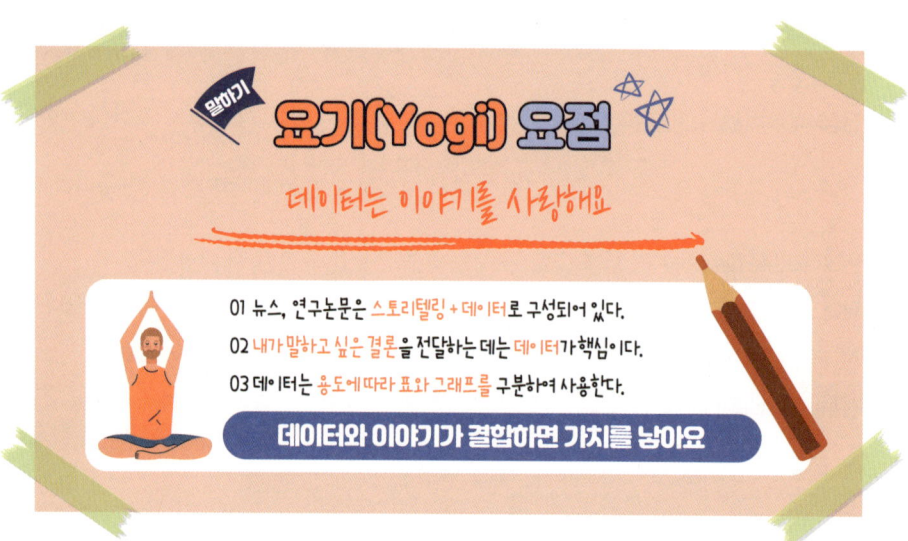

말하기

요기(Yogi) 요점

데이터는 이야기를 사랑해요

01 뉴스, 연구논문은 스토리텔링 + 데이터로 구성되어 있다.

02 내가 말하고 싶은 결론을 전달하는 데는 데이터가 핵심이다.

03 데이터는 용도에 따라 표와 그래프를 구분하여 사용한다.

데이터와 이야기가 결합하면 가치를 높아요

정리하기

1. 데이터로 말하는 게 불편한가요.

01. 데이터 활용에 필요한 4가지 역량이 있다.

- 듣기, 말하기, 읽기, 쓰기, 4가지 능력이 가장 기본되는 언어와 사고의 능력입니다.
- 기성세대는 데이터에 대해 제대로 듣고, 말하고, 읽고, 쓰는 능력을 기른 적이 없습니다.

2. 이야기를 사랑하는 데이터

01. 뉴스의 흡입력 있는 말하기 비법은 '스토리텔링' + '데이터'다.

- 스토리텔링은 우리 가슴을 열어주는 열쇠입니다.
- 이야기야말로 사람들을 또 다른 세상으로 이끌 수 있는 방법입니다.
- 단순히 데이터를 바라보는 것과 스토리텔링을 함께 듣는 것. 둘 간에는 분명한 차이가 있어 보입니다.

02. 감흥 없는 데이터와 눈을 씻고 쳐다보는 데이터는 다르다.

- '데이터'는 '이야기'를 사랑했고, 둘이 결혼해서 '가치'를 낳았습니다.
- 이야기는 데이터에 생명력을 불어 넣어줍니다.
  - 사례 1: 제1차 세계대전과 미국 다우존스 지수 이야기
  - 사례 2: 중동전쟁 당시 미국 나스닥 지수와 실업률 이야기

3. 연구논문에서 데이터를 활용하는 방법

01. 연구논문 역시 '스토리텔링'과 '데이터'의 결합체다.

- 대다수의 논문들이 다음의 5가지 단계를 거쳐 작성됩니다.
  ① 연구목적 ② 문제정의 ③ 연구방법 ④ 연구결과 및 검증 ⑤ 결론
- 연구논문은 연구에 대한 스토리텔링인 동시에 데이터로 그 결과를 도출하고 검증하는 데이터 스토리텔링입니다.

02. "내 심장(데이터)을 쏴라"의 핵심은 데이터다.

- 데이터가 핵심이고 결론이며, 어떤 주장의 설득력(힘)은 데이터에서 나옵니다.
- 내가 하고 싶은 이야기와 어울리는 데이터가 필요합니다. '결론 = 데이터'입니다.

03. 데이터를 표로 넣을까, 그래프로 넣을까.

- 표는 가로(행)와 세로(열)의 그 격자 안에 수치나 정보를 넣은 것을 말합니다.
  - 장점: 정확한 값이 필요한 경우, 원하는 데이터를 직접 확인할 수 있고 2차 가공과 판단이 가능합니다.
  - 단점: 값을 파악하는 데 다소 집중력과 시간이 소요되고 전체적인 추세를 나타내는 데 불리합니다.
- 그래프는 점과 선으로 이루어진 자료구조를 말합니다.
  - 장점: 전체적인 경향/예외/패턴 등을 보여주는 데 효과적이고 여러 데이터 쌍 간의 관계를 설명할 수 있습니다.
  - 단점: 세부적인 수치를 확인하는 데 어렵고, 통계지표는 필요 시 별도로 표현해야 합니다.

7장

데이터를 요약해서 말해요

온라인 쇼핑몰을 운영하는 아내가 화났다.

"당신 어떻게 된 게 맨날 늦어?"
"요즘 데이터 분석 프로젝트가 너무 바빠서 말이지. 미안."
"아니, 회사 일 말고, 내가 운영하는 온라인 쇼핑몰 데이터 분석 좀 해달라고!"
"아, 지난 번에 물어봤던 그거? 알았어! 이번엔 실망시키지 않을게."

우리는 데이터 분석을 한다고 하면, 데이터를 가지고 그래프도 그려보고 결과를 해석하는 행위를 상상합니다. 데이터로 화려한 시각화 페이지를 만들었다고, 멋진 통계용어로 결과를 설명했다고 끝이 아닙니다. 최종적으로 그것을 통해 의사결정을 하고, 실행까지 이어가려면 결론이 필요합니다.

이 장에서는 데이터 분석에서 '결과'와 '결론'의 차이점을 알아보고 결론을 내릴 때 주의해야 할 내용에 대해 살펴봅니다.

1 분석 '결과'말고 '결론'을 말하라

01 결과는 데이터와 결론을 이어주는 징검다리

"입만 분석가, 뭔가 도움이 되는 걸좀 내놔야지!"

온라인 쇼핑몰을 운영하고 있는 아내는 데이터 분석가인 남편에게 실망이 아주 큽니다. 매일 회사에서만 데이터 분석을 하고, 정작 아내 사업에 대해서는 분석을 해주지 않기 때문입니다. 그래서 오늘만큼은 아내에게 능력 있는 남편이 되기로 마음 먹습니다!

아내는 가정의 달 이벤트로 고객들이 상품을 더 많이 구매하도록 '쿠폰 자동 발송' 기능을 만들려고 합니다. 하지만 그에 앞서 아내는 기존에 제공한 쿠폰이 효과적인지 아닌지를 먼저 확인하고 싶어 합니다. 쿠폰으로 상품 가격만 할인해주고, 판매가 늘지 않는다면 오히려 손해니까요.

그래서 지난 한 달 동안, 성별과 쿠폰 발송 여부에 따른 '평균 구입 횟수' 데이터를 수집합니다. 그리고 그래프로 그렸습니다. 먼저 쿠폰 제공 여부를 왼쪽과 오른쪽으로 구분했고, 파란색은 남자 고객, 주황색은 여자 고객, 막대 높이는 구입 횟수로 표현했습니다.

여러분은 다음 페이지 [그림 7-1]의 그래프를 보고 어떻게 생각할까요? 보통은 아래와 같이 이야기를 할 겁니다.

- 쿠폰 제공/미제공으로 분류했을 때, 쿠폰을 제공 받은 사람의 구입 횟수 총합이 더 크다.
- 남/여 성별로 분류했을 때, 남자는 쿠폰 제공여부와 구입 횟수의 상관성이 떨어지는 반면에, 여자는 쿠폰을 받은 고객이 쿠폰을 받지 않은 고객보다 평균 구매 횟수가 80% 더 높다.

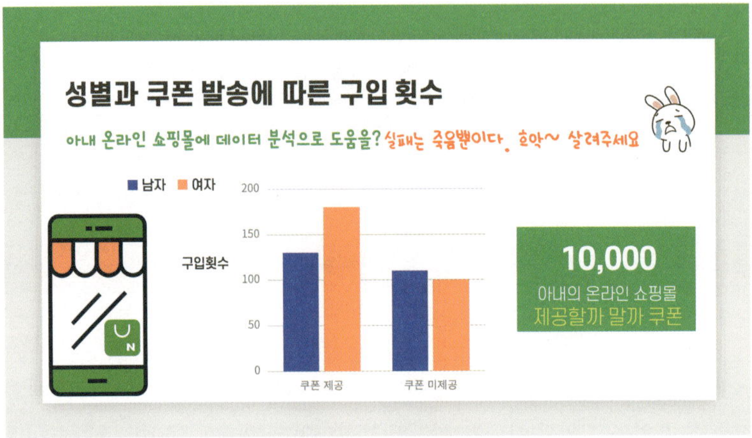

[그림 7-1] 성별과 쿠폰 발송에 따른 구입 횟수

만약, 여러분이 아내이고 남편이 위와 같이 말했다면 몇 점을 줄건가요? 그리고 이 결과를 듣고서 무슨 생각이 들까요? “아이고~ 역시 우리 남편이 최고네요! 역시 데이터 분석가다워요!” 이런 칭찬은 나오지 않을 것입니다. 그래프를 보고 내린 해석에 대해서 틀린 부분은 없었습니다. 위 해석은 쿠폰 제공과 미제공, 남자와 여자로 분류하고 그래프를 정확하게 읽어낸 객관적 결과를 말하고 있습니다. 그런데 이런 결과의 나열은 아내에게 어떻게 하라는 것인지, 데이터에 기반해서 어떤 의사결정을 하라는 것인지 알 수 없습니다.

여러분이 아내라면 남편에게 뭐라고 말할 것 같나요? 이런 데이터 분석 결과에 대해 “그래서 결론이 뭐야?” “무슨 말이 하고 싶은데? 뭐 어쩌라고?” 하며 남편에게 짜증만 내지 않을까요? 위 답변은 모두 “분석 결과는 ○○○이다”라는 설명에 그치기 때문입니다. 다시 처음으로 돌아가보겠습니다. 아내는 본질적으로 무엇을 원했고, 무엇을 알고 싶어 했나요? 목적은 “기존에 발송한 쿠폰이 효과적인지를 확인하고, 쿠폰 자동발송 기능을 만들겠다”입니다. 위 답변에는 아내가 원하는 대답이 있나요? 미안하지만 위에서 말한 내용에는 쿠폰이 효과적인지에 대한 판단이 내려지지 않았고, 쿠폰 자동발송 기능을 만들어야 할지에 대한 답도 나오지 않았습니다.

여기서 데이터만 30년 동안 '활용'한 활용 달인에게 묻겠습니다. "데이터 활용의 최종 목적은 무엇인가요?" 달인은 이렇게 대답합니다. "바로 '행동'입니다." 이 부분의 구체적인 실천 방법은 앞으로 좀 더 배우기로 하겠습니다.

그전에 먼저 데이터를 "활용한다"라는 의미부터 알아보겠습니다. 데이터 활용은 분석을 통해 얻어낸 결과를 통해 의사결정과 실행까지 연결하는 것을 말합니다. 그래야만 행동의 변화를 만들어낼 수 있습니다. 실컷 분석하고 멋진 그래프와 말만 화려한 보고서는 '활용'이 아니라 '쇼잉showing'에 가깝습니다. 그렇다면 이 사례에 대해서는 어떤 결론을 내려야 할까요? 힌트를 주자면 앞서 언급한 결과에서 단 한발짝만 더 나아가면 됩니다.

결론은 "쿠폰을 발송하면 구입횟수가 늘어나는 효과가 있다"입니다. 단, 남자 고객보다 여자 고객에게 쿠폰을 발송하는 것이 구입횟수 증가에 더 큰 효과를 발휘합니다. 따라서 쿠폰 자동발송 기능을 여자 고객을 대상으로 설정해야 합니다.

이것이 바로 데이터 분석의 결론입니다. 앞서 언급한 결과와 차이점이 느껴지나요? 앞선 사례에서 가장 중요한 차이점은 첫째, 후자의 결론이 데이터 분석의 최초 '목적'에 대한 답을 해준다는 것입니다. 둘째, 결과는 분류, 상관성, 총합, 평균, 구매횟수 등 전문 용어와 숫자계산이 언급된 반면, 결론의 경우 의사결정에 기반을 두고 용어의 장벽이 없이 서술된다는 것입니다.

[그림 7-2] 데이터 분석 결과말고 결론을 말하라

“데이터 → 결과 → 결론”

우리는 앞서 목적에 맞는 데이터, 즉 결론과 데이터는 일치해야 한다고 배웠습니다. 사용하는 데이터가 말하고자 하는 결론과 일치할 때, 결론을 뒷받침하는 논리적 설득력을 갖출 수 있습니다. 그리고 데이터와 결론의 중간에 들어가는 과정이 바로 ‘결과’입니다. 결과는 데이터에서 결론을 이어주는 과정이자, 데이터를 설명하고 과학적으로 결론까지 이어주는 징검다리 역할을 합니다. 데이터를 설명하는 결과가 나오고, 결과를 기반으로 결론을 맺게 됩니다.

그냥 데이터로부터 바로 결론을 말하면 안 되냐고 반문할 수도 있을 것 같습니다. 하지만 결론을 도출할 때, 중간 과정 없이 훌쩍 뛰어넘는다면 듣는 사람이 불편하거나 이해하기 어려워집니다. 예를 들어, 다음은 데이터에서 바로 결론이 나온 경우입니다.

❶ 데이터: LDH(젖산 탈수 효소) 콜레스테롤이 180mg/dℓ이다.
❷ 결론: 건강한 식단을 유지하고 적절히 운동해야 한다.

이번에는 데이터, 결과, 결론을 도출한 경우를 보겠습니다.

❶ 데이터: LDH 콜레스테롤이 180mg/dℓ이다.
❷ 결과: 정상 기준치 100mg/dℓ보다 80%가량 높은 ‘높음(High)’ 수준이다. 수치가 1mg/dℓ 올라갈 때마다 동맥경화 등 심혈관질환이 발생할 확률은 2%씩 높아진다.
❸ 결론: 건강한 식단을 유지하고 적절히 운동해야 한다.

전자와 후자 중에서 어떤 방식이 듣는 사람에게 식단조절과 운동이라는 실행을 이끌어낼지 생각해보지 않아도 알 수 있습니다. 이처럼 중간에 들어온 ‘결과’라는 작은 차이가 듣는 사람에게 있어서 설득력이나 전달력에 큰 영향을 끼치게 됩니다. 이 차이를 알아내고 부드럽게 이어주는 것이 데이터 활용에서 필요한 소프트 스킬입니다.

데이터 분석 경험이 많지 않은 학생들은 오히려 전문용어나 통계관련 지식을 섞어서 이야기하는 경향이 있습니다. 하지만 그러한 용어를 편하게 받아들여줄 사람이 많지 않은 게 현실입니다. 이른 바 '지식의 저주(Curse of Knowledge)'[01]인 셈입니다. 데이터에서 객관적인 사실로서의 '결과'를 도출해냈다면, 그것을 행동으로 연결하는 '결론'을 말해야 한다는 점을 반드시 기억했으면 좋겠습니다.

또 다른 흔한 실수는 사실과 주장을 섞어서 말하는 경우입니다. 데이터를 활용해서 말할 때는 데이터로 말할 수 있는 사실, 내가 주장하고 하는 바를 구분하고 데이터가 포함하는 범위 내에서 그것을 논리적으로 묶을 수 있어야 합니다. 이 부분에 대해서는 다음 편에서 계속 알아보겠습니다.

01 어떤 개인이 다른 사람들과 의사소통을 할 때 다른 사람도 이해할 수 있는 배경을 가지고 있다고 자신도 모르게 추측하여 발생하는 인식적 편견입니다. – 출처: 위키백과

2 데이터 기반 주장과 사실의 차이

01 어떤 데이터를 보고 그렇게 말할 수 있나

어떤 데이터를 시각화하고, 요약해서 말할 때는 많은 연습이 필요합니다. 특히 결론을 말할 때는 데이터가 주는 사실과 본인의 주장을 섞어서 말하지 않아야 합니다. 다음은 데이터 분석 강의에서 학생들에게 실습으로 주어지는 3단계 과제로서, 결론을 말하는 훈련을 목적으로 하고 있습니다.

우리나라의 주택매매 가격지수 데이터 사례를 통해 알아보겠습니다. 우리나라의 주택매매 가격지수 데이터는 2004년부터 수집되었습니다. 2021년 6월의 가격을 100으로 기준 삼고, 다른 시기의 가격을 환산하여 계산한 값입니다. 다음 데이터를 통해 알 수 있는 것은 무엇입니까?

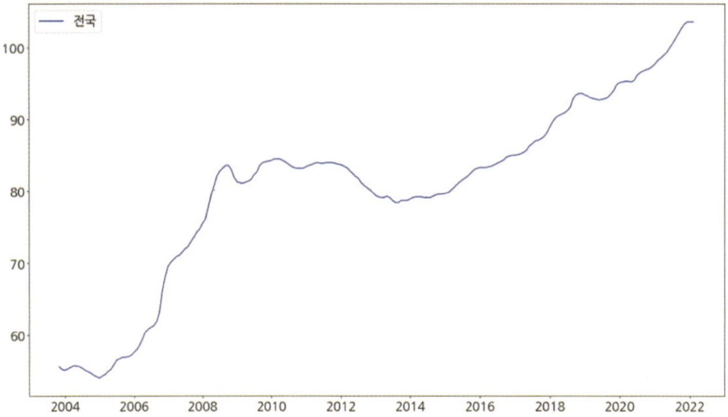

[그림 7-3] 전국 주택매매 가격지수(2004년~2022년)[02]

02 출처: 국가통계포털(KOSIS), 기준시점: 2021.6=100

학생들에게 이 그래프를 설명해보라고 하면 생각보다 난감한 표정을 짓습니다. 무슨 말을 어떻게 할지 모르는 게 더 맞는 표현일 것 같습니다.

그러다가 결국 학생들은 이렇게 대답합니다.

1. 2006년에서 2008년까지 가격이 크게 오르고, 2008년 서브프라임 모기지 때문에 가격 상승이 정체되었습니다.
2. 2008년부터 2017년까지 가격이 안정되었는데 이는 이명박, 박근혜 정부 때 주택공급을 많이 했기 때문입니다.
3. 2020년에는 코로나19 팬데믹의 영향으로 통화량이 증가해서 집값이 상승했습니다.
4. 앞으로도 주택 가격은 꾸준히 상승할 것입니다.

위 답변에서의 공통점은 무엇일까요? 네, 바로 '데이터에서 읽을 수 있는 사실'과 '데이터에서 알 수 없는 사실', 예를 들어, 본인의 생각과 같은 것들을 구분 없이 표현했다는 점입니다. 이 대답에 대해서 반문하면 다음과 같습니다.

1. 가격이 크게 오른 것은 사실이지만, 2008년 서브프라임 모기지를 위 데이터를 보고는 알 수 없고, 또 그 때문에 가격 상승이 정체되었는지는 더욱 알 수 없습니다.
2. 특정 정부 때 주택공급을 많이 해서 가격이 안정되었는지 또한 데이터에는 나타나 있지 않습니다.
3. 통화량이 증가했는지의 여부, 그로 인해 집값이 상승했다는 정보 또한 이 그래프를 보고 알 수 없습니다.
4. 끝으로 "주택 가격은 꾸준히 상승할 것이다"라는 것은 객관적 사실이 아니라 주장입니다.

[그림 7-4]의 그래프를 보고서야 비로소 정부별 부동산 정책기조와 주택매매 가격지수의 변동을 말할 수 있습니다.

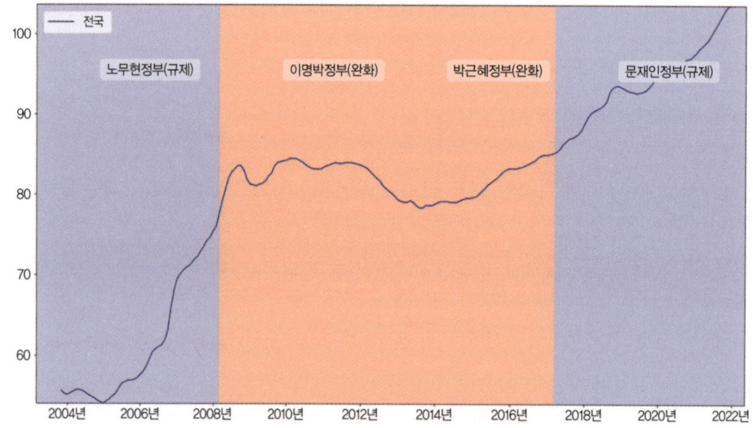

[그림 7-4] 전국 주택매매 가격지수(2004년~2022년)[03]

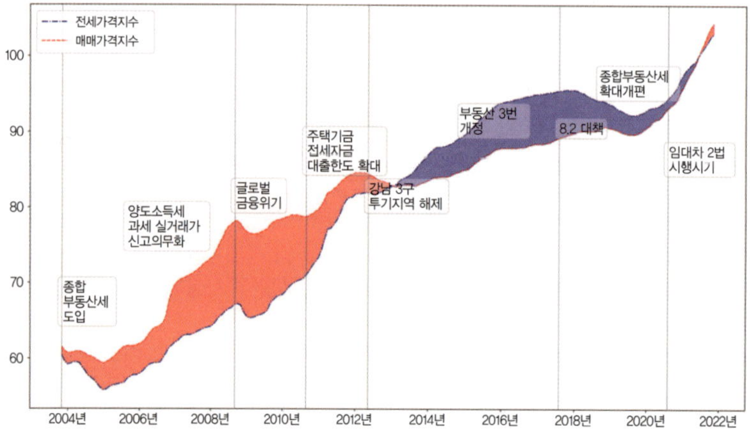

[그림 7-5] 전국 주택매매 가격지수(2004년~2022년)[04]

그리고 [그림 7-5]의 그래프를 보고서야 부동산 정책이 전세와 매매 가격에 어떠한 영향을 주었는지, 반대로 어떠한 전세와 매매 가격의 흐름일 때 어떠한 정책이 시행되었는지를 설명할 수 있습니다.

---

03 출처: 국가통계포털(KOSIS), 기준시점: 2021.6=100

04 출처: 국가통계포털(KOSIS), 기준시점: 2021.6=100

"데이터라는 사실 + 갑자기 툭 튀어나온 주장 = 정체불명의 결론"

앞서 학생들은 왜 사실과 주장을 섞어서 답변한 것일까요? 그것은 아마도 본인들이 어디까지가 데이터를 통한 사실이고, 어디까지가 자신의 생각인지 판단하는 훈련을 해본 적이 없거나, 훈련이 덜 되어 있기 때문일 겁니다. 결과적으로, 객관적인 사실로서의 데이터를 가지고 말을 하더라도 사실과 주장을 뒤섞어버린다면 데이터를 제대로 활용했다고 볼 수 없습니다.

학생들은 이런 문제를 시험지에서 많이 접했습니다. "다음 중 그래프가 나타내는 사실이 아닌 것을 고르시오"라는 형태로 말이죠. 정답이 정해진 뻔한 문제입니다. 하지만 현실과 실무에서는 그 경계가 모호할 때가 많습니다. 그리고 "그래프를 가지고 직접 말해보라"는 요청은 기업에 입사한 사회 초년생도 많이 받지 않습니다. 이렇게 데이터 활용 경험이 없는 상태에서는 나도 모르게 내 생각이 데이터에 투영되게 됩니다.

이럴 때 아주 간단한 해결책이 있습니다. 내가 하고 있는 말이 사실인지 주장인지를 알고 싶다면 스스로에게 이렇게 물으면 됩니다.

"어떤 데이터에서 나온 사실인가?"

데이터가 아니라, 자신의 머릿속에서 나온 말이라는 것을 알게 될 것입니다. 데이터를 분석하고 활용할 때, 지금 가지고 있는 데이터가 자신의 모든 말과 생각을 뒷받침해 줄 수 없습니다. 내가 하고자 하는 말이 데이터에서 나온 것인지를 끊임없이 확인해야 합니다. 만약, 하고 싶은 말이 있다면, 거기에 맞는 데이터를 눈 앞에 가져와야 한다는 사실을 명심해야 합니다.

이 장에서는 결과와 결론의 의미에 대해 알아보았습니다. 데이터를 모으고, 분석한 후에 결과를 설명하고, 결론을 도출합니다. 둘의 차이에 대해 다시 정리해보면, 데이터 분석을 통해 나온 설명들은 어디까지나 '결과'이고, 그 결과가 애당초 목적에 어떤 의미를 부여해야 하는 것이 '결론'입니다.

다시 처음 이야기인 아내의 온라인 쇼핑몰로 돌아가서 마무리하겠습니다. 아내가 '데이터 활용'을 통해 궁극적으로 원하는 것은 무엇이었을까요? 통계용어가 가득 찬 결과였을까요? 아니면 사업 판단과 행동에 필요한 간결한 결론이었을까요? 당연히 '결론'이었을 겁니다. 결국 데이터 분석가 남편은 데이터 분석에 기반한 결과를 도출했습니다. 그리고 "쿠폰 발송이 여자 고객에게 효과가 크다. 따라서 여자 고객을 대상으로 자동 쿠폰발송 기능을 설정하자"라는 결론을 냅니다.

세상은 끊임없이 변합니다. 그리고 오늘도 그 과정 속에서 생성된 데이터에 기반하여 어제와는 다른 결과, 새로운 결론에 도달합니다. 한 치 앞날도 알 수 없는 사업세계지만, 아내와 남편은 데이터가 있기에 서로 손을 꼭 잡고 한 발짝 한 발짝 걸어갑니다.

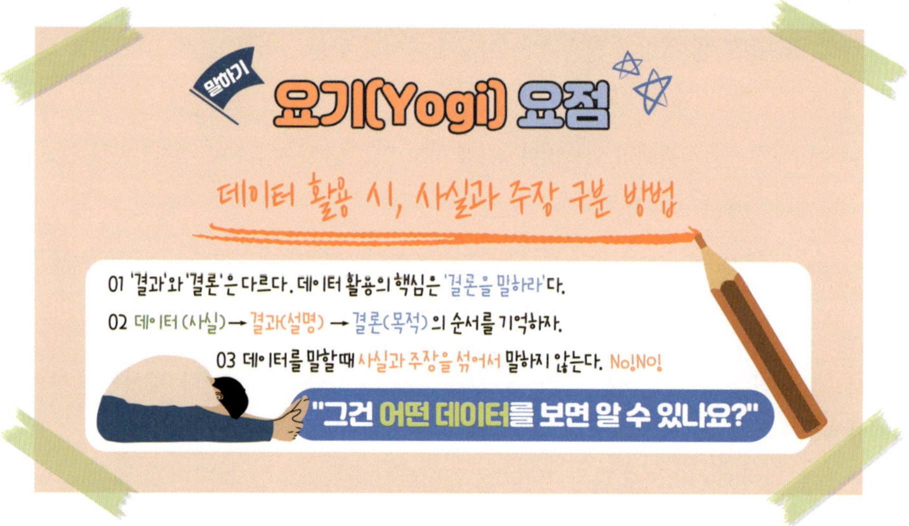

정리하기

1. 분석 '결과'말고 '결론'을 말하라.

01. 결과는 데이터와 결론을 이어주는 징검다리

- 데이터 분석을 통해 얻은 분석적, 통계적 의미를 '결과'라고 하고 우리가 애초에 원했던 목적에 따라 의사결정을 하는 것이 '결론'입니다.
- 결과는 데이터에서 결론을 이어주는 과정이자 데이터를 설명하고 과학적으로 결론까지 이어주는 징검다리 역할을 하는 것입니다.
- 원래 설정한 목적, 무엇을 말하고 싶은지, 말해야 하는지, 상대방이 알고 싶어 하는 것은 무엇인지 등을 명확히 하는 것이 중요합니다.

02. 데이터 분석은 정답이 아니라 '나의 목적'을 찾는 것이다.

2. 데이터 기반 주장과 사실의 차이

01. 어떤 데이터를 보고 그렇게 말할 수 있나.

- 결론을 도출할 때 주의할 점은 필요 이상으로 자신의 해석을 덧붙이지 않아야 한다는 것입니다.
- 데이터를 통해 알 수 있는지를 의식하면서 자가점검을 하지 않는다면, 데이터로 설명 가능한 범위에서 벗어나기 쉽다는 점을 명심합시다.

02. 결론을 서술한다는 의미는 무엇일까.

- 데이터 분석을 통해 나온 설명들은 어디까지나 '결과'이고, 그 결과가 목적에 어떤 의미를 부여하는 것이 '결론'입니다.
- 데이터(사실) → 결과(설명) → 결론(목적)의 순서를 기억하세요.

나는 처세술 대신 데이터 분석을 택했다

쉽게 이해하고 활용할 수 있는 AI, Big Data 입문서

8장

건강한 데이터 말하기의 3요소

"익선 씨, 요즘 운동한다면서요?"
"네, 퇴근하고 PT하고 있어요. 바프 찍어야 하거든요."
"바프요?"
"아, 바디 프로필의 약자인데요. 이제 목표 수치가 거의 완성되었거든요."
"목표 수치? 그게 뭔데요?"
"BMI 지수 20이 목표예요. 매주 측정하는데, 이제 20 근처예요. BMI는 Body Mass Index의 머리글인데 체질량지수라는 뜻이에요. 몸무게를 키의 제곱으로 나눈 데이터 지표죠."
"익선 씨는 업무도 건강도 데이터를 활용하는군요!"

김 부장은 박익선 사원과의 대화가 늘 새롭습니다. BMI 지수라는 데이터를 매주 관리한다는 얘기를 듣고 저녁식사 약속이 많은 자신의 건강에 대한 경계심이 생겨났습니다. 그리고 지난달 건강검진 결과에 대한 전문의 상담이 생각났습니다. 전문의는 건강한 몸을 위해서는 세 가지 요소가 있다고 했습니다. 바로 근골격(뼈대), 장기(기관), 그리고 혈액이었습니다.

그런데 몸의 건강과 마찬가지로 데이터로 말할 때도 이 세 가지에 대해 신경을 써야 한다는 사실을 알고 있나요? 이 장에서는 건강한 데이터 말하기의 3요소인 '논리구조(뼈대)' '데이터 기반 근거(장기)' 그리고 '데이터의 흐름(혈액)'에 대해 알아봅니다.

1 건강한 데이터 말하기를 위한 3요소

건강한 몸을 위한 세 가지 요소가 있습니다. ① 근골격(근육과 뼈) ② 장기(오장육부) ③ 혈액과 신경(피와 호르몬)입니다.

나이 든 사람의 뼈 건강은 생명과 직접 관계가 깊을 정도로 매우 중요합니다. 이런 뼈를 지탱해 주는 것은 바로 근육입니다. 그래서 나이가 들수록 뼈와 근육을 튼튼하게 하는 운동이 중요합니다. 또한 건강은 오장육부에서 나온다는 말이 있습니다. 뼈와 근육은 튼튼하더라도 스트레스를 받고 식습관이 나쁘면 장기의 건강이 안 좋아져 암 등 질병으로 이어질 수 있습니다. 그리고 마지막으로 혈액은 온몸 구석구석에 영양소와 산소를 운반하고, 체온조절 기능, 수분량을 조절하는 등 다양한 역할을 하고 있습니다.

마찬가지로, 데이터를 활용하여 말할 때에도 이와 유사하게 건강한 데이터 말하기를 위한 세 가지 요소가 있습니다. ① 논리구조 ② 데이터 기반 근거 ③ 데이터의 흐름이 그것입니다. 건강한 몸과 건강한 데이터 말하기를 다음 그림과 같이 비교해 볼 수 있습니다.

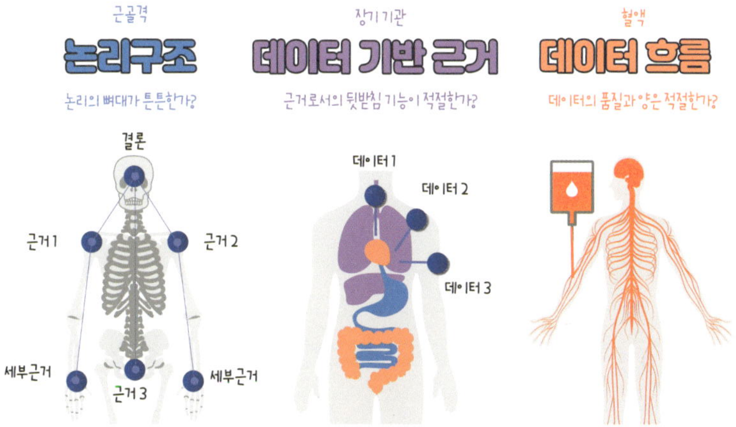

[그림 8-1] 인체 구조와 비교한 데이터 논리구조

가장 먼저 데이터 말하기에서 해야 할 일은 '논리의 뼈대를 세우는 일'입니다. 이것은 마치 우리 몸의 근골격(뼈와 근육)과 같습니다. 말하고자 하는 목적지에 도달하기 위해 논리를 전개하는 지도를 그리는 것과 같은 역할을 합니다. 결론을 도출하기 위해서는 어떤 근거를 내세울 것인지, 또 그것을 타당하게 만들어 주는 세부 근거는 무엇인지 설정하는 과정입니다.

그리고 두 번째는 우리 몸의 오장육부 즉, 장기의 건강을 챙기는 일처럼, 위에서 내세운 각각의 근거를 지지하는 데이터가 잘 연결되었는지를 확인하는 단계가 필요합니다. 데이터가 근거로써의 뒷받침 기능을 적절히 수행하고 있어야 하지만, 앞서 세운 논리구조가 살아 있어야 힘(설득력)을 발휘할 수 있습니다.

마지막 세 번째는 데이터의 흐름입니다. 혈액이 우리 몸의 구석구석까지 산소와 영양분을 제공해줌으로써 생명을 유지시켜 줍니다. 마찬가지로 여러분의 주장에서 우리 몸의 혈액 역할을 하는 것이 '데이터'입니다.

혈액이 각 장기에 원활히 공급되면 장기가 건강하게 기능을 하고, 또 몸의 구석구석까지 힘을 발휘할 수 있는 것처럼, 데이터는 각 근거를 충분히 뒷받침하도록 도와주며 모든 근거가 건강하도록 지지해줍니다.

앞서 말한 건강한 데이터 말하기에 대해 요약하면, 다음 세 가지 질문을 만들 수 있습니다.

1. 데이터가 논리의 뼈대를 이루고 있는가?
2. 각 데이터가 근거로써의 기능을 충실히 하고 있는가?
3. 데이터의 흐름과 공급은 적절한가?

이제는 위 세 가지 질문에 대해 데이터 관점에서 접근하는 연습을 해보겠습니다.

01 튼튼한 논리구조 만들기

"여러분의 뼈대는 튼튼한가요?' 뼈대 = 논리구조입니다."

데이터 말하기에서 '뼈대'란 결론을 도출하는 논리구조를 말합니다. 논리구조는 다양한 방식으로 나타낼 수 있지만, 로직 트리Logic Tree를 이용하면 아래 그림과 같습니다.

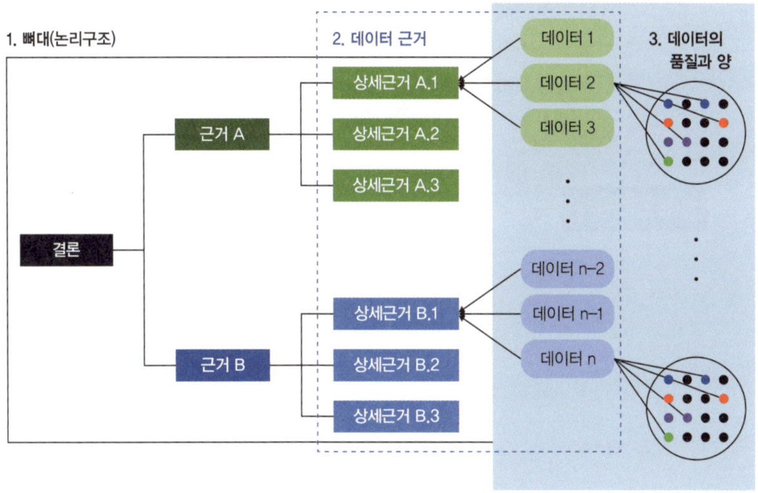

[그림 8-2] 뼈대 = 논리구조

위 그림에서와 같이, 근거 A와 근거 B가 결론을 뒷받침하고 있습니다. 그리고 첫 번째 근거 A에 대해 상세한 근거를 A.1, A.2, A.3이 지지하고 있습니다. 두 번째 근거 B도 마찬가지 구조입니다.

앞서 배운 대로 "나는 무엇을 원하는가?(WANT)"라는 질문을 통해 목적 중심으로 사고를 합니다. 그리고 그에 대한 근거를 제시합니다. 또한 무엇을 상세근거로 할지 결정이 되었다면, 이제 논리구조가 완성되는 것입니다. 예를 들어, '내 집 마련에 대한 결정'이 목적인 문제가 있습니다. 이때, 근거를 내부상황(개인)과 외부상황(경제)으로 구분하여 생각했다고 하겠습니다. 먼저 내부상황인 개인적 상황은 출퇴근 거리가 멀어서 힘든 상황 그리고 결혼을 앞둔 상황을 상세근거로 설정했습니다.

다음으로 외부 환경적 상황에 대해서는 통화량, 금리, 경기침체 등의 거시경제 전망, 내가 살고자 하는 지역의 주택 수요와 공급에 따른 가격변동 가능성, 또 최근 청년에 대한 정부의 부동산

지원정책(예를 들면, 대출과 금리, 세금혜택 등을 고려하는) 등 상세근거를 수립합니다. 이렇게 생각한 논리구조를 차트로 나타내면 아래와 같습니다.

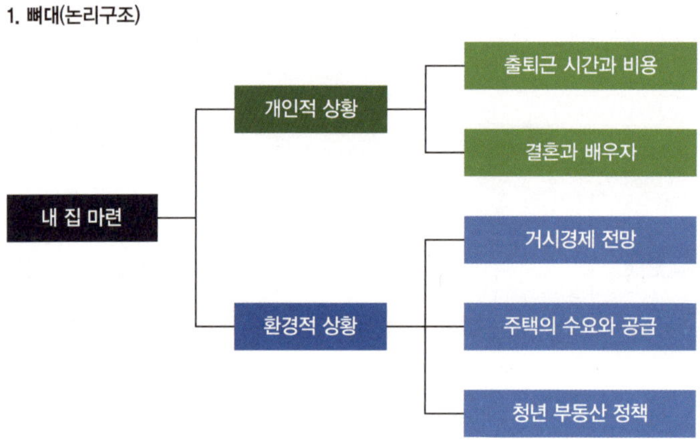

[그림 8-3] 뼈대(논리구조)

이처럼 논리구조를 수립할 때는 결론을 뒷받침하는 둘 이상의 요소를 근거로 나누고, 또 각 근거를 지지하는 둘 이상의 근거로 설정합니다. 이때 하나 이상의 근거를 수립해야 함에 주목했으면 좋겠습니다. 하나의 근거가 무너지면 와르르 쏟아지지 않도록 하기 위해서입니다.

02 건강한 데이터 기반 근거 챙기기

"장기들은 안녕한가요? 장기 = 데이터 기반 근거입니다."

데이터 말하기에서 '데이터'를 제외하면 뭐가 남을까요? 말 그대로 '말하기'만 남습니다. 데이터 없이 말하기만 하는 것은 근거 없는 주장만 하는 것과 같습니다. 이것을 신랄하게 보여주는 사례가 있습니다. 미국의 전 대통령 트럼프는 트윗을 통해 "우편투표가 미국 전역에서 문제와 불일치가 있다"라는 주장을 했습니다. 그러나 그는 어떠한 근거 데이터도 제시하지 않았습니다. 그 결과 트위터에서는 이 트윗에 경고 딱지를 붙였습니다.

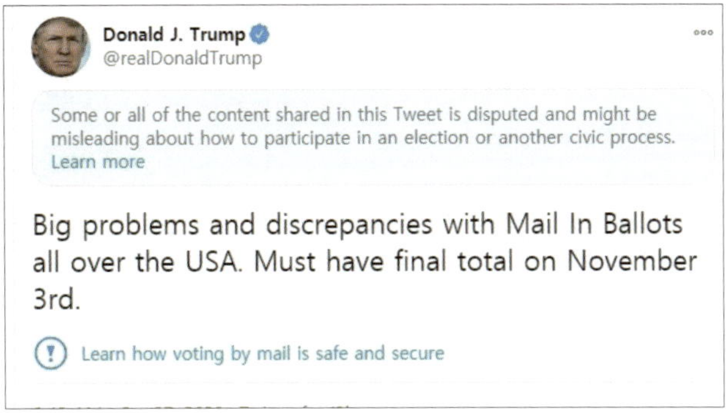

[그림 8-4] 트위터에서의 트럼프 발언[01]

트럼프는 당시 전 세계에서 가장 강한 나라 미국의 최고 권위자인 대통령이었습니다. 이처럼 아무리 권위와 명성이 있다고 해도, 데이터로 근거를 제시할 수 없다면, 그 말은 'Blah, Blah(블라블라, 허튼소리)'에 지나지 않습니다.

이처럼 어떤 주장의 근거는 매우 중요하며, 근거는 데이터로 뒷받침됩니다. 마치 우리 몸의 장기들이 기능을 할 수 있도록 혈액을 공급해주는 것처럼 말입니다. 이때 데이터가 근거로써의 기능을 할 수 있게 해주는 중요한 두 가지 특성이 있습니다.

"바로 데이터의 상관성과 대표성입니다."

데이터의 상관성이란 "결론과 데이터가 (얼마나) 관련이 있는가?"를 나타내는 특성입니다. 그리고 대표성이란 "데이터가 나의 주장을 (얼마나) 뒷받침할 수 있는가?"를 말합니다.

01 출처: 비지니스 인사이드

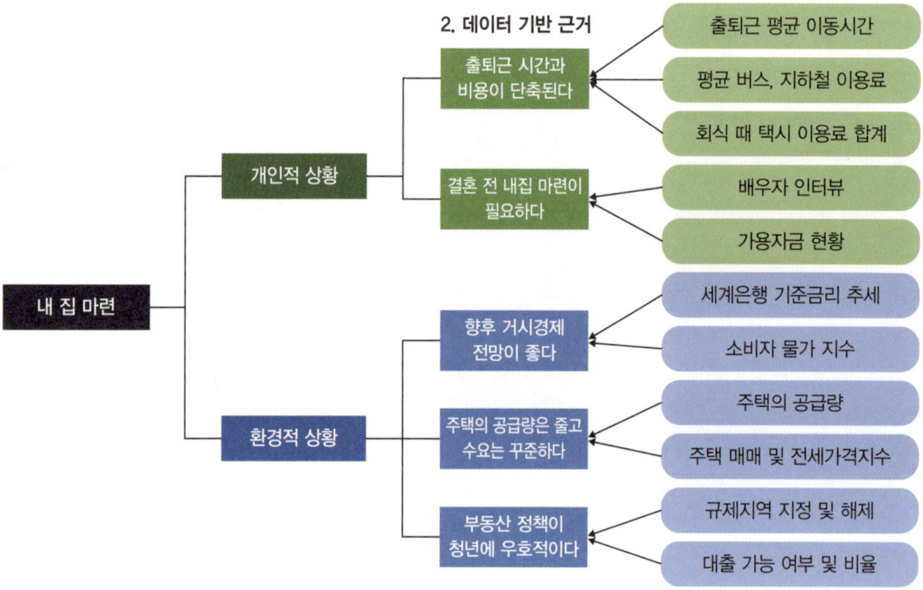

[그림 8-5] 데이터 기반 근거

① 상관성

아무리 데이터가 많아도 내가 주장하는 바와 관련이 없다면, 그 데이터는 무슨 소용이 있을까요? 위의 내 집 마련 예시에서 거시경제 전망에 대한 근거 데이터로 일본 부동산 가격 데이터를 활용했다고 가정해보겠습니다.

"한국도 일본과 같이 부동산 침체가 계속될 것이다."

일본은 1990년부터 경기가 후퇴하기 시작하면서 버블경제가 붕괴되기 시작했습니다. 그 후 2008년 글로벌 금융위기, 인구감소와 함께 오랜 세월 경기침체에 빠졌습니다. '일본 경제의 잃어버린 20년'입니다.

우리나라 학자들도 일본 경제의 잃어버린 20년을 이야기합니다. 하지만 이에 앞서 '우리나라와 일본의 경제상황이 관련이 있다." 또는 "상관관계(연관성을 나타내는 지표)가 높다"라는 가설을 증명하지 않고 자연스럽게 넘어갑니다. "같은 동북아시아의 이웃 나라다." 또는 "경제구조가 유사하다"라는 직관적 사실만으로 일본의 부동산 경기 침체 역사를 우리나라의 부동산 경기 예측에 고스란히 대입하는 실수를 범합니다. 한국은 일본과 많은 방면에서 유사할지 모르지만 모든 방면에서 같지는 않습니다.

"일본 ≒ 한국, 일본 ≠ 한국"

따라서 데이터 관점에서는 다음과 같이 질문해야 합니다.

❶ 주장과 데이터는 관계가 있나요?
❷ 둘 간에는 어떤 관계가 있나요?

어떤 관계라고 하는 것은 하나의 값이 변함에 따라서 다른 하나의 값이 변하는 관계라는 의미입니다. 단순히 말해 A가 증가할 때 B도 증가한다거나 또는 A가 증가할 때 B는 감소하는 관계를 말합니다. 이런 관계를 우리는 '상관관계'라고 말합니다.

또 상관이 있으면서 원인과 결과를 나타내는 관계도 있습니다. "A(원인) 때문에 B(결과)가 발생했다"처럼 원인과 결과를 말하는 것을 '인과관계'라고 합니다. 상관관계와 인과관계의 차이에 대해서는 앞으로 다룰 '데이터 읽기'에서 좀 더 깊게 알아보겠습니다.

② 대표성

위 근거 중에 거시경제에 영향을 주는 요인으로 세계은행의 기준금리와 소비자 물가지수 데이터를 활용했다고 가정하겠습니다. 먼저 "기준금리가 거시경제에 영향을 준다"는 자체만으로 볼 때, 이는 사실로 분석될 수 있습니다. 하지만 기준금리와 소비자 물가지수만으로는 거시경제를 전부 설명할 수 있을까요? 전부가 아니라면 '얼마나' 설명할 수 있을까요?

"즉, 이 데이터는 전체 문제의 '얼마나'를 설명하는지 물어야 합니다."

우리가 알고자 하는 값에 영향을 주는 인자들을 모두 파악한 데이터가 있다고 가정하지 않는 한, 데이터가 주는 한계는 분명히 존재합니다. 제 아무리 빅데이터라 할지라도 그 데이터가 담고 있는 정보의 범위는 정해져 있습니다. 따라서 문제를 해결하기 위해 얼마만큼의 설명이 가능한지를 파악해보아야 합니다.

따라서 데이터 관점에서는 다음과 같이 질문을 해야 합니다.

❶ 데이터가 주장을 '얼마나' 설명할 수 있나요?
❷ 근거 데이터 간에 중복은 없나요?

예를 들어, 위의 거시경제 전체를 100이라고 했을 때 금리와 소비자 물가지수는 각각 30, 40을 설명할 수 있다고 하겠습니다. 그럼 그 둘의 합인 70을 설명하고, 여전히 30을 설명하지 못할까요? 아닙니다. 금리와 소비자 물가지수는 서로 간에 상관이 있는 데이터이기 때문에 중복되는 부분이 있게 됩니다. 따라서 설명할 수 있는 양은 30+40=70이 아닌 70 이하가 될 것입니다. 이렇듯 데이터 간에 중복이 생기는지 확인해야 합니다.

03 데이터의 적절한 흐름과 양 구성하기

"혈액의 흐름과 양은 적절한가요? 혈액 = 데이터입니다."

현업에서 데이터 분석을 하다 보면 안타까운 경우가 있습니다. 바로 논리구조가 완벽하고 필요한 데이터가 무엇인지 적절히 잘 설계되었는데, 데이터를 신뢰할 수 없는 경우입니다. 아무리 논리가 완벽하고 근거가 건강해도, 그것을 뒷받침하는 데이터를 신뢰할 수 없으면 공들인 분석 결과는 휴지통으로 들어가게 됩니다. 따라서 데이터가 잘 흐르는 정도인 품질과 양을 결정하는 일은 매우 중요하다고 할 수 있습니다.

데이터의 품질과 양에 대한 관점은 다시 다음의 세 가지로 구체화할 수 있습니다. ① 다양한 데이터 소스 ② 충분한 양의 샘플 수 ③ 온전한 주기의 데이터가 그것입니다. 다음에서 하나씩 자세히 살펴보겠습니다.

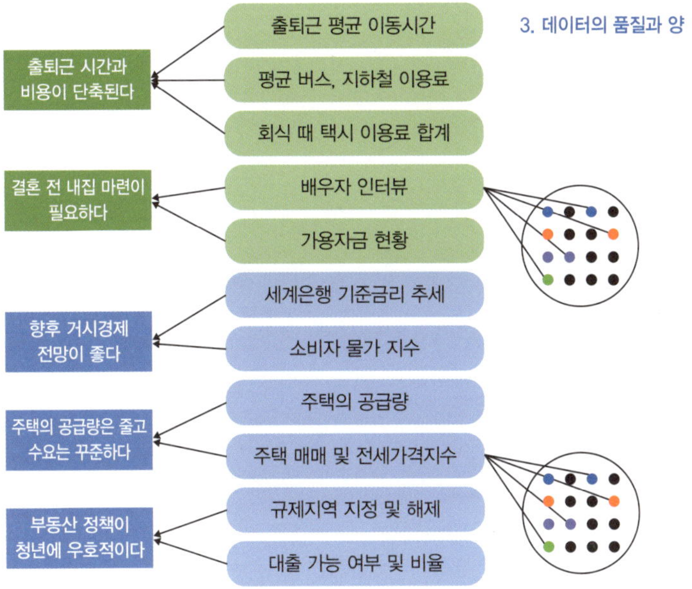

[그림 8-6] 데이터의 품질과 양

① 다양한 데이터 소스

"데이터를 한 소스에 담지 마라."

주장의 타당성을 판단할 때는 다양한 관점에서 바라봐야 합니다. 예를 들어, 나의 주장을 뒷받침하는 데이터가 한 가지 소스로부터 도출되었다고 하겠습니다. 그런데 그 데이터 수집이나 처리단계에서 심각한 오류가 발생했다면 어떨까요? 그 데이터에 대한 신뢰도를 기반으로 주장을 펼쳤는데, 그 한 가지 데이터의 신뢰도가 추락한다면, 자연히 나의 주장에 대한 신뢰도는 바닥에 떨어집니다.

"계란을 한 바구니에 담지 말라"는 격언처럼, 데이터도 한 가지에 의존하지 않아야 훌륭한 주장과 근거가 됩니다.

② 충분한 양의 샘플 수

"데이터가 얼마나 있어야 충분한가?"

다양한 데이터에서 충분히 큰 수로 샘플링을 했을 때 그 주장의 근거가 깊게 뿌리내릴 수 있습니다. 요즘 데이터 분석이라고 하면, '빅데이터, 빅데이터…"부터 많이 언급합니다. 실제 데이터 분석을 기획하는 사람도 본인이 분석하고자 하는 데이터가 빅데이터라고 착각합니다. 예를 들어, 내가 가지고 있는 데이터가 1,000,000(백 만)이라고 해보겠습니다. 굉장히 많아 보이죠? 근데 이 데이터는 몇 가지 분류값을 가지고 있을 것이 분명합니다.

첫 번째 분류 기준은 YES/NO 두 가지로 분류된다고 해도 한쪽이 500,000(오십 만)으로 삭아집니다. 그리고 두 번째 분류 기준이 1~10까지의 집단이 있다고 하면 한 집단의 크기는 50,000으로 작아집니다. 우리가 정말로 원하는 특징을 포함한 데이터가 다시 10개 중 하나라고만 해보아도 5,000이 됩니다. '빅데이터'라더니 5,000이라면 느낌이 어떤가요? 5,000개의 데이터를 가지고 과연 빅데이터라고 할 수 있을까요? 심지어 운이 없다면 나의 분석 목적에 딱 맞는 데이터만 수가 적은 경우도 존재할 겁니다.[02]

실제 우리가 가지고 있는 데이터를 빅데이터라고는 하지만 막상 분석하고자 하는 대상으로 좁혀 들어가면 내 손바닥 위에 남는 데이터는 얼마 없습니다. 마치 여러분 월급날 대출이자 조금, 관리비 조금, 보험료 조금, 교통비 조금, 카드값 조금…. 이렇게 나누고 나면 여러분 지갑에 돈이 없는 것처럼 말이죠. 그 많던 월급은 어디로 사라진걸까요?

02 우리는 이런 경우를 "데이터가 클래스에 따라 불균일하다"라고 이야기합니다.

충분한 데이터에 대해서는 좀 더 전할 내용이 있습니다. 특히 어떤 집단을 나타내는 대표값(예를 들어, 평균과 같은)을 나타내기 위해서는 그 집단에서 뽑는 표본(샘플)의 수가 많을수록 그 정확도가 올라가게 됩니다. 다시 말해 데이터의 샘플 수가 많을수록 샘플들의 평균이 원래 나타내고자 하는 집단의 평균과 같아집니다. 우리는 이런 현상을 '큰 수의 법칙'이라고 합니다.

또한 유사한 개념으로 뽑는 표본(샘플) 수가 많을수록 샘플 평균의 분포가 종 모양의 정규분포 형태를 띠는데, 이것을 '중심 극한 정리'라고 합니다. 중심 극한 정리는 '큰 수의 법칙 확장'이라고 볼 수 있는 것이죠.

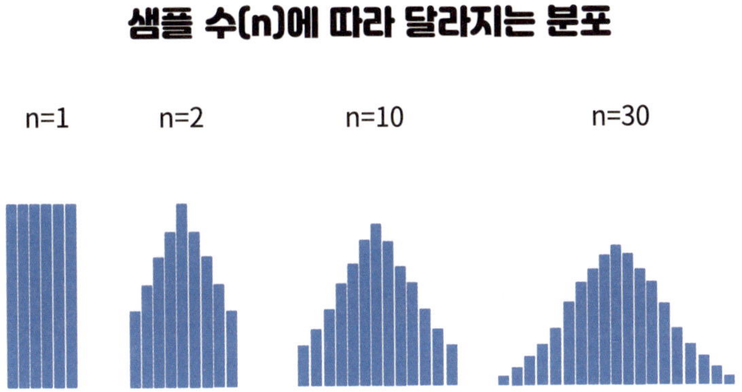

[그림 8-7] 샘플 수에 따라 달라지는 분포

예를 들어, 주사위를 굴려 나온 숫자의 평균이 3.5에 수렴하는 것은 큰 수의 법칙이라고 할 수 있습니다. 그리고 그 행위를 여러 번 해서 더한 평균 값을 가로축에, 빈도를 세로축에 나타냈을 때, 가운데가 볼록한 그래프를 정규분포라고 하고, 샘플 수(n)가 커질수록 [그림 8-7]에서처럼 뽑은 데이터의 평균 분포가 정규 분포(종 모양)을 띠게 되는데 이것은 중심 극한 정리의 영향 때문입니다.

다시 데이터의 양으로 돌아가서, 얼마나 많은 데이터가 있어야 충분하다고 말할 수 있을까요? 결론적으로 "목적에 따라 다르다"입니다. 앞서 알아본 전체 집단을 대표하기 위한 최소 샘플 데이터 개수(n)는 30개입니다.

반면에 데이터를 기반으로 인공지능 모델을 만든다면 학습시키기 위한 최소 데이터의 개수는 문제마다 다릅니다. 예를 들어 머신러닝 알고리즘을 제공하는 한 선형 수치 모형(Y=aX+b의 형태)과 분류 모형(Y = A or B)의 경우 10만 개 이상의 데이터가 필요합니다.

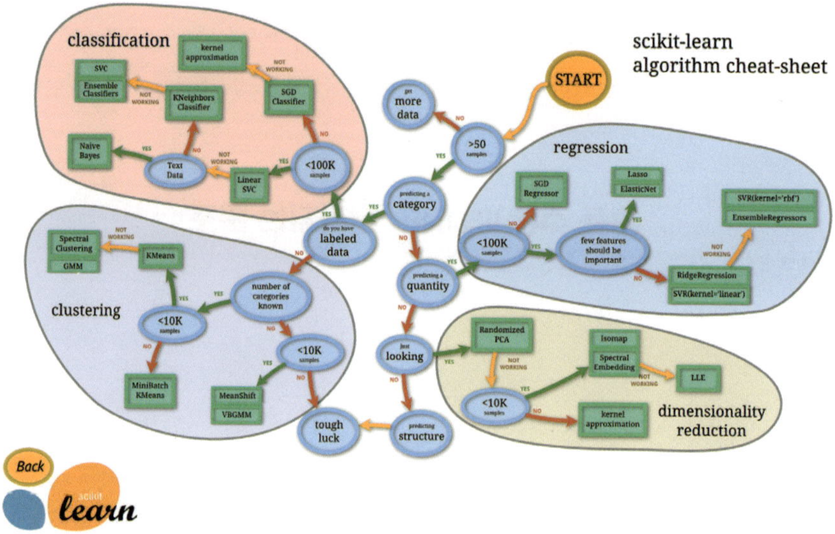

[그림 8-8] 올바른 추정자 선택(Choosing the right estimator)[03]

③ 온전한 주기의 데이터

"일, 주, 월, 계절, 년 등 시간상 빠진 데이터는 없나요?"

데이터는 수집되는 주기에 따라서 달라질 수 있음에 주의해야 합니다. 데이터는 실시간과 요일/일/월 단위의 특정 주기(배치, Batch)로 생성됩니다. 예를 들어, 연간 카네이션 판매량을 예측하기 위해 7월~12월까지 하반기 데이터가 있다고 가정한다면 제아무리 정확한 데이터라고 해도 가정의 달 5월을 예측하는 데는 충분하지 않습니다.

03 출처: https://scikit-learn.org/stable/tutorial/machine_learning_map/index.html

데이터의 수집 주기를 주의해야 하는 이유를 그림으로 설명해보겠습니다. 아래 그림은 원 위의 빨간 점을 관찰할 때 얼마나 자주 관찰하느냐에 따라서 방향이 달라 보이기도 하고, 운동의 성격(원운동/왕복운동 등)이 달라 보이기도 합니다.

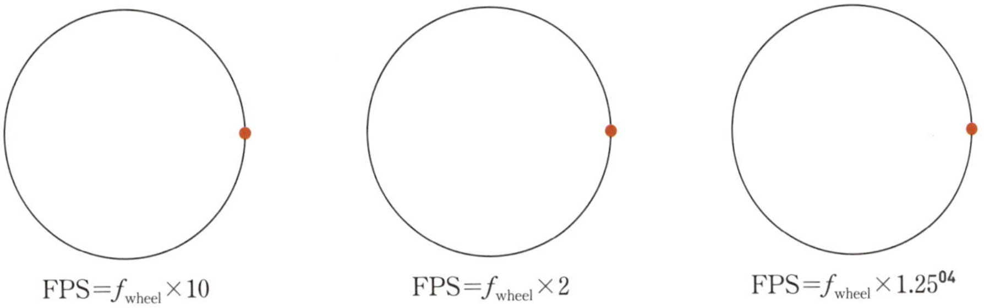

[그림 8-9] 원운동 데이터의 수집 주기에 따른 인식 차이[05]

"바퀴의 앨리어싱 현상"

가끔 자동차나 타이어 광고를 보면 바퀴가 거꾸로 도는 듯 보이는 경우가 있습니다. 우리 눈은 일정한 속도로 빛을 감지하고 있기 때문에 바퀴가 특정 속도 이상으로 빨라지면 우리 눈의 데이터 수집 주기가 그것을 따라가지 못하기 때문에 바퀴가 반대 방향으로 도는 것처럼 보이게 됩니다.

이것을 '바퀴의 앨리어싱Aliasing 현상', 다른 말로는 '마차 바퀴 현상(Wagon-Wheel Effect)'이라고 합니다. 바큇살이 달린 바퀴가 실제 회전과 다르게 도는 것처럼 보이는 착시현상이죠. 이때, 바퀴는 실제 회전보다 더 느리게 회전하는 것처럼 보일 수도 있고, 반대 방향으로 회전하는 것처럼 보일 수도 있습니다.

다른 예로 주식이 오를 때만 관심을 갖는 사람들은 주식이 항상 오른다고 착각을 합니다. 데이터 수집 주기가 볼 때마다 올랐기 때문에 항상 오르는 데이터만 모으게 되는 것이죠. 데이터 수집 주기에 따라 데이터가 달라 보이는 현상, 이제 이해할 수 있겠죠?

---

04 FPS(Frames Per Second)는 1초 동안 보여지는 화면 수입니다.

05 출처: https://www.sciencedirect.com/science/article/pii/S0042698907001459, 이 링크를 따라 들어가서 이 원을 보면 빨간 원이 다른 속도와 방향으로 돌아갑니다. 책이라는 매체의 한계로 인해 표현할 수 없어 아쉽습니다.

04 데이터 말하기, 결국 무엇이 중요할까

사회에서 여러분은 둘 중 한 경우에 맞닥뜨릴 것입니다. “데이터 분석을 직접하거나” 또는 “데이터 분석을 요청하거나”입니다. 후자의 경우를 위해 어김없이 데이터 분석 업체가 등장합니다. 그렇지만 이 업체들은 방법론(수단)만 가지고 있습니다. 그리고 문제, 데이터, 전문지식은 바로 여러분에게 있습니다. 여러분이 데이터 분석 업무를 한다면 그 반대가 되겠죠.

여러분이 신입사원이거나 경력이 얼마되지 않는다면 소통이 잘 되는 부장님과 전문지식을 교류해야 합니다. 전문지식의 영역 안에서 문제가 있고, 데이터가 있기 때문입니다. 그리고 이런 문제를 데이터와 연결하는 것이 바로 분석방법론입니다.

앞서 데이터를 건강한 몸에 비유했는데, 건강한 몸을 관리하면 좋지만 몸이 아파서 동양의학 침술로 치료한다고 가정해보겠습니다. 침술은 방법론이고, 침은 데이터, 문제는 아픈 곳입니다.

그런데 침으로 나을 수 있는 병이 있고 그렇지 않은 병이 있습니다. 침으로 나을 수 없는 질병은 수술해야 되는 상황에 침을 들이대는 격이고, 또는 상처가 나서 약을 바르고 밴드를 붙이면 되는데 상처에 침을 꽂는 꼴입니다. 침(데이터)은 많이 놓으면 놓을수록 무조건 좋을까요? 오히려 상황에 딱 맞는 종류의 침이 있어야 합니다.

이제 침술(방법론) 이야기를 해보겠습니다. 가장 중요한 것은 선생님의 침술 실력이라고 얘기할 수 있습니다. 맞는 말입니다. 그런데 그 선생님이 모든 문제에 있어 만능은 아닙니다. 허리를 잘 고치는 분이 있고, 거북목을 잘 보는 분, 다이어트 침을 잘 놓는 분처럼 저마다 전문 분야가 있기 마련입니다.

“그 사람 참 용하다.”

데이터 분석도 컴퓨터 비전, 자연어 처리, 수치해석 등 각 분야의 전문가와 업체들이 있습니다.

데이터 분석도 어떤 분은 분류(설명할 것), 어떤 분은 회귀(설명), 어떤 분은 엑스레이를 보고 판독하는 일을 잘 할 수있고, 또 어떤 분은 약을 잘 쓸 수도 있습니다. 어떤 병에 어떤 약을 써야 할지 정확한 진단과 처방을 내리는 일이 중요합니다.

데이터가 있다고 아무 방법론이나 들이대는 것은 올바른 해결 방안이 아닙니다. 가장 중요한 것은 문제에 맞는 진단과 처방을 내리는 것입니다. “침술로 고칠 수 있는 병이냐, 아니냐”를 판단하는 것이 핵심입니다. 아픈 곳이 없는데 우리 병원에 좋은 침이 들어왔으니 일단 맞아보자고 하면 안 됩니다. 아픈 곳에 대한 정의와 원인을 내려야 합니다. 문제는 목 디스크이고, 원인은 휴대폰과 컴퓨터의 과도한 사용입니다. 아무리 좋은 침과 침술을 동원하더라도, 원인을 제거하지 않으면 소용이 없습니다.

이 장에서는 결과에 대한 실행과 행동이 중요하다는 사실에 대해서 설명했습니다. 이제 데이터 말하기를 마무리하고, 다음 장에서는 데이터 듣기를 만나보겠습니다.

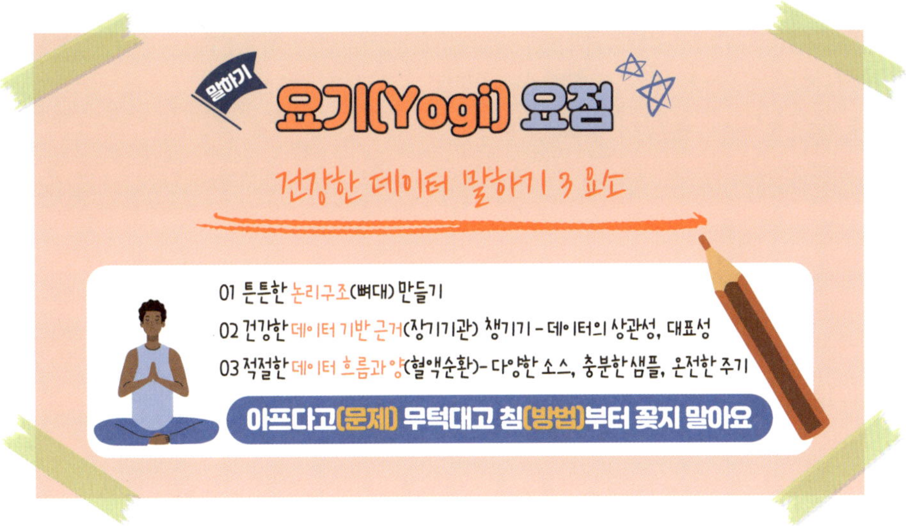

정리하기

1. 건강한 데이터 말하기를 위한 3요소

- 건강한 몸의 3요소는 다음과 같습니다.
  ① 근골격(근육과 뼈) ② 장기(오장육부) ③ 혈액과 신경(피와 호르몬)
- 건강한 데이터 말하기 3요소는 다음과 같습니다.
  ① 논리구조 ② 데이터 기반 근거 ③ 데이터의 흐름
- 건강한 데이터 말하기를 확인하는 세 가지 질문은 다음과 같습니다.
  ① 데이터가 논리의 뼈대를 이루고 있는가?
  ② 각 데이터가 근거로써의 기능을 충실히 하고 있는가?
  ③ 데이터의 흐름과 공급은 적절한가?

01. 튼튼한 논리구조 만들기

- 여러분의 뼈대는 튼튼한가요? 뼈대 = 논리구조입니다.

02. 건강한 데이터 기반 근거 챙기기

- 장기들은 안녕한가요? 장기 = 데이터 기반 근거입니다.
- 데이터의 상관성: 결론과 데이터가 (얼마나) 관련이 있는가?
  ① 주장과 데이터는 관계가 있나요?
  ② 둘 간에 어떤 관계가 있나요?
- 데이터의 대표성: 데이터가 나의 주장을 (얼마나) 뒷받침할 수 있는가?
  ① 데이터가 주장을 '얼마나' 설명할 수 있나요?
  ② 근거 데이터들 간에 중복은 없나요?

03. 데이터의 적절한 흐름과 양 구성하기

- 혈액의 흐름과 양은 적절한가요? 혈액 = 데이터입니다.
  ① 다양한 데이터 소스: 계란을 한 바구니에 담지 마라
  ② 충분한 양의 샘플 수: 큰 수의 법칙, 중심 극한 정리, 인공지능 학습양
  ③ 온전한 주기의 데이터: 일, 주, 월, 계절, 년 등 시간상 빠진 데이터는 없나요?

04. 데이터 말하기, 결국 무엇이 중요할까.

- 데이터가 있다고 무턱대고 방법론부터 들이대는 것은 상처 난 부위에 침을 놓는 것과 같습니다.
- 핵심은 문제에 맞는 진단과 처방을 내리는 것입니다.

9장

데이터,
질문하며 들어요

"익선 씨, 오늘 강의 좀 유익하지 않았어요?"

"맞아요. 제가 지난주에 실수를 한 부분이 데이터의 한 쪽 측면만 봐서 그런 거였더라고요. 그래서 다음에 데이터 분석 보고할 때 쓰려고, 질문 리스트를 미리 만들어봤어요."

"박 사원, 벌써 그걸 업무에 적용하다니, 일취월장이군요~!"

"제가 그런가요? 이제 저에게 데이터 편향은 없습니다. 선배님!"

"자자, 그럼 데이터 링크를 보낼게요! 대신 익선 씨에게 업무지시 편향이 생기겠는 걸요?"

"아~, 이런 컴퓨터가 꺼져버렸네요~. 전 이만 퇴근하겠습니다~."

데이터를 활용하여 소통할 때, 말하는 사람이나 듣는 사람 모두 주의를 기울여야 하는 요소가 있습니다. 주의를 기울여야 한다는 것은 그것이 사실인지, 논리적 문제는 없는지 판단하는 비판적 사고를 말합니다. 비판적 사고를 위해 어떻게 해야 할까요? 우리는 굳이 데이터가 아니더라도 이미 비판적으로 생각하는 방식을 적절히 삶에 적용하고 있습니다. 바로 '질문하기'입니다.

이 장에서는 데이터가 포함된 주장을 받아들일 때, 데이터 분석가보다 멋진 질문하기에 대해 알아보겠습니다.

1 데이터, 질문하며 듣기

01 데이터 듣기에서 중요한 4가지 질문

기업에서의 보고서에는 반드시 데이터가 들어갑니다. 〈경영실적보고서〉〈경제전망보고서〉〈품질안전 현황 보고서〉〈매출 및 이익전망 보고서〉 등 경영, 인사, 영업, 품질, 마케팅 등 각 분야에서 중요한 의사결정이 있을 때는 어김없이 경영진에 보고서를 제출합니다.

어떠한 보고서든지, 그 보고서의 핵심은 바로 데이터에 있습니다. 특히 기업은 숫자로 된 데이터를 좋아합니다. 영업이익률, 매출증가액 또는 매출부진의 원인과 만회계획, 품질 불량률과 개선방안과 같이 제목만 들어도 데이터가 필요하다는 것을 인지할 정도입니다.

기업에서 데이터를 활용하여 보고를 하는 사람이나 또 보고를 받는 사람, 두 입장 모두에게 어려움이 있기는 마찬가지입니다. 실컷 데이터 분석을 해서 보고를 했는데 경영진에서 의미를 이해하기 어렵다거나, 반대로 전달하고자 하는 메시지를 잘못 전달하는 데이터 분석 사례가 많습니다. 그런 경우 도대체 어디가 잘못된 것일까요?

데이터 분석 보고서는 말하기, 듣기, 읽기, 쓰기를 두루 활용하는 소통 방법입니다. 데이터를 활용한 보고서를 먼저 '써야' 하고, 이것을 통해 '말해야' 합니다. 그러면 상급자는 데이터 분석이 포함된 보고서를 받고 눈으로 '읽고', 보고자의 발표를 '듣게' 됩니다. 순서대로 하면 '쓰기 → 말하기 → 읽기 → 듣기'가 되겠네요. 이 장에서는 이 중에서 서로에게 도움이 되는 효과적인 데이터 듣기에 대해 알아봅니다.

데이터 분석 보고서를 듣게 될 때 슬기로운 질문은 데이터 분석 전문가보다 더 멋진 때가 있습니다. 그럼 그 기술을 배워볼까요?

질문은 크게 4부분으로 나누고 각각 더 자세히 물어보는 걸로 하겠습니다. 4가지 질문 순서는 '데이터 → 분석방법 → 주장과 사실 → 논리구조'입니다. 기억해주세요.

02 데이터: 데이터가 어떻게 만들어졌나

첫 번째는 데이터에 관한 질문입니다. 사실 관계를 확인하기 위해서 가장 먼저 하는 일은 데이터를 확인하는 것입니다. 데이터에서 가장 중요한 것은 데이터 출처, 조사기관, 조사날짜, 조사방법, 샘플 크기를 확인하는 것입니다. 해당되는 내용은 데이터로 말할 때 반드시 포함되어 있어야 합니다. 그렇지 않다면 데이터를 듣는 사람은 그것들에 대해 이렇게 질문해야 합니다.

- 데이터 출처는 어디인가요?
- 언제 조사한 데이터이고, 기준 시점은 언제인가요?
- 데이터를 조사한 방법은 실험, 관찰, 설문조사 중에 어떤 것인가요?

데이터에 관련해서 많은 질문이 있겠지만 위 질문은 꼭 짚고가면 좋겠습니다. 오늘날 데이터는 다양한 출처에서 다양한 조사방법에 의해 쏟아져 나오고 있습니다. 데이터는 다음과 같은 특성이 있다고 알고 있습니다.

"데이터란 객관적 사실이라는 존재적 특성을 갖는 동시에 추론, 예측, 전망, 추정을 위한 근거를 의미한다."

하지만 데이터라고 불리는 모든 것이 정말 사실일까요? 질문에 대한 답을 확인하려면, 데이터가 어떻게 만들어졌는지를 우선 이해해야 합니다.

문제가 많이 되었던 이슈 하나를 예로 들어보겠습니다.

"A 후보와 B 후보, 같은 날 공개한 여론조사에서 순위는 반대다."

민주주의 꽃, 바로 선거인데요. 선거전에는 여론조사라고 사전에 사람들의 선호 후보를 묻는 질문을 합니다. 그런데 비슷한 시기에 조사한 여론조사에서 조사기관(예 한국갤럽조사연구소, 한국리서치 등)과 의뢰자(예 KBS, SBS 등)에 따라 조사 결과가 크게 달랐던 경우가 많았습니다. 그리고 국민들은 매우 혼란스러워했죠.

그럼 여론조사 결과는 왜 이렇게 제각각이었을까요? 데이터는 객관적인 사실이라는 특성이 있지만 조사하는 방식에 따라 달라지게 됩니다. 그렇다면 데이터를 어떻게 만들었는지 살펴봐야겠죠? 예를 들어, 낮시간대, 이를 테면 오후 2시부터 오후 4시 사이에 유선전화로 여론조사를 진행한다면 누가 전화를 받게 될까요? 바로 집에 계신 어르신, 전업주부가 다른 집단보다 많이 조사될 거예요. 우리는 이것을 특정 집단이 조사대상으로 지나치게 많이 뽑혔다고 해서 '과대표집'이라고 합니다.

또 다른 예를 들어보면, 문항자체를 설계하는 방식에 대해 살펴보는 것입니다.

❶ 가장 지지하는 후보는 누구인가요?
❷ 다음 대통령으로 누가 가장 적합하다고 생각합니까?
❸ 현재 상황에서 가장 적합한 후보는 누구입니까?

위 질문은 모두 동일한 질문처럼 보이지만, 여론조사 결과는 조금씩 차이가 납니다. 심지어 여론조사의 후보선호도를 "④ 함께 여행을 하고 싶은 대통령 후보는 누구인가요?"라고 질문할 수도 있습니다. 그래서 경선을 여론조사로 결정할 경우 질문을 어떻게 구성할 것인지, 조사집단을 어떻게 할 것인지에 대한 이견 때문에 후보 단일화가 되지 않은 사례도 있죠.

이처럼 "조사방법에 따라 데이터가 달라질 수 있다"는 점을 인지해야 합니다. 따라서 데이터 조사결과를 공표하고 관리하는 기관은 그 데이터를 공개하는 것이 타당하고, 또 데이터를 보는 사람 또한 이렇게 데이터가 가지는 한계와 특성을 인식하는 것이 중요합니다.

03 분석방법: 가로축과 세로축이 제대로 설정되었나

데이터 분석 방법은 많습니다. 이 중 가장 일반적이고 공통적으로 쓰는 시각적 표현에 대해 알아보겠습니다. 가장 기본적인 질문은 "가로축과 세로축이 제대로 설정되었나?"입니다. 우리가 데이터로 표현된 그래프를 확인할 때는 다음의 순서로 확인합니다.

- 데이터 제목을 확인한다.
- 데이터의 가로축(X)과 세로축(Y)을 확인한다.
- 가운데 안에 있는 값을 확인한다.

여기서 가장 중요한 부분은 바로 ②입니다. 특히 우리가 특별한 구분이 없이 사용하는 선그래프와 막대그래프는 활용 의도에 따라 차이가 있습니다.

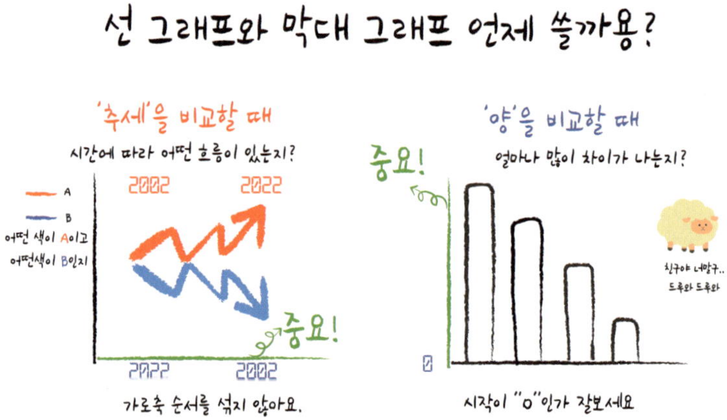

[그림 9-1] 데이터에 따른 선그래프와 막대그래프 선택

일반적으로 추세를 보여줄 때는 선그래프로, 양을 비교하고 싶다면 막대그래프를 씁니다. 예를 들어, 〈연도별 대한민국 인구〉 데이터를 '인구감소 추세'에 목적을 두고 그리면 선그래프를 사용합니다. 반면에 '전년 대비 감소폭(양)'을 비교할 때는 막대그래프를 사용하는 것이 일반적입니다.

여기서 가장 많은 오류와 왜곡이 생기는 부분이 있습니다. 막대그래프는 양을 비교하기 위해 만든 그래프인 만큼 세로축(Y)을 반드시 0에서 시작해야 합니다. 그런데 그래프의 세로축(Y)의 시작과 끝을 조정하거나, 간격을 조정하면 그 '변화량'이 도드라져 보이게 할 경우가 있습니다. 오류와 왜곡의 전형입니다. 실제로 아래 사례를 보면 의도적이든 실수이든 그래프가 매우 왜곡되어 나타납니다.

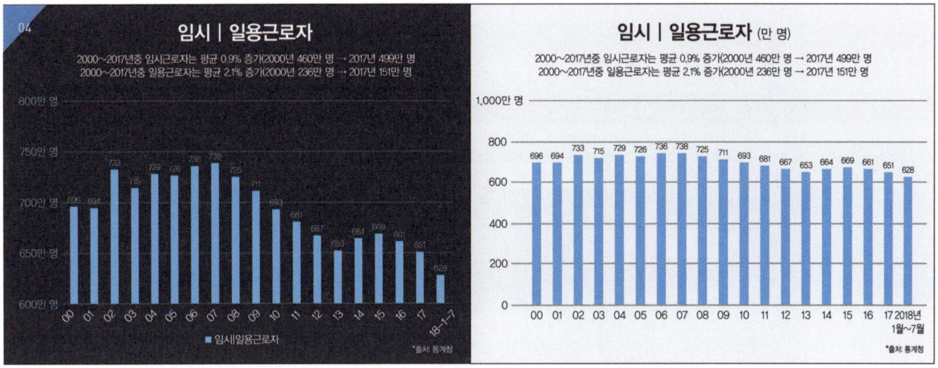

[그림 9-2] KBS 뉴스에서 보도한 청와대 그래프[01]

위 그래프는 연도별 임시 일용직 노동자의 수를 나타낸 데이터입니다. 왼쪽 그래프의 세로축 시작은 600만 명이고, 오른쪽 그래프는 0입니다. 어떤가요? 같은 데이터인데도 차이가 심하게 나타납니다.

그러므로 올바른 그래프를 그릴 때에는 다음 내용에 유의해야 합니다.

- 추세를 보여줄 때는 선그래프로, 양을 비교하고 싶다면 막대그래프를 그립니다.
- 막대그래프는 양을 비교하기 위해 만든 그래프인 만큼 세로축을 0에서 시작해야 합니다.

다른 예로, 다음의 일반적인 오류는 세로축의 간격이 일정하지 않은 그래프입니다.

가장 많이 발생할 수 있는 오류는 시각화의 오류입니다. 이 원인은 데이터 분석 툴을 사용하지 않고 파워포인트나 포토샵과 같이 그림 그리기 도구를 사용하기 때문이기도 합니다. 다음 페이지 [그림 9-3]의 통계 데이터에서 보면 2.9와 3.9 포인트 간의 1% 포인트 차이와 5.5~6.5 포인트 사이의 1% 포인트의 간격이 언뜻 보기에도 두 배 이상 차이가 나는 것을 확인할 수 있습니다.

01 출처: KBS NEWS [팩트 체크] 청와대 그래프 또 삐뚤빼뚤?

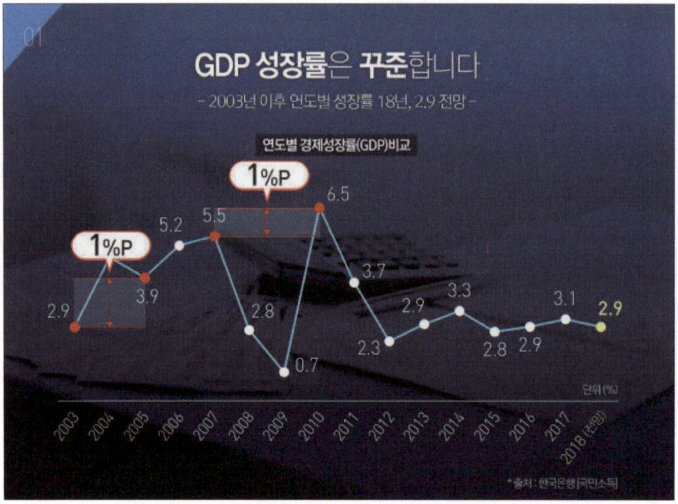

[그림 9-3] KBS 뉴스에서 보도한 GDP 성장률 그래프[02]

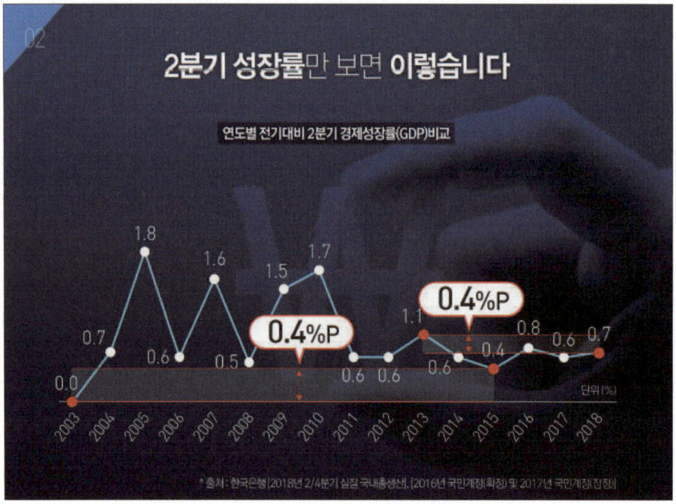

[그림 9-4] KBS 뉴스에서 보도한 2분기 성장률 그래프[03]

02, 03 출처: KBS NEWS '엉망진창 청와대 통계 그래프, 오류 3장 더 있었다

마찬가지로 [그림 9-4]의 2분기 경제성장률 GDP에 대해서도 그렇습니다. 0~0.4% 포인트까지의 간격과 0.4~0.8% 포인트까지의 간격은 0.4% 포인트로 동일한데도, 역시 두 배 가량 차이가 나는 것으로 보입니다. 이는 최종 발표 시점의 경제성장률의 변동폭이 상대적 낮게 보이는 시각적 차이를 발생시킵니다.

데이터의 출처가 믿을 만한 정부기관, 공영방송이라 하더라도 얼마든지 의도 또는 실수에 따라 무심코 메시지를 전달할 수 있으니 '날카로운 질문'이 필요하겠죠?

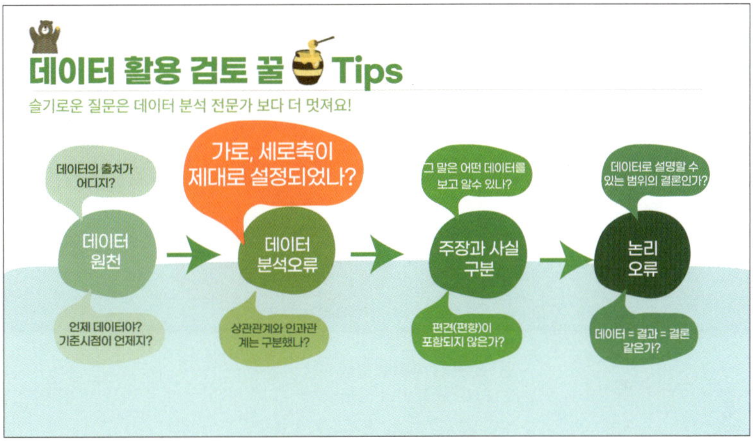

[그림 9-5] 데이터 활용 검토 꿀팁 ①

04 주장과 사실: 편견이 포함되어 있지 않은가

우리가 데이터에서 정보를 얻을 때 발생할 수 있는 위험이 또 있습니다. 바로 '편견'입니다. 사람은 이성적인 면과 감성적인 면을 동시에 가지고 있습니다. 그렇기 때문에 기계처럼 온전히 객관적인 판단을 내리기가 불가능합니다. 따라서 개인과 집단의 입장과 이해관계에 따라 다양한 편향(Bias)이 존재할 수밖에 없습니다.

예를 들어, 증권사들은 고객들이 주식투자 시장에 머무르게 하기 위해서 '낙관적인 시장 전망'을 쏟아내는 경우가 많고, 정부는 정책 효과를 홍보하기 위해서 "집값이 안정화되었다"와 같이 속단하는 경우도 있습니다. 이런 것이 "데이터를 설명할 때 편견이 포함되어 있지 않은가?"를 따져봐야 하는 이유입니다.

[그림 9-6] 데이터 활용 검토 꿀팁 ②

때로는 특별한 의도가 없더라도 본인의 입장이나 처지에 더 유리한 데이터만 수집해서 분석하거나, 더 유리하게 결과를 설명하고 결론을 내리게 됩니다. 아마 그렇게 듣기도 했고, 그런 경험이 있을 겁니다. 그래서 비판적인 사고가 더욱 중요하다는 것에도 공감할 겁니다.

그리고 한두 가지 사례와 데이터를 가지고 이를 지나치게 일반화하여 마치 모두가 그런 것처럼 확대 해석하는 편향도 일어납니다. 예를 들어, 외국인이 범죄를 일으킨 뉴스를 보고 나서, "외국인들은 전부 위험해"라며 모든 외국인을 추방해야 한다고 주장하는 것과 같습니다. 또는 "외국인의 범죄 건수가 해마다 증가하고 있다"라는 기사를 보고 같은 생각을 할 수 있습니다. 하지만 국내 거주하는 외국인의 수 자체가 월등히 증가했다면 사실은 어떨까요? 그렇다면 전체 수에서 차지하는 비율에 초점을 맞춰야 합니다. 그럼 한국인의 범죄 비율과 외국인의 범죄 비율에 대한 데이터 분석이 더 필요할 것입니다.

이처럼 자신이 확인한 단편적인 데이터 몇 건으로 상상력을 발휘하여 무의식적으로 결론을 맺어버리게 되는 오류를 범합니다. 이와 같이 데이터로부터 주장과 사실을 혼동하게 하는 것을 '데이터 인지편향'이라고 합니다.

다음에 대표적인 데이터 인지편향의 10가지 종류를 소개하겠습니다.

① 데이터 확증 편향(Data Confirmation Bias)

일반적으로 사람들은 본인이 원래 가지고 있는 생각을 강화해주는 데이터만 주의 깊게 듣는 성향이 있습니다. 예를 들어, 집을 팔고 난 뒤에는 집값이 떨어진다는 뉴스기사와 데이터만 바라보고, 집을 산 이후에는 집값 상승에 대한 데이터만 중점적으로 확인하는 경향이 있습니다. 이는 우리가 다양한 의견을 가진 사람들과 오랫동안 대화하기 어려운 이유입니다. 최근에는 유튜브와 같은 플랫폼에서 맞춤형 콘텐츠를 추천해주면서 편향이 더 심해지고 있습니다.

② 과거 데이터 편향 또는 최신 데이터 편향(Data Conservatism Bias or Data Recency Bias)

어떤 사람들은 기존에 증명된 데이터를 새로운 데이터나 바로 축적된 데이터보다 선호합니다. 예를 들어, 지구가 태양 주변을 돈다는 주장과 데이터가 나왔을 때 받아들이지 않은 이유는 과거 태양이 지구 주변을 돈다는 주장과 데이터를 유지하는 편이 더 편했기 때문입니다. 이와 반대로 과거 데이터보다 최신 데이터를 무조건 높게 평가하는 경향입니다. 투식 투자자들은 내일 주식시장의 데이터가 역사적 유사 시기보다는 오늘 데이터와 유사할 것이라 생각하기 때문에 높은 가격에 주식을 사고, 낮은 가격에 주식을 파는 결정을 내리게 되는 이유입니다.

③ 기준 데이터 편향(Data Anchoring Bias)

사람들이 맨 처음 보고 듣는 데이터는 강한 인상이 있습니다. 그 데이터가 잔상을 만들어 심리적 기준이 되는 경우가 생깁니다. 그래서 데이터의 주변 범위에 무의식적 한계를 정합니다. 예를 들어, 연봉 협상을 할 때 회사가 먼저 10만 원 인상을 제안했다면, '10'이라는 숫자와 '만 원'

이라는 단위에서 벗어나기 어렵습니다. 당초 목표 연봉의 10% 인상은 온데간데없고 제시된 데이터에 사고가 굳어져 9만 원 인상으로 마무리짓게 되는 오류를 범합니다. 따라서 먼저 데이터를 제안하는 사람이 유리하겠죠?

④ 친근 데이터 편향(Friendly Data Bias)

사람들은 본인이 기존에 익숙한 데이터에 가중치를 높이는 성향이 있습니다. "내 주변에 가상화폐로 50억 원을 벌고 퇴사한 사람이 있다." "내 옆자리의 김 대리도 가상화폐로 1억 원을 벌었다." 이런 얘기를 들으면 "가상화폐로 누구나 큰 돈을 벌 수 있다"라고 일반화합니다. 다른 예로, 술을 좋아하는 사람인 경우에는 "하루에 소주 한 병씩 마시면서 100세까지 건강하게 사는 사람이 주변에 많다"고 말하며, 술은 건강에 영향을 주지 않는다고 주장하는 경우가 여기 해당합니다.

⑤ 데이터 편승 효과(Data Bandwagon Effect)

본인의 문제와 더 적합한 데이터가 있는데도 오픈소스 데이터와 같이 많은 사람이 사용한 데이터에 의지하는 경향입니다. 또한 팀장, 저명한 박사와 같이 사회적 위치가 높은 사람이 사용한 데이터나 많은 사람이 추천한 데이터를 따르는 경향을 말합니다. 어떤 사람이 특정한 데이터를 받아들일 가능성은 그 데이터를 추천한 사람의 수가 증가할수록 높아집니다. 이것은 데이터 분석에서 주의해야 할 집단 사고의 형태입니다.

⑥ 데이터 클러스터 착각(Data Clustering Illusion)

실제로는 무작위로 발생한 데이터에서 어떤 패턴을 발견하는 경향입니다. 특히 데이터의 샘플 수가 적을 때 이런 오류가 발생합니다. 이는 사람들이 도박을 하거나 복권 번호를 고를 때 범하기 쉬운 오류입니다.

⑦ 데이터 욕심(Data Greed)

데이터가 이미 충분한데도 추가로 데이터를 더 얻으려고 노력하는 경향을 뜻합니다. 빅데이터가 늘 좋은 것은 아닙니다. 그보다는 정확한 데이터가 더 정확한 예측을 할 수 있습니다.

⑧ 승자 데이터 편향(Winner's Data Bias)

말 그대로 승리한 사람들의 데이터만 남는다는 것입니다. "역사는 승리한 사람들의 것이다"라는 말처럼 데이터로 기록된 것들이 게임에서 승리하거나, 생존한 이유라고 판단하는 것입니다. 예를 들어, 성공한 사람들의 특징을 모아봤더니 "정리를 잘했다"라는 공통점이 높다는 데이터를 얻었다고, 정리가 성공으로 이어지는 것은 아닙니다. 또한 암 완치 생존자들의 식습관 데이터만 비중 있게 모아서 암을 치료하는 식단을 만드는 것이 여기에 해당됩니다(실제는 같은 식단으로도 암이 완치되지 않은 사람, 또 암을 악화시키는 식단 데이터도 따져봐야 합니다).

⑨ 데이터 특징 효과(Data Feature Effect)

어떤 데이터를 접할 때, 우리는 가장 눈에 띄는 특징을 먼저 발견하고 그 데이터에만 집중하는 것입니다. 예를 들어, 데이터 분석을 할 때 시각화를 통해 이상치(지나치게 크거나 작은)나 데이터들의 그룹(때로는 의미 없는 그룹)에 대해 지나치게 의미를 부여하는 경우입니다. 교통사고에 대한 데이터를 뽑을 때, 자율주행 자동차가 사람이 운전하는 자동차보다 사고를 일으킬 가능성이 더 높다고 생각하는 것이 대표적인 예입니다.

⑩ 데이터 선택 편향(Data Selective Bias)

데이터를 분석 결과, 본인이 문제를 바라보는 방식에 따라 취사선택을 하게 됩니다. 예를 들어, 아들이 뛰고 있는 축구 경기를 볼 때 아들이 잘한 경기에 대한 데이터를 편집해서 사람들에게 보여주게 됩니다.

05 논리구조: 부분과 전체의 논리가 일치하는가

"데이터로 설명할 수 있는 범위의 결론인가요?"
"데이터와 결과, 결론이 일치하나요?"

논리구조의 오류는 크게 데이터 관점(부분)과 논리흐름(전체)으로 나누어 생각해볼 수 있습니다. 먼저 데이터 관점에서 본다면, 보고와 보고서에는 한정된 데이터가 포함되어 있습니다. 그리고 발표자나 보고자가 말하고자 하는 바가 데이터로 설명할 수 있는 범위인지를 확인해야 합니다.

예를 들어, 매출 증가에 대한 데이터를 가지고 영업이익의 증가에 대해 결론을 내린다든지(다른 의미를 혼동하는 경우입니다) 또는 '한국'과 '일본'의 경제성장률 감소 데이터를 가지고, '아시아'의 경제성장 둔화를 말하는 경우(범위를 확대해석한 경우입니다)를 말합니다.[04]

전체의 논리흐름이라고 함은 데이터와 이를 해석한 결과 그리고 결론이 일치하는지를 확인하는 것입니다. 이것은 데이터를 말하는 사람도 듣는 사람도 주의해야 하는 부분입니다.

"결론은 무엇인가요?" "그 결론이 나오게 된 이유는 무엇인가요?" "그것을 보여주는 데이터는 어느 것인가요?"라는 구체적인 질문을 통해서 전체적인 논리 흐름의 이상 유무를 확인해주는 과정이 필요합니다. 이런 과정을 통해 올바른 데이터를 사용할 수 있게 해줍니다.

이 장을 정리하겠습니다. 데이터는 정보의 원천이며, 객관적인 사실을 볼 수 있는 현미경임에 틀림없습니다. 하지만 데이터는 정답을 가지고 있지 않습니다. 아무리 빅데이터라고 해도 모든 것을 다 담을 수는 없습니다. 이렇듯 데이터가 가지고 있는 장점과 한계를 이해할 때 비로소 데이터를 제대로 활용할 수 있습니다.

데이터로 이루어진 오늘날 세상에서 "데이터는 새로운 통찰력을 주는 편리한 도구지만, 데이터가 보여주는 것이 세상의 전부는 아니다"라는 사실을 꼭 기억해주세요!

---

04 매출은 상품을 판매한 전체 금액이고, 영업이익은 매출에서 영업과 관련된 비용을 차감한 금액, 당기순이익은 영업이익에서 영업과 관련 없는 수익과 비용을 적용하고, 법인세 비용을 차감한 금액입니다.

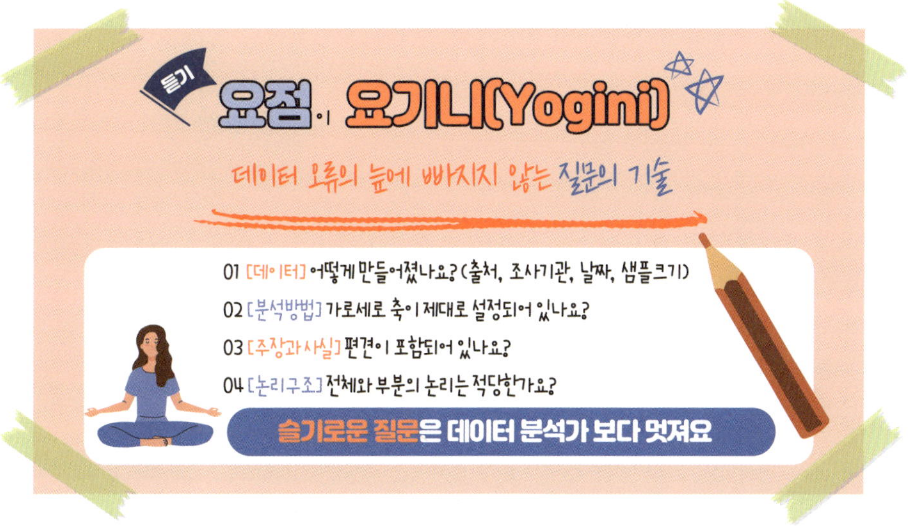
들기
요점이 요기니(Yogini)
데이터 오류의 늪에 빠지지 않는 질문의 기술
01 [데이터] 어떻게 만들어졌나요? (출처, 조사기관, 날짜, 샘플크기)
02 [분석방법] 가로세로 축이 제대로 설정되어 있나요?
03 [주장과사실] 편견이 포함되어 있나요?
04 [논리구조] 전체와 부분의 논리는 적당한가요?
슬기로운 질문은 데이터 분석가 보다 멋져요

정리하기

1. 데이터, 질문하며 듣기

01. 데이터 분석 보고서의 말하기, 듣기, 읽기, 쓰기

- 데이터 분석 보고서는 말하기, 듣기, 읽기, 쓰기 중 하나의 소통 방법입니다.
- 데이터 분석 보고서에 대한 4가지 질문의 순서는 데이터 → 분석방법 → 주장과 사실 → 논리구조라는 것을 기억해주세요.

02. 데이터: 데이터가 어떻게 만들어졌나.

- 데이터에서 가장 중요한 것은 데이터 출처, 조사기관, 조사날짜, 조사방법, 샘플 크기를 확인하는 것입니다.
- 데이터 관련 대표 질문은 다음과 같습니다.

  ① 데이터의 출처는 어디인가요?

  ② 언제 조사한 데이터이고, 기준 시점은 언제인가요?

  ③ 데이터를 조사한 방법은 실험, 관찰, 설문조사 중에 어떤 것인가요?

03. 분석방법: 가로축과 세로축이 제대로 설정되었나.

- 분석에서 가장 기본적인 질문은 '가로와 세로축이 제대로 설정되었는가?'입니다.
- 분석방법 관련 대표 질문은 다음과 같습니다.

  ① 데이터 제목을 확인한다.

  ② 데이터의 가로축(X)과 세로축(Y)을 확인한다.

  ③ 가운데 안에 있는 값을 확인한다.

04. 주장과 사실: 편견이 포함되어 있지 않은가.

- 개인과 집단의 입장과 이해관계에 따라 다양한 편향(Bias)이 존재할 수밖에 없습니다.
- 대표적인 데이터 인지편향 10가지는 다음과 같습니다.

  ① 데이터 확증편향

  ② 과거/최신 데이터 편향

  ③ 기준 데이터 편향

  ④ 친근 데이터 편향

⑤ 데이터 편승효과

⑥ 데이터 클러스터 착각

⑦ 데이터 욕심

⑧ 승자 데이터 편향

⑨ 데이터 특징 효과

⑩ 데이터 선택 편향

05. 논리구조: 부분과 전체의 논리가 일치하는가.

- 논리구조의 오류는 크게 데이터의 관점(부분)과 논리흐름(전체)으로 나누어 생각해볼 수 있습니다.
- 논리구조 관련 대표 질문은 다음과 같습니다.

  ① 데이터로 설명할 수 있는 범위의 결론인가요?

  ② 데이터와 결과, 결론이 일치하나요?

나는 처세술 대신 데이터 분석을 택했다

쉽게 이해하고 활용할 수 있는 AI, Big Data 입문서

10장

데이터 기반의 비판적 사고력을 키워요

"요즘은 팩트를 체크하지 않으면 안 되겠는데?"
"맞아, 누가 하는 말이 진실인지 알 수가 없어."
"다들 데이터가 어떻고 어떻고 하는데, 믿을 수가 있어야지."
"기다려봐, 팩트를 체크해서 보도해준다고 했으니까."

선거가 앞으로 다가오자 후보 토론회가 열렸습니다. 저마다 정책에 대한 뒷받침 근거로 데이터를 말하고 있습니다. 하지만 그 출처가 어디인지 조사방법이나 샘플 수에 대해서는 언급이 없습니다. 과연 우리는 어디까지 믿고 어디서부터 합리적 의심을 해야 할까요?

이 장에서는 데이터를 활용해서 팩트 체크를 하는 방법에 대해 알아보고, 데이터가 갖춰야할 세 가지 요소를 살펴봅니다.

1 데이터야, 팩트 체크를 부탁해

01 우리 삶에 깊숙이 들어온 가짜뉴스

"상생지원금 1,000만 원 지급?!!"

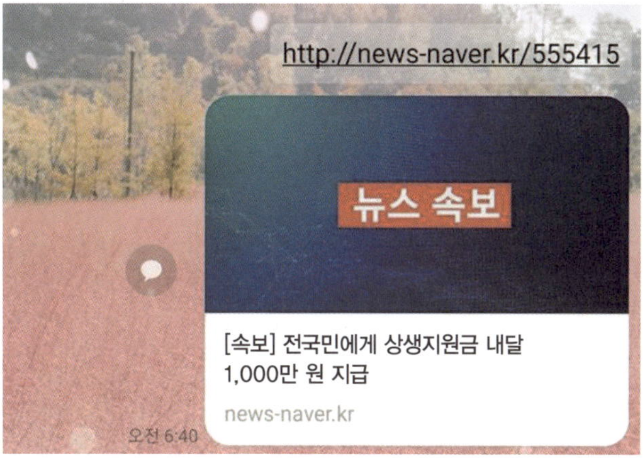

[그림 10-1] 가짜뉴스에 대한 설명을 위해 저자가 1분만에 생성한 가짜뉴스 카카오톡 링크

카카오톡 채팅방에 엄청난 기사가 떴습니다. 경제가 어려운 시기에 전 국민에게 1,000만 원씩 지급한다는 기사입니다. "오오! 나도 대상자가 될까?" "어떻게 하면 받을 수 있지?" 하는 기대감과 동시에 뇌리를 스치는 직감이 있습니다. "혹시 가짜뉴스 아니야?"

네, 가짜뉴스가 맞습니다. 가짜뉴스로 사람들이 속는 이른바 "낚였다(낚시에서 고기가 낚시바늘에 걸림을 비유)"라는 표현이 있을 정도로 우리 주변에는 가짜뉴스가 많습니다. 우선 궁금증부터 풀어 보겠습니다. 이 뉴스 썸네일은 어떻게 생성된 것일까요? 여러분도 아래 링크에서 손쉽게 가짜뉴스를 만들 수 있습니다.

- https://www.snsmatch.com/new/index_fake_news.php

심지어 최근에 사람들이 많이 속은 가짜뉴스 목록까지 있습니다.

[가장 많은 사람을 낚은 랭킹뉴스]

① [단독] 푸틴, 크렘린궁 사무실서 숨진 채 발견, 러 국영매체 '모든 방법 동원해 타살 확인 중'
② [NEWS] 야구 선출 유튜버 빠코, 프로구단에 신고 선수로 입단
③ [단독] 최동훈 감독, 〈도둑들 2〉 제작 확정
④ [속보] 일론 머스크 경기도지사 출마 선언
⑤ [단독] 부산, 대구 조정 지역 해제 긍정적 검토 중

물론, 이렇게 얘기하는 이유는 여러분에게 가짜뉴스를 생성하라는 것이 아니겠죠? 가짜뉴스를 구별하는 가장 좋은 방법은 가짜뉴스를 만들어 보는 것이라는 의미에서 언급한 것입니다.

'가짜뉴스'란 사람들의 흥미와 본능을 자극하여 시선을 끄는 거짓 정보입니다. 인터넷 매체를 통하여 거짓 기사들이 급속도로 유포됩니다. ① 정치·경제적 이익을 목적으로 ② 고의로 왜곡·날조하고 ③ 언론 보도로 가장한 ④ 종종 주목을 끌기 위해 선정 주의 및 과장 또는 일부를 생략한 정보입니다.

이렇게 장난으로 가짜뉴스를 만드는 것이 아니라 애초부터 악의적인 목적을 가지고 만든다면 그 피해는 심각합니다. 수많은 정보의 바다에서 살고 있는 우리들은 우리 스스로를 지켜야 합니다. 앞서 설명한 것처럼 '정보'라는 것은 데이터에 기반해서 생성되므로, 가짜뉴스의 사실여부를 판단하기 위해서는 데이터를 확인해 보는 것이 중요합니다. 아니, 중요함을 넘어 생존에 직결되는 능력입니다.

02 데이터 기반의 비판적 사고는 오늘날의 생존능력이다

"의심은 해소시켜주면 확신이 되거든."

영화 〈꾼〉의 대사 중에 나오는 말입니다. 〈꾼〉은 사기꾼이 사기꾼을 속고 속이는 영화인데요. 그냥 영화 대사라고 치부하기보다는 한 번쯤 깊게 고민해볼 말입니다. 우리 주변에도 사기를 당해서 큰 돈을 날리거나, 미뤄두었던 행복을 순식간에 빼앗기는 경우가 많기 때문입니다.

얼마 전 뉴스 기사에서 가상화폐로 사기를 당한 사람들을 다룬 적이 있습니다. 〈코인 투자 고수의 미끼 오픈 채팅·가짜 웹 사이트 사기 속출〉이라는 제목입니다. 그들은 하나 같이 업체에서 건넨 웹 사이트와 수익률 등을 믿었다고 했습니다. 그들이 건넨 정보를 데이터 관점에서 팩트 체크를 한번 해보았다면 하는 아쉬움이 생깁니다.

그렇다면, 우리나라 국민은 가짜뉴스에서 진짜뉴스를 얼마나 구별할 수 있다고 생각할까요? 프랑스 파리에 본사를 둔 다국적 시장 조사 및 컨설팅 회사 Ipsos Group S.A.의 조사에 따르면, 우리나라 사람들이 가짜뉴스를 구분할 수 있다고 확신한 정도는 37%로, 27개국 중에서 18위이고, 글로벌 평균인 41%보다도 낮습니다.

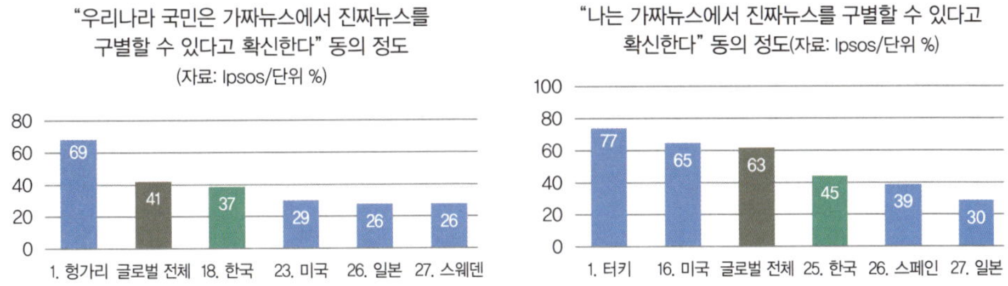

[그림 10-2] 가짜뉴스 구별에 대한 설문조사 결과[01]

01 출처: https://www.ipsos.com/ko-kr/ibsoseu-peobeullig-jinjjailkka-gajjailkka-peikeu-nyuseugajjanyuseu-fake-newse-daehan-gugnaeoe

'비판'은 부정적인 것이 아닙니다. 그 이유는 '비판'과 '비난'을 혼동하기 때문이죠. 비난은 남의 잘못이나 결점을 책잡아서 나쁘게 말하는 것을 말합니다. 즉 칭찬의 반대말이라고 생각하면 쉽습니다. 비난은 그 자체가 상대와 나에게 감정적이며 소모적인 경우가 많습니다.

반면, 비판은 어떤 사실에 대해 진위여부, 장단점 등을 냉철히 판단하고 평가하는 것을 말합니다. 비판이 유효하려면 주관적인 내용이 아닌 객관적 사실에 기반하여 판단하는지 확인해야 합니다. 그렇기 때문에 대상에 대한 데이터 분석이 수반됩니다.

03 팩트 체크를 하는 도구는 바로 데이터다

우리 앞에 중요한 결정이 있을 때 데이터는 팩트 체크의 중요한 도구가 됩니다. 데이터를 비판적으로 수용하기 위해 필요한 구체적인 방법에 대해 살펴보겠습니다.

비판적 사고는 어떤 견해를 받아들일지 또는 어떤 행위를 할지 결정하기 위해 언어적 표현과 행위에 대해 그 논리적 구조와 의미를 파악하고 개념, 증거, 준거, 방법, 맥락 등을 고려하여 최선의 판단을 내리고자 하는 사고입니다.

데이터 기반 비판적 사고방법은 크게 4가지입니다. 기억해주세요.

❶ 확인: 데이터를 확인하세요
❷ 비교: 관점과 시점을 비교하세요.
❸ 판단: 주장인가? 사실인가? 판단하세요.
❹ 사고: 논리적 사고인지 따라가보세요.

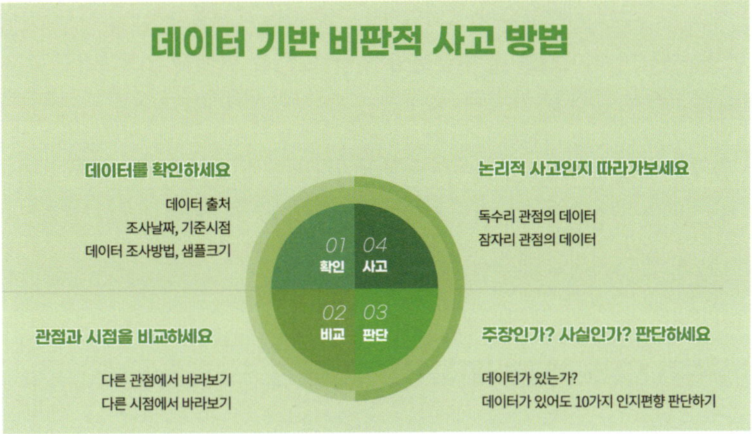

[그림 10-3] 데이터 기반 비판적 사고 방법

① 확인: 데이터를 확인하세요

앞 장의 데이터 질문하며 듣기에서 데이터에 관한 질문을 기억하나요?

- 데이터의 출처는 어디인가요?
- 언제 조사한 데이터이고, 기준시점은 언제인가요?
- 데이터를 조사한 방법은 실험, 관찰, 설문조사 중에 어떤 것인가요?

이제 배운 내용을 직접 활용할 차례입니다. 위 질문을 통해 제가 앞서 인용한 '국가별 가짜뉴스를 구분할 수 있다고 확신한 정도 비율' 데이터를 확인해보겠습니다.

여기서 잠깐!

- 데이터 출처: 다국적 시장 조사 및 컨설팅 회사 Ipsos Group S. A.
- 조사 날짜: 2018년 6월 22일~2018년 7월 6일
- 조사방법: 전 세계 27개국 성인 남녀(미국, 캐나다 18세~64세/그 외 16세~64세) 온라인 패널 조사
- 샘플 크기: 호주, 브라질, 캐나다, 프랑스, 독일, 영국, 이탈리아, 일본, 스페인, 미국 1,000명+@ 외 500명+@

만약, 제가 처음 보여드린 가짜뉴스를 생성했다면 여러분은 구별했을까요? 제가 악의적으로 가짜뉴스를 만들어냈다면 데이터의 출처는 동일하게 하고, 그 안에서 우리나라의 순위를 1위로 바꿨을 겁니다.

즉, 90%의 동일한 데이터 +10%의 데이터를 조작한다면 그것에 대한 사실여부를 판단할 수 있는 분은 많지 않을 것 같습니다. 따라서 데이터 기반 비판적 사고에서 데이터 출처(조사기관), 조사날짜, 조사방법, 샘플 크기를 반드시 확인해야 합니다.

② 비교: 관점과 시점을 비교하세요

"남의 떡이 더 커보인다."

사람들은 본인과 다른 사람을 비교합니다. 초등학생끼리 놀이터에서 만나면 "너 몇 살이야?"라는 질문에서 시작합니다. 학교에 가면 숫자로 비교할 수 있는 것이 좀 더 많아집니다. 키와 몸무게뿐만 아니라 성적이 숫자 데이터로 표현되기 시작합니다. 그 밖에도 숫자로 나타낼 수 있는 연봉, 성적을 넘어 성격, 행동까지 숫자로 비교하기도 합니다.

주관적인 요소는 잠시 제쳐 두고, 숫자와 같이 데이터로 표현되는 형태라면 비교와 평가에 주의를 기울여야 합니다. 그렇지 않으면 비교 자체가 성립되기 어려운 경우가 많고, 이는 잘못된 의사결정이나 판단으로 이어지기 때문입니다.

이처럼 올바른 비교를 위해서는 다음의 두 가지를 기억해야 합니다.

먼저, 비교를 할 때는 비교값의 데이터가 일치해야 합니다. 다시 말해 비교되는 데이터에 대한 정의가 같아야 비교 자체에 의미가 있습니다. 데이터의 일치 여부를 확인하기 위해서는 데이터의 정의, 기준시점, 기준 분모에 대해 구체적으로 살펴볼 필요가 있습니다.

① 정의가 일치해야 합니다.

취직을 위해 연봉 데이터를 비교할 때, '연봉 데이터'는 1년 동안 받는 임금(급여)의 총합으로 세전/세후, 성과급/명절보너스, 식비/교통비/숙소지원비/통신지원비, 자녀교육비 등의 다양한 요소에 대한 포함 여부를 고려해야 합니다. A 회사 연봉이 6,000만 원이고, B 회사의 연봉이 7,000만 원이라서 1,000만 원이 더 많은 B 회사를 선택했는데, A 회사는 성과급이 월 급여인 500만 원의 400%가 별도로 책정되어서 6,000만 원 + 2,000만 원 = 8,000만 원으로 앞선 선택이 뒤집히게 됩니다.

이처럼 데이터 정의에 대한 일치없이 데이터 분석을 하게 되면, 시간이 갈수록 오류의 크기는 측정하기 어렵게 됩니다. 아주 단순한 문제 같지만 우리가 다루는 데이터가 빅데이터라고 해서 이 내용이 달라지지 않습니다. 오히려 수많은 데이터를 왜곡해서 보지 않도록 정확한 비교를 위해 데이터 정의를 꼭 확인하기 바랍니다.

② 분모가 일치해야 합니다.

회사에서 직장 동료들끼리 체중 감량 챌린지를 한다고 가정하겠습니다. A 씨의 체중이 80kg이고, B 씨의 체중이 60kg일 때, 둘 간의 단순 체중감량 비교는 올바른 비교가 아닙니다. 둘 다 똑같이 감소한 체중이 2kg이라고 할지라도, 서로 다른 체중(분모)으로 인해, A 씨는 1/40을 감량, B 씨는 1/30을 감량했기 때문에 둘의 노력과 다이어트 강도는 다릅니다.

둘째, 비교되는 데이터 이외에 영향을 주는 요인에 대해서는 통제 또는 고려되어야 합니다. 그렇지 않다면 비교 데이터가 아닌 다른 원인 때문에 생기는 차이를 오인할 수 있습니다.

앞선 연봉 비교와 유사하지만 좀 더 복잡한 사례로 가보겠습니다.

〈남자의 평균소득은 390만 원, 중위소득은 300만 원이며, 여자의 평균소득은 236만 원, 중위소득은 179만 원〉(통계청 2017년 6월)이라는 통계가 있습니다. 세계적으로 남녀 성별에 따른 소득격차는 성차별이라고 인식됩니다. 우리나라 또한 위와 같이 남녀의 소득격차가 큰 것으로 보입니다. 과연 평균소득으로 남녀의 소득차이, 성차별을 바라보는 시각은 올바른 것일까요?

결론적으로 순수 성별로 인한 소득격차를 비교하기 위해서는 다른 요인들에 대한 통제가 수반되어야 합니다. 예를 들어, 노동시간의 경우 소득에 직접적인 영향을 주는 요인이지만 남녀 소득에는 노동시간이 빠져 있습니다. 근속연수 또한 고려되어야 합니다. 근속연수가 증가할수록 소득이 증가하는 특성상 30년 이상 근속 노동자의 경우 남자가 여자보다 많다는 숨겨진 요인이 있습니다.[02] 이처럼 단순한 비교에는 오류가 발생할 수 있기 때문에 비교되는 데이터 이외에 영향을 주는 요인에 대해서는 통제 또는 고려되어야 합니다.

③ 판단: 주장인가? 사실인가? 판단하세요

초등학교 국어시간에 이런 문제를 받은 기억이 있을 거예요.

"다음 문장을 읽고 주관적 주장에는 '주장', 객관적 사실에는 '사실'이라고 적으세요."

우리는 어려서부터 무엇이 주장이고 무엇이 사실인지 구분하는 훈련을 받았습니다. 마찬가지로 데이터 기반 결과 그래프나 보고서, 기사 등을 확인할 때 주장과 사실을 구분해야 합니다. 제가 하는 수업에서 학생들에게 "시간에 따른 집값 그래프를 보고 데이터를 해석해보세요"라는 질문을 합니다. 그러면 10명 중 8명은 그래프에 있지는 않지만 자신의 생각을 담아서 데이터를 해석합니다. 이처럼 데이터를 통해 얻을 수 있는 '결과'와 이로 인해 말하는 이가 도출하는 주장인 '결론'으로 나누어서 살펴볼 필요가 있겠죠?

여기서도 마찬가지로 '데이터 질문하며 듣기'에서 배운 데이터 인지편향 10가지를 떠올려보면 좋겠습니다.

④ 사고: 논리적 사고인지 따라가보세요

논리적 사고는 데이터와 뗄 수 없는 관계입니다. 우리는 앞서 스토리텔링과 데이터의 사랑이야기도 만나보았고, 연구논문에서 논리적 사고 과정에서 데이터를 어떻게 활용하는지에 대해 배웠습니다. 논리적 사고를 통해 문제를 정의하고, 그것에 대한 원인을 분석합니다. 분석된 결과

02 출처: 통계청의 제2회 통계 바로쓰기 〈대한민국 성별 임금 격차에 숨겨진 진실〉

를 사실에만 기반해서 해석하고 그것을 가지고 결론을 내리는 방식이 과정을 검증하고, 세부적으로 쓰인 데이터를 검증하는 과정의 핵심입니다. 비판적 사고를 위해 필요한 두 가지 관점에서 좀 더 알아보겠습니다.

04 비판적 사고를 위해 필요한 두 가지 눈

사고, 즉 생각하는 방법은 크게 두 가지로 나뉩니다. 하나는 위에서 전체적으로 내려다보면서 무엇이 만들어질 수 있는지 크게 가늠하는, 즉 '숲'을 보는 방법이 있고, 다른 하나로는 '나무' 하나하나를 보면서 숲을 만드는 방법이 있습니다.

데이터 분석의 관점은 아무래도 후자에 더 초점이 맞춰져 있는 경우가 많습니다. 따라서 좀 더 거시적 안목이 필요합니다. 도시를 지을 때 도로와 전기, 수도, 가스 등 사회기반 시설을 만들어 놓고 집을 만들어야지, 무조건 집부터 짓고 나서 집을 피해서 도로를 내고 지하에 가스관을 묻으면 낭비가 아닐 수 없습니다.

특히 비판적 사고를 위해서는 다양한 방식에서 생각해보는 것이 중요합니다. 같은 문제라도 이쪽에서 보고 또 저쪽에서 볼때마다 문제의 형태와 논리가 다르게 보이기 마련입니다. 그래서 다양한 시각에서 데이터를 바라보는 노력이 필요합니다. 매번 바라보던 시야에서 바라보는 것보다 객관적으로 바라볼 줄 알아야 그 노력에 의미가 있는데, 익숙한 '경계'를 뛰어넘는 사고 습관이 그만큼 중요합니다.

우리의 뇌도 좌우가 담당하는 분야가 다릅니다. 좌뇌는 개념화 및 통합화를 통한 논리성을 중시합니다. 반면 우뇌는 감성적, 감정적 부분에 집중하여 묘사력, 표현력을 중시합니다. 좌뇌의 능력이 숲을 바라보는 능력이며, 우뇌는 나무를 담당합니다.

이렇듯 우리는 어떤 현상을 바라볼 때 흔히 "숲을 봐야 한다"거나 "나무를 봐야 한다"라고 말합니다. 그리고 데이터에서 말하는 방식은 독수리와 잠자리를 빗대어 이야기합니다. 우리는 비판적 사고를 위해 독수리의 눈과 잠자리의 눈으로 데이터를 바라봐야 합니다.

[그림 10-4] 데이터를 바라보는 두 가지 관점

① 독수리의 눈

높은 하늘에서 나는 독수리는 전체적인 논리와 흐름을 점검합니다. 예를 들어, 기업 입장이라면 시장을 예측하고 생산량 확대를 위해 설비를 증설한다든지, 해외사업에 진출할 때 거시적(매크로) 관점에서 시장과 경제의 흐름을 바라볼 것입니다. 즉, 우리가 나아갈 방향에 대해 멀리서 내려다보는 시야를 말합니다. 이것이 독수리의 눈으로 바라본 데이터입니다.

위에서 내려다보는 독수리의 눈은 다음과 같은 장점이 있습니다.

첫째, 전체적인 논리 흐름의 이상 유무를 확인해줍니다.
문제정의 → 원인분석 → 해결방안의 단순한 추상화 과정을 거칠 수 있습니다. 예를 들어, 집값 상승이라는 문제를 정의했다고 하겠습니다. 주택가격 상승의 다양한 원인을 분석하는데, 통화량과 금리 같은 거시적인 경제상황, 국내 주택의 수요와 공급 같은 미시적 상황, 그리고 정책과 시장의 동향 등을 빠짐없이 바라볼 수 있게 해줍니다. 그리고 이런 원인을 해결함으로써 해결방안이 원래 원하던 목적에 맞는지를 확인해줍니다.

둘째, 올바른 데이터를 사용할 수 있게 해줍니다.

독수리의 눈은 설명하고자 하는 목적에 맞는 데이터를 사용했는지, 결론에 맞는 데이터를 사용했는지의 여부를 판단할 수 있게 해줍니다. 서울 일부 지역의 집값 상승 문제를 전국으로 확대 해석한다든지, 청년주거 형태에 대한 문제에서 4인 가구 아파트에 해당하는 물량과 가격 데이터를 사용하는 오류처럼 데이터의 편중이나 편향된 시각을 바로잡아줍니다.

② 잠자리의 눈

반대로 잠자리는 나무와 풀 사이를 헤쳐가면서 우리 주변을 비행합니다. 실제 일어나는 일들, 주변 현실을 관찰과 조사를 통해 나의 목적에 맞는 데이터를 핵심적으로 도출하거나 바라보아야 합니다. 예를 들어 신혼집을 장만하는 나의 선택과 결정은 세계 경제만을 바라보고 할 수는 없습니다. 나의 결혼시기, 자금력, 직장과의 거리, 미래 아이들의 교육환경들에 대한 지인들의 인터뷰가 필요하겠네요. 이것이 바로 잠자리의 눈으로 바라본 데이터입니다.

나무 사이를 구석구석 바라보는 잠자리의 눈은 다음과 같은 장점이 있습니다.

첫째, 데이터마다의 특징을 관찰할 수 있습니다.

데이터 분석에서는 '탐색적 데이터 분석'이라고 합니다. 데이터의 모양과 형태를 확인하고 어떻게 활용하며 좋을지를 구성하게 해줍니다. 예를 들어, 나뭇가지처럼 길게 생긴 데이터는 한데 모아 원기둥 형태로 묶어내고(데이터 구조), 물과 같은 액체류, 돌과 같은 고체류, 연기와 같은 기체류는 어떻게 처리해야 할지(데이터 타입) 인식할 수 있게 해줍니다.

둘째, 정확한 데이터를 사용할 수 있게 해줍니다.

아무리 많은 데이터라 할지라도 목적과 시기에 딱 맞는 데이터가 아니라면 무용지물일 때가 많습니다. 한 달 전까지의 데이터를 확인하고 전체 흐름에 넣었는데, 막상 분석하려고 보니, 트렌드가 이미 지났거나 추세가 전환되어 있는 경우도 있습니다. 이럴 경우 실제 '변화하는 데이터'라는 측면에서 가까이서 관찰한 데이터를 활용해야 합니다.

"데이터 문해력은 오늘날 시민들이 갖추어야 할 기본 소양이자 생존능력이다."

끝으로 이 말을 전하고 싶습니다. 가짜뉴스, 사기 등 우리의 소중한 것을 앗아가는 위험으로부터 우리를 지키는 능력은 바로 데이터 문해력에서부터 시작된다는 점을 간과하지 않았으면 좋겠습니다.

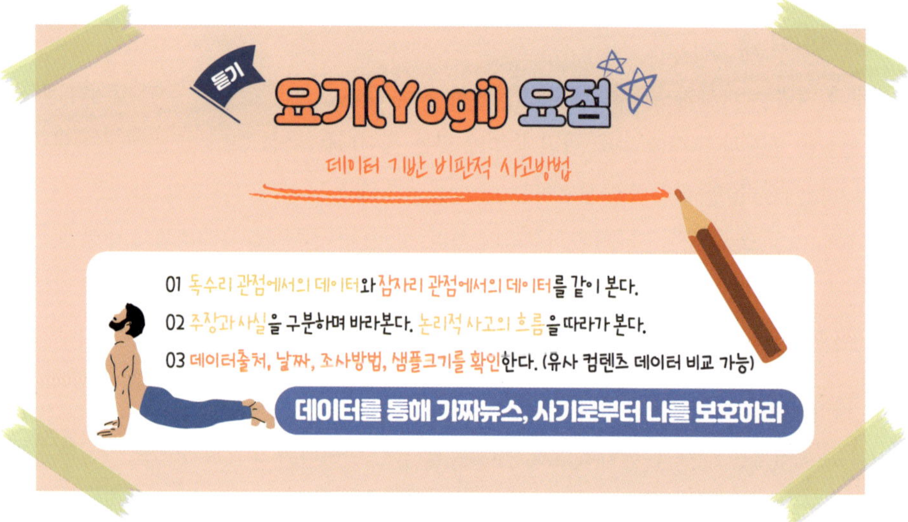

정리하기

1. 데이터야, 팩트 체크를 부탁해

01. 우리 삶에 깊숙이 들어온 가짜뉴스

- 가짜뉴스란 사람들의 흥미와 본능을 자극하여 시선을 끄는 거짓 정보입니다.
- '정보'라는 것은 데이터를 기반으로 생성되므로, 가짜뉴스의 사실여부 판단을 위해 데이터를 확인해 보는 것이 중요합니다.

02. 데이터 기반의 비판적 사고는 오늘날의 생존능력이다.

- 우리나라 사람이 가짜뉴스를 구분할 수 있다고 확신한 정도는 37%입니다.
- 이는 27개 국 중에서 18위 수준이고, 글로벌 평균 41%보다도 낮습니다.

03. 팩트 체크의 도구는 바로 데이터다.

- 데이터 기반 비판적 사고 방법 4가지는 다음과 같습니다.
  ① 확인: 데이터를 확인하세요
  ② 비교: 관점과 시점을 비교하세요.
  ③ 판단: 주장인가? 사실인가? 판단하세요.
  ④ 사고: 논리적 사고인지 따라가보세요.
- 확인: 데이터를 확인하세요.
  데이터 출처, 조사기관, 조사날짜, 조사방법, 샘플 크기를 반드시 확인해야 합니다.
- 비교: 관점과 시점을 비교해 보세요.
  동일 주제를 다루고 있는 다양한 매체, 기관에서 제시한 값을 비교해보는 방식입니다.
- 판단: 주장인가? 사실인가? 판단하세요.
  데이터 기반 결과 그래프나 이것들로 구성된 어떤 보고서, 기사 등을 확인할 때 주장과 사실을 구분해야 합니다.
- 사고: 논리적 사고인지 따라가보세요.
  문제정의–원인분석–해결방안의 절차상에 논리적 생각의 흐름을 검토해보세요.

04. 비판적 사고를 위해 필요한 두 가지 눈

- 우리는 비판적 사고를 위해 독수리의 눈과 잠자리의 눈으로 데이터를 바라봐야 합니다.
- 높은 하늘에서 나는 독수리는 전체적인 논리와 흐름을 점검합니다.
  - 장점 1: 전체적인 논리의 흐름의 이상 유무를 확인할 수 있습니다.
  - 장점 2: 올바른 데이터를 사용할 수 있게 해줍니다.
- 잠자리의 눈은 관찰과 조사를 통해 목적에 맞는 데이터를 핵심적으로 도출하거나 바라봅니다.
  - 장점 1: 데이터마다의 특징을 관찰할 수 있습니다.
  - 장점 2: 정확한 데이터를 사용할 수 있게 해줍니다.

11장

다른 데이터와 비교하며 들어요

"익선 씨, 신혼 집은 구했어요?"
"아니요. 아직이요. 요즘 부동산에 전화해보고 있어요."
"그러면, 집을 파는 사람처럼 전화도 해봐요. 그러면 파는 사람에게 적정가격과 사는 사람의 적정 가격을 알 수 있죠. 그럼 그 가격 데이터의 차이나 평균값을 알아보는 게 도움이 되거든요."
"아, 그런 방법도 있었군요."
"부동산도 한군데가 아니라, 많이 알아볼수록 데이터 샘플이 많아지니까 더 정확해 질거예요."

결혼을 앞둔 박익선 사원은 선배 정 과장님에게 커피를 한 잔하며 조언을 구했습니다. 데이터 분석만 잘 하는 줄 알았더니, 투자에도 고수인 정 과장님에게 감사한 마음이 들었습니다.

오늘날의 많은 데이터가 빅데이터라고는 하지만 내 집 마련, 투자부터 비지니스 분석까지 현실에서 만나는 데이터는 통계분석에 기반한 샘플링 방식일 때가 많습니다. 이렇게 통계 기반으로 데이터를 다룰 때는 주의할 점이 많습니다.

이 장에서는 실생활에서 꼭 필요한 데이터 비교 능력을 일상 사례를 통해 쉽게 배워보겠습니다.

1 데이터 비교 듣기능력평가

01 데이터 관점에서의 Half Full 또는 Half Empty

컵 안에 물이 담겨 있습니다. 여러분은 이 컵에 물이 반쯤 차 있다고 보나요? 아니면 반쯤 비어 있다고 보나요? 반쯤 차 있다고 생각하면 '긍정주의자', 반쯤 비어 있다고 생각하면 '부정주의자'라는 심리 관점이 아닌 데이터 관점에서 얘기를 해보겠습니다.

[그림 11-1] 반쯤 물이 차 있나요? 비어 있나요?

우리가 데이터로 하려는 것은 정답을 찾는 것이 아닙니다. 예전 정규 교육과정에서는 정답을 찾는 문제가 대부분이었습니다. 요즘에는 나아졌다고 하지만, 결국 시험문제에 있는 답을 고르는 큰 틀에서는 다르지 않다고 생각합니다. 그런데 우리 주변의 문제들은 어떤가요?

우리 주변의 문제와 삶이 어려운 이유는 바로 정답이 없기 때문입니다. 오히려 우리의 문제는 '더' 나은 결정을 하는 것입니다. 여기서 '더'라는 것은 그 문제를 인식할 때 비교 대상이 있다는 의미입니다. 이 비교 대상을 달리 표현하면 '대안' 즉 '대체할 수 있는 방안'을 말합니다. 즉, 답을 고를 때 대체 선택지도 스스로 만들 수 있다는 의미입니다.

[그림 11-2] 여전히 반쯤 차 보이나요?

제가 여러분 물컵 옆에 살포시 제 물컵을 놓습니다. 그것도 물이 좀 더 많이 담긴 물컵으로요. 자, 어떤가요? 아직도 컵에 물이 반쯤 차 있다고 생각하나요? 아니면 이제 생각이 '반쯤 비어 있다'는 쪽으로 생각이 기울까요? 우리는 이것을 '비교'라고 말합니다. 그러면 다음은 어떤가요?

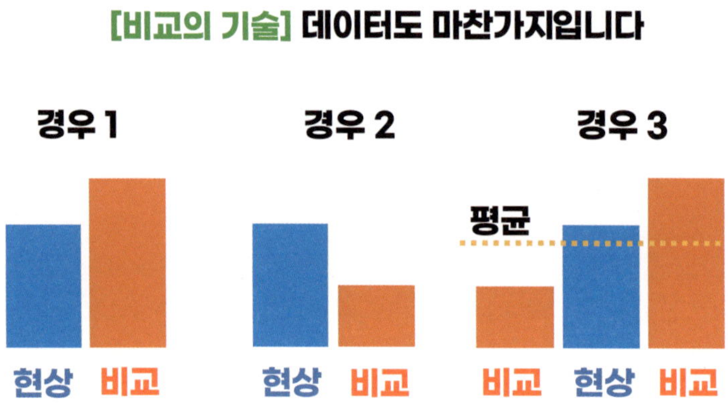

[그림 11-3] 비교 기술

데이터도 마찬가지입니다. 앞서 여러분의 물컵과 같은 크기의 막대를 우리가 설명하고자 하는 문제의 현상이라고 해보겠습니다. [경우 1]에서는 비교 대상을 더 큰 막대로 삼았습니다. [경우 2]에서는 비교 대상을 더 작은 막대로 바꿔보았어요. 그리고 [경우 3]에서는 더 작은 막대와 더 큰 막대를 그리고 평균을 넣었습니다. 비교할 때, 일반적으로는 평균과 중앙값과 같이 객관적인 지표를 통해 통찰과 객관을 얻어 낼 수 있습니다.

그런데 제가 얘기할 내용은 결론적으로 옆에 '무엇이' 있느냐에 따라서 달라 보인다는 사실입니다. [그림 11-3]에서 [경우 3]이 맞고, [경우 1] 또는 [경우 2]가 틀렸다는 것을 말하려는 것이 아닙니다. ① 설명하고자 하는 목적에 따라 데이터가 달리 쓰일 수 있음을 이해하고 ② 데이터를 받아들일 때 주의를 기울여야 한다는 게 요점입니다.

2 내 월급이 '와친남'보다 적은 이유

01 모두에게 평등한 기회를 주고 데이터를 뽑자

"엄친아보다 더 위대한 와친남"

'와친남(와이프 친구 남편)'들은 어째서 하나같이 부자 집안에, 억대 연봉에, 잘 생기고, 키 크고, 자상하고, 기념일도 잘 챙기고, 퇴근하면 집안일 다하고, 애도 다 봐주고, …. 어떻게 이런 일이 있을 수 있나요?

'엄친아'라는 신조어가 생긴 지 약 10년 전이니까, 그들이 커서 이제 와친남이 된 거겠죠?

[그림 11-4 엄친아보다 더 두려운 와친남[01]

한 커뮤니티 게시판에 올라온 베스트 댓글을 보고 한참 웃었습니다. 하지만 우리의 모습을 반영한 웃픈 현실이기도 해요. '쥐꼬리만 한 월급'은 부부싸움에서 빠지지 않고 등장하는 단어이기도 합니다. 그런데 왜 내가 생각하는 내 월급은 많은 것 같은데, 어째서 와이프 친구 남편보다 항상

01 출처: https://www.goodgag.net/33518

월급이 적을까요? 이 토론 배틀이 데이터 분석가 남편과 그의 아내 사이에서도 어김없이 벌어졌습니다.

"내 대학 동기인 로미 남편은 연봉이 1억 5천만 원이래. 그런데도 매일 일찍 집에 와서 저녁 준비도 해주고 애들하고도 잘 놀아준다고! 요즘 이자 올라서 생활하기 빠듯해 죽겠어!"

"아니, 맨날 그 회계사 남편 얘기만 하면 어떻게 해? 자기는 다른 친구 없어?"

"또 있지. 고등학교 친구, 보리 남편은 연봉이 1억 2천만 원이야. 최근에는 서울에 집도 샀대."

"뭔가 샘플 데이터 추출 방식이 잘못된 거 아니야? 아니 어떻게 뽑는 샘플마다 전부 연봉이 그렇게 높아? 비교라는 것을 할 때는 말이야, 평균 연봉이라든지, 대한민국 연봉 1등부터 꼴찌까지 줄을 세운 다음에 가장 가운데 서 있는 사람의 연봉을 뽑는 중간 연봉이 적당한 거 아니야? 이런 식으로 뽑았던 샘플 뽑고 또 뽑고 하면서 복원 추출을 하면, 대한민국 40대 가장의 연봉을 대표하는 집단과는 아~~ 주 거리가 멀어진다고."

"알아듣게 설명을 좀 해봐."

"연봉을 조사하는 방법 중에 가장 정확한 방법은 대한민국 남자 2,500만 명한테 전부 다 물어보는 거야. 이걸 모집단이라고 해. 전부다. OK? 그런데 이런 조사는 불가능하지 않겠어? 그러면 이 전체 집단을 대표하는 대표선수들을 뽑아야 한다고. 이것을 '데이터가 모집단을 대표하고 있다'라고 말하지."

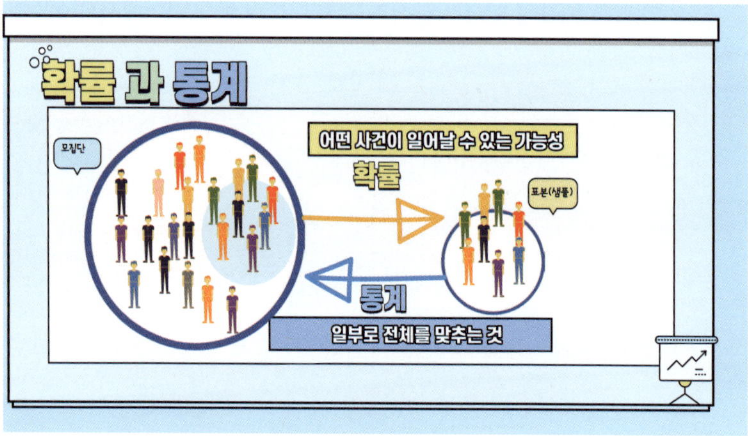

[그림 11-5] 모집단과 표본의 개념

요즘은 "빅데이터, 빅데이터" 하면서 말들이 많지만, 아내와 대화를 하기 위해 '대한민국 모든 남성'에 대한 임금정보를 조사하는 것은 불필요하고 불가능합니다. 즉 가성비가 떨어져요. 그래서 어떤 데이터를 대표하는 부분을 보고 싶을 때 '모집단'과 '표본'이라는 용어를 사용합니다. 일반적으로 전체의 부분을 표본으로 뽑고, 이를 뽑는 방식에 다양한 통계학적 추출 방법이 있다는 것만 알아두었으면 좋겠습니다. 용어만 안다면 검색할 수 있으니까요.

여기서 잠깐!

필요할 때만 찾아보기로 약속해요!

다양한 통계학적 추출방법: 무작위 추출(랜덤), 체계적 추출(일정 간격), 비례 추출(집단 비율에 맞춰서), 다단계층화 추출(집단 특성별로), 군집 추출(대표하는 집단만 추출).

02 평균의 비밀

"내 월급은 평균소득보다 많은데, 어째서 아내 친구 남편보다는 항상 적을까?"

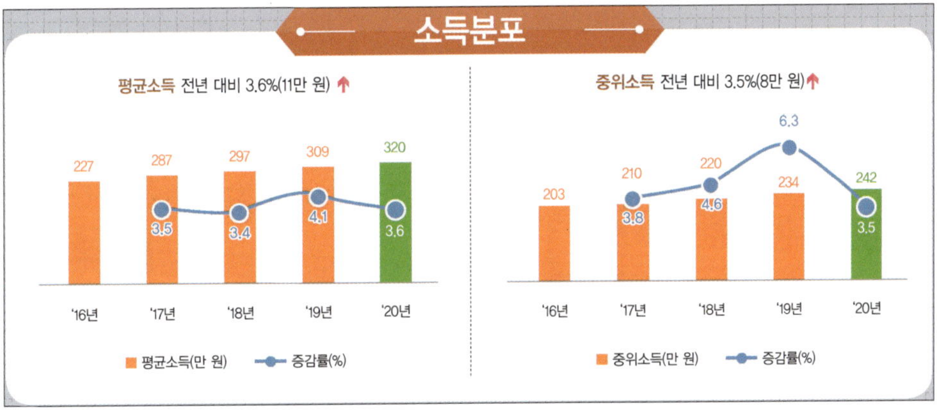

[그림 11-6] 2022년 2월 21일 통계청 발표 - 2020년 임금노동 일자리 소득(보수) 결과

"이거 보라고 내가 이럴 줄 알았어! 대한민국 노동자의 평균 소득은 320만 원이라고! 그에 비하면 내 월급 450만 원은 자그마치 130만 원이나 더 많아. 더군다나 중위소득 242만 원으로 봤을 때는 더욱 높지 않아?" 데이터 분석가 남편의 어깨가 봉긋봉긋합니다.

"아니 평균으로 비교하면 돼? 자기 나이도 있고, 뭐 신입사원들 월급하고 비교를 해? 아르바이트생도 다 포함된 걸 거 아니야! 그리고 중위소득[02]은 또 뭔데! 아, 필요 없고 애가 둘, 40대 남자 가장이 320만 원을 벌어서 대출이자 내고, 애들 학원비 내고, 아파트 관리비 내면, 뭐 우린 라면만 끓여 먹어? 데이터 분석만 할 줄 알지 현실감각이 전혀 없구만!!"

02 모든 임금 노동자를 소득 순으로 순위를 매겼을 때, 가운데를 차지한 사람의 소득을 의미합니다 예를 들어, 임금노동자 2,000명을 대상으로 조사한 결과라면, 소득이 높은 순으로 한 줄로 서 있다고 했을 때, 중간인 1,000번째 서 있는 사람의 소득을 말합니다(실제로 표본이 짝수이므로 1000번째와 1001번째의 평균값을 계산합니다).

아내 역시 논리적이긴 마찬가지였습니다. 뭔가 잘못된 것 같아 남편이 다시 검색을 시작합니다. "기다려봐." "엇 이건 뭐지?!" "뭔데 뭘 찾았는데?" 남편이 뭔가 본인한테 불리한 데이터를 찾은 것 같습니다.

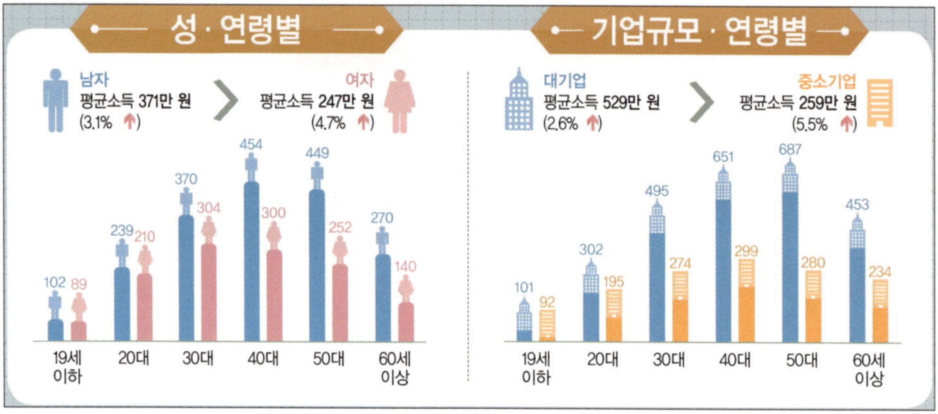

[그림 11-7] 2022년 2월 21일 통계청 발표 - 2020년 임금노동 일자리 소득(보수) 결과

"이거 봐 이거 봐."

대한민국 임금노동자를 성별(남자, 여자)과 연령별(10대, 20대, 30대 등)로 구분했을 때 남편이 속한 집단의 평균소득은 454만 원입니다. 남편의 월급 450만 원은 지극히 평균에 근접한 값이었습니다.

"이 정도면 평균이네?! 됐지?"

"확실히 이전보다 값이 정확하네?!"

"이런 걸 구간분할이라고 해, 데이터는 그 성격에 따라서 남자/여자와 같이 구분이 가능한 범주형 데이터라는 게 있고, 키나 몸무게처럼 숫자로 생긴 연속형 데이터라는 게 있어. 40대 남자에 대한 데이터를 뽑으려면 연령대라는 순위 데이터와 성별이라는 명목 데이터로 나뉜다고. 그렇게 일정한 상자에 넣고 그래프를 그린 것이 이 막대그래프지."

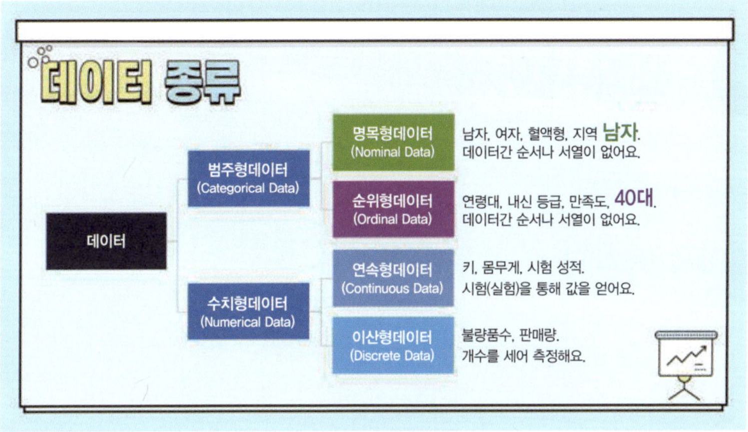

[그림 11-8] 데이터 종류

"자 이제 됐지?"라고 하며 얼른 컴퓨터를 덮으려는 순간,

"잠깐, 이건 뭐야?! 당신 대기업 다니지? 오른쪽에 대기업 40대 남자 평균소득이 651만 원인데? 이건 어떻게 설명할래? 당신 혹시 월급 빼돌리는 거 아니야?!"

순간 출장비를 별도 계좌로 받은 남편의 겨드랑이에 식은땀이 흐릅니다.

"흐흠, 잘 보라고. 통계청에서 발표한 자료의 맨 뒤(또는 맨 앞)에 보면 데이터 표준 정의가 있어. 여기 봐봐."

〈본 통계의 '소득'은 고용주가 노동을 제공한 노동자에게 대가로 지불한 보수를 의미하며, 집계치는 세전 기준, 월 단위 소득임〉

"세전이니까 다소 부족하기는 하지만 아주 낮은 금액은 아니라고. 그리고 그거 알아? 서울시에 사는 월급 400만 원, 키 180 미만, 40대 남자 147만 6천 명 중에 내가 초희 씨를 가장 사랑해."

세상에서 유일한 데이터 분석 전문가 남편의 사랑 표현 방식입니다.

3 플립 데이터

01 데이터 뒤집기

"혹시 플립러닝(Flipped Learning)이라는 말 들어봤나요?"

러닝Learning은 배우는 것, 학습이니까, Flipped라는 단어의 뜻만 알면 그 뜻을 어느 정도 유추할 수 있습니다. 영어 단어 Flipped는 '뒤집힌'이라는 뜻입니다. 따라서 플립러닝은 '뒤집힌 학습'을 의미합니다. 기존 수업은 선생님이 강의하면서 배우는 방식이었다면, 플립러닝은 수업자료와 영상을 수업 전에 미리 학습하고, 실제 수업시간에는 학생들과 상호소통과 실습을 위주로 수업을 진행하는 방식입니다. 수업에서 컴퓨터를 활용하면서 플립러닝 도입이 본격화되고, 플립러닝을 통해서 학생들이 능동적으로 수업에 참여함으로써 학습효과를 높일 수 있게 되었습니다.

데이터 활용에서도 그 효과를 높이는 방법이 바로 '뒤집기'입니다. 또한 데이터에 대한 다양한 관점에서 뒤집어보면 올바른 데이터 듣기의 균형을 잡을 수 있습니다. 그렇다면, 데이터를 비교하면서 어떻게 뒤집어 보면 좋을까요? '시점' 그리고 '관점', 두 가지로 설명할 수 있습니다.

① 다른 시점에서 바라보기

데이터 중에는 시간의 흐름에 따라 그 수치나 특성이 달라지는 데이터가 있습니다. 이런 데이터를 '시계열 데이터'라고 합니다. 데이터를 분석하고 결론을 내리는 시점에는 그것이 가장 합리적인 판단일지라도 시간이 지나면 데이터가 달라지고 결론도 달라질 수 있음에 유의해야 합니다. 예를 들어, 2020년 코로나19 초기에는 확진자 수가 100명 아래인 시기에도 외출자제 등 방역수칙을 철저히 시행했습니다. 하지만 2022년에는 확진자 수가 10만 명 이상임에도 백신접종과 우세종 변경 등으로 마스크 착용을 제외한 사회적 거리두기 조치를 해제했습니다.

[15일간 강력한 사회적 거리 두기(2020년 3월 22일 기사)]

'지금부터 15일 간 외출을 자제하고 최대한 집 안에 머물러 주시기를 간곡히 부탁드립니다.'

2020년 3월 15일 신규 확진자수: 76명

[사회적 거리두기 조치 약 2년 1개월만에 해제(2022년 4월 15일 기사)]

'운영시간, 사적모임, 행사 · 집회, 기타(종교 활동, 실내 취식금지 등) 조치를 모두 해제'

2022년 4월 15일 신규 확진자수: 125,832명

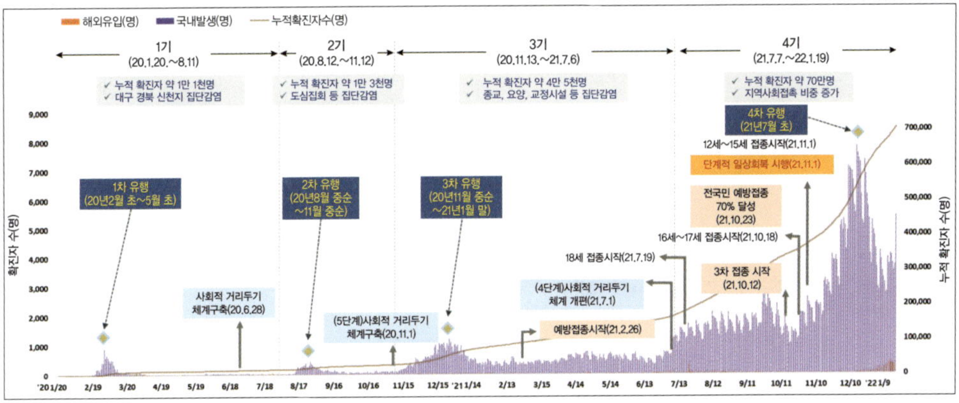

[그림 11-9] 국내 일일 신규 및 누적 확진자 현황(2020.1.20_2022.1.19)[03]

이처럼 같은 데이터 수치라고 하더라도 시점에 따라 그 결론이 얼마든지 달라질 수 있음을 이해하고, 시점과 데이터만을 가지고 판단하는 오류를 범하지 말아야 합니다.

② 다른 관점에서 바라보기

동일 주제를 다루고 있는 다양한 매체, 기관에서 제시한 값을 비교해보는 방식입니다. 이 방법은 직접 데이터를 확인하는 방법보다 시간과 노력이 덜 들어 선호되는 방식입니다. 유사한 콘텐츠를 온라인에서 검색해보고 해당 기사에서 인용하는 데이터를 비교해 볼 수 있기 때문입니다.

03 출처: 중앙재난안전대책본부

또한 데이터가 그 결론과 일치하는지 여부를 판단해 보는 것이 데이터를 바라보는 비판적 사고의 시작이라고 볼 수 있습니다.

예를 들어, 동일한 주제에 대해 다양한 관점에서 데이터를 바라본 결과를 비교해 볼 수 있습니다. 다양한 관점에서 데이터를 바라봐야 하는 이유는 아래의 연구사례에서 말해줍니다.

〈네이처Nature〉[04]지에 발표된 뇌 신경 영상에 관한, 한 연구가 상당한 논란을 일으켰습니다. 이스라엘의 텔아비브 대학Tel Aviv University의 박사 과정 Rotem Botvinik-Nezer 연구팀은 세계 70개 연구 그룹에 동일한 뇌 영상 데이터셋 분석을 요청했습니다. 각 연구 그룹은 촬영된 영상에서의 뇌가 9가지 가설에 대한 증거를 제공하는지의 여부를 답하는 문제였습니다.

실험은 간단합니다. 108명의 피시험자가 돈을 따거나 잃을 수 있는 도박게임을 할 때, 뇌에서 일어난 영상을 MRI 스캐너로 찍은 것입니다. 예를 들어, 돈을 잃으면 뇌의 편도체 부분이 활성화되어 컬러로 색깔이 나타나게 됩니다.

연구에 참여한 70개 그룹의 결과에는 상당히 차이가 있었습니다. 그들은 9개 중 4개 가설만 부분적으로 같은 결론을 내렸습니다. 반면 나머지 5개 가설에 대해서는 저마다 다른 결론을 냈습니다. 결국 동일한 데이터 셋을 70명의 뇌 연구학자들에게 분석을 요청했더니 저마다 다른 결론을 도출한 것입니다.

이와 같이 해당 분야에 전문지식이 있는 의학 연구학자, 데이터 분석가들도 같은 데이터로부터 다양한 견해가 나올 수 있습니다. 데이터를 활용하는 우리도 데이터는 바라보는 관점에 따라 결론이 다를 수 있음을 명심하고, 다양한 관점에서 바라봄으로써 객관성을 질문하는 습관을 기르면 좋겠습니다.

---

04 세계에서 가장 오래되고 저명하다고 평가되는 영국의 과학 학술지입니다. 자연과학, 공학 등 다양한 분야에서 동료 평가를 거쳐 우수한 논문들을 게재합니다. 미국이나 아시아 등지에도 지부가 있으며 슈프링어 출판사에서 발행하고 있습니다.

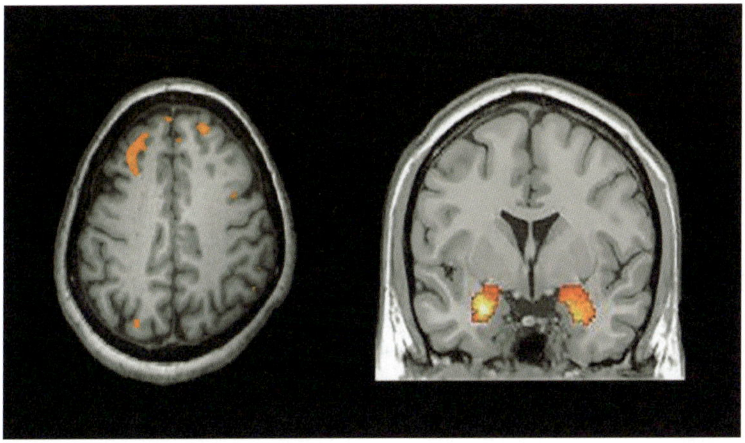

[그림 11-10] 활성화된 부분의 뇌를 컬러로 표현한 뇌 MRI 영상[05]

02 전체와 맥락을 고려하여 데이터 듣기

"항상 전체 풍경을 봐야 한단다. 그림은 단지 부분들이 합쳐진 게 아니란다."[06]

> 소는 그저 소이고, 들판은 그저 잔디와 꽃이다. 나무 사이로 통과하는 햇살은 그저 한줄기 빛이다. 하지만 그것들을 모두 한 번에 모은다면 마법이 될 수 있다.
>
> A cow by itself is just A cow. A meadow by itself is just grass, flowers. And the sun picking through the trees, is just a beam of light. But you put them all together and it can be magic.

2017년 국내에 개봉한 미국의 로맨틱 코미디 영화 〈플립Flipped〉에 나오는 대사입니다. 그림을 그릴 때 부분은 그냥 합쳐진 것이 아니라 전체를 바라봐야 한다는 말입니다. 데이터 듣기에서도

---

05 출처: 위키피디아 Commons(CC0), https://www.voxweb.nl/english/how-one-experiment-can-lead-to-70-different-conclusions

06 A painting is more than the sum of its parts.

마찬가지로 전체에서 해당 데이터가 말하는 맥락을 인식하며 들어야 합니다. 이른바 '맥락 인식(Context Awareness)'이라고 합니다. 이에 대한 기술이 발전하고는 있지만 사람이 인공지능보다 절대적 우위에 있는 영역이기도 합니다.

세계경제와 기준금리는 밀접한 연관이 있다고 알고 있습니다. 통상적으로 각국의 중앙은행은 경기침체가 예상되면 금리를 낮추고, 경기가 과열되면 금리를 높입니다. 그렇다면 금리 2.5%는 무엇을 의미하는 것일까요? 이것은 어느 것도 의미하기 어렵습니다. 만약, 경기 과열 국면에서 물가안정을 위해 2.0% → 2.5%로 금리를 상승하는 상황일 수도, 경기 침체를 벗어나기 위해 2.75% → 2.5%로 금리는 낮추는 상황일 수도 있기 때문입니다.

단순히 숫자가 아닌 예를 들어 보겠습니다. 두 사람이 서로 밀치는 신체적 접촉을 하는 장면에 대한 영상 데이터가 있습니다. 이것을 폭행 영상으로 판단할 수 있을까요? 판단은 앞뒤 상황을 더 고려해봐야 할 것입니다. 신체접촉 전 서로 이야기하는 장면, 접촉 후 표정과 정상적인 자세 등으로 특이상황이 아님을 판단하는 것이 맥락입니다. 음성 데이터에서도 이런 맥락을 고려합니다. 고객 응대에 대한 음성 데이터에서도 쓰는 단어만으로 고객의 감정을 파악하기보다는 고객의 목소리 톤과 말하는 속도 등 전체적인 맥락에서의 상황인식이 중요합니다.

03 전문용어 없이 데이터를 쉽게 설명할 수 있어야 한다

"뭣이 중한디?"

우리는 착각합니다. 모집단과 표본, 모수와 기술통계, 범주와 연속 등 학문적인 용어가 나오면 전문가라고 생각합니다. 물론 용어의 정의는 모든 것의 시작이지만 그 전에 필요한 게 있습니다. 바로 '개념원리'입니다. 설명이 필요한 현상과 원리가 있기 때문에 용어가 태어난 것입니다.

우리는 흔히 모든 것을 다 알고, 학문적으로 접근하고 나서 활용하려고 합니다. 글을 쓸 때도 글쓰기 책을 먼저 독파해야 하고, 영어를 말할 때 문법을 다 떼어야 직성이 풀립니다. 작은 데이터 문제를 해결할 때도 같습니다. 파이썬(데이터 분석 툴)을 대할 때 처음부터 끝까지 배운 후에야 활용이 되고, 통계학을 대할 때 모든 고급 공식을 다 배우고 나서 활용하려 합니다. 그러면 결국 어렵고 따분해서 중간에 포기하게 됩니다.

중요한 것은 이런 자세입니다.

"난 이걸 꼭 해야겠어!
도구는 뭐라도 좋으니까 다이소 가서 얼른 사 와서 시작하자!"

그러다 보면 어느새 여러분 손에는 전문 도구가 들려 있고, 머리에는 전문 지식이 쌓여 있을 것이라고 확신합니다.

이 장에서는 데이터 듣기의 마지막인 비교하며 듣기에 대해 알아보았습니다. 데이터를 비교하며 들을 때는 우리가 바라보는 데이터(물컵) 옆에 어떤 데이터(물컵)을 올려놓았는지 목적을 인지하고, 다양한 시점과 관점에서 데이터를 뒤집기를 꼭 기억해주기 바랍니다.

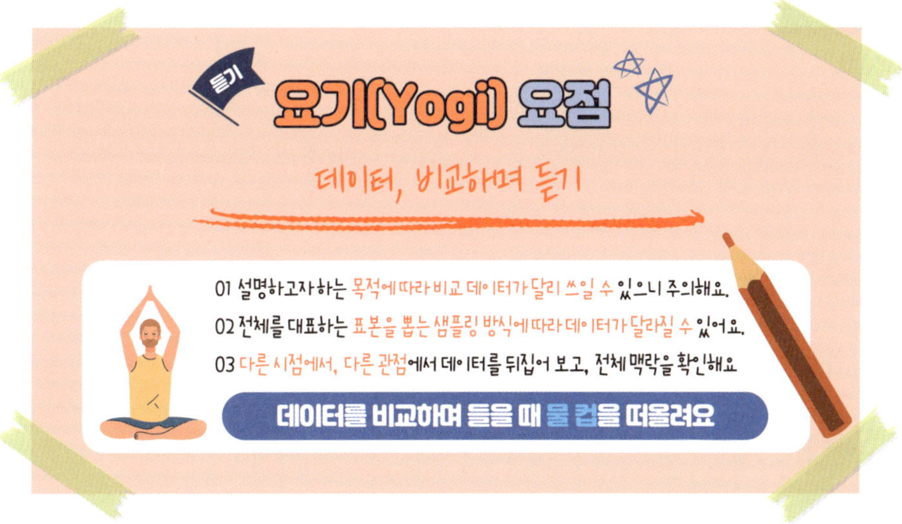

정리하기

1. 데이터 비교 듣기능력평가

01. 데이터 관점에서의 Half Full 또는 Half Empty

- 데이터로 하려는 것은 정답을 찾는 것이 아닙니다.
- 비교를 할 때, 평균과 중앙값과 같이 객관적인 지표를 통해 통찰과 객관을 얻어 낼 수 있습니다.
- 설명하고자 하는 목적에 따라 데이터가 달리 쓰일 수 있습니다.
- 데이터를 받아들일 때 주의를 기울여야 합니다.

2. 내 월급이 '와친남'보다 적은 이유

01. 모두에게 평등한 기회를 주고 데이터를 뽑자.

- 전체 데이터는 모집단, 그중에 전체를 대표하기 위해 뽑은 일부를 '표본'이라고 합니다.
- 통계학적 추출 방법은 무작위 추출(랜덤), 체계적 추출(일정 간격), 비례 추출(집단 비율에 맞춰서), 다단계층화 추출(집단 특성별로), 군집 추출(대표하는 집단만 추출) 등이 있습니다.

02. 평균의 비밀

- 데이터는 범주형 데이터와 수치형 데이터로 나뉩니다.
- 데이터 표준 정의를 확인해서 데이터가 나타내는 정확한 의미를 파악해야 합니다.

3. 플립 데이터

01. 데이터 뒤집기

- 데이터 활용에서도 그 효과를 높이는 방법이 바로 뒤집기(Flipped)입니다.
- 다른 시점에서 바라보기: 데이터를 분석하고 결론을 내리는 시점에는 그것이 가장 합리적인 판단일지라도 시간이 지나면 데이터가 달라지고 결론도 달라질 수 있음에 유의해야 합니다.
- 다른 관점에서 바라보기: 동일한 주제에 대해 다양한 관점에서 데이터를 바라본 결과를 비교합니다.

02. 전체와 맥락을 고려하여 데이터 듣기

- 데이터 듣기에서 전체 중 해당 데이터가 말하는 맥락을 인식하며 들어야 합니다.

03. 전문용어 없이 데이터를 쉽게 설명할 수 있어야 한다.

- 설명이 필요한 현상과 원리가 있기 때문에 용어가 태어난 것입니다.

12장

데이터에서 관계를 읽어요

사장: "전년동기 대비 올해 매출실적이 부진합니다."

영업본부장: "전문가들도 경기침체를 예견하고 있는 상황이라서 어렵습니다."

사장: "매출을 높이기 위해 광고비를 늘리는 것은 어떻게 생각하나요?"

기획팀장: "저는 찬성합니다. 광고를 통해 소비자에게 우리 제품의 노출 빈도가 높아질수록 인지도가 올라가기 때문입니다."

홍보팀장: "실제 광고비와 매출 간의 상관계수가 0.6이라는 연구결과가 있습니다. 광고비는 줄이면 안 됩니다."

DT팀장: "상관관계와 인과관계는 다릅니다. 상관계수만으로 인과관계를 판단하는 것은 성급한 결론입니다. 상황의 전후와 다른 요인들의 영향도를 검토해보겠습니다."

부쩍 어려워진 경제상황에서 회사의 매출실적을 만회하기 위한 회의가 열렸습니다. 사장님이 제시한 광고비 증액에 대해 다양한 의견이 오가고 있습니다. DT(디지털 트랜스포메이션) 팀장님의 상관관계, 인과관계는 어떻게 다른 것일까요?

이 장에서는 데이터 기반 의사결정으로 성공 확률을 높이는 개념 그리고 상관관계와 인과관계에 대해 알아보겠습니다.

1 개인과 사업의 운을 부르는 데이터 복리의 마법

01 복리의 마법으로 행운을 크게 할 수 있다면

"정말 행운이야!"

사람들은 "휴, 운이 좋았어" "이번에는 운이 없었어"라는 말을 합니다. 운이라는 것은 무엇일까요? 운수(운)는 의지나 노력과는 상관없이 어쩔 수 없이 생기는 일을 말합니다. 좋지 않은 운수는 '불운', 좋은 운수는 '행운'이라고 하죠.

동전을 던져서 앞면이 나오면 "운이 좋고(행운), 뒷면이 나오면 운이 없다(불운)"라고 해보겠습니다. 그럼 생각할 것도 없이 확률은 절반인 1/2, 행운은 50%입니다.

[그림 12-1] 기대값 계산 전 주사위 게임

이번엔 주사위로 생각해봅니다. 나올 수 있는 숫자는 1부터 6이니까 어떤 숫자가 나올 확률은 1/6이 되겠네요. 좀 더 응용해서 주사위를 한 번 던져서 '나온 수 곱하기×1만 원'을 받는 게임이 있다고 가정해보겠습니다. 이 게임을 한번 하는 데 3만 원입니다. 여러분은 이 게임을 하겠습니까?

참가한다는 분도 안 한다는 분도 좋습니다. 저마다의 선택 방식이 있을 테니까요. 저는 철저히 이성적, 계산적인 관점에서 얘기해보겠습니다.

주사위를 한 번 던졌을 때 얻을 수 있는 돈(기대)은 얼마인가요? 6이 나오면 6만 원이고, 1이 나오면 1만 원이겠죠? 그러면 각각의 숫자가 나올 확률은 6분의 1이니까, 아래와 같이 계산할 수 있겠네요.

$$(1 \times 1/6) + (2 \times 1/6) + (3 \times 1/6) + (4 \times 1/6) + (5 \times 1/6) + (6 \times 1/6) = 3.5$$

즉, 3만 5천 원을 기대할 수 있을 겁니다. 이렇게 각 사건이 벌어졌을 때의 이득과 그 사건이 벌어질 확률의 곱을 다 더한 값을 '기댓값'이라고 합니다. 3만 원을 내고 3만 5천 원의 기댓값을 얻을 수 있네요. 계산 결과와 같이, 한 번 게임을 할 때마다 기댓값이 5천 원 더 크기 때문에, 여러분이 게임을 계속해서 많은 횟수로 반복한다면 결국 돈을 딸 수밖에 없습니다.

자, 다시 묻겠습니다. "여러분은 이 게임을 하겠습니까?"

[그림 12-2] 기댓값 계산 후 주사위 게임

"내가 주사위를 던져서 운 좋게 돈을 땄어! 정말 행운이야!"

우리는 방금 그 행운을 계산해냈습니다. 간단한 예로 설명했지만 실제 일상과 업무에서도 비슷한 사례가 많습니다. 우리는 개인적인 결정을 하거나 비즈니스에 중요한 결정을 내릴 때 이 '운'을 계산합니다.

① "세상일은 너무 복잡해서 그렇게 확률로 딱 안 떨어져…."

VS.

② "내가 생각할 수 있는 경우의 수는 다 계산해보겠어…."

맞습니다. 세상 일은 복잡해요. 그렇다면 이 복잡한 일을 우선 둘로 나누어 생각해보면 어떨까요? '통제할 수 있는 요인'과 '통제할 수 없는 요인'으로 나누어 계산하죠. 통제할 수 있는 요인과 통제할 수 없는 요인이 각각 절반이라고 하겠습니다. 통제하고 계산할 수 있는 절반에 대해서 데이터를 수집하고 분석하고 예측해서 의사결정을 한다고 가정해보겠습니다.

첫 번째 판, 두 번째 판에서는 차이가 없을지도 모릅니다. 그런데 100판, 1000판, …, 1,000,000판이 된다면 어떨까요? 단 1%의 확률 차이가 난다고 하더라고 반복되면 계속 그 확률이 커질 겁니다. 바로 확률 계산에서의 '복리의 마법'입니다.

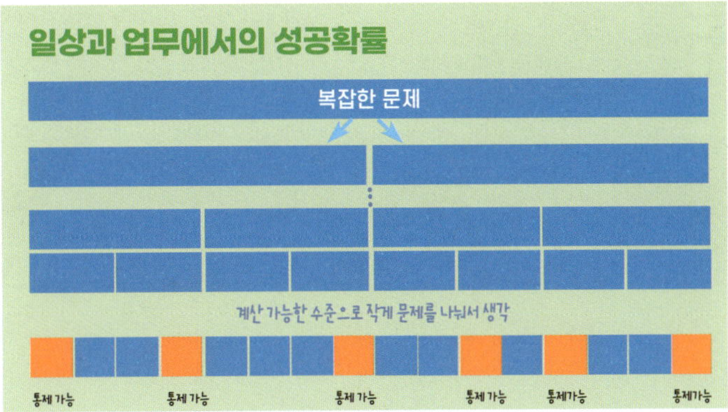

[그림 12-3] 계산 가능한 수준으로 작게 문제를 나눠서 생각

이처럼 확률은 매우 중요합니다. 우리는 성공 확률을 높이고, 실패 확률을 줄이는 결정을 하고 싶어합니다. 그리고 이것은 두 가지로 결정됩니다. 한 가지는 '그 방면에 대한 지식이 있는가?'이고, 다른 하나는 '성공확률을 높일 수 있는 데이터 분석이 가능한가?'입니다.

02 〈오징어 게임〉의 다섯 번째 게임, 유리 징검다리를 건너라

"잠시 후 다섯 번째 게임이 시작됩니다."

"앞에 보이는 한 쌍의 유리는 두 가지 유리, 강화유리와 일반유리로 되어 있습니다. 강화유리는 두 사람의 무게도 버틸 수 있을 만큼 튼튼하지만 일반유리는 한 사람만 올라가도 깨져버립니다. 참가자들은 앞에 놓인 한 쌍의 유리 중에 하나를 밟고 열여덟 쌍의 다리를 지나면 통과입니다."

– 넷플릭스 오리지널 〈오징어 게임〉 7화 中에서

[그림 12-4] 넷플릭스 오리지널 〈오징어 게임〉에 등장하는 강화유리 게임

다음은 "다섯 번째 오징어 게임에서 몇 번째로 참가하는가?"에 따라 달라지는 생존확률 그래프입니다. 사람이 직접 할 수는 없고 인공지능에게 무한반복을 계산을 해보니 아래와 같은 생존확률 그래프를 얻었습니다. 그 결과, 12번째 선수의 생존율이 88% 확률로, 상당히 높게 예측되었습니다. 확률을 예측할 수 있다면 결정은 달라질 수 있습니다. 이제 여러분은 몇 번째 선수가 되겠습니까?

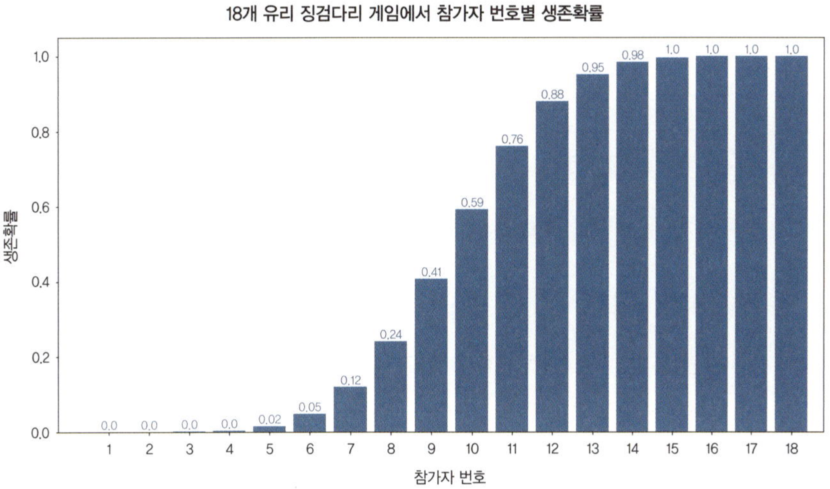

[그림 12-5] 데이터 분석으로 계산한 참가자 번호별(게임 순서) 생존 확률

문제의 정의를 조금 바꿔보겠습니다. 떨어져도 죽지 않는 '예능 쇼'입니다. 그리고 가장 처음으로 유리 징검다리를 건너는 사람에게 상금 전체인 456억 원을 모두 지급한다고 가정해보겠습니다. 이제 이 문제의 목적은 '생존'이 아니라 '상금'이 됩니다. 참가자 번호에 따라 첫 번째 생존자가 될 확률을 계산해보겠습니다.

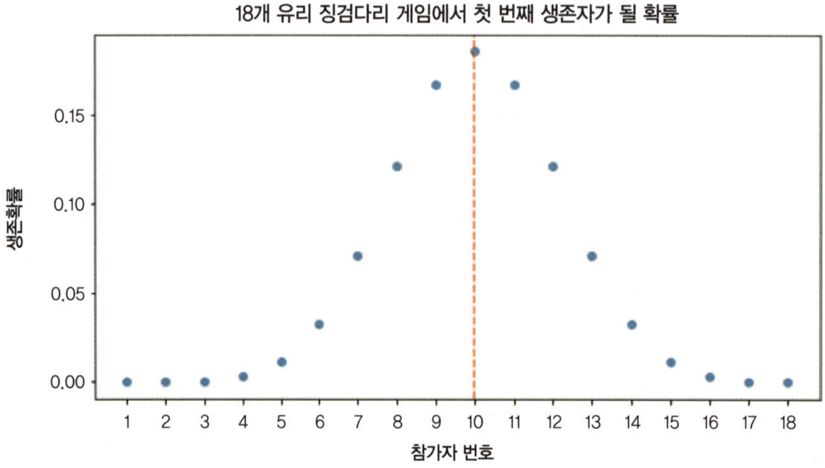

[그림 12-6] 첫 번째 생존자가 될 확률

[그림 12-6]에서 보는 바와 같이 10번 참가자가 첫 번째 생존자가 될 확률이 18.5%로 가장 높습니다. 목적에 따라 우리가 원하는 확률 계산은 얼마든지 달라질 수 있습니다. 앞서 계산한 10번 참가자의 생존확률 59%만 머릿속에 되뇌고 있다면, 상금은 멀어질 것입니다. 문제의 '목적'에 대해 얼마나 잘 이해하고 있느냐에 따라 성공과 실패를 가르는 '행동'에 대한 확신이 생길 것입니다.

드라마 〈오징어 게임〉에서는 먼저 순서를 고르고 게임에 참가하지만, 우리의 삶은 수많은 게임들이 동시에 일어나며 순서를 정하고 있습니다. 사람들은 대부분 본인들이 어떤 게임에 참가하고 있는지조차 인식하지 못하는 경우가 많습니다. 하지만 최소한 '본인이 주로 하는 분야'에 대해서 '잘하고 싶다'라고 생각할 것입니다.

03 통계가 거짓말이라고

"세 가지 거짓말이 있다. 그것은 거짓말, 새빨간 거짓말, 그리고 통계다."[01]

–벤저민 디즈레일리(Benjamin Disraeli, 영국 42대 총리)

아침에 해가 뜨고, 계절이 바뀌는 자연현상과 물체가 아래로 떨어지는 물리법칙은 과학으로 설명될 수 있습니다. "지구가 태양의 주변을 돈다"는 대우주 원리에 의해 아침 해가 뜨는 것을 자연스럽게 받아들입니다. 하지만 우리 주변에서 일어나는 현상들은 그렇지 않죠. 예를 들면, 갑자기 사람들이 코로나19에 걸리고 마스크를 쓴다든지, 갑자기 너도나도 집을 산다든지 하는 사회적인 현상은 하나의 원리나 법칙으로 설명하기 어렵습니다.

이렇듯 우리 주변의 다양한 현상에 대해 조사, 관찰, 실험하여 데이터를 얻어내고, 이것을 정리 분석하는 것을 '통계'라고 합니다. 통계는 조사하는 것인데, 지구상의 모든 사람(집단)을 다 조사하는 것은 현실적으로 불가능하거나 비용이 많이 듭니다. 그래서 일부 데이터를 표본으로 뽑아서 전체를 대표합니다.

예를 들어, 학교에서 학생들의 진로를 조사할 때 한 반의 학생들을 조사하면 학급 평균 인원인 30명 모두에 대해서 전수 조사를 할 수 있습니다. 하지만 학교 전체 인원인 300명의 학생들의 진로를 조사한다면 얼마나 걸릴까요? 체험학습을 간 친구, 아파서 결석한 친구 등을 고려하면 열흘이 더 걸릴지 모릅니다. 그럼 전국 고등학생을 조사한다면요? 나아가 전국 초중고 학생을 조사한다면 더 많은 시간이 걸릴 게 분명합니다.

이렇게 샘플을 조사하는 이유는 시간과 비용을 고려했을 때 전체 집단을 조사하는 것이 불가능하거나 가성비가 떨어지기 때문입니다.

"거짓말 = 틀릴 확률"

01 There are three kinds of lies, lies, damned lies, and statistics.

그리고 문제의 '거짓말'은 바로 여기서 등장합니다. 거짓말을 좀 더 정확하게 표현하면 '틀릴 확률'입니다.

"틀릴 확률 = 오차"

우리는 학교에서 '확률과 통계(현 수능 수학 선택과목)'를 배웠습니다. 그런데 왜 확률과 통계를 함께 배우는 것일까요? 통계는 우리가 알지 못하는 어떤 수를 예측하는 방법입니다. 그 예측은 정확할 수가 없죠. 그래서 계산과정이 수학적으로 아무리 정확해도 그 결과까지 정답이라고 말할 수는 없습니다. 하지만 그 예측한 값이 정답일 확률을 같이 표현한다면 어떨까요? 그 예측한 결괏값을 얼마나 신뢰할지는 그 확률을 보면 알 수 있겠죠.

주사위도, 〈오징어 게임〉도, 우리 주변의 문제들도 저마다 확률이 있습니다. 사회현상에 대해서는 정답이 없기 때문에 우리는 정답에 근접한 값을 예상하고 거기에 틀릴 확률을 같이 제공합니다. 또 수많은 경우를 다 조사할 수 없기 때문에 일부 샘플로부터 전체를 예측하면 오차가 발생할 수밖에 없습니다.

그럼 이렇게 조사한 데이터는 정확하지 않기 때문에 필요가 없을까요? 우리가 조사한 자료가 오차가 있음을 인정하고 그 정확도를 확률로 표시한다면(예측+확률), 그 데이터는 의미가 특별해집니다. 이것을 우리는 '통계적 추론'이라고 합니다. 거듭 강조하지만, 중요한 것은 멋진 통계용어가 아니라 원리와 활용입니다.

이 책의 내용을 통해 여러분 삶과 비즈니스가 단 0.1%라도 성공의 확률을 높여갔으면 하는 바람입니다.

2 삼각관계보다 상관관계, 인간관계보다 인과관계

01 정말 까마귀 때문에 배가 떨어진 걸까

"오비이락(烏飛梨落)"[02]

"까마귀 날자 배 떨어진다"라는 우리나라의 속담이 있습니다. 까마귀가 날 때마다 배나무에서 배가 떨어지는 광경을 목격한 농부는 이렇게 생각합니다. "분명 까마귀가 배를 떨어뜨렸어!"라고 말입니다. 배가 떨어진 원인은 까마귀 때문이라는 것이죠.

즉, '(원인) 까마귀가 날았음 → (결과) 배가 떨어졌음'의 원인과 결과관계를 말합니다.

이 속담은 "원인과 결과가 명확하지 않을 때, 의심에 주의하라"는 뜻이기도 합니다. 하지만 배가 떨어진 이유는 까마귀가 날아서 일 수도 있고, 아닐 수도 있습니다. 우연의 일치가 반복되었을 수도 있습니다. 이 말은 옛 조상들이 인과관계와 상관관계를 지혜롭게 구분하고 있음을, 또 주의해서 구분해야 함을 교훈으로 전하고 있는 말이기도 합니다.

우리는 데이터를 통해 현상을 파악하고, 그에 대한 해결방안을 찾아내는 것을 목표로 합니다. 예를 들어 "우리 아이의 성적이 떨어졌다"는 문제를 가정해보겠습니다. 성적이 떨어진 원인을 분석하기 위해 "평균 점수는 80점에서 75점으로 떨어졌다." "그 중 수학점수는 90점에서 70점으로 하락 폭이 가장 크다." "고난이도 문제 정답률이 50% 밖에 되지 않는다." 등의 원인을 찾을 것입니다. 결국 부모님은 "우리 아이를 수학학원에 등록하자"라고 결론을 내릴지 모릅니다.

하지만 성적이 떨어진 주요 원인은 수학점수가 아니라 "아이가 학교에서 친구 문제로 스트레스를 받고 있다." 또는 "게임에 빠져 있다"와 같이 진짜 원인이 따로 있다면 수학학원이 아니라 과

---

02 "까마귀가 날자 배 떨어진다"라는 말로, 아무 관계없이 한 일이 우연히 다른 일과 때가 같아, 둘 사이에 무슨 관계라도 있는 것처럼 의심을 받게 된다는 의미로 사용합니다.

외라고 해도 헛수고가 될 것입니다. 이렇듯 실제 성적이 떨어진 원인에 대해 해결방안을 실행해야지, 평균점수와 서로 상관이 있는 결괏값인 수학점수를 원인으로 인식해서는 안 됩니다.

02 상관관계란 무엇일까

방금 전 '서로 상관이 있는 값'이라는 표현을 했습니다. 이처럼 상관관계는 두 가지의 변화하는 값이 서로 연관성이 있음을 의미합니다. 예를 들어, 수학점수가 변화함에 따라서 평균점수도 변화하는데, 수학점수가 높아질수록 평균점수가 높아지는 것을 "두 변수(변하는 수) 간에 상관이 있다"라고 말합니다.

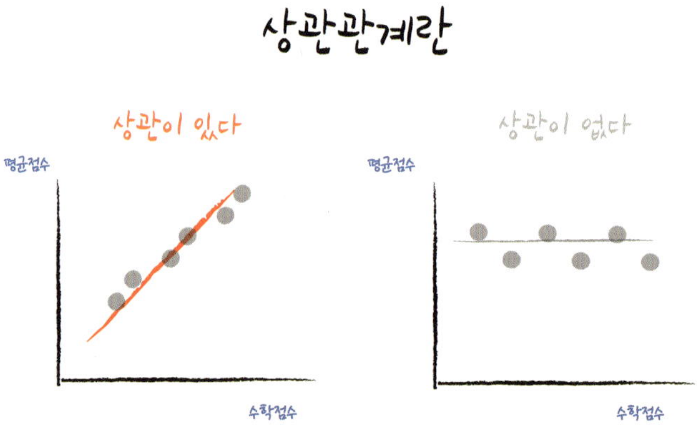

[그림 12-7] "상관이 있다와 상관이 없다"로 구분하는 상관관계

우리가 어떤 문제를 해결할 때, 문제의 원인에 대한 적절한 조치를 취해야지만 해결 성공률이 높아지겠죠? 그런데 이 문제의 원인은 처음에 든 예인 "까마귀 날자, 배 떨어진다"와 "수학 성적이 떨어져서 전체 성적이 떨어졌어"의 문제와 마찬가지로 상관관계와 인과관계를 혼동해서는 안 됩니다. 실제 이 문제는 다양한 사회 영역에서 일어나고 있습니다.

그렇다면 우리는 원인과 결과를 나타내는 인과관계와 상관관계를 어떻게 구분할까요? 결론적으로 얘기하자면 모든 상관관계가 모두 인과관계는 아닙니다. 상관관계는 인과관계를 포함한 더 큰 개념이라고 보면 됩니다. 우리가 해결해야 하는 원인은 인과관계이니까, 상관관계를 가진 것 중에 인과관계를 찾아는 방법이 필요하겠네요.

[그림 12-8] 인과관계와 상관관계

예를 들어, 다음의 관계들을 상관관계인지 인과관계인지 알아볼까요?

다음은 상관이 있는 걸까요? 원인과 결과일까요?

1. 아이스크림 판매량과 익사사고 사망자 수
2. 마스크 판매량과 배달음식 매출액
3. 코로나19 확진자 수와 마스크 판매량
4. 담배값과 흡연율
5. 네이버, 인스타 스토어 광고비 → 스토어 매출 증가

(정답은 이 장의 마지막에 공개합니다.)

원인과 결과를 나타낸다면 인과관계이고, 또 다른 원인이 그 둘 모두에게 영향을 미쳤다면 이것은 단순한 상관관계일 가능성이 높습니다. 현실 문제에서는 단순히 원인이 하나인 경우는 극히 드물고, 일반적으로는 둘 이상의 원인을 함께 고려해야 합니다. 그래서 특히 해당 분야의 전문가라면 그 원인을 고려하는 것이 쉽지만, 그 분야에 대해 알지 못하는 데이터 분석가 입장에서는 데이터를 확인해 보게 됩니다.

이때 현업 전문가들과 데이터 분석가들 사이에서 '논쟁(Argument)'이 생기기도 합니다. 현업 전문가들은 "이게 당연히 인과관계"라며 주관적인 판단을 섞어 버릴 수 있고, 데이터 분석가 입장에서는 데이터로 상관관계가 선행되지 않으면 인과관계로 받아들이기 어렵기 때문입니다.

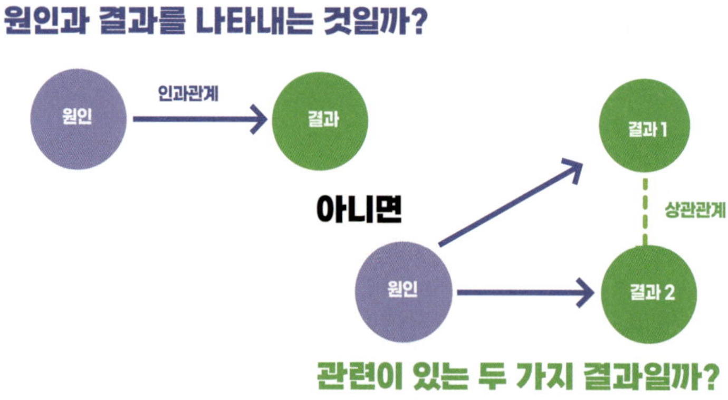

[그림 12-9] 인과관계와 상관관계의 구분

그래서 상관관계와 인과관계를 구분짓는 방법으로 다음의 세 가지 방법을 추천합니다.

03 상관관계와 인과관계를 구분하는 세 가지 방법

"시간 순서, 재현성, 제3원인 유무"

① 일이 일어난 시간 순서를 판단하자

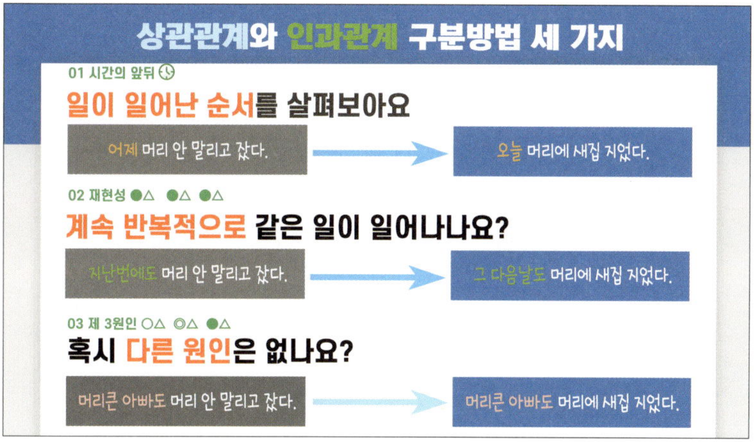

[그림 12-10] 상관관계와 인과관계를 구분하는 세 가지 방법

예를 들어, "어제 머리를 안 말리고 잤더니 오늘 아침에 머리가 새집이 되었다"는 사실은 '어제'와 '오늘'이라는 분명한 시간의 순서가 존재합니다. 또 다른 예로, 기온과 아이스크림 판매량 간에 상관관계가 있다고 해봅시다. 그러면 "기온이 오른다"라는 원인이 앞에 생기고, "아이스크림이 많이 팔린다"는 결과가 뒤에 생기게 됩니다.

또 〈경찰관 수와 범죄 건수〉에 대한 유명한 예가 있습니다. 미국의 도시에서 경찰관 수와 범죄 건수 간에 상관관계가 매우 높게 나타났습니다. 상관관계가 있다는 것을 인과관계로 잘못 착각할 경우, 이렇게 결론을 내립니다.

"경찰관의 수가 많아질수록, 범죄 건수가 증가한다."

이렇게 잘못된 결론을 도출하고, 그에 따른 해결책으로 "범죄를 줄이려면, 경찰관의 수를 줄여야 한다"는 황당한 주장을 할지도 모릅니다. 이 경우, 범죄율이 높아서 더 많은 경찰이 그 지역에 배치됐을 것이라고 추측하는 것이 타당한데, 이런 오류를 '역인과 관계(Reverse Causation)의 오류'라고 합니다.

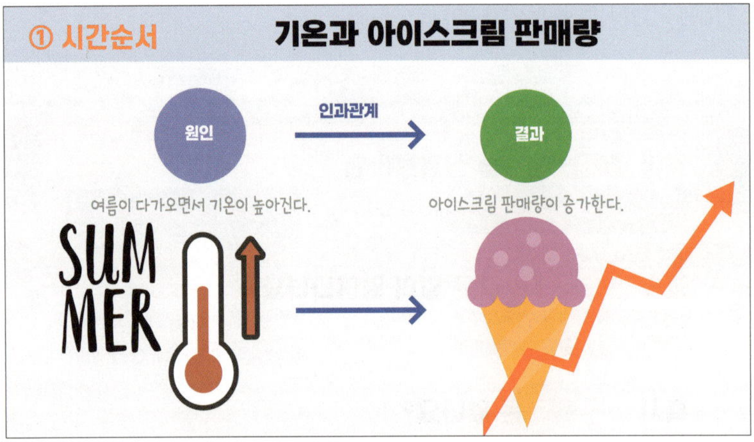

[그림 12-11] 시간순서로 구분

② 반복적으로 같은 일이 일어나는지 생각하자

다소 잔인하지만 유명한 예로 영국의 철학자 버트런드 러셀(1872~1970)의 이야기를 소개할까 합니다. 농장에 살고 있는 닭은 주인이 울타리로 들어올 때마다 모이가 떨어지는 장면을 목격했습니다. 그리고 그 후 배불리 모이를 먹을 수 있었죠. "주인이 울타리 안에 들어오면 모이가 생긴다"라는 사실을 경험하게 된 닭은 "주인이 오는 것과 모이 사이에는 인과관계가 있다"는 결론을 내립니다.

그러면서 똑똑함을 과시하며 주변 닭들을 선동합니다. "주인이 왔다! 모이를 먹자." 그래서 한동안은 자신의 현명함에 으스대며 동료들을 모아 달려갔습니다. 그런데 비극적인 결말이 기다리고 있었습니다. 주인이 울타리에 들어온 이유는 닭요리가 필요한 날이었기 때문입니다. 우리 주변에도 이런 사례가 얼마든지 있으니 잘 헤아려 봤으면 좋겠습니다.

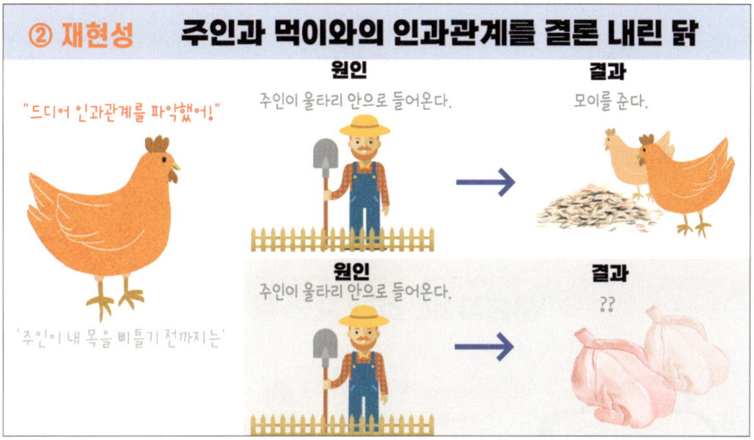

[그림 12-12] 재현성으로 구분

③ 다른 원인에는 변함이 없는지 확인하자

"결혼하는 날, 비가 오면 잘 산다."

제가 결혼한 그날을 아직도 기억합니다. 바로 촉촉한 봄비가 내렸기 때문입니다. 결혼식 날 비가 오면 사실 이만저만 불편한 게 아닙니다. 신부의 긴 드레스가 비에 젖을까봐 야외에서 이동하는 데 힘들고, 하객들의 일정에도 제한이 많기 때문이죠. 그런데 여러 어르신들이 이렇게 얘기하십니다. "결혼하는 날, 비가 오면 잘 산다더라."

예를 들어, 비 오는 날 결혼한 사람들이 잘 살았다고 가정해보겠습니다. 실제 잘 산다는 용어 정의가 불분명하기 때문에 데이터로 나타내기는 어렵습니다. 그런데도 "비가 온다" → "잘 산다"라는 원인과 결과를 살펴보면 다음과 같은 의식의 흐름이 존재합니다. 옛날 농경사회에서는 비가 와서 가뭄이 없다면 농작물이 풍성해집니다. 그 결과 농사가 잘 되었고 수확의 기쁨도 커집니다. 따라서 부부는 기쁨도 크고 경제적으로도 더 나은 생활을 했다는 추론입니다.

하지만 오늘날에는 어떨까요? 부부가 잘 살기 위한 다양한 원인들로 ① 성격 ② 건강 ③ 경제 ④ 육아, …. 수없이 많은 원인이 있습니다. 그리고 100번 째쯤에 (또는 그 뒤) 수확의 기쁨이 있을지 모릅니다. 이처럼 '결혼식 날 비'라는 데이터 하나만으로 '부부의 행복'에 대한 인과관계는 성립하지 않는다는 결론을 내게 됩니다(단순한 예이니 낭만은 계속 가졌으면 좋겠습니다. 저 또한 그럴 겁니다☺).

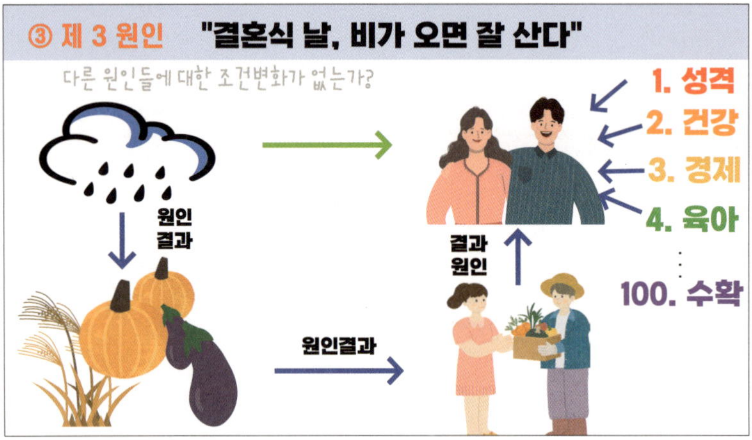

[그림 12-13] 제3원인으로 구분

04 인류의 무기, 인과관계에 대한 판단

"인과 + 상관 = 합리적 판단"

그리고 이 둘을 이해하는 데는 여전히 여러분 각자의 '분야별 전문 지식'과 '데이터 활용 지식', 두 가지가 반드시 필요하다는 점입니다. 여러분은 영화 〈머니 볼Money Ball〉을 봤나요?

메이저리그에서 매년 꼴찌만 하는 팀이 있습니다. 여기에 고졸 선수 출신 단장인 빌리 빈(브래드 피트 분) 그리고 예일대학교에서 경제학을 전공한 야구 문외한 피터가 만납니다. 이들은 기존 선수 선발 방식과는 달리 데이터 분석 기반 방법인 '머니 볼'에 따라 팀을 구성하고 운영하기 시작합니다. 해당 분야 전문가와 데이터 분석가가 만난 것입니다.

빌리는 직관이나 평판에 의존하지 않고 오로지 데이터만을 바탕으로 팀을 재구성합니다. 데이터 관점에서 아무도 중요하게 생각하지 않은 출루율[03]과 장타율[04] 등에 주목합니다. 빌리 빈은 그런 선수들을 낮은 몸값으로 데려올 수 있었고 결과적으로 좋은 성적을 거두게 됩니다.

마지막 장면에서는 메이저리그가 빌리 빈의 방식으로 패러다임이 전환될 것이라고 이야기합니다. 그리고 오늘날 메이저리그를 비롯한 세계 야구계, 나아가 스포츠계의 패러다임은 데이터 관점으로 전환되었습니다.

"인공지능에 맞설 인간의 무기, 인과관계"

인류는 전통적으로 인과관계에 대한 생각을 중요하게 여겨 왔습니다. 그리고 이것은 우리가 직관적으로 판단하는 데 유전적 또는 관습적으로 자리 잡았습니다. 먹구름을 보고 우산을 준비한다든지, 서리가 내린 것을 보고 농작물을 수확한다든지 하는 수많은 의사결정이 그 증거입니다.

하지만 오늘날 데이터로 이뤄진 세상에서는 그 구도가 조금씩 바뀌고 있습니다. 빅데이터와 이를 이용한 인공지능은 상관관계에 기반하여 작동합니다. 다시 말하면 원인에 대한 깊이 있는 이해 없이도 상관관계를 가지고 있는 요인들만으로 원하는 결과를 예측해 낼 수 있죠.

가장 두드러진 부분은 사회가 인과성에 대한 그동안의 집착을 일부 포기하고 단순한 상관성에 만족해야 할 것이라는 점입니다. 즉 이유는 모른 채 결론만 알게 됩니다. 이것은 수천 년간 이어져온 전통적 사고를 뒤집는 일이며, 이에 따라 우리가 의사결정 방법이나 현실 이해의 부분을 다시 생각해볼 기회를 제공해 줄 수 있습니다.

그렇다고 인과관계의 의미가 없어지는 것은 아닙니다. 오히려 인간만이 할 수 있는 사고의 영역으로 자리잡을 것입니다. 사람은 인과관계와 상관관계 모두를 이해하지만, 인공지능은 상관관

03 야구 경기에서 타자가 베이스에 얼마나 많이 출루했는 지를 백분율로 나타낸 수치입니다. –출처: 위키백과

04 타자가 타격을 한 뒤 몇 루를 출루할 수 있는지에 대한 기대 수치를 말합니다. 용어 자체에 퍼센티지를 나타내는 '율'이 붙어, 장타를 칠 확률을 나타내는 것으로 오해하는 경우가 많으나 그 정도의 출루를 기대할 수 있다는 것입니다. 예를 들어 장타율이 0.5인 선수가 있다면 50%의 확률로 장타를 칠 수 있는 선수가 아니라, 한 번의 타석에서 0.5루의 출루를 기대할 수 있는 선수라는 의미입니다. –출처: 위키백과

계를 기반으로 결과를 예측합니다. 인공지능 모델을 만드는 지능의 꼭대기에 사람이 있을 수 있는 이유는 바로 원인과 결과를 추론해낼 수 있는 능력 때문입니다.

이 장에서는 실무에서 정말 중요하지만 다소 난해한 주제인 상관관계와 인과관계에 대해 알아보았습니다. 상관관계와 인과관계에 대해 구분할 수 있다면 데이터 읽기의 절반은 달성한 것과 같습니다.

[정답]

1. 아이스크림 판매량과 익사사고 사망자 수: 상관관계
2. 마스크 판매량과 배달음식 매출액: 상관관계
3. 코로나19 확진자 수와 마스크 판매량: 인과관계
4. 담배값과 흡연율: 인과관계(일부. 참고문헌: 우리나라 흡연율 변화에 대한 실증분석 통계청 외)
5. 네이버, 인스타 스토어 광고비 → 스토어 매출 증가: 인과관계(일부. 참고논문: 기업의 경영성과와 광고비 간의 인과관계 분석)

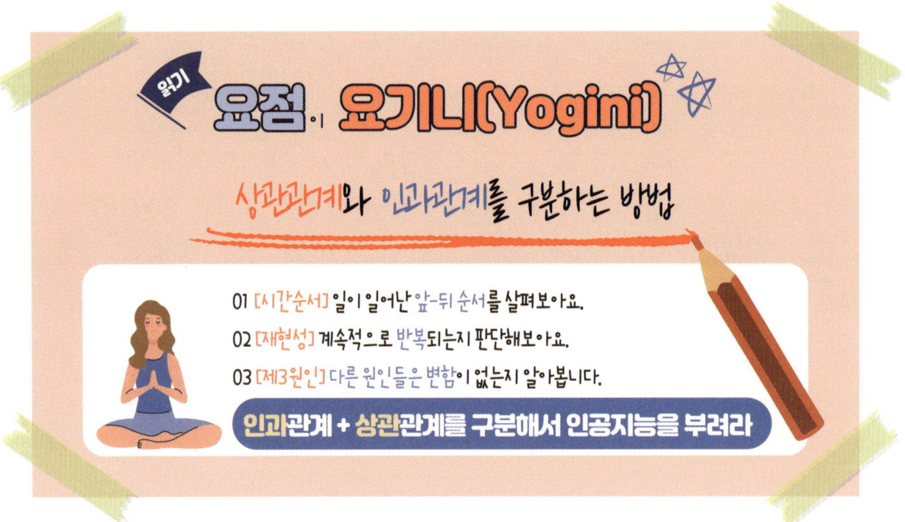

정리하기

1. 개인과 사업의 운을 부르는 데이터 복리의 마법

01. 복리의 마법으로 행운을 크게 할 수 있다면

- 각 사건이 벌어졌을 때의 이득과 그 사건이 벌어질 확률의 곱을 모두 더한 값을 '기댓값'이라고 합니다.
- 성공할 확률을 높일 수 있는 방법은 '그 방면에 대한 지식이 있는가?' '성공확률을 높일 수 있는 데이터 분석이 가능한가?'입니다.

02. 〈오징어 게임〉의 다섯 번째 게임, 유리 징검다리를 건너라.

- 확률을 예측할 수 있다면 결정은 달라질 수 있습니다.
- 문제의 '목적'에 대해 얼마나 잘 이해하고 있느냐에 따라 성공과 실패를 가르는 '행동'에 대한 확신이 생깁니다.

03. 통계가 거짓말이라고

- 통계는 수많은 경우를 다 조사할 수 없기 때문에 일부 샘플로부터 전체를 예측하면서 오차가 발생할 수밖에 없습니다.
- 조사한 자료가 오차가 있음을 인정하고 그 정확도를 확률로 표시하는 것을 '통계적 추론'이라고 합니다.

2. 삼각관계보다 상관관계, 인간관계보다 인과관계

01. 정말 까마귀 때문에 배가 떨어진 걸까

- '(원인) 까마귀가 날았음 → (결과) 배가 떨어졌음'이 원인과 결과관계를 말합니다.
- 원인에 대해 해결방안을 실행해야지, 서로 상관이 있는 결괏값을 원인으로 인식해서는 안 됩니다.

02. 상관관계란 무엇일까

- 상관관계는 두 가지의 변화하는 값이 서로 연관성이 있음을 의미합니다.
- 모든 상관관계가 모든 인과관계는 아닙니다. 상관관계는 인과관계를 포함한 더 큰 개념이라고 보면 됩니다.

03. 상관관계와 인과관계를 구분하는 세 가지 방법

- 시간 순서, 재현성, 제3원인 유무

  ① 일이 일어난 시간 순서를 판단합니다.

  ② 반복적으로 같은 일이 일어나는지 생각합니다.

  ③ 다른 원인들은 변함이 없는지 생각합니다.

04. 인류의 무기, 인과관계에 대한 판단

- 인과관계 + 상관관계 = 합리적 판단
- 사람은 인과관계와 상관관계 모두를 이해하지만, 인공지능은 상관관계를 기반으로 결과를 예측합니다.

13장

데이터 난독증에서 탈출해봐요

박익선 사원이 처음 맡은 프로젝트는 올해 본부별 매출 실적 데이터 분석입니다. 조언을 구할 겸 정 과장님을 찾았습니다.

"과장님, 이번에 본부별 매출 실적 데이터 분석을 맡았는데요. 여쭤보고 싶은 게 있어서요."

"네, 제가 아는 범위 내에서 최대한 도움을 드리고 싶네요."

"통신본부의 연 매출이 30억 원이고, 가전본부의 연 매출이 50억 원인데, 이 둘을 비교하는 게 좋을까요?"

"그럼, 제가 질문해볼게요. 두 본부의 데이터를 비교했을 때 어떤 정보를 얻어 낼 수 있죠?"

"음…. 통신본부보다 가전본부의 매출이 더 높다? 정도요."

"그렇다면 그 이유는 무엇일까요? 통신본부가 가전본부보다 일을 더 잘 해서 그런걸까요?"

"아니요. 가전제품의 단가가 더 비싸서 그런 게 아닐까 싶어요. 아~, 그럼 차라리 그럼 같은 제품을 판매하는 동종사 비교가 좋겠네요!"

"익선 씨는 스스로 답을 잘 도출하는 것 같아요!"

"헤헤, 다 과장님 질문 덕분입니다. ☺"

데이터에서 가치 있는 정보를 어떻게 읽어낼 수 있을까요? 데이터의 분석 결과를 판단하려면 약간의 수학적 지식과 기술만 있으면 충분합니다.

이 장에서는 데이터를 읽을 때 꼭 필요한 지식에 대해 예를 통해 쉽게 알아보고, 어떤 점에 주의해서 데이터를 읽어야 하는지 살펴보겠습니다.

1 생존을 위한 데이터 분석

01 통계를 믿을 수 없다면 어떡하나

"정치, 종교, 성별 그리고 부동산"

전 세계 공통적으로, 사람들이 만나서 하지 말아야 할 이야기가 있습니다. 이른바 3대 금기로 불리는 주제는 정치, 종교, 성별입니다. 하지만 우리나라에는 한 가지 더 추가된 것이 있습니다. 바로 '부동산'입니다. 저도 위 4가지에 대해서는 모임이나 글에서 언급을 하지 않는 편입니다만 오늘은 데이터 분석 관점에서 조심스레 접근해보고자 합니다.

2020년부터 2022년까지, 우리나라는 부동산으로 떠들썩했습니다. 하룻밤을 자고 일어나면 오르고 내리는 집값에 희비가 엇갈린 사람들, 그로 인해 다양한 갈등까지 생겨나게 되었습니다. 저 또한 힘들었던 그 시절을 기억합니다.

바로 그렇게 온 국민의 눈이 부동산에 쏠려있던 시기에 사람들의 공분을 사는 '데이터'가 있었습니다. 바로 〈한국 부동산원〉의 통계였습니다.

> 국토부 장관이 "서울 아파트 값이 14% 올랐다"라고 하자 "도대체 어느 나라 통계냐"라는 여론이 들끓었다. 한 시민 단체가 4년간 서울 아파트 값이 79% 폭등했다고 지적했을 때도 정부는 〈한국 부동산원〉의 통계를 근거로 17% 올랐을 뿐이라고 주장했다.
>
> – 매일경제 2021.8.19 기사 중 –

1년 사이에 수억 원이 오른 아파트가 우리 주변에 널렸는데, 어째서 통계는 그 사실을 담지 못했던 것일까요? 오히려 우리가 화가 났던 이유는 숫자가 아니라 우리 마음을 담아내지 못했기 때문인지도 모릅니다.

도대체 왜 통계가 왜곡된 것일까요? 2020년 통계청은 〈한국 부동산원〉(구 한국감정원, 2020년 6월에 명칭 변경)에 통계품질 진단을 실시하고 개선 권고를 했습니다. 앞에서 봤던 것처럼 현실을 담지 못하는 통계, 그리고 그것의 기반이 된 데이터에 대한 진단을 실시했습니다. 그 결과 통계청에서는 〈정기 통계 품질진단 보고서〉(출처: 통계청)를 공개했습니다.

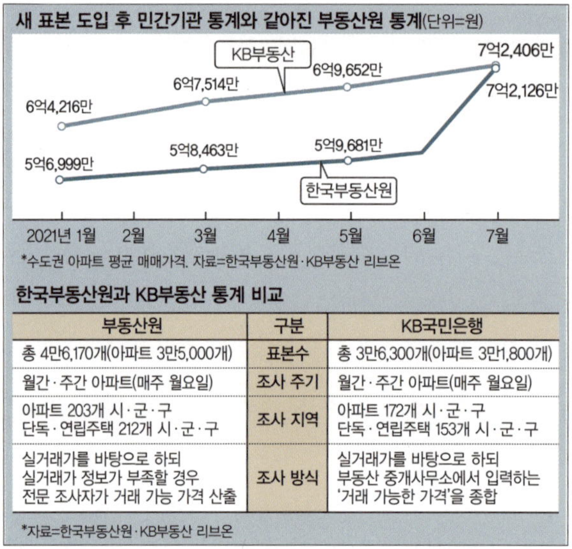

한국부동산원과 KB부동산 통계 비교

부동산원	구분	KB국민은행
총 4만6,170개(아파트 3만5,000개)	표본수	총 3만6,300개(아파트 3만1,800개)
월간·주간 아파트(매주 월요일)	조사 주기	월간·주간 아파트(매주 월요일)
아파트 203개 시·군·구 단독·연립주택 212개 시·군·구	조사 지역	아파트 172개 시·군·구 단독·연립주택 153개 시·군·구
실거래가를 바탕으로 하되 실거래가 정보가 부족할 경우 전문 조사자가 거래 가능 가격 산출	조사 방식	실거래가를 바탕으로 하되 부동산 중개사무소에서 입력하는 '거래 가능한 가격'을 종합

*자료=한국부동산원·KB부동산 리브온

[그림 13-1] 정기 통계 품질진단 보고서(www.kostat.go.kr)[01]

그중 데이터와 통계 관점에서 아래 세 가지 이슈를 정리해보았습니다.

01 출처: 매일경제 https://www.mk.co.kr/news/realestate/view/2021/08/796885/

① 데이터가 담고 있는 의미를 알아야 합니다

우리가 흔히 말하는 '주택'은 무엇일까요? 부동산 관점에서 주택이란 공동주택(아파트), 연립 다세대(빌라), 단독주택, 세 가지 유형으로 나뉩니다.

"주택 = 아파트 + 빌라 + 단독주택"

〈한국 부동산원〉은 주간, 월간 단위 '주택' 가격 통계를 발표합니다. 매월 발표하는 주택 데이터는 아파트 + 빌라 + 단독주택 세 가지를 모두 포함합니다. 하지만 매주 발표하는 주간 통계는 전국 주택 중 아파트만 대상으로 합니다. 이처럼 데이터 정의에 따라 보여주는 값이 전혀 다릅니다.

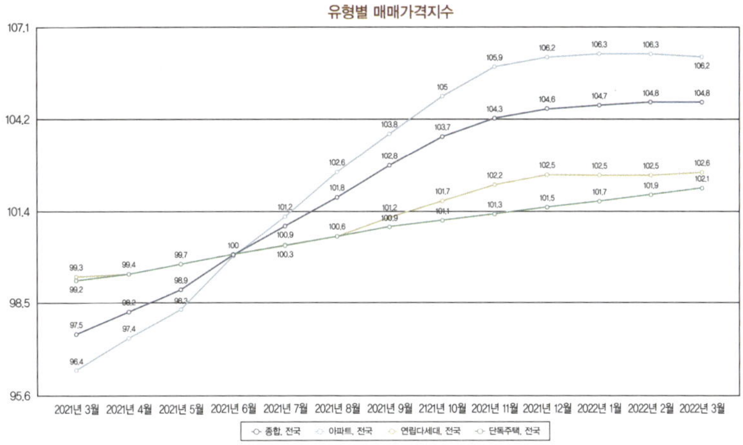

[그림 13-2] 주택 유형별 전국 매매 가격지수: 부동산원 전국 주택 가격동향조사

② 조사한 데이터가 많을수록 정확합니다

당연한 얘기겠지만 데이터가 많으면 많을수록 전체를 정확하게 대변할 수 있습니다. 우리는 이 사실에 대해서 앞서 '내 월급이 와친남보다 적은 이유'에서 알아보았습니다. 전체 집단을 대표하

기 위해 뽑은 샘플이 한쪽으로 치우쳐도 안 되지만, 전체를 대표할 만큼 충분히 크지 않다면 데이터가 왜곡되는 문제가 발생합니다. 그리고 데이터 분석/통계용어로 '중심 극한 정리'라고 배웠습니다.

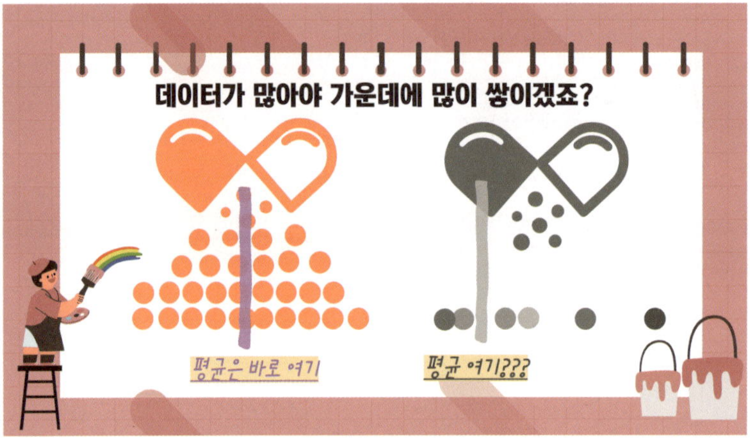

[그림 13-3] 데이터가 많을수록 전체 집단을 정확히 대표할 수 있다

통계청은 〈한국 부동산원〉의 주택 가격 조사 표본 수가 너무 적다는 점을 문제 삼았습니다. 주간 통계 표본 수는 9,400가구에 그쳤습니다. 이는 2020년 통계 기준 전국 아파트 호수인 1,166만 가구를 기준으로 해서 전체에서 약 0.01%가 되지 않는 숫자입니다.

그래서 2021년 6월부터는 주간 조사 표본 수를 9,400가구에서 13,720가구로 확대했지만, 이 역시 민간 통계인 〈국민은행〉의 조사 표본 수(36,300가구)의 40%에도 미치지 못합니다.

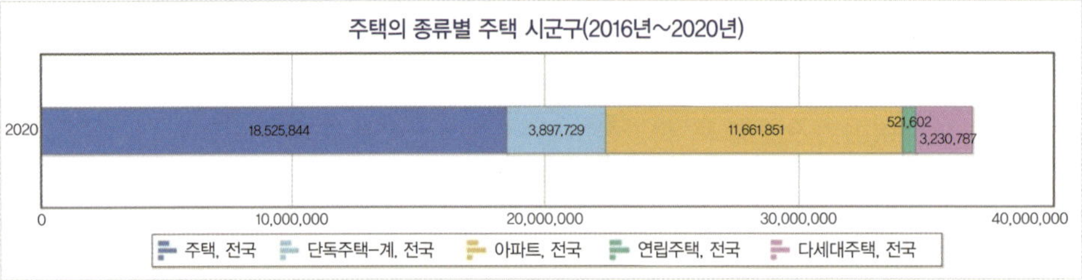

[그림 13-4] 주택의 종류별 주택 시군구(2016년~2020년)

③ 매우 큰 값, 작은 값을 함부로 제거하면 안 됩니다

학교에서 통계를 배울 때는 이상 값(이상치)이라고 해서 일정 범위를 벗어날 정도로 크거나 작은 값을 제거하고 데이터 분석을 하도록 배웁니다. 하지만 실무에서는 그 값을 단순히 없애기보다는 "왜 그러한 값이 발생했는가?"에 주목합니다. 그 사실이 문제의 원인이 될 수도 있고, 해결하고자 하는 현상의 결과가 될 수도 있기 때문입니다.

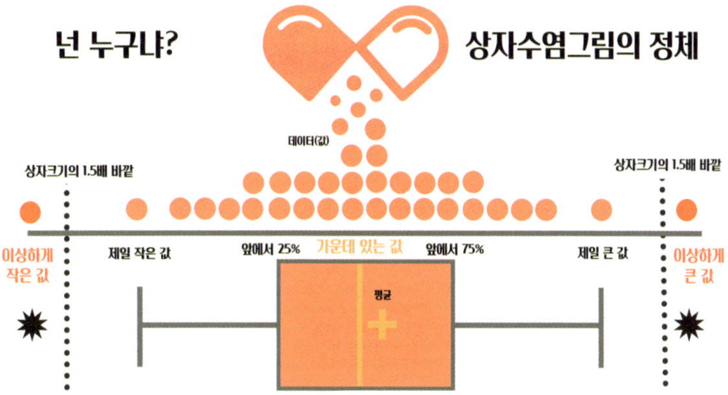

[그림 13-5] 상자 수염 그림(Box Plot) 읽는 방법

그런데 〈한국 부동산원〉에서는 데이터를 집계하면서 '급하게 집을 팔아야 해서 싸게 파는 데이터(급매)', 그리고 '법인과 개인 간의 거래' 등 특이 거래 등을 제외하는 과정을 거칩니다. 바로 이 과정에서 데이터 수집 기관의 주관이 개입될 가능성이 크다고 지적되었습니다.

이런 이유 때문에 2021년 6월 국가 승인 공식 집값 통계인 〈한국 부동산원〉의 기준시점이 변경됩니다. 기존의 기준시점인 2011년 6월에서 2021년 6월의 가격을 100으로 변경했습니다. 예를 들어, 2021년 6월의 집값이 10억 원이고, 2022년 6월의 집값이 11억 원이라면, 10%가 오른 주택매매 가격지수는 100에서 110으로 표시됩니다.

이런 통계 기준시점의 변경에는 두 가지 차이가 있습니다.

하나는 현재 지표가 작아 보이는 효과가 있다는 것입니다. 일반 대중들에게 있어서 127(2011년 6월=100 기준)과 104.8(2021년 6월=100 기준) 중 어떤 값이 더 커 보일까요? '지수'는 기준시점을

100으로 정하고 그 값으로 비교해야지, 값의 절대적 크기에 주목해서는 안 됩니다. 그리고 다른 하나의 차이는 다른 지표와 비교할 때 기준시점을 통일해야 한다는 점입니다.

이 주제에 대해서는 다음 절에서 더 알아보겠습니다.

02 자로 길이를 재듯이, 동일한 기준으로 '지수'를 측정해야 한다

자로 길이를 재는 방법은 모두 알고 있죠? 다음은 초등학교 2학년 1학기 수학 교과서의 '생활과 측정'이라는 단원에서 내용을 가져왔습니다.

우리는 어떤 물건의 길이를 잴 때, 자를 사용합니다. "왜 자를 사용할까"에 대한 설명도 아마 기억할 거예요. 손 한 뼘의 크기, 한 발자국의 크기 등은 측정하는 사람마다 다 달라요. 그래서 그 기준을 정한 것이 바로 '자'입니다. 자로 길이를 잴 때는 "어디서부터 시작하는지?"를 잘 살펴봐야 합니다.

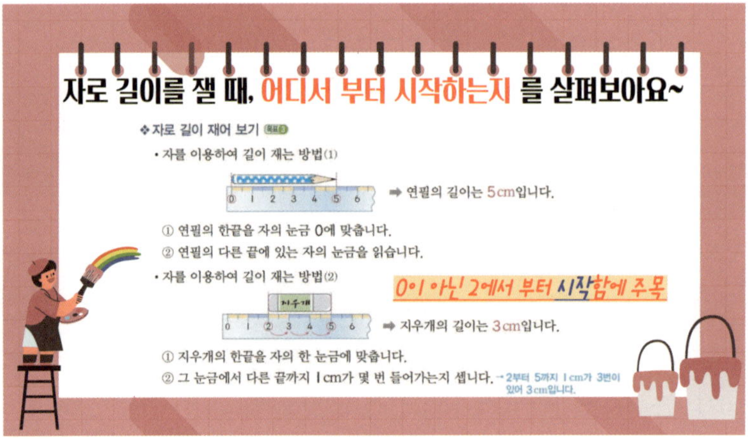

[그림 13-6] 자로 길이를 잴 때 주의할 점

저는 데이터 분석에 대한 멘토링에서 학생들에게 될 수 있으면 실습 기회를 많이 줍니다. 직접 데이터를 수집하고 분석한 후 설명하는 방식입니다. 다음은 한국과 미국의 주택가격 지수를 분석하고 결과를 해석하는 과제입니다.

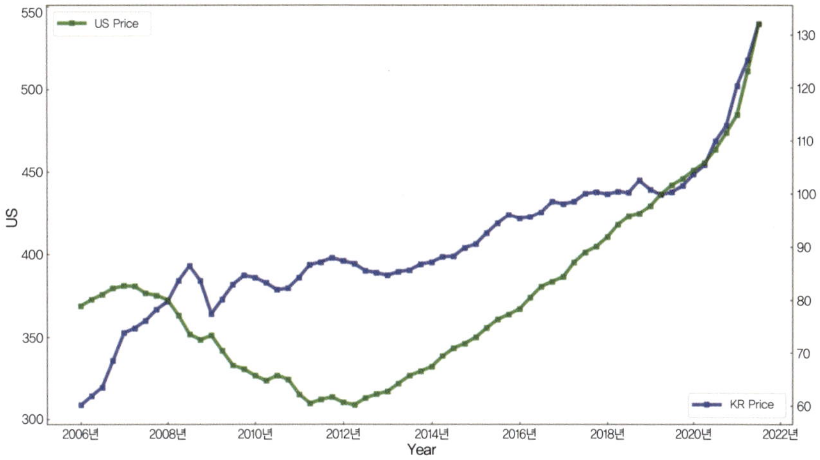

[그림 13-7] 한국과 미국의 주택 매매 가격 지수 추이(2006년~2022년) - 수정 전[02]

[그림 13-7]을 보고 학생들은 아래와 같이 결과를 설명합니다.

"2008년 한국의 주택 가격지수가 미국의 주택 가격지수를 역전했고, 2020년 미국과 한국의 주택 매매가격 지수가 다시 만났습니다."

학생들이 자주하는 이 설명에는 어떠한 오류가 있을까요? 먼저, 이 그래프에서는 Y축이 왼쪽과 오른쪽에 두 개 있습니다. 왼쪽에는 미국의 주택 가격지수를, 오른쪽에서는 한국의 주택 가격지수를 나타내고 있습니다. 둘의 척도가 다르기 때문에(즉, 자의 크기가 다르기 때문에) 한쪽이 다른 쪽에 대해 "높다" 또는 "낮다"는 비교를 해서는 안 됩니다. 이 데이터는 제목에서 볼 수 있듯이 한국과 미국의 주택 매매 가격 추이(추세)만 참고해야 합니다. 따라서 '역전'이라는 표현은 잘못되었다고 할 수 있습니다.

02 데이터 출처: FRED 미국 연방준비은행 세인트루이스 연구소

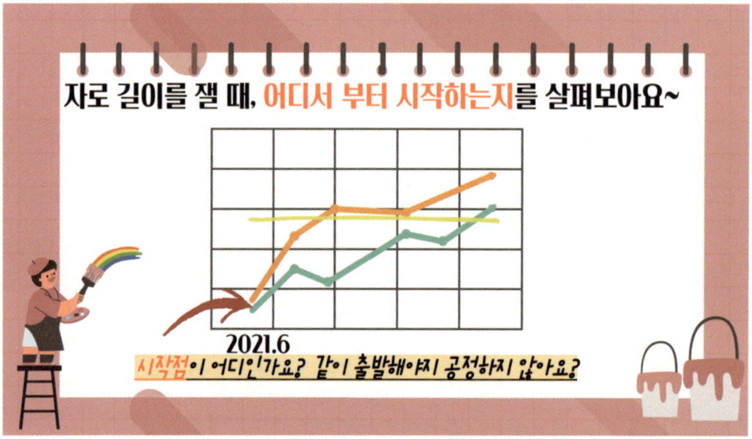

[그림 13-8] 시작점이 어디인지를 잘 파악해야 합니다

실제 올바른 그래프를 그린다면 [그림 13-9]와 같이 표현이 될 것입니다.

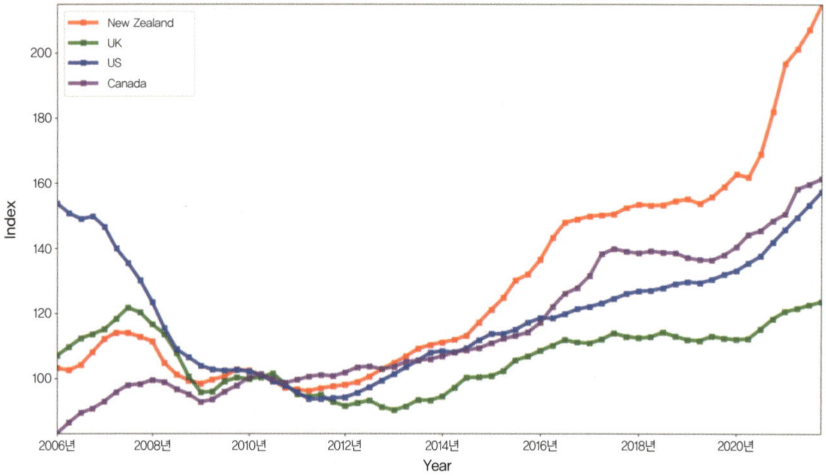

[그림 13-9] 한국과 미국의 주택 매매 가격 지수 추이(2006년~2022년) – 수정 후[03]

03 데이터 출처: FRED 미국 연방준비은행 세인트루이스 연구소

[그림 13-9]는 뉴질랜드, 영국, 미국, 캐나다 4개국의 주택매매 가격지수 추이를 나타낸 그래프입니다. 2010년도 부근에 4개의 그래프가 서로 겹쳐 있는 점이 보일 거예요. 바로 이점이 2010년을 '기준시점=100'으로 맞춘 부분입니다. 앞에서 소개한 '자로 길이를 재는 예'에서 본다면 시작점을 0으로 맞춰주는 작업입니다.

그리고 위 그래프와는 다르게 Y축은 하나로 통일되었습니다. 앞서는 두 개의 서로 다른 자로 길이를 쟀다면 이번에는 동일한 하나의 자로 길이를 잰 것과 같아요.

"데이터의 기준점이 어디인지 확인합니다.
두 개 이상의 데이터를 비교할 때는 기준점을 동일하게 맞춰줍니다."

이 밖에도 우리는 일상에서 많은 지표를 비교할 일이 있습니다. 물가가 얼마나 올랐는지를 비교하는 〈소비자 물가지수〉와 〈주택매매 가격지수〉를 비교하면서 집값이 다른 물건에 비해 집값이 얼마나 올랐는지를 가늠해보기도 합니다. 데이터를 바로 볼 수 없다면 제일 처음 봤던 잘못된 통계정보도 무심코 받아들일 수 있는 오류가 있음을 기억해야 합니다. 국민 개개인이 이렇게 데이터를 바라보는 눈을 가져야 한다는 사실이 다소 슬프기도 합니다. 하지만 반대로 데이터로 이루어진 세상 속에서 살아남기 위한 생존 능력이라고 볼 수 있습니다.

이 절에서는 데이터의 오류를 바로잡는 부분, 그리고 여러 종류의 지표를 한 데 묶어서 비교하는 방법에 대해 알아보았습니다. 데이터 말하기, 듣기, 읽기, 쓰기 능력은 삶에 있어서 꼭 필요한 능력입니다. 데이터 말하기부터 듣기, 읽기까지 왔네요. 데이터 활용능력을 조금씩만 늘려서 스트레칭을 했으면 좋겠습니다. 아주 조금씩 이해를 넓히다 보면 금세 익숙해지리라 믿습니다.

읽기 요점이, 요기니(Yogini)

통계를 믿지 못한다면 데이터를 보세요

01 데이터가 담고 있는 의미가 무엇인지 알아보세요.

02 조사한 데이터가 많을 수록 정확해져요.

03 매우 크거나 작다고 함부로 제거해서는 안되요.

04 자로 물건의 길이를 재듯이 동일한 기준으로 바라봐요.

아주 조금씩 조금씩 몸에 맞게 데이터 문해력을 늘려요.

2 아들이 줄넘기 반 대표가 되지 못한 이유

01 하나의 값으로 나타내려는 본능: 평균

"아빠, 나 줄넘기 반 대표에서 떨어졌어."

아들이 시무룩합니다.

"어, 아들. 뭔 일 있어?"

"아니, 우리 학교에서 줄넘기 대회를 하거든. 근데 오늘 반 대표를 뽑았는데 결승전에 떨어졌어."

"왜?"

"이상한 게 나랑 평균 개수가 똑같은 '서아'라는 친구가 대표가 됐어. 선생님이 그 이유가 편차가 뭐라고 뭐라고 하셨는데, 아무튼 잘 모르겠어."

요즘 아이들은 줄넘기를 많이 하잖아요. 그래서 반 대표를 선출해서 학년 줄넘기 대회를 하는 상황입니다. 반 대표를 선발하기 위해서 다섯 번의 기회를 주고 평균 횟수가 가장 높은 친구를 반 대표로 선발하는 방식입니다.

첫 번째로 '서아'라는 친구가 줄넘기를 했더니 4, 5, 6, 7, 8회를 했습니다(설명을 쉽게 하기 위해 작은 숫자로 바꿨지만, 실제로 아이들은 100회 이상을 합니다). 그리고 '도윤'이는 2, 4, 6, 8, 10회를 했고요. 그러면 둘의 평균은 몇 회일까요? 네, 둘 다 평균 6회를 했어요. 둘이 똑같죠. 그렇다면 둘의 줄넘기 실력은 과연 똑같다고 할 수 있나요?

"평균이 같으면, 데이터도 같다?"

여러분은 둘 중에 누가 반대표가 되어야 한다고 생각하나요? "학년 대회에서 실수하거나 떨지 않고 안정적으로 줄넘기를 잘하는 친구인 '서아'가 반 대표로 출전하는 것이 좋겠어"라고 생각했을 것 같습니다.

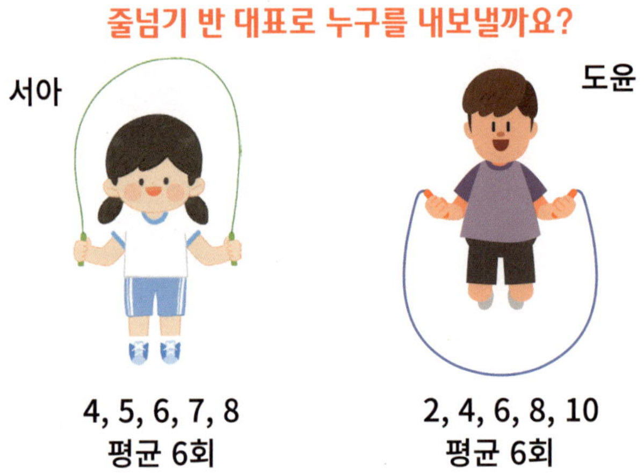

[그림 13-11] 줄넘기 반 대표로 누구를 내보낼까요?

방금 전 줄넘기 사례의 경우에는 서아와 도윤이에 대해 각 5개의 데이터만 있어요. 그런데 데이터양이 굉장히 많다면, 우리는 데이터를 다 기억해야 할까요? 사람이 기억할 수 있는 정보의 양은 한정되어 있기 때문에 사람들은 많은 양의 데이터들을 대표하고 싶어 해요. 그리고 우리는 '평균'이라는 것을 좋아합니다. 앞서 평균 6회처럼, 수많은 데이터도 결국 '평균' 하나의 값으로 대표되겠죠?

"대표값에는 평균(mean), 중앙값(median), 최빈값(mode)이 있습니다."

일단 평균은 다양성을 존중하지 않아요. 하지만 다양성이라고 하는 것은 반대로 '평균'이라는 '기준'이 있을 때, 그것이 얼마나 다양한지를 인식할 수가 있겠죠? "데이터값이 다양하다"라는 인식이 되었다면, 우리는 데이터들이 얼마나 평균 주변에 모여 있는지, 또 평균으로부터 얼마나 떨어져 있는지를 알고 싶어합니다. 그럼 '데이터가 흩어져 있는 정도'를 어떻게 알 수 있을까요?

02 데이터가 흩어져 있는 정도: 산포도

간단해요. 그림을 그려보는 겁니다. 우리가 관찰한 값, 즉 데이터를 평면 위에 그려봅니다. 어려울 것은 없습니다. 관찰한 데이터가 한 종류라면 하나의 선 위에 점을 찍고, 관찰한 값이 키와 몸무게, 나이와 연봉, 시기와 판매량처럼 두 종류라면 가로와 세로에 해당하는 부분에 점을 찍습니다.

1. 산포도

흩어져 있는 정도를 그려봐요.

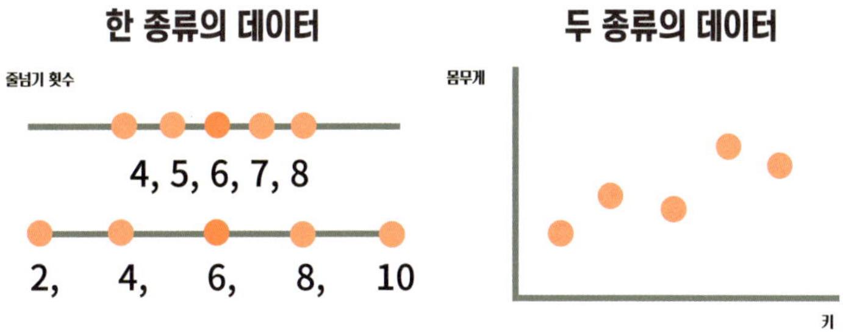

[그림 13-12] 산포도

이렇게 하면 데이터가 흩어진 정도를 확인할 수 있어요. 이렇게 데이터가 흩어진 정도를 우리는 '산포도'라고 합니다. 그런데 우리는 산포도에 관심이 있는 것이 아니라, 기본적으로 비교를 하고 싶어 합니다. 전체를 하나로 보고, 또 각 데이터와 비교를 하고 싶어하죠. 그리고 이렇게 비교한 값을 하나로 나타내고 싶어합니다. 여기서 전체를 '하나로 대표하는 값'이 '평균'이고, 각 데이터가 '평균에서 얼마나 떨어져 있는지 보는 것'이 바로 '편차'입니다. 이제 이 '평균'과 '편차'에 대해 쉽게 알아볼 것입니다.

"산포도 = 데이터가 흩어져 있는 정도를 하나의 수로 나타낸 값"

03 데이터와 평균 간에 얼마나 차이가 있는지 확인: 편차

방금 전 줄넘기 예에서 '서아'의 데이터는 4, 5, 6, 7, 8회였고, 평균은 6회였어요. 그러면 서아가 첫 번째 줄넘기를 한 횟수 4회는 평균 6회보다 2회만큼 차이가 있으니 4 − 6 = −2라는 계산을 할 수 있겠죠. 이렇게 우리는 자연스럽게 데이터에서 평균을 빼는 계산을 합니다. 아주 일상적인 계산이죠? 이 계산을 통해 우리는 하나의 관찰값이 평균으로부터 얼마나 떨어져 있는지를 판단할 수 있게 됩니다.

"편차 = 데이터 − 평균"

이것을 멋진 용어로 해석해보면 '편차 = 데이터 − 평균'라고 합니다. 여기서 데이터가 평균보다 작으면, 편차는 0보다 작은 값(음수 또는 마이너스)으로 나타나고, 그 반대로 데이터가 평균보다 크면, 편차는 0보다 큰 값(양수 또는 플러스)으로 나타납니다.

[그림 13-13] 편차

이 편차를 보면, 데이터가 평균으로부터 얼마나 떨어져 있는지 혹은 얼마나 모여 있는지를 판단할 수 있습니다.

"편차 = 각 데이터와 평균의 차이"

그래서 두 집단의 편차를 비교해 보기로 합니다. 우리가 좋아하는 평균 방식으로 계산해보죠. 첫 번째 그룹(줄넘기 예에서는 '서아'의 줄넘기 횟수)의 데이터와 평균의 차이, 즉 편차를 모두 더해서 데이터 개수로 나누어줍니다. 그리고 두 번째 그룹에서도 마찬가지로 이 편차들을 다 더해서 데이터 개수 5로 나누고 둘 중에 어떤 것이 더 큰지 비교해 보는 거죠. 그런데 여기서 문제가 발생합니다.

[그림 13-14] 편차의 합

서아의 줄넘기 횟수에 대한 편차는 (−2)+(−1)+0+1+2=0이 되어 버렸습니다. 그리고 도윤이의 줄넘기 횟수에 대한 편차의 합은 (−4)+(−2)+0+2+4=0, 마찬가지로 0입니다. 0을 줄넘기 시도 횟수 5회로 나누어 봤자, 서아나 도윤이나 편차의 합은 모두 0이라서 비교할 수가 없습니다. 편차를 비교하고 싶은데, 편차의 합이 둘 다 0입니다. 이제 어쩌죠?

04 편차의 평균을 구할 수 없으면 제곱으로: 분산

그래서 우리는 음수(−, 마이너스)를 양수(+, 플러스)로 만들어 주어야 합니다. 그럼 어떻게 해야 할까요? 네 바로 제곱을 하는 방법이 있습니다.

또 다른 방법으로 절댓값을 취하는 방법이 있기는 합니다. 이것을 표준편차가 아닌 '절대편차'라고 합니다. 하지만 절댓값의 경우 선그래프로 표현했을 때 선이 꺾이는 지점이 발생합니다. 이것을 좀 멋진 용어로 "비연속적이다." "미분을 할 수 없다"라고 말합니다. 그런데 데이터와 통계에서 이 표준편차를 가지고, 미분과 같은 수학적 계산을 해야 하는 경우가 있어 절댓값 대신 제곱으로 쓴다고 이해하면 좋겠습니다.

이렇게 '데이터 − 평균 = 편차' 값에 대해 제곱을 해서 음수를 없애주고, 데이터 관찰 횟수(5회)로 나누어 준 값을 '분산'이라고 합니다. 말 그대로 분산은 "데이터가 얼마나 분산되어 있는지(퍼져 있는지)"를 나타내는 값입니다.

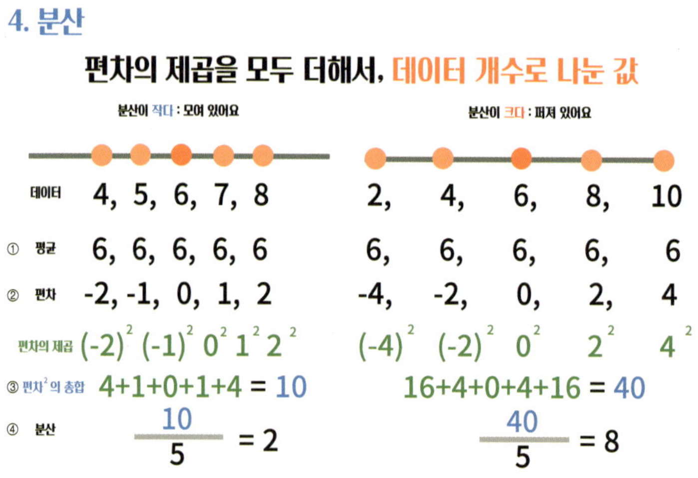

[그림 13-15] 분산

**"분산 = 편차(데이터 − 평균)의 제곱을 모두 더하고,
전체 데이터 개수로 나눈 값"**

그런데 분산으로 두 집단을 비교하니 또 다른 문제가 생겼습니다.

첫 번째 문제는 평균과 떨어진 정도를 계산하는 것인데, 이 차이가 지나치게 과장되어 보이는 문제가 있습니다. 서아의 줄넘기 횟수의 분산은 $(-2)^2 + (-1)^2 + 0^2 + 1^2 + 2^2 = 10$이고, 도윤이의 줄넘기 횟수의 분산은 $(-4)^2 + (-2)^2 + 0^2 + 2^2 + 4^2 = 40$으로 그 차이가 조금밖에 나지 않는 것 같은데 지나치게 커 보입니다.

두 번째 문제는 단위가 달라진다는 겁니다. 줄넘기 횟수가 아니라 데이터가 길이 단위인 센티미터(㎝)라면, 편차는 센티미터(㎝) − 센티미터(㎝) = 센티미터(㎝)이지만, 분산은 제곱센티미터(㎠)가 됩니다. 높이(㎝)가 넓이(㎠)가 되었습니다.

줄넘기 횟수끼리의 분산을 비교한다면 괜찮겠지만, 줄넘기 횟수(회)와 줄넘기 높이(㎝)를 동시에 비교한다면, 단위가 다르니 비교가 어렵겠죠.

05 제곱하니까 너무 커. 차이의 크기를 원래대로 돌려줘: 표준편차

분산으로 비교해보니 두 가지 문제가 있었는데, 우선 첫 번째 문제인 "차이가 너무 크다"부터 해결해보겠습니다. 그 큰 차이가 어디서 왔을까요? 네, 바로 제곱(편차, ²)에서 왔습니다. 우리가 마이너스를 없애주려고 편차에 제곱을 했기 때문입니다. 그럼 다시 원래 크기로 돌려주면 되겠죠? 제곱을 원래로 돌려주는 것은? 정답! 루트($\sqrt{\ }$, 제곱근)입니다. 따라서 위에서 계산한 값에 루트를 씌워주면 끝입니다!

그럼 두 번째 문제 "단위가 달라진다"를 해결해볼까요? 편차 센티미터(㎝)의 분산 단위는 제곱센티미터(㎠)가 되었습니다. 그러면 여기에 루트를 씌워 주면 어떻게 되죠? 네, 다시 센티미터(㎝)가 됩니다. 즉, 우리가 관찰한 데이터, 편차, 표준편차는 전부 같은 센티미터(㎝) 단위가 되었습니다. 그럼 해결되었죠?

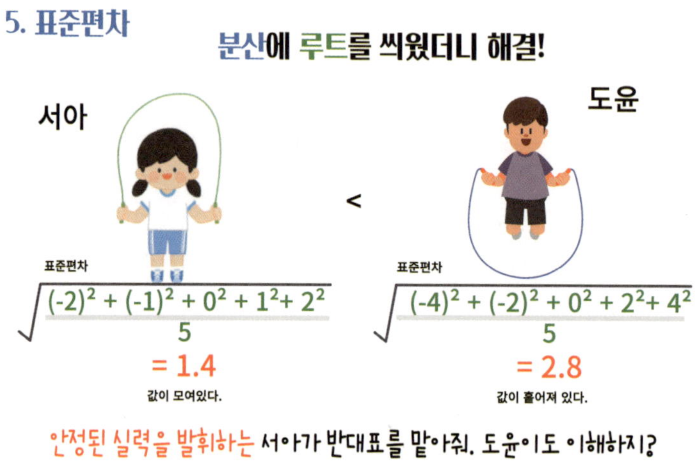

[그림 13-16] 표준편차

이런 표준편차의 특징을 정리하면, 표준편차가 작을수록 데이터들과 평균의 거리가 가깝고, 표준편차가 클수록 데이터들과 평균과의 거리가 멀어집니다. 여기서 '거리'의 의미는 길고 짧은 정도라서 항상 0보다 큽니다. 표준편차가 작을수록 데이터들이 평균에 모여 있고, 데이터가 고르게 분포되어 있다고 말합니다.

"표준편차 = 분산의 제곱근(루트를 씌워준 값)"

어떤가요? 결국 우리는 두 집단의 데이터가 평균에서 모이고 흩어진 정도를 비교할 수 있게 되었습니다! 중간에 생겼던 문제들도 전부 해결했습니다.

06 빅데이터에서는 '빅'만 중요한 것이 아니다

"① 평균 → ② 편차 → ③ (편차)²의 총합 → ④ 분산 → ⑤ 표준편차"

앞서 설명한 내용을 정리하면, ① 평균 → ② 편차 → ③ (편차)^{2}의 총합 → ④ 분산 → ⑤ 표준편차의 의식 흐름이 되겠습니다.

저는 수학적인 공식은 하나도 사용을 하지 않았습니다. 왜냐하면 χ(엑스)와 σ(시그마), μ(뮤) 뭐 이런 수식을 보는 순간 "내 것이 아니다"라고 뇌에서 강하게 반응하기 때문입니다. 거듭 얘기하지만 원리와 활용이 중요합니다. 그러니 멋진 용어는 서랍 속에 넣어두기 바랍니다.

요즘 '빅데이터'와 '인공지능'이라는 단어에 많이 꽂혀 있는 것 같습니다. 하지만 빅데이터는 말 그대로 큰 데이터입니다. 기본적으로 '데이터'에 대한 이해 없이, '빅'만 가지고는 이해할 수 있는 것은 아니겠죠?

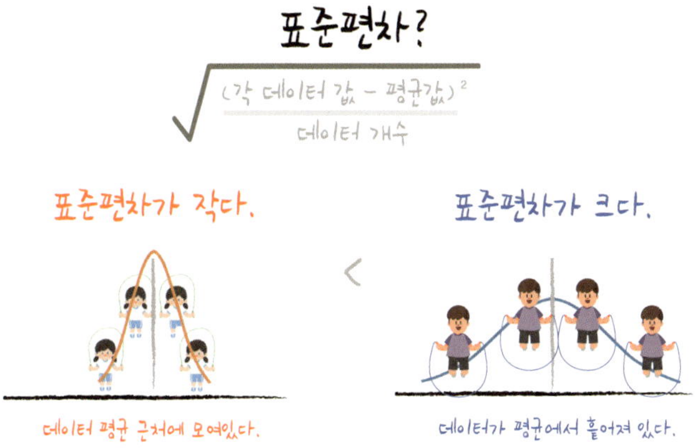

[그림 13-17] 표준편차 계산

데이터에 기반해서 의사결정을 한다는 의미는 각 데이터가 나타내는 값을 정확히 이해하고 있다는 가정을 기반으로 합니다. 그런 의미에서 데이터가 나타내는 대푯값 평균, 편차, 분산, 표준편차에 대한 정확한 개념을 먼저 익혀야 합니다.

초등학교 수학에서 배우는 덧셈, 뺄셈 없이는 절대 미적분을 할 수가 없습니다. 그런데도 우리는 현업에서 기초적인 준비 없이 무조건 빅데이터, 인공지능을 외치고 있지는 않나요? 데이터는 거짓말을 하지 않습니다. 하지만 데이터로 거짓말을 하는 사람은 늘 생기기 마련입니다. 그것이 알고 하는 거짓말일 수도, 잘 모르고 하는 거짓말이 될 수도 있습니다.

"뿌리가 깊은 나무가 키가 크고, 기초가 넓은 산이 높다."

뿌리가 깊은 나무가 키가 크고, 기초가 넓은 산이 높다는 말처럼, 높은 장벽처럼 느껴지는 빅데이터와 인공지능의 시대를 이해하고 활용하려면 데이터에 대한 깊은 이해와 넓은 업무 경험이 여러분을 세상에 유일한 전문가로 만들어준다고 확신합니다.

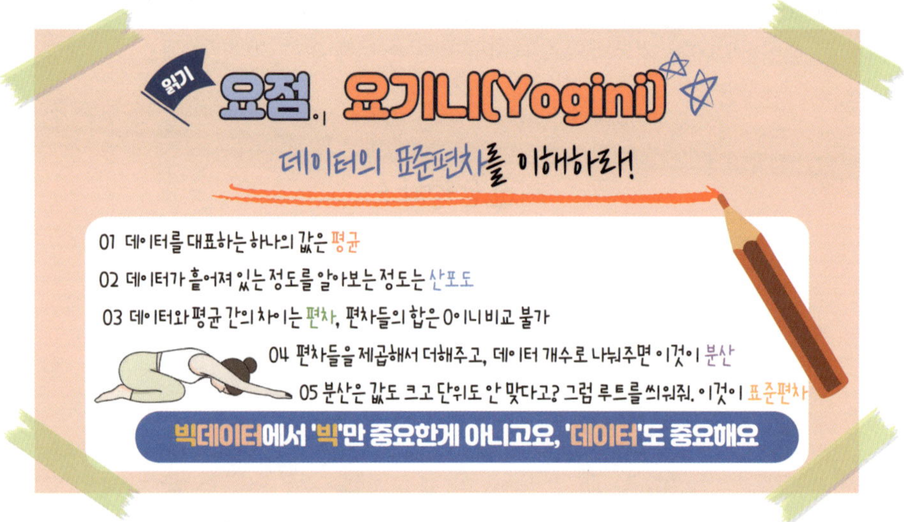

정리하기

1. 생존을 위한 데이터 분석

01. 통계를 믿을 수 없다면 어떡하나

- 데이터가 담고 있는 의미가 무엇인지 알아봅니다.
- 조사한 데이터가 많을수록 정확합니다.
- 매우 큰 값, 작은 값을 함부로 제거하지 말아야 합니다.

02. 자로 길이를 재듯이, 동일한 기준으로 '지수'를 측정해야 한다.

- 데이터의 기준점이 어디인지 확인합니다.
- 두 개 이상의 데이터를 비교할 때는 기준점을 동일하게 맞춰줍니다.

2. 아들이 줄넘기 반 대표가 되지 못한 이유

01. 평균: 하나의 값으로 나타내려는 본능

- 대표값에는 평균(mean), 중앙값(median), 최빈값(mode) 등이 있습니다.

02. 산포도: 데이터가 흩어져 있는 정도

- 산포도란 데이터가 흩어져 있는 정도를 하나의 수로 나타낸 값입니다.

03. 편차: 데이터와 평균 간에 얼마나 차이가 있는지 확인

- 편차란 각 데이터와 평균의 차이입니다.
- 편차를 보면, 데이터가 평균으로부터 얼마나 떨어져 있는지 혹은 얼마나 모여 있는지를 판단할 수 있습니다.

04. 분산: 편차의 평균을 구할 수 없으면 제곱으로

- 분산은 '데이터가 얼마나 분산되어 있는지(퍼져 있는지)'를 나타내는 값입니다.
- 분산이란 편차(데이터 – 평균)의 제곱을 모두 더하고, 전체 데이터 개수로 나눈 값입니다. 즉, 편차의 제곱의 평균입니다.
- 분산의 두 가지 문제는 다음과 같습니다.
  ① 너무 차이가 크다.
  ② 단위가 달라진다.

05. 표준편차: 제곱하니까 너무 커. 차이의 크기를 원래대로 돌려줘

- 표준편차란 분산의 제곱근(루트를 씌워준 값)입니다.
- 표준편차가 작을수록 데이터들과 평균의 거리가 가깝고, 표준편차가 클수록 데이터들과 평균과의 거리가 멀어집니다.
- 표준편차가 작을수록 데이터들이 평균에 모여 있고, 데이터가 고르게 분포되어 있다고 말합니다.

06. 빅데이터에서 '빅'만 중요한 것이 아니다

- ① 평균 → ② 편차 → ③ $(편차)^2$의 총합 → ④ 분산 → ⑤ 표준편차

14장

가설을 검증하며 읽어요

"아니, 카드 값이 왜 이렇게 많이 나왔어!"

카드사 앱으로 이번 달 카드 명세서를 열어 본 김 부장은 깜짝 놀랐습니다.

"여보, 지난 번에 치킨 한 마리 시켜 먹었는데 왜 3만 원이야?"
"아이고, 부장님. 회사 밖 물정은 잘 모르시나 본데, 요즘 다 그 정도 해요."
"정말? 도대체 물가가 얼마나 오른거야?"
"요즘 닭 값도 오르고, 식용유 값, 밀가루 값 안 오른 게 없다고요. 게다가 배달 수수료도 따로 내야 하고요."
"그러고 보니 치킨 점주도 돈을 많이 못 번다는 기사를 본 것 같네. 도대체 뭐가 많이 올랐는지 그 원인을 당최 알 수가 없구만."

외식물가의 대표 상품인 치킨 가격이 많이 올랐습니다. 이처럼 가격 데이터에 영향을 미치는 요소는 무엇일까요?

이 장에서는 치킨 가격 사례를 통해 데이터를 읽는 4가지 기술인 크기, 추세, 편차, 비율을 알아보고, 나아가 데이터에서 읽은 정보가 유효한지를 알아보는 가설검증과 P값의 개념에 대해 살펴보겠습니다.

1 데이터를 꿰뚫어 보는 4가지 기술

01 역대 최고 물가상승률

"아빠, 치킨이 한국음식이야?"

[그림 14-1] 치킨에 대한 물음

얼마 전에 아들이 치킨이 한국 음식이냐고 물었습니다. 저는 "아니야. 치킨은 미국 음식이지"라고 답했는데, 좀 더 찾아보니 아래와 같은 기사를 찾을 수 있었습니다.

외국인이 가장 좋아하는 한식 1위, 가장 자주 먹는 한식 1위: 한국식 치킨

2021년 8~9월 뉴욕과 파리, 베이징 등 주요 도시 주민 8,500명을 대상으로 설문조사를 한 결과, 외국인들이 가장 선호하는 한식 메뉴는 '한국식 치킨'이 1위(16.1%)를 차지했다.

(중략)

〈한식진흥원〉에 따르면 지난해 10월 우리나라 성인 1,500명을 대상으로 설문조사를 한 결과, 응답자의 45.1%는 "치킨은 한식이 아니다"라고 답했다. (출처: 헤럴드 경제)

맙소사! 치킨은 우리도 좋아하고, 외국사람들도 좋아하는 한국 음식이었습니다. 우리 가족도 일주일에 한 번 정도는 치킨을 주문해서 아이들과 함께 먹으며 오붓한 시간을 보냅니다. 그런데 이제 치킨 주문이 점점 부담스러워지기 시작했습니다. 아마 많은 분이 느꼈을 겁니다. 뉴스에서도 연일 치킨 가격을 놓고 말이 많아졌습니다.

"소비자 물가지수 변동률 9.1%"

2022년 7월 13일에 발표한 6월 미국의 소비자 물가지수가 전년 동기 대비 9%대로 상승한 것으로 나타났습니다. 이는 1981년 11월 이후, 41년 만에 최고치를 기록한 것입니다. 우리나라도 마찬가지였습니다. 2022년 6월 한국의 소비자 물가가 1년 전보다 6.0% 상승했습니다.

'소비자 물가지수'[01]란 치킨 등 외식비를 포함하여 전세, 월세, 자동차 주유비, 아파트 관리비, 학원비 등 가계가 소비하기 위해 구매하는 재화와 용역의 대표 품목의 평균 가격을 측정한 데이터입니다. 보통 전년 동월 대비 기준으로 증감률을 제시하는데, 2022년 6월 소비자 물가지수(예 106만 원)는 바로 전 해인 2021년 6월 소비자 물가 평균 가격(예 100만 원)보다 얼마나 증가했는지(예 6% 증가)를 보여줍니다. 어려운 얘기는 빼고, 물가가 오른다는 것은 우리의 지갑이 얇아지고 삶이 팍팍해진다는 것을 의미합니다.

01 가정이 소비하기 위해 구입하는 재화와 용역의 평균 가격을 측정한 지수로서 국가의 통계 기관에서 계산한 물가지수의 일종입니다. 소비자 물가지수의 변동률로 인플레이션을 측정할 수 있습니다.

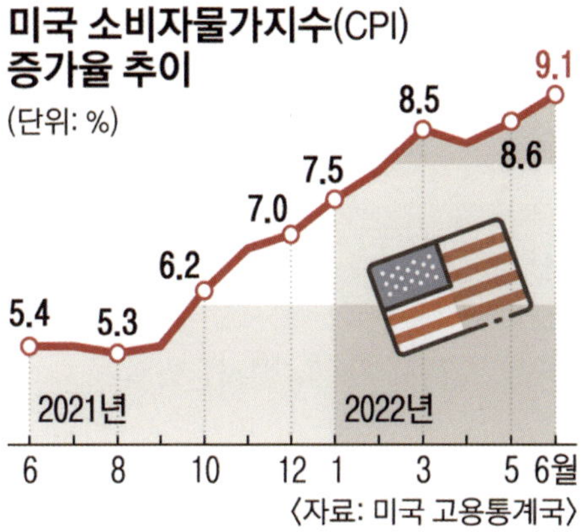

[그림 14-2] 미국 소비자 물가지수[02]

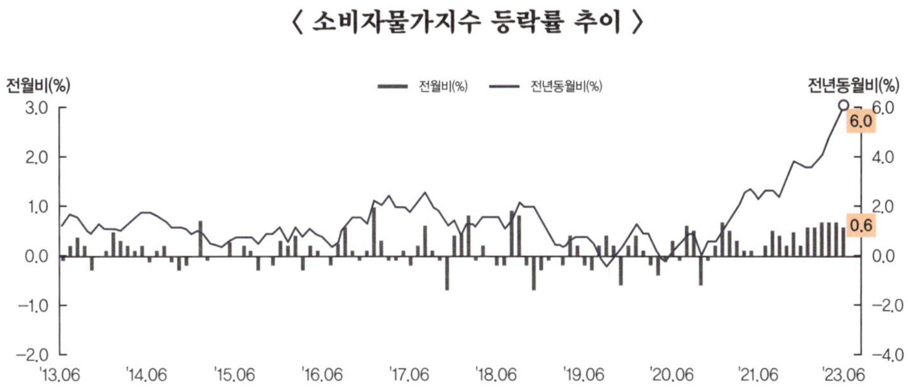

[그림 14-3] 한국 소비자 물가지수[03]

그중에서도 외식은 8.0%, 특히 온 국민의 외식 대표 음식인 치킨은 무려 11%가 올랐습니다. 이는 1998년 7.0% 이후 24년 만에 최고 수준의 오름폭입니다. 모두 기억하겠지만 1998년은 우리나라가 국가부도위기에 처해 IMF에 구제금융 요청(1997년 12월 3일~2001년 8월 23일)을 한, 역사상 가장 힘들었던 시기였습니다.

02 출처: 통계청 2022년 6월 소비자물가동향, 서울신문(그림)
03 출처: 통계청 2022년 6월 소비자물가동향

이제 다양한 시대적 상황과 역사가 담긴 우리의 국민 음식, 치킨과 함께 데이터 읽기 문해력을 늘려가 보겠습니다.

02 데이터를 읽어내는 4가지 기술

"크기, 추세, 편차, 비율"

이는 데이터에서 특징을 파악하여 데이터를 읽어내는 4가지 기술입니다.

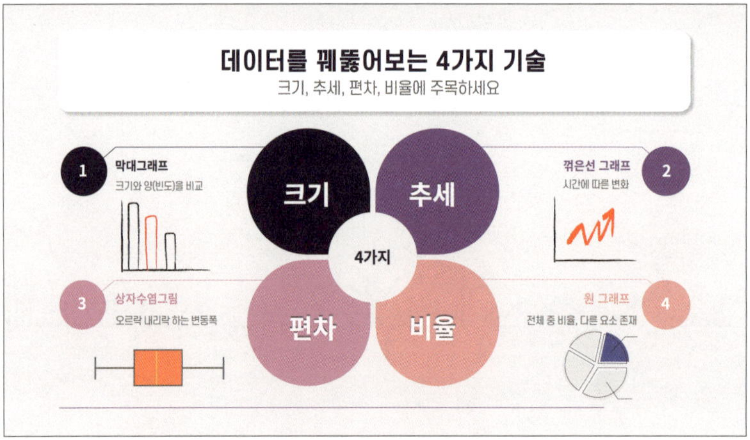

[그림 14-4] 데이터를 꿰뚫어보는 4가지 기술

① 데이터 값의 크기 비교

치킨 값이 왜 올랐는지를 비교하려면 치킨을 만드는 데 필요한 식재료 값, 배달수수료, 포장재와 인건비 데이터를 먼저 살펴보게 됩니다. [그림 14-5]는 그 가격들이 예전 대비 얼마나 올랐는지를 알아보고 크기순으로 나타낸 것입니다. 복잡해 보일 수 있는 뉴스 기사의 원래 데이터를 간단히 요약하여 치킨 원가를 구성했습니다.

치킨의 원가 중에서 2년 전과 대비하여 식재료는 80%, 배달수수료는 70%, 포장재는 40%, 인건비는 6% 정도가 상승한 것으로 요약할 수 있습니다. 이처럼, 데이터 값의 크기를 비교할 때는 아래와 같이 막대그래프를 사용하여 서로 간의 비교를 할 수 있습니다.

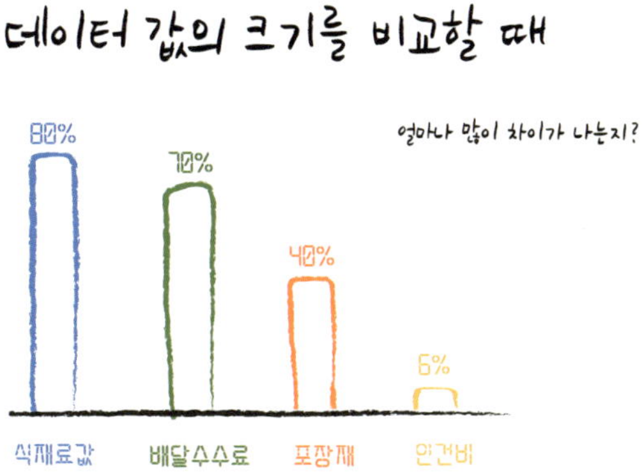

[그림 14-5] 데이터 값의 크기를 비교하기에 용이한 막대그래프

막대그래프를 보면 가장 값이 많이 오른 원가를 알 수 있습니다. 좀 더 구체적으로 알고 싶은 분들을 위해 식재료의 주요 구성 요소인 닭, 식용유, 밀가루에 대해서 살펴보겠습니다. 이 세 가지 재료에 대한 가격변동률을 조사한 경우, 여기서 2020년 대비 닭 값은 41.6%, 식용유 값은 84.1%, 밀가루는 77.6%로 식용유의 가격이 매우 상승했습니다.

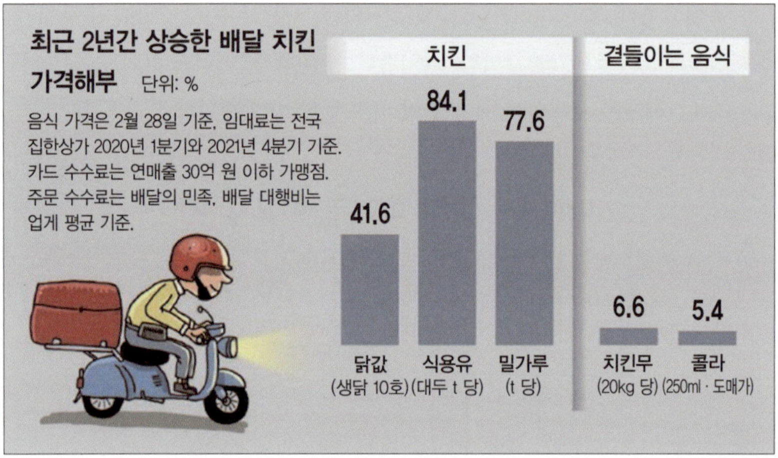

[그림 14-6] 막대그래프를 사용한 배달 치킨 가격 해부[04]

② 데이터 값의 추세 비교

닭고기 값이 많이 올랐다고 하면 전년과 올해의 평균 가격을 비교해보려는 분이 많을 겁니다. 평균이라는 것은 모든 값을 모두 더한 뒤 데이터의 개수로 나누어 준 하나의 지표입니다. 닭고기 값을 비교할 때 평균을 사용했다는 말은 '평균'이라는 지표에 한하여 값의 크기가 크고 작음을 판단할 수 있을 뿐입니다. 잘 이해가 안 된다면 실제 사례로 설명하겠습니다.

"(2021년) 5,462원 ≒ (2022년) 5,457원"

실제 연평균 닭고기의 가격을 비교해보겠습니다. 닭고기 1kg 당 평균 가격은 2021년 5,462원이고, 2022년 5,457원입니다. 둘을 비교해 봤을 때 차이가 없는데, 왜 닭고기 가격이 문제라는 것일까요? 오히려 2022년 가격(5,457원)이 2021년 가격(5,462원)보다 더 싸졌으니 "닭고기 가격은 문제가 없다"라는 결론을 내릴 수 있습니다.

04 출처: 동아일보 '치킨 한 마리 2만 원 시대'

하지만 데이터 값의 크기가 아닌 데이터 값의 '추세'를 확인해 보겠습니다. 2021년 월별 닭고기 1kg 당 가격은 연초에서 연중으로 갈수록 서서히 안정화를 이루는 추세입니다. 하지만 2022년 가격은 1월부터 4월까지 가파르게 상승하고 있는 것을 볼 수 있습니다. 따라서 데이터 값의 크기만이 아닌 데이터 값의 '추세'를 확인해보는 것을 잊지 말아야 합니다.

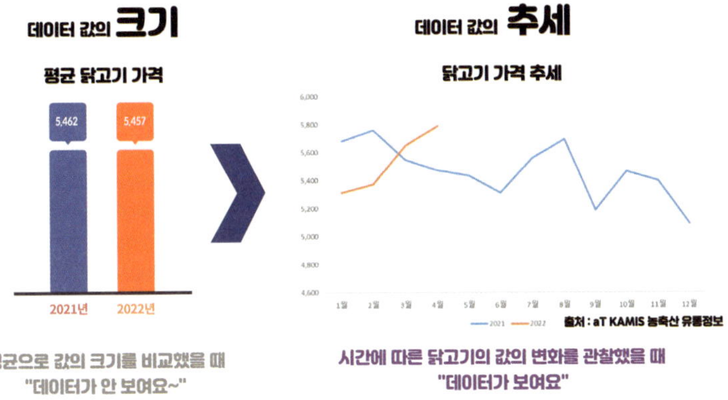

[그림 14-7] 데이터 값의 크기 및 추세

③ 데이터 값이 얼마나 자주 나타나는지를 보여주는 편차

치킨 값을 구성하는 요소 중 닭고기, 식용유, 밀가루에 대해서 확인해보고 있습니다. 그런데 이 세 값 중에서 변동폭이 가장 커서, 정부가 나서서 가격을 조정해야 하는 품목은 어느 것일까요? 단순히 가격이 제일 비싼 식용유일까요? 아니면 원가가 가장 많이 나가는 닭고기일까요? 물론 어떤 결론을 내릴지는 여러분의 선택에 달렸습니다. 그렇다면 데이터의 어떤 면을 봐야 할까요?

이번에는 각 데이터들의 오르락내리락하는 성격을 살펴보겠습니다. 우리 주변에는 갑자기 기분이 "좋아졌다, 나빠졌다" 하는 사람이 있습니다. 그리고 기분이 전혀 변하지 않는 사람도 있고요. 어떤 사람이 더 심각한 문제일까요? 기준은 여러분이 정하는 것입니다. 내가 마음이 편하고 싶을 때는 기분이 크게 변하지 않는 사람과 함께하고 싶고, 나도 즐겁고 싶을 때는 쉽게 기분이 '업up'되는 사람과 있으면 더 즐겁겠죠?

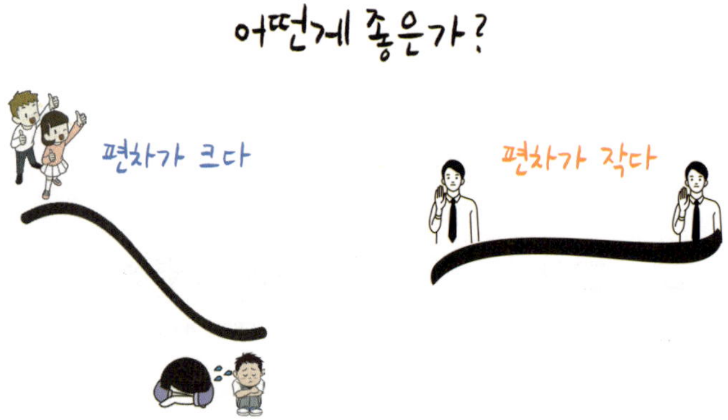

[그림 14-8] 어떤 편차가 더 좋은가?

데이터양이 매우 많거나 오르락내리락 심한 변화를 보인다면 데이터 값의 크기를 그린 그래프만으로는 그 정량적인 추세를 파악하기 어렵습니다. 이럴 때에는 '편차'라는 지표를 사용합니다. 편차라고 하는 것은 데이터들이 오르락내리락하는 변화가 심해서 지그재그 모양의 선그래프가 그려진다고 이해했다면 [그림 14-9]의 그래프를 보는 게 좋습니다. 편차는 어떻게 변하는지가 아닌, 각 데이터 값이 얼마나 자주 나타나는지 분포에 대한 의미이기 때문입니다.

[그림 14-9]에서 가로축은 데이터 값의 크기이고, 세로축은 데이터의 빈도(데이터가 몇 개인가)를 나타냅니다. 평균값(가운데 선) 근처에 데이터 개수가 가장 많고 멀어질수록 그 개수가 줄어드는 특징이 있습니다. 그래서 상대적으로 왼쪽은 "편차가 크다", 오른쪽은 "편차가 작다"고 말합니다.

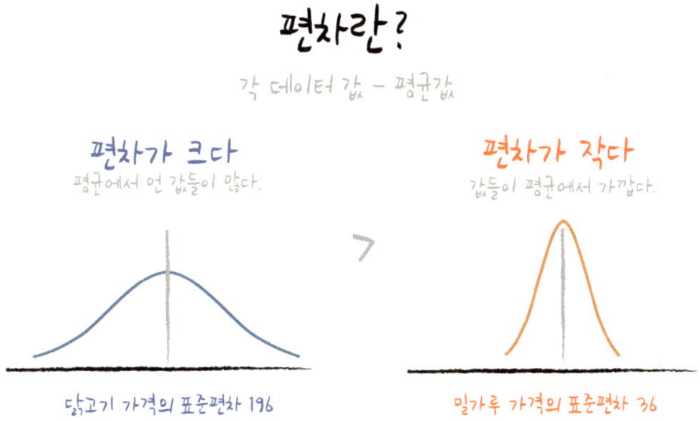

[그림 14-9] 편차를 표현한 예?

그렇다면 편차가 크다는 말은 어떤 의미일까요? 예를 들어, 닭고기의 가격 편차가 크다는 말은 닭고기 가격이 매월 변동폭이 커서 불안정하다는 뜻입니다. 그렇다면 정부 입장에서 가장 문제가 되는 치킨의 재료인 '닭고기' 가격을 안정화시키는 정책을 펴겠죠. 하지만 반대로 밀가루 회사 입장에서는 월드컵, 올림픽 기간 등 특수에도 가격이 안정될 필요가 있는지, 다른 재료에 비해 물가 상승분이 덜 반영되고 있지는 않은지 등에 대해서 다시 살펴볼 것입니다.

사람의 기분 굴곡에서처럼 무조건 기분의 편차가 크다고 나쁘고, 기분의 편차가 작다고 좋다고는 할 수 없는 것입니다. 그러니 반드시 좋고 나쁨에 대해 평가를 내려야 하는 것은 아닙니다. "품질의 편차가 크다"라고 하는 경우에 품질을 안정화시킬 수 있는 반면에, 편차가 크기 때문에 개선의 여지도 크고 해당 제품이나 생산에 잠재력이 더 있을 수 있다는 뜻이기도 합니다.

그러므로 초반에 언급했던 것처럼 "나는 무슨 말이 하고 싶은가(목적), 어떤 데이터를 활용할 것인가?"에 대해 목적 중심의 사고를 해야만 원하는 결론을 얻을 수 있습니다.

④ 전체에서 각 데이터가 차지하는 비율

"치킨 한 마리 당 가격이 3만 원은 되어야 한다."

한 치킨 프랜차이즈 대표의 말이 논란이 되었습니다. 그래서 여러 뉴스 기사에서 가장 먼저 한 일이 있습니다. 바로 치킨 한 마리의 원가 비율을 계산한 것입니다.

치킨 한 마리 가격인 1만 8천 원에서 닭고기, 식용유, 밀가루 등 원가는 1만 원, 배달앱 중개수수료가 약 5천 원 정도입니다. 이를 제외하고 임대료, 세금 외에 수익이 되는데, 이 부분이 현저히 떨어진다는 게 분석 결과입니다. 이렇듯 치킨 한 마리를 우리는 식재료비, 배달수수료 등으로 나눴고 그 중 가장 큰 비중을 차지하는 식재료에 대해서 그리고 그 다음으로 배달앱에 대해 문제를 정의했습니다.

전체에서 각 데이터 값이 차지하는 비율을 바라볼 때 어디에 집중을 해야 하는지를 결정할 수 있게 됩니다. 이렇게 비율을 바라볼 때는 원그래프를 사용합니다. 원그래프의 경우 각 조각이 많아질 경우 해당하는 부분을 표현하기가 어렵습니다. 그래서 데이터의 개수가 10개를 넘지 않아야 합니다. 꼭 원이 아니라 할지라도 '면적'을 나타내는 다양한 그래프가 많습니다.

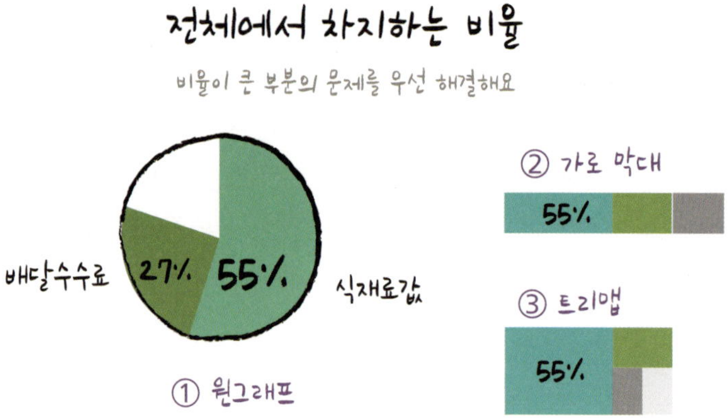

[그림 14-10] 전체에서 차지하는 비율을 나타내는 그래프들

이제까지 데이터별 특성을 파악하여 데이터를 활용하는 4가지 방법인 크기, 추세, 편차, 비율을 정리했습니다. 치킨 가격을 이루는 다양한 데이터 예와 같이, 같은 데이터라도 어떤 방법으로 읽어내는지에 따라 그 결론이 달라졌습니다.

그러면 "평균으로 비교하는 것은 옳지 않네요?"라든지 "시간에 따른 데이터는 무조건 선그래프로 표현해야 하나요?"와 같은 질문이 생깁니다. 우리는 항상 정답을 찾는 경향이 있기 때문입니다. 각 사람들 한 명, 한 명의 생김새가 다르고 성격도 다르듯이, 데이터도 타입과 구조가 다르고, 다루는 방식도 다르다는 점을 알아줬으면 좋겠습니다. 또한, 어느 한 기준으로만 좁혀야 하는 것도 아닙니다. 여러 개의 기준을 사용해서 이들을 조합하고 결론을 낼 수도 있으며, 이 경우 더욱 더 입체적이고 깊이 있는 결론에 도달할 가능성도 큽니다. "이 데이터에서 어떠한 결과를 도출할 수 있을까, 무슨 말을 하지?"라고 생각해보고, 활용 방법을 결정해주기 바랍니다.

2 할인쿠폰과 적립쿠폰은 구매효과 차이가 있을까

01 할인쿠폰과 적립쿠폰 중 어느 것을 발행할까

"데이터 분석가 남편, 이리 와보세요."

지난 번 아내의 쇼핑몰에서 데이터[05]와 결과에 맞는 '결론'을 내려준 것이 마음에 들었는지, 남편을 다시 불렀습니다. 오오! 조금 신뢰가 쌓인 걸까요?

"이번 봄을 맞이해서 온라인 쇼핑몰에서 행사를 하려고 해. 근데 할인쿠폰을 줘야 할지 적립쿠폰을 줘야 할지 모르겠어!"

"음, 이건 조금 어려운 문제인데…" 좀 쉽게 설명할 순 없을까, 속으로 생각합니다.

"일단 좀 고민해보고 내일 알려줄게!"

"뭐야, AI가 바로 답을 못 찾아? 알았어 하루 줄게."

[그림 14-11] 할인쿠폰과 적립쿠폰

05 '7장. 데이터를 요약해서 말해요'를 참고하세요.

아내에게 받은 쇼핑몰 과제에 대한 실험을 합니다. 일단 A 할인쿠폰과 B 적립쿠폰, 두 가지 쿠폰이 있다고 가정하겠습니다. 할인쿠폰(A)과 적립쿠폰(B)은 다릅니다.

"A 할인쿠폰과 B 적립쿠폰은 효과 차이가 있을까?"

아내는 A 할인쿠폰과 B 적립쿠폰의 효과에 차이가 있는지 알고 싶습니다. 그래서 A 할인쿠폰을 한 명에게 주었고, 다른 한 명에게는 B 적립쿠폰을 주었습니다. A 할인쿠폰을 받은 한 명은 구매를 했고, B 적립쿠폰을 받은 한 명은 구매를 하지 않았습니다. 그렇다면 A 할인쿠폰이 B 적립쿠폰보다 더 좋다고 결론을 내릴 수 있을까요? 결론부터 얘기하면 "아닙니다."

[그림 14-12] 할인쿠폰과 적립쿠폰의 효과 차이 ①

B 적립쿠폰은 여러 다른 이유 때문에 구매까지 연결되는 데 실패했을 것입니다. 예를 들어, B 적립쿠폰을 받은 사람은 적립금을 사용할 수 없는 상황(오류, 출국 등)일 수도 있습니다. 또는 '적립'이라면 무조건 싫어하는 독특한 성향을 가진 사람일 수도 있습니다. 아니면 적립쿠폰을 제대로 사용할 줄 모르거나, 적립쿠폰을 받은 사실조차 까맣게 잊었을 수도 있습니다. 반대로, 할인쿠폰 여부와 상관없이 구매를 막 하려고 했던 사람에게 A 할인쿠폰이 우연히 전달되었을 수도 있습니다.

검증을 할 때에는 이렇게 이상하고 우연한 상황이 많이 포함될 수 있습니다. 이것은 각 쿠폰을 한 명보다 더 많은 사람에게 보내서 실험해야 한다는 것을 의미합니다. 동의하죠?

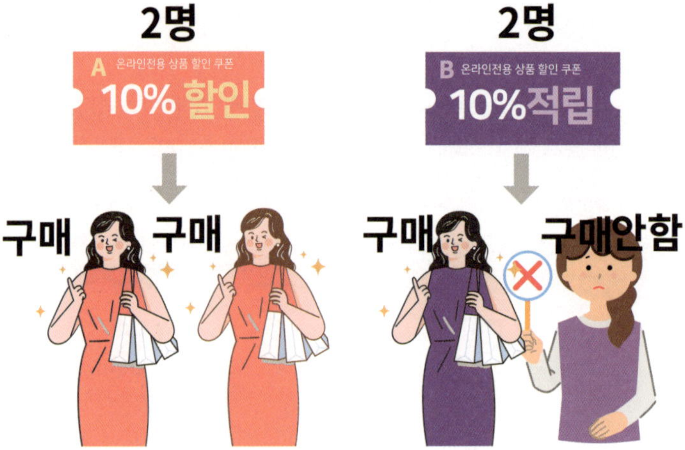

[그림 14-13] 할인쿠폰과 적립쿠폰의 효과 차이 ②

그래서 우리는 다시 실험을 합니다. 하지만 이번에는 각 쿠폰을 다른 두 명에게 주었습니다. 이번에는 A 할인쿠폰을 받은 두 명 모두 구매를 했습니다. 그리고 B 적립쿠폰을 받은 사람 중에 한 명은 구매를 하고, 다른 한 명은 구매를 하지 않았습니다.

그렇다면 역시 A 할인쿠폰이 더 좋다고 말할 수 있나요? (A 할인쿠폰 〉 B 적립쿠폰)

아니면 여전히 A 할인쿠폰과 B 적립쿠폰은 같다고 할 수 있나요? (A 할인쿠폰 = B 적립쿠폰)

앞서와 마찬가지로 우리는 이 질문에 답할 수 없습니다. 이번에도 B 적립쿠폰을 받은 첫 번째 사람에게, 아니면 B 적립쿠폰을 받은 두 번째 사람에게 어떤 예외 경우나 다른 어떤 일이 일어났을 수도 있기 때문입니다. 예를 들면, 발송을 잘못해서 실제로는 A 할인쿠폰을 주었고, 그것이 구매로 이어졌을 수도 있습니다. 또 B 적립쿠폰을 받은 사람이 더 싸게 파는 다른 가게에서 구매했을 수도 있습니다.

02 더 많은 사람에게 실험을 해봐야 하지 않을까

그래서 이제는 아주 많은 사람(1,000명)에게 쿠폰을 테스트합니다. 그 결과는 다음과 같습니다.

- A 할인쿠폰: 구매 997, 구매 안 함 3
- B 적립쿠폰: 구매 2, 구매 안 함 998

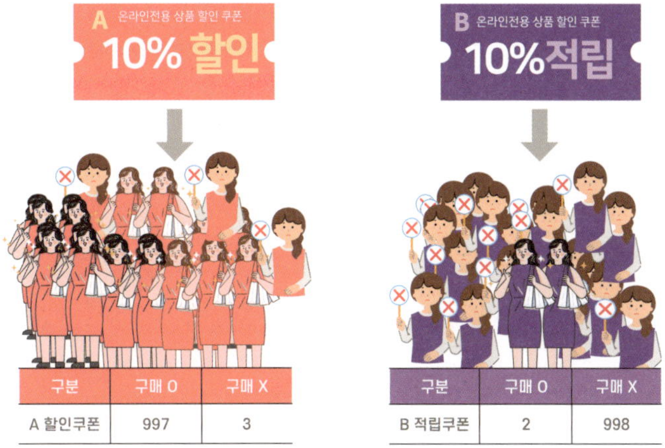

[그림 14-14] 실험 대상 확대로 알아 본 할인쿠폰과 적립쿠폰의 효과 차이

A 할인쿠폰을 받은 사람 중 많은 사람(997명)이 구매를 했습니다. 구매하지 않은 3명에 비해서 말입니다. 다시 말해, A 할인쿠폰을 받은 사람 1,000명 중에서 99.7%가 구매했습니다.

반대로 B 적립쿠폰을 받은 사람 중 구매한 사람은 아주 적습니다. B 적립쿠폰을 받고 구매하지 않은 사람들 998명에 비해서 말입니다. 즉, B 적립쿠폰을 받은 사람 1,000명 중 구매한 사람은 단지 2명, 0.2% 밖에 안됩니다.

만약, 이것이 실제 결과라면 A 할인쿠폰이 B 적립쿠폰보다 좋다는 것이 꽤나 명백해 보입니다. 다시 말해, "이 결과가 우연한 것들에 의해서 만들어졌고, 두 쿠폰이 차이가 없다"라고 생각하는 것은 맞지 않습니다.

A 할인쿠폰을 받아 구매를 한 997명 중에는 그냥 기분이 좋아 구매한 '우연한 케이스'가 포함되어 있고, B 적립쿠폰을 받아 구매를 하지 않은 998명 중에도 어쩔 수 없이 쿠폰을 사용할 수 없는 '우연한 케이스'가 있다고 가정해보겠습니다.

하지만 A 할인쿠폰을 받고 구매한 997명의 대부분이 우연한 케이스일 가능성은 매우 낮고, 마찬가지로 B 적립쿠폰을 받고 구매하지 않은 998명의 대다수가 우연한 케이스일 가능성도 매우 낮을 것입니다. 그렇기 때문에 이번 실험의 결과는 우연에 의한 것이라고 보기 어렵습니다. 결과적으로 A 할인쿠폰이 B적립쿠폰보다 더 좋다는 사실이 명백해보입니다.

그러나 다음의 상황이라면 어떨까요?

03 만약, 실험 결과가 애매하다면 어쩌지

이와는 대조적으로 200명을 대상으로 한 실험 결과가 다음과 같다고 하면 어떨까요?

- A 할인쿠폰: 구매 74, 구매 안 함 126(37% 구매)
- B 적립쿠폰: 구매 63, 구매 안 함 137(31.5% 구매)

A 할인쿠폰을 받은 사람 중 37%만이 구매했습니다(총 200명 중 74명). 그리고 B 적립쿠폰을 받은 사람들은 31.5%가 구매했습니다(총 200명 중 63명). 이번에도 A 할인쿠폰이 좀 더 많은 사람을 구매하도록 했군요. 하지만 모든 테스트가 완벽하지 않고, 항상 우연한 상황들이 존재하는 상태에서 어떻게 A 할인쿠폰이 더 우수하다고 확신할 수 있을까요?

"바로 이 지점이 P값이 필요한 이유입니다."

그럼 P값이 뭘까요? P값에서 'P'는 'Probability(확률)'의 머리글자입니다. 그러니까 P값은 '확률값'이라는 의미입니다. 확률이니까 0과 1 사이의 숫자가 되겠네요. P값을 이용하면 A 할인쿠폰과 B 적립쿠폰의 차이에 대해 얼마만큼 확신할 수 있을지를 정량화할 수 있습니다. P값이 0에 가까울수록 "A 할인쿠폰과 B 적립쿠폰에는 차이가 있다"라고 확신할 수 있습니다.

그럼, 여기서 질문이 있습니다. P값이 얼마나 작아야 A 할인쿠폰과 B 적립쿠폰이 차이가 있다고 자신 있게 말할 수 있을까요? 다른 말로 표현하면, 합리적인 의사결정을 할 때 그 경곗값이 얼마일까요?

"P값은 0.05보다 작아야 합니다."

결론적으로 말해서 실무에서 사용되는 이 경곗값은 0.05입니다. A 할인쿠폰과 B 적립쿠폰의 차이가 없고, 이런 실험을 아주 많이 반복했다고 가정했을 때, 5%의 실험 결과만이 틀린다는 것을 의미합니다. 아직 잘 모르겠나요? 하나씩 예를 들어 보겠습니다.

04 우연히 한쪽으로 쏠리는 경우는 없나요

"다른 그룹, 같은 쿠폰"

이번에는 두 개의 다른 그룹에 '같은 쿠폰'인 A 할인쿠폰을 줬다고 가정해봅시다. 이제 결과의 차이는 100% 우연한 것, 그러니까 쿠폰에 의한 것이 아니라고 하겠습니다. 한 그룹은 극도로 적립을 싫어해서 쿠폰을 안 쓰고, 다른 한 그룹은 무조건 물건을 사는 충동구매가 강한 사람들처럼 말이죠.

- A 할인쿠폰을 받은 1번 그룹: 구매 69, 구매 안 함 131
- A 할인쿠폰을 받은 2번 그룹: 구매 66, 구매 안 함 134
- P값: 0.77

이 경우에 P값은 0.77입니다. 0.05보다 훨씬 큰 값입니다(0.77 〉 0.05). 바로 이 경우, 우리는 "두 그룹 간에 차이가 없다." 또는 "차이를 증명하는 데 실패(기각)했다"라고 이야기합니다.

"두 그룹 간에 차이가 없다. = 차이를 증명하는 데 실패(기각)했다."

우리가 같은 실험을 계속 반복한다면 대부분의 경우, 계속해서 매우 큰 P값을 가지게 될 것입니다.

- A 할인쿠폰을 받은 3번 그룹: 구매 74, 구매 안 함 126
- A 할인쿠폰을 받은 4번 그룹: 구매 75, 구매 안 함 125
- P값: 0.92

(계속 반복)

- A 할인쿠폰을 받은 n-1번 그룹: 구매 74, 구매 안 함 126
- A 할인쿠폰을 받은 n번 그룹: 구매 69, 구매 안 함 131
- P값: 0.6

그러나 가끔씩 적립을 극도로 싫어하는 모든 사람이 왼쪽 그룹에 속할 수도 있고, 할인쿠폰이 왔다는 알림만 받으면 물건을 구매하는 충동구매가 강한 모든 사람이 오른쪽 그룹에 속할 수도 있습니다.

- A 할인쿠폰을 받은 왼쪽 그룹: 구매 59, 구매 안 함 141(29.5% 구매)
- A 할인쿠폰을 받은 오른쪽 그룹: 구매 83, 구매 안 함 117(41.5% 구매)
- P값: 0.01

같은 A 쿠폰이라도 우연히 한쪽으로 쏠린경우

A그룹

구분	구매 O	구매 X
A 할인쿠폰	59	141

B그룹

구분	구매 O	구매 X
A 할인쿠폰	83	117

[그림 14-15] 실험 대상이 한쪽으로 쏠린 경우

결과적으로 이런 특수한 실험에서는 결과가 꽤 다르게 나오기 때문에 P값은 0.01이라는 작은 값이 됩니다. 그러므로 이 경우 두 그룹은 모두 같은 쿠폰을 주었지만 "두 그룹 간에는 차이가 있다"라고 말할 수 있습니다. 같은 A 할인쿠폰을 주었는데 결과가 다르다? 이건 사실이 아니겠죠.

이처럼 실제로는 차이가 없지만, 차이가 있다고 말할 수 있는 작은 P값을 얻는 것을 거짓 양성(False Positive)이라고 합니다. P값의 경곗값이 0.05라는 것은 5% 실험만이 우연에 의한 것들에 의해 차이가 난다는 것을 말합니다.

다시 말해, A 할인쿠폰과 B 적립쿠폰의 차이가 없다면, 5%의 실험만이 P값이 0.05보다 작게 나올 것입니다(나머지 95%는 전부 P값이 크게 나올 겁니다).

쿠폰의 차이가 있다고 말하는 것이 극단적으로 중요하다면 0.0001과 같이 더 작은 경곗값을 사용할 수도 있습니다. 예를 들어, 10만 원짜리 쿠폰을 발행한다고 가정하는 것처럼 말이죠. 경곗값 0.0001을 사용한다는 의미는 거짓 양성을 1만 번 실험 중에 딱 1번만 얻는다는 것을 의미합니다.

이와 반대로, 그다지 중요하지 않은 문제에 대해서는 어떨까요? 예를 들어, 500원짜리 쿠폰의 효과에 예측하는 문제에서는 0.3과 같은 좀 더 큰 경곗값을 설정할 수도 있습니다. 경곗값 0.3을 사용한다는 의미는 거짓 양성을 10번 실험 중에 3번 얻는다는 것을 의미합니다. 거짓 양성을 5% 미만으로 줄이기 위해 노력하는 것은 종종 가성비가 떨어지기 때문에 대부분 일반적인 경곗값 0.05를 사용합니다.

다시 처음으로 돌아와서, 우리가 이 실험에서 P값을 계산했고, 그 값이 0.05보다 작다면 A 할인쿠폰과 B 적립쿠폰은 차이가 있다고 결정을 내릴 것입니다. 그런데 실제로 계산해보니까 P값은 사실 0.24가 나왔네요. 이럴 경우 A 할인쿠폰과 B 적립쿠폰은 차이가 난다고 확신할 수가 없습니다.

"그럼 A 할인쿠폰 와 B 적립쿠폰을 뿌렸을 때 효과에 차이가 있는가?"

"없다!"

- A 할인쿠폰: 구매 74, 구매 안 함 126(37% 구매)
- B 적립쿠폰: 구매 63, 구매 안 함 137(31.5% 구매)
- P값 = 0.20

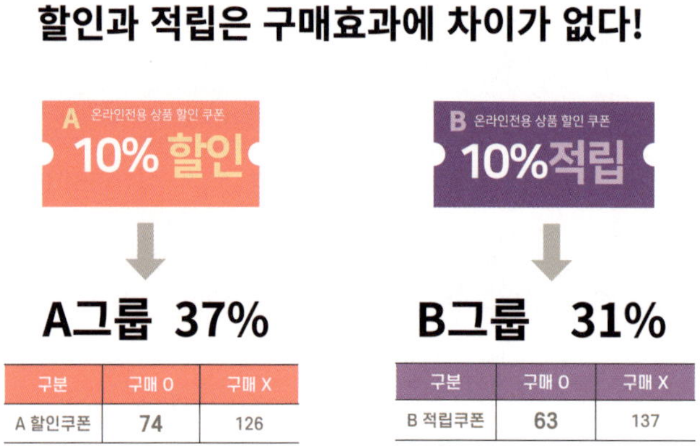

[그림 14-16] 할인과 적립은 구매효과에 차이가 없다!

05 지금까지 우리는 그 어렵다는 가설 검증을 한 것이다

마지막으로 두 가지만 정리하고 이 장을 마무리하겠습니다. 이 장에서는 조금 머리를 쓰면서 쿠폰에 효과가 있는지 없는지를 살펴보았습니다. 쿠폰에 차이가 있는지 없는지를 결정하기 위해 노력하는 것을 멋진 말로 '가설 검증(Hypothesis Testing)'이라고 합니다. 그리고 앞서 살펴본 또 다른 멋진 용어 P값은 우리의 실험을 신뢰할 수 있는 수준으로 '실험이 불확실한 정도'로 이해하면 좋을 것 같습니다.

여기서 두 번째 정리가 있습니다.

"P값이 더 작을수록 효과의 차이가 큰 것은 아니다."

작은 P값이 "A 할인쿠폰과 B 적립쿠폰의 차이가 있다"는 것을 말해주지만, 그들이 얼마나 다른지는 말해주지 않습니다. 다시 말해 A 할인쿠폰과 B 적립쿠폰은 그 차이의 크기에 관계없이 작은 P값을 얻을 수 있습니다. 그 차이는 작거나 클 수 있습니다.

- A 할인쿠폰: 구매 74, 구매 안 함 126(37% 구매)
- B 적립쿠폰: 구매 63, 구매 안 함 137(31.5% 구매)
- P값 = 0.20

예를 들어, 위의 실험에서는 A 할인쿠폰과 B 적립쿠폰이 5.5% 차이가 있지만, 이 실험에서는 0.20이라는 큰 P값이 나왔습니다.

- A 할인쿠폰: 구매 2620, 구매 안 함 7380(26% 구매)
- B 적립쿠폰: 구매 2495, 구매 안 함 7505(25% 구매)
- P값 = 0.04

구매율이 1%밖에 차이가 안나는데,
효과차이가 있다?

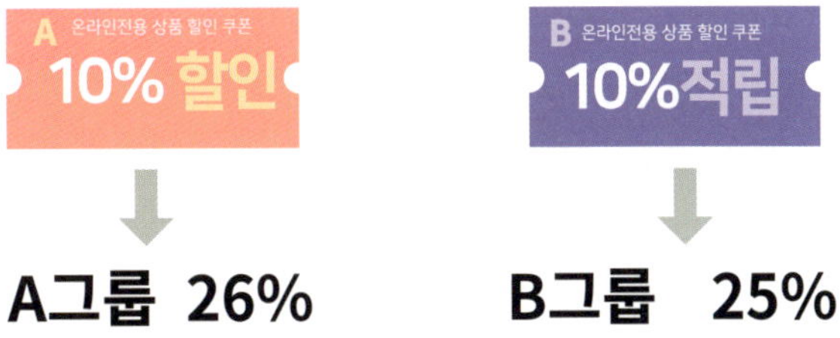

구분	구매 O	구매 X
A 할인쿠폰	2620	7380

구분	구매 O	구매 X
B 적립쿠폰	2495	7505

[그림 14-17] 구매효과에 차이가 없는 할인과 적립

반면에 아주 많은 사람(10,000명)을 대상으로 한 이 실험에서는 0.04라는 아주 작은 P값을 얻었습니다. 심지어 주어진 데이터에서는 A 할인쿠폰과 B 적립쿠폰의 차이가 1% 밖에 나지 않습니다. 요약하자면 작은 P값은 '효과의 크기'나 'A 할인쿠폰과 B 적립쿠폰의 차이가 크다'는 것을 의미하지는 않습니다.

06 데이터를 놓치면 실패 박물관으로 갈 수 있다

오늘날 우리는 쉽게 데이터를 얻을 수 있습니다. 이른바 데이터 홍수 시대, 데이터양이 폭발적으로 증가했습니다. 또한 온라인 사업 비중이 증가하면서 데이터와 직간접적인 관련없이는 어떤 일도 하기가 어려워졌습니다.

수많은 대기업이 소비자 조사를 통해 트렌드를 파악하고 시장에 대해 분석합니다. 그 결과 새로운 제품이나 서비스 내놓게 되는데, 그 상품이 성공할 수도 실패할 수도 있는 것이 현실입니다. 아무리 시장점유율이 높은 브랜드라고 할지라도 특정 상품이 시장에서 고객들에게 차갑게 외면받은 사례를 많이 봤을 겁니다. 반면에 오히려 이름도 몰랐던 작은 스타트업의 제품과 서비스가 선풍적인 인기를 끌기도 합니다.

[그림 14-18] 미국 미시간주에 위치한 실패 박물관[06]

06 출처: https://www.newsnack.tv/failure-is-the-mother-of-success-failure-to-gather-all-kinds-of-failure

미국 미시간주에는 실패 박물관이라는 곳이 있습니다. 그런데 신기한 점은 이 박물관 설립자는 처음부터 실패한 제품을 모은 것은 아니라고 합니다. 로버트 멕메스 실패 박물관 설립 및 운영자는 이렇게 말합니다.

**"매년 신제품을 모았을 뿐인데 그 중 90%가 실패했다.
이유는 소비자의 마음을 제대로 읽지 못했기 때문이다."**

이 장에서 아내의 쇼핑몰을 예로 들었지만, 우리가 처한 환경은 저마다 약간 다르면서도 데이터 시대에서의 생존이라는 측면에서 다르지 않습니다. 기업마다 개인마다 의사결정의 크기는 다를지 모릅니다. 하지만 오늘날 "데이터를 사용해서 합리적인 의사결정을 해야 한다"라는 사실에는 변함이 없습니다.

빠르게 변화하는 세상 속에서 제품과 서비스, 그리고 나아가 기업경영에 대한 의사결정이 어려워졌습니다. 이때 우리에게 주어진 데이터를 잘 활용할 수 있다면, 그 데이터로 고객들의 반응을 과학적으로 검증해볼 수 있다면, 그렇지 않은 기업과 분명히 차이를 만들어 낼 수 있다고 생각합니다. 그 작은 차이가 쌓이고 쌓여서 기업의 생존이 됩니다. 미묘한 데이터를 무시하고 싶을 때, 작은 것에서 시작해 어린이들의 왕국을 건설한 디즈니의 명언을 떠올려보세요.

""기억하세요. 이 모든 것이 작은 생쥐 한 마리에서 시작되었다는 사실을."

읽기

요점, 요기니(Yogini)

가설검증과 P값 어렵지 않아요!

01 제품과 서비스의 효과차이가 있는지 검증하고 싶을 때, P값을 확인한다.

02 어떤 서비스가 효과가 있는지 결정하기 위해 노력하는 것을 "가설검증"이라고 한다.

03 P값이 더 작을수록 효과의 차이가 큰 것은 아니다.

04 거짓 양성은 내 실험 결과해석이 틀린 것을 말한다.

P값.. 어지러워서 좀 누워있을게 ㅋ

검증했나요? 그 작은 차이가 큰 결과를 만들어요.

정리하기

1. 데이터를 꿰뚫어 보는 4가지 기술

01. 역대 최고 물가상승률

- 소비자 물가지수는 가정에서 소비하기 위해 구입하는 재화와 용역의 평균 가격을 측정한 지수입니다.
- 소비자 물가지수는 국가의 통계 기관에서 계산한 물가지수의 일종입니다.
- 소비자 물가지수의 변동률로 인플레이션을 측정할 수 있습니다.

02. 데이터를 읽어내는 4가지 능력

- 크기, 추세, 편차, 비율에 주목하세요.
  ① 데이터 값의 크기 비교: 데이터 값의 크기를 비교할 때는 막대그래프를 사용하여 서로 간의 비교를 할 수 있습니다.
  ② 데이터 값의 추세 비교: 데이터 값의 크기만이 아닌 데이터 값의 '추세'를 확인해봅니다.
  ③ 데이터 값들이 얼마나 자주 나타나는가를 나타내는 편차: 편차는 어떻게 변하는지가 아닌, 각 데이터 값이 얼마나 자주 나타나는지 분포에 대한 의미입니다. 그리고 가로축은 데이터 값의 크기이고, 세로축은 데이터의 빈도(데이터가 몇 개인가)를 나타냅니다.
  ④ 전체에서 각 데이터가 차지하는 비율: 전체에서 각 데이터 값이 차지하는 비율을 바라볼 때 어디에 집중을 해야 하는지를 결정할 수 있게 됩니다.

2. 할인쿠폰과 적립쿠폰은 구매효과 차이가 있을까.

01. 할인쿠폰과 적립쿠폰 중 어떤 걸 발행할까.

- A 할인쿠폰을 두 명에게 주었고, 그리고 다른 두 명에게 B 적립쿠폰을 주었습니다.
- A 할인쿠폰을 받은 두 명 모두 구매를 했습니다.
- B 적립쿠폰을 받은 사람 중에 한 명은 구매를 하고, 다른 한 명은 구매를 하지 않았습니다.
- 실험 대상의 수가 너무 적습니다.

02. 더 많은 사람에게 실험을 해봐야 하지 않을까.

- 아주 많은 사람에게 쿠폰을 테스트합니다.
- A 할인쿠폰: 구매 997, 구매 안 함 3, B 적립쿠폰: 구매 2, 구매 안 함 998
- "이 결과가 우연한 것들에 의해서 만들어졌고, 두 쿠폰이 차이가 없다"라고 생각하는 것은 맞지 않습니다.

03. 만약, 실험 결과가 애매하다면 어쩌지

- A 할인쿠폰: 구매 74, 구매 안 함 126(37% 구매), B 적립쿠폰: 구매 63, 구매 안 함 137(31.5% 구매)
- 바로 이 지점이 P값이 필요한 이유입니다.
- P값에서 'P'는 Propbability(확률)의 머리글자입니다. 그러니까 P값은 '확률값'이라는 말입니다. 확률이니까 0과 1 사이의 숫자가 되겠네요. P값을 이용하면 A 할인쿠폰과 B 적립쿠폰의 차이에 대해 얼마만큼 확신할 수 있을지를 정량화할 수 있습니다.
- 결론적으로 말해서 실무에서 사용되는 P값은 0.05입니다.

04. 우연히 한쪽으로 쏠리는 경우는 없나요

- 다른 그룹에 같은 쿠폰을 지급한 경우
- A 할인쿠폰: 구매 69, 구매 안 함 131, A 할인쿠폰: 구매 66, 구매 안 함 134. P값: 0.7
- 이 경우, "두 그룹 간에 차이가 없다. = 차이를 증명하는 데 실패(기각)했다"라고 말합니다.
- 차이가 있다고 말하는 것이 극단적으로 중요하다면 0.0001과 같이 더 작은 경곗값을 사용할 수도 있습니다.
- 이와 반대로, 그다지 중요하지 않은 문제에 대해서는 더 큰 경곗값을 설정할 수도 있습니다.

05. 지금까지 우리는 그 어려운 가설 검증을 한 것이다.

- 두 집단 간에 차이가 있는지 없는지를 결정하기 위해 노력하는 것을 '가설 검증(Hypothesis Testing)'이라고 합니다.
- 작은 P값은 '효과의 크기'나 '두 집단의 차이가 크다'는 것을 의미하지는 않습니다.

06. 데이터를 놓치면 실패 박물관으로 갈 수 있다.

- "매년 신제품을 모았을 뿐인데 그중 90%가 실패했다. 이유는 소비자의 마음을 제대로 읽지 못했기 때문이다(실패박물관 설립자)."
- 기업마다 개인마다 의사결정의 크기가 저마다 다르지만, 데이터를 사용해서 합리적인 의사결정을 해야 합니다.
- 데이터를 잘 활용할 수 있다면, 그 데이터로 고객들의 반응을 과학적으로 검증해볼 수 있다면, 그 작은 차이가 쌓이고 쌓여서 기업의 생존이 됩니다.

15장

데이터를 자유자재로 다뤄요

오늘 박익선 사원은 본사 물류팀에 근무하는 동기와 점심식사를 하기로 했습니다. 데이터 분석에 궁금한 게 있다고 해서 들어보기로 했습니다.

"익선아, 너 데이터 분석팀에 있잖아. 뭐 좀 물어보자."
"응, 뭔데? 내가 도움을 줄 수 있으면 좋겠네."
"문제가 있는 데 말이야. 회사의 같은 제품에 대해서 영업팀과 제작팀이 쓰는 분류체계가 서로 달라. 서로 데이터를 합쳐 보려고 하는데, 한두 제품이 아니어서 엄청 시간이 오래 걸릴 것 같아."
"음…. 어떻게 다른데?"
"예를 들어, 영업팀은 TV를 '전자제품군 〉 TV류 〉 LCD' 이런 식으로 3단계로 분류해. 반면에 제작팀은 '가전제품 〉 텔레비전' 이렇게 2단계로 분류하고."
"데이터 표준화가 안 되어서 그런 것 같아."
"그럼, 어떻게 해야 되지? 이게 네가 말하던 디지털 단순 노동인가? ☺"
"데이터 매핑이라는 방식을 쓰면 금방 해결될 것 같은데."
"매핑? 그게 뭔데?"

데이터를 효과적으로 활용하려면 목적에 맞게 병합하고, 연결하고, 매핑하는 사고력이 필요합니다.

특히 회사 규모가 커질수록 데이터를 효율적으로 다룰 수 있느냐, 없느냐의 차이점은 기업의 경쟁력과 직결되는 문제입니다.

이 장에서는 데이터를 강력(Powerfull)하게 만드는 데이터 사고력에 대해 알아보겠습니다.

1 데이터를 강력하게 만드는 방법

01 데이터 붙이기 1: 병합

"혼자 하는 일이 아니다."

직장생활을 소재로 한 역대 걸작 드라마 중 하나인 〈미생〉에 나오는 한 대사입니다. 드라마 대사처럼 우리 주변의 일은 휴대폰 안에 있는 지인들의 연락처를 정리는 것과 같이 '혼자 하는 일'이 아닙니다. 기획, 홍보, 마케팅, 원가, 인사노무, 사업, 설계, 구매, 생산, 운송까지 작은 회사도 보통 10개가 넘는 부서로 이루어져 있고, 대기업의 경우 100개 이상의 부서가 협업을 하게 됩니다.

이때 기업의 모든 데이터가 정해진 규칙과 기준에 의해 생성되고 수집될까요? 안타깝지만 실제로는 그 반대의 경우가 대부분입니다. 아주 유사한(심지어 같은) 데이터라고 해도 부서마다 서로 다른 모양과 방법으로 관리하고 있습니다.

드라마에서처럼 우리가 데이터로 풀고자 하는 문제 역시 마찬가지로 혼자서 해결할 수 있는 일은 많지 않습니다. 예를 들어, 판매량이 줄어들었다면 홍보와 마케팅의 데이터를 살펴보아야 할 것입니다. 또 구매단계에서 원자재 값이 올랐다면 총 원가가 얼마나 올랐는지, 다른 단계에서 줄일 수 있는 비용은 없는지 분석해봐야 합니다. 이렇듯 데이터도 하나의 부서 단위의 활용을 넘어서는 경우가 많습니다.

우리는 문제와 그 목적에 맞게 데이터를 활용해야 한다고 이해했습니다. 그렇다면 우리 문제와 목적에 맞는 데이터를 어떻게 구할까요? 애초부터 우리 입맛에 딱 맞는 데이터가 존재하면 좋겠지만, 아쉽게도 실무에서 그런 문제와 데이터를 바로 얻기는 어렵습니다. 그래서 우리는 그 데이터를 직접 다룰 수 있어야 합니다.

이렇게 목적에 맞는 데이터를 직접 만드는 과정에서 필요한 사고 방식에는 세 가지가 있습니다. 바로 '데이터 붙이기' '데이터 짝짓기' '데이터 집계하기'입니다. 제가 '필요한 사고 방식'이라고 얘기한 이유가 있습니다. 데이터 분석 도구나 프로그램은 저마다 명령어가 다릅니다. 하지만 데이터를 활용하는 입장에서 보면 그 프로그래밍 명령어는 크게 중요하지 않습니다.

왜냐하면 SQL, R, 파이썬에서 명령어는 다르더라도 데이터를 다루는 방식, 즉 사고방식은 공통적이기 때문입니다. 그래서 코딩보다는 '사고력'이 중요하다고 강조합니다. 그렇다면 우리 머릿속에서 필요한 데이터 활용 사고인 ① 붙이기 ② 짝짓기 ③ 집계하기를 쉬운 예를 사용해서 구체적으로 알아보겠습니다. 준비되었죠?

[그림 15-1] 데이터가 왜 안 나오지?

먼저, 서로 다른 두 개의 데이터를 한 군데로 붙이는 것을 '병합'이라고 합니다. 병합이라고 하는 것은 서로 다른 데이터 A와 데이터 B가 있을 때, 두 데이터에서 공통된 값을 기준으로 데이터 A와 B를 합쳐서 하나의 데이터로 만드는 작업을 말합니다.

"빵집 두 곳의 데이터를 묶어줘."

최근 2호점을 오픈한 빵집 사장님은 고민이 많아졌습니다. 빵집 두 곳의 판매량, 매출, 재료비 등을 통합해서 관리하고 싶기 때문입니다.

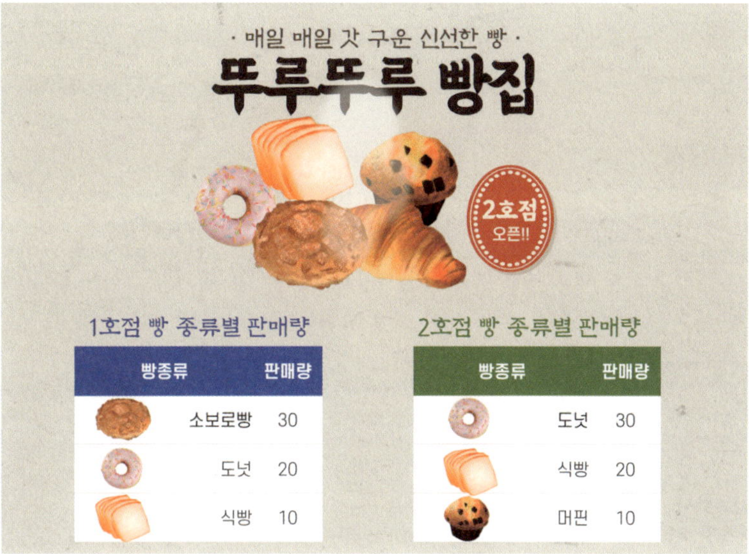

[그림 15-2] 뚜루뚜루 빵집의 종류별 빵 판매량

예를 들어, 같은 사장님이 운영하는 뚜루뚜루 빵집이 두 곳에 있다고 가정하겠습니다. 뚜루뚜루 빵집 1호점에서는 소보로빵 30개, 도넛 20개, 식빵 10개를 팔았고, 2호점에서는 소보로빵은 하나도 안 팔리고, 도넛 30개, 식빵 20개, 머핀 10개를 팔았습니다.

뚜루뚜루 빵집 사장님이 원하는 것은 점포 두 곳의 통합 관리를 통해 재료비 등을 아끼고, 점포 간에 빵 물량을 쉽게 조정하는 것입니다. 그럼 가장 먼저 해야 할 작업은 빵이 종류별로 몇 개를 팔았는지를 알아야 합니다. 다음과 같이 나타낼 수 있습니다.

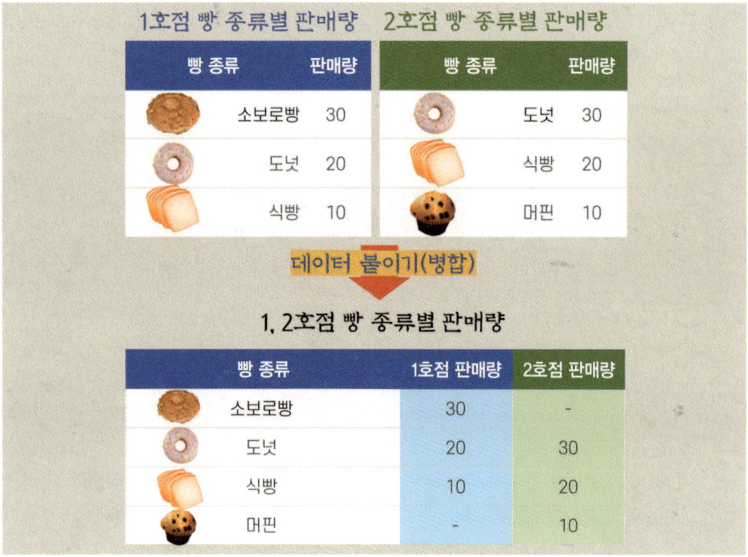

[그림 15-3] 뚜루뚜루 빵집의 총 빵 판매량

1호점과 2호점 빵 종류별 판매량 데이터를 하나로 묶음으로써, 빵 종류별로 1호점과 2호점의 판매량 데이터를 만들 수 있습니다. 이렇게 보면 2호점에서 재고로 남을 것 같은 소보로빵을 1호점으로 보내고, 1호점에서 잘 팔리지 않는 머핀을 2호점으로 보낼 수 있습니다.

이처럼 공통된 값을 기준으로 두 개 이상의 데이터 프레임(표와 같이 짜여진 프레임 안에 있는 데이터)을 하나로 합치는 것을 병합(Merge)이라고 합니다. 이때 데이터를 합치는 기준이 되는 공통 값을 키(Key)라고 하고, 두 데이터 프레임에서 별도로 참조되는 두 개 이상의 데이터들을 값(Value)이라고 합니다.

좀더 구체적으로 살펴보면, 데이터 병합을 하는 방법에는 4가지가 있습니다. 여기서는 그 용어보다 개념을 중심으로 알아보겠습니다.

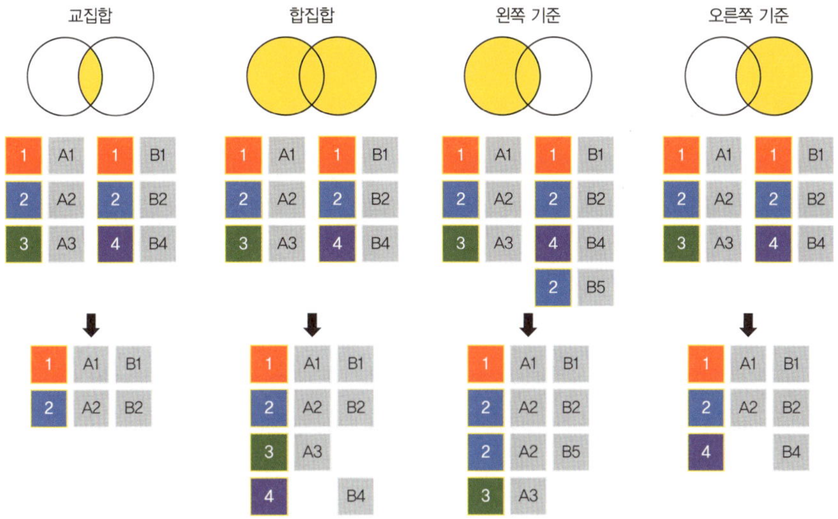

[그림 15-4] 병합의 4가지 방법

① **교집합 방식**

두 개의 데이터 프레임에서 공통되는 부분만 뽑고, 나머지 부분은 삭제하는 방식입니다. 우리에게 익숙한 개념은 바로 교집합(Inner Join)입니다. 교집합은 두 집합에서 공통적으로 들어간 데이터를 뽑아내는 방식입니다.

예를 들어, [그림 15-4]를 봅시다. 왼쪽의 데이터 프레임 1, 2, 3에 A 값이 들어있고, 오른쪽 데이터 프레임 1, 2, 4에 B 값이 들어 있다면, 교집합 방식은 왼쪽과 오른쪽 데이터 프레임에서 공통적으로 포함된 데이터 1, 2의 A 값과 B 값만을 병합하고, 포함되지 않은 3, 4는 버려주는 방식입니다.

② **합집합 방식**

두 개의 데이터 프레임에서 공통되는 부분뿐만 아니라, 나머지 부분까지도 합쳐주는 방식입니다. 우리에게 익숙한 개념은 바로 합집합(Outer Join 또는 Full Join)입니다. 합집합은 두 집합에서 '왼쪽 집합에만 포함된 데이터 + 공통적으로 들어간 데이터 + 오른쪽에만 포함된 데이터' 모두를 뽑아내는 방식입니다.

[그림 15-4]의 두 번째 그림에서 왼쪽의 데이터 프레임 1, 2, 3에 A 값이 들어 있고, 오른쪽 데이터 프레임 1, 2, 4에 B 값이 들어 있다면, 합집합은 왼쪽과 오른쪽 데이터 프레임에서 공통적으로 포함된 데이터 1, 2의 A 값과 B 값뿐만 아니라 다른 한쪽에 포함되지 않은 3, 4도 함께 합쳐주는 방식입니다. 이때 한쪽에만 값이 있고 다른 쪽에는 값이 없는 부분은 NaN(Not a Number)로 값이 표시됩니다. 이 방식이 바로 뚜루뚜루 빵집의 1, 2호점 빵 종류별 판매량 데이터를 병합한 방식입니다.

③ 왼쪽 기준 방식

왼쪽 기준 방식(Left Join)은 왼쪽에 있는 데이터 프레임의 값을 기준으로 데이터를 병합하는 방식입니다. 따라서 [그림 15-4]의 세 번째 그림에서 왼쪽에는 없고 오른쪽에만 있는 값인 4(보라색)는 삭제됩니다. 반대로 왼쪽에 있는 2번의 값이 오른쪽 데이터 프레임에 두 개의 값이 존재한다면, 왼쪽의 2:A2 값이 복사되어 두 개로 표시됩니다.

④ 오른쪽 기준 방식

오른쪽 기준(Right Join) 방식은 오른쪽에 있는 데이터 프레임의 값을 기준으로 데이터를 병합하는 방식입니다. 왼쪽 기준 방식과 반대입니다. 따라서 [그림 15-4]의 네 번째 그림에서 오른쪽에는 없고 왼쪽에만 있는 값인 3(초록색)은 삭제됩니다.

02 데이터 붙이기 2: 잇기

그런데 사장님은 이런 생각이 들었어요. '빵이 팔리는 데이터를 시간대별로 분석해 볼 수는 없을까? 그것도 1호점과 2호점을 다 합쳐서 데이터를 길게 붙여보고 싶어!'

"1호점과 2호점의 판매 데이터를 붙일 수는 없나요?"

그래서 1호점과 2호점의 시간대별 빵 판매 데이터를 세로로 붙여보기로 합니다. 각각의 데이터에서 시간, 빵 종류, 판매량을 열(세로줄) 이름으로 하고, 시간 순서대로 판매가 기록된 데이터를 얻었습니다. 그리고 동일하게 생긴 두 개의 데이터 프레임을 세로로 붙여 봅니다.

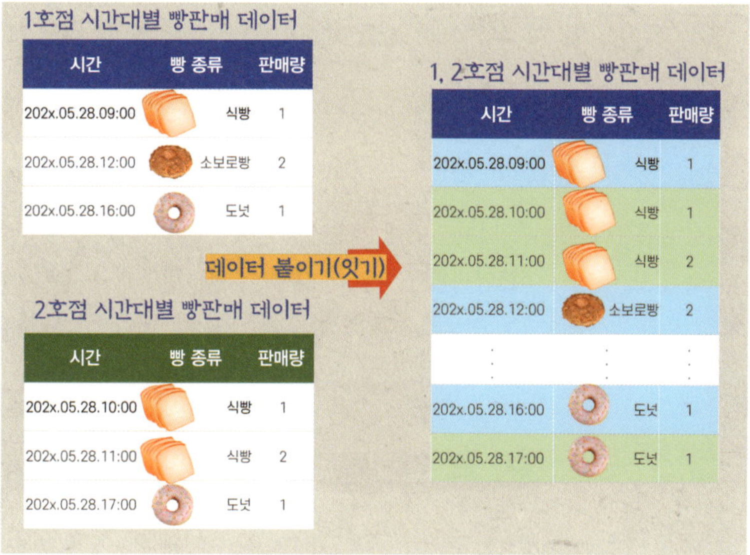

[그림 15-5] 시간대별 빵 판매 데이터

이렇게 두 개의 데이터 프레임을 서로 연결하여 합치는 것을 '데이터 잇기'라고 합니다. 많은 프로그래밍 언어에서는 Concatenate(사슬 같이 잇다), 줄여서 Concat(컨캣)으로 표현합니다. 이제 1호점과 2호점의 시간대별 빵 판매 데이터를 이어서 연결해주었습니다. 그리고 '시간' 열을 기준으로 아침부터 저녁까지 오름차순으로 정렬을 해보았습니다.

그랬더니 사장님이 의도했던 대로 오전 시간에는 아침 식사용으로 쓸 수 있는 식빵이 많이 팔렸고, 오후 시간에는 피곤을 달래 줄 달콤한 도넛이 많이 팔렸습니다. 사장님은 각 지점장에게 지시합니다. "오전에는 식빵을, 오후에는 도넛을 좀 더 준비해주세요!" 그리고 이렇게 생각합니다.

"데이터를 연결해보니, 생각보다 유용한 걸!"

03 데이터 짝짓기: 매핑

데이터를 기반으로 빵의 수요와 공급을 관리했더니 빵집의 매출 성장세가 눈에 띄게 좋아졌습니다. 그리하여 사장님은 빵집의 꽃인 '케이크'에 대한 데이터 관리에도 도전합니다. 그런데 문제가 발생했습니다. 케이크에 대한 데이터는 우리가 흔히 아는 이름의 케이크와 많이 달랐습니다.

"[판매 데이터] ≠ [공급 데이터], 케이크명 ≠ 케이크 코드"

이를 어쩌죠? 실컷 판매를 했는데, 케이크 판매 데이터에는 '베리베리 후레시'와 같이 새로 붙인 케이크명만 나와 있고, 케이크 공급업체에서 받은 데이터에는 '생크림 3호'와 같은 케이크 코드만 있습니다. 또 중간에 바뀐 코드가 있는지도 미지수였습니다. '아니, 이걸 다 어떻게 고치지!'

[그림 15-6] 케이크 종류

이럴 때 등장하는 개념이 바로 데이터 매핑Data Mapping입니다. 데이터 매핑은 두 개의 서로 다른 데이터가 만들어지고 이런 데이터 간의 연결이 정의되는 프로세스입니다.

사실 이런 데이터 매핑 작업은 데이터가 표준화되어 있지 않은 회사에서 자주 발생하는 상황입니다.

데이터 매핑을 하려면 서로 다른 데이터 간에 연결을 해주기 위한 정의가 필요합니다. 여기서 말하는 데이터의 정의가 바로 '베리베리 후레시:생크림 3호' '하얀 눈꽃송이:생크림 2호'와 같은 또 다른 데이터입니다. 우리는 이렇게 별도로 데이터 정의를 내린 데이터를 '메타 데이터Meta Data'라고 합니다.

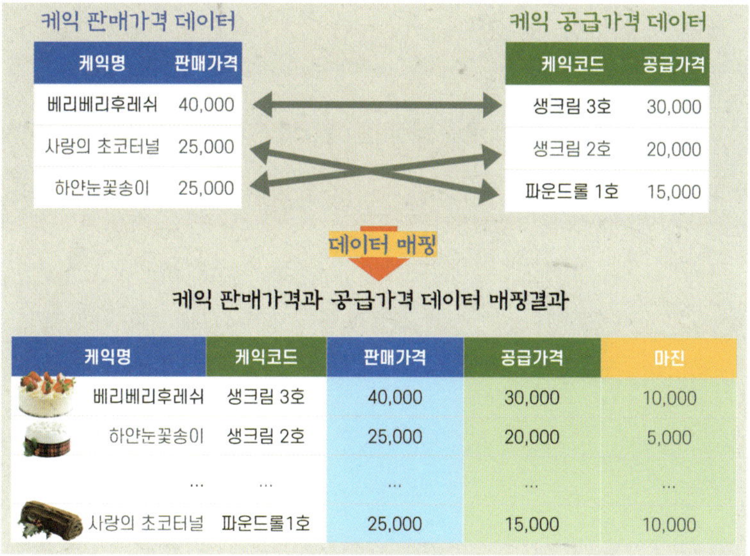

[그림 15-7] 데이터 매핑

제가 다양한 데이터 분석을 통해 경험한 사례에서 실제 많이 발생하는 예는 다음과 같습니다. 사내에 영업팀과 제작팀이 있다고 가정하겠습니다. 영업팀은 제품 1, 2, 3에 대해 분류코드를 다음과 같이 3단계로 관리하고 있습니다.

- 제품 1: 전자 〉 TV 〉 LCD
- 제품 2: 컴퓨터 〉 프린터 〉 잉크젯

반면에 제작팀은 제품 1, 2, 3을 다음과 같이 2단계로 분류합니다.

- 제품 1: 가전제품 〉 텔레비전
- 제품 2: 사무용품 〉 프린터

이렇게 팀별로 분류코드의 단계와 분류명이 다를 때 어떻게 접근해야 할까요? 정답은 바로 '데이터 표준화'입니다. 데이터 표준화는 기업의 시스템별로 산재해 있는 데이터에 대한 용어, 정의, 구조, 타입에 대한 기준을 수립하고 전사적으로 동일한 해당 기준을 적용하는 것입니다. 이렇듯 데이터 매핑은 여러 데이터의 통합을 위한 초기 단계 역할을 합니다.

데이터 강력하게 활용하는 사고 방법인 ① 붙이기(Merge & Concat) ② 짝짓기(Mapping) ③ 집계하기(Groupby) 중 첫 번째와 두 번째에 대해 알아보았습니다. 다음은 데이터 집계하기에 대해서 알아보겠습니다.

2 데이터를 사이언티스트처럼 데이터를 생각하자

01 기업규모가 커질수록 데이터를 효과적으로 다뤄야 한다

다음 □□에 공통으로 들어갈 단어는 무엇일까요?

- 에덴동산 동쪽에는 □□이 있다.
- □□의 경영을 총괄하는 미래전략실
- 블랙핑크는 가장 인기 있는 여성 □□이다.

"정답은 '그룹'입니다."

오늘은 '그룹'에 대해서 좀 이야기를 이어갈까 합니다. 데이터를 강력하게 활용하는 세 가지의 사고 방법인 ① 붙이기(Merge & Concat) ② 짝짓기(Mapping) ③ 집계하기(Groupby) 중 이제 사고 방법의 마지막 ③ 집계하기 하나만 남았네요.

"이게 다 데이터 사고력 덕분입니다. 분석가님, 감사합니다."

데이터 관리 덕분에 사장님은 이제 빵집을 안정적으로 운영하게 되었어요. 그 덕에 빵집이 번창해서 뚜루뚜루 카페Cafe로까지 확장해서 오픈하게 되었습니다.

이제 뚜루뚜루 빵집은 빵에서 시작해서, 케이크, 음료와 아이스크림까지 다양한 제품군을 판매하기 시작했습니다. 빵집 아니, 카페 사장님은 "기업의 규모가 커질수록 데이터를 효과적으로 다뤄야 한다"는 말이 무슨 말인지 깨닫고 있습니다.

"기업의 규모가 커질수록 데이터를 효과적으로 다뤄야 한다."

기업의 규모가 커질수록 데이터도 많아지고, 데이터를 효과적으로 다룰 수 있을 때 중요한 결정을 합리적으로 할 수 있습니다. 이렇게 시장 상황에 맞는 데이터 활용은 일회성으로 한 번에 그치는 것이 아니라, 지속적이어야 합니다. 마치 다이어트처럼 말이죠. 데이터는 수시로 변화하는 시장 상황, 고객의 마음 등을 실시간으로 보여주는 발자국이기 때문입니다.

이제 사장님은 다양한 제품군을 다루게 되면서, 각 제품군별 매출이 궁금해졌습니다. 빵집을 운영한 기간도 길어지다 보니 데이터도 꽤 많은 양이 되었습니다. 그러자 '당장 엑셀부터 켜서 데이터를 이리저리 뽑아낼까' 하는 생각이 들었습니다.

그래도 우선 내가 원하는 정보가 무엇인지, 어떻게 할지 생각해보기로 했습니다. 데이터를 빵, 음료, 케이크, 이렇게 제품군별로 나누고, 빵은 빵대로, 음료는 음료대로 판매수량과 금액을 계산해볼 셈입니다. 그리고 빵, 음료, 케이크에 대한 계산 결과를 다시 모아서 한 번에 비교하면 되겠다는 생각이 듭니다.

"나누기 → 계산하기 → 다시 모으기"

02 나누기: 분할

① 무엇을 기준으로 나눌까

시간대별 판매 리스트에서 구분할 수 있는 값은 빵/음료/케이크 제품군으로 나눌 수도 있고, 식빵, 생크림 케이크 3호, 아메리카노와 같이 더 자세한 제품명으로도 나눌 수 있습니다. 그리고 판매금액을 범위로 설정하여 5천 원 이하, 1만 원 이하/3만 원 이하/3만 원 이상 등의 기준으로 나눌 수도 있습니다.

이처럼 집계의 시작은 무엇을 기준으로 데이터를 나눌지에 대해 생각해보는 것입니다. 그리고 이렇게 데이터를 몇 개로 구분지어 나누어 담는 것을 그룹화(Groupby)라고 합니다.

[그림 15-8] 그룹을 나누는 기준

② 중복한 값을 제외하면 뭐가 남는가

'제품군'을 기준으로 데이터를 나누기로 했다면, 빵, 케이크, 음료, 빵, 음료 중에서 중복된 값은 제외하고 유일한 값을 뽑습니다. 이렇게 중복 없이 데이터를 추출하는 것이 '나누기' 사고의 두 번째 단계입니다.

그럼 제품군에서 중복이 없는 값으로는 [빵, 음료, 케이크]가 남았네요. 이 기준으로 데이터를 나누어 보았습니다. 그럼 [그림 15-9]와 같이 빵(파란색), 음료(빨간색), 케이크(노랑색)로 데이터를 쪼갤 수가 있습니다. 색깔로 표시하니까 눈에 딱 들어오죠?

[그림 15-9] 데이터 쪼개기

03 계산하기: 반영

① 무엇을 계산하고 싶은가

앞에서 그룹화를 통해 나눈 [빵, 음료, 케이크] 각각의 데이터를 보면, 여전히 시간, 제품명, 판매금액 등이 있습니다. 여기서 우리가 원하는 정보는 무엇인가요? 여기서도 우리가 무엇을 원하는지 그 목적에 대한 고민이 있어야 합니다.

[판매수량]

우리는 제품군별 판매량과 판매금액에 관심이 있기 때문에 두 가지를 다 구해보려고 합니다. 그러려면 원본 데이터에서 추출된 '빵'만의 데이터에 대해 몇 줄인지 세어보면 총 판매수량이 될 것입니다. [그림 15-9]를 예로 들면 빵은 3개가 팔렸습니다. 이렇게 해당 그룹에 데이터가 몇 개 있는지를 파악하는 것을 '데이터의 사이즈를 계산한다'라고 합니다.

[판매금액]

그리고 판매금액도 궁금하기 때문에 '빵'만의 데이터에서 판매금액 3개를 모두 더해줍니다. 3,000원 + 1,000원 + 2,000원 = 6,000원입니다.

마찬가지로 '음료'의 경우도 데이터가 4줄이므로 총 판매수량이 4개, 판매금액의 합은 16,000원입니다. 그리고 '케이크'는 총 판매수량 2개, 판매금액은 65,000원으로 계산할 수 있습니다.

[평균 판매금액]

지금까지 빵, 음료, 케이크의 판매수량과 판매금액을 알아냈기 때문에 평균 판매금액도 다음처럼 파악할 수 있습니다.

- 빵: 6,000원 ÷ 3개 = 2,000원
- 음료: 16,000원 ÷ 4개 = 4,000원
- 케이크: 65,000원 ÷ 2개 = 32,500원

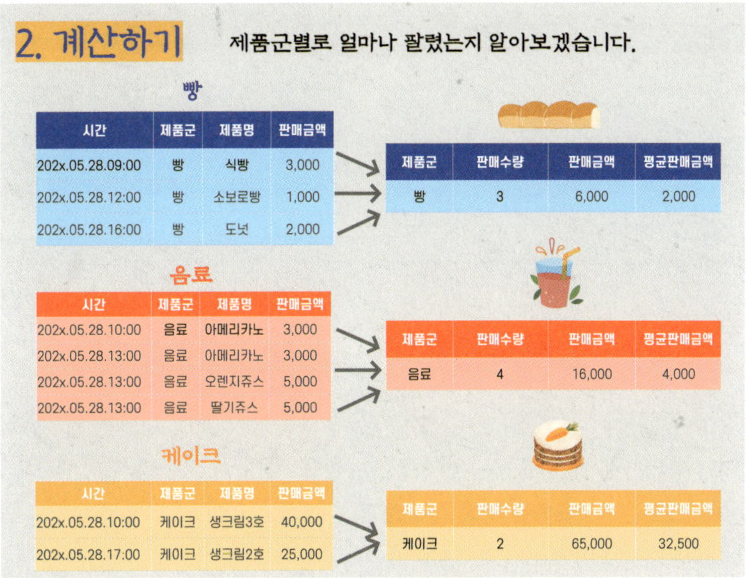

시간	제품군	제품명	판매금액
202x.05.28.09:00	빵	식빵	3,000
202x.05.28.12:00	빵	소보로빵	1,000
202x.05.28.16:00	빵	도넛	2,000

제품군	판매수량	판매금액	평균판매금액
빵	3	6,000	2,000

시간	제품군	제품명	판매금액
202x.05.28.10:00	음료	아메리카노	3,000
202x.05.28.13:00	음료	아메리카노	3,000
202x.05.28.13:00	음료	오렌지쥬스	5,000
202x.05.28.13:00	음료	딸기쥬스	5,000

제품군	판매수량	판매금액	평균판매금액
음료	4	16,000	4,000

시간	제품군	제품명	판매금액
202x.05.28.10:00	케이크	생크림3호	40,000
202x.05.28.17:00	케이크	생크림2호	25,000

제품군	판매수량	판매금액	평균판매금액
케이크	2	65,000	32,500

[그림 15-10] 제품군별 판매 데이터

현재까지는 이렇게 계산한 판매수량, 판매금액, 평균 판매금액이 빵, 음료, 케이크별로 따로 떨어져 있습니다. 이렇게 각 데이터 테이블에서 데이터 수, 합계, 평균 등을 뽑는 과정이 바로 두 번째 단계인 '계산하기'입니다.

그룹화할 데이터 열을 정하고, 계산할 데이터 열을 정해야 합니다. 이때 그룹화할 데이터 열은 하나가 아닌 둘 이상이 될 수도 있습니다. 제품군을 대상으로 첫째 분류 그룹을 나누고, 제품명을 대상으로 둘째 분류 그룹을 나눕니다. 예를 들면, 빵 〉 식빵 〉 판매수량 / 판매금액 / 평균 판매금액 순으로 데이터를 요약할 수 있습니다.

'계산하기' 단계에서 다양한 마법이 가능합니다. 앞선 합계 외에도 표준편차, 분산과 같은 산포도를 뽑을 수도 있고 최댓값이나 최솟값 혹은 백분위수, 처음이나 마지막 데이터 값을 뽑을 수도 있습니다. 또한 원하는 조건을 설정해 줄 수도 있습니다. 예를 들어, 매출액 합계가 10만 원 이상인 빵의 데이터만 뽑는다든지, 판매수량이 최소 30잔 이상인 음료만을 데이터로 뽑을 수 있습니다.

여기서 잠깐!

대표적인 계산하기 종류

데이터 수, 평균, 표준편차, 분산, 백분위수(25%, 50%, 75%), 최댓값, 최솟값, 전체 합계, 특정 값과 같거나(=) 작거나(<) 큰(>) 데이터만 필터링하기(골라내기) 등이 있습니다.

04 다시 모으기: 결합

이제 집계하기의 마지막 단계입니다. 앞에서 [빵, 음료, 케이크] 그룹에 대한 판매수량, 판매금액, 평균 판매금액을 모두 뽑았습니다. 이렇게 뽑은 데이터는 현재 각각 떨어져 있는 상태입니다. 현재 세 개의 테이블로 데이터가 나누어져 있죠. 이것들을 다시 하나의 데이터 테이블에 담는 과정이 필요합니다.

계산하기에서 얻을 결과를 이제 단순히 서로 붙여주기만 하면 끝입니다. 그러면 빵, 음료, 케이크에 대한 판매수량, 판매금액, 그리고 평균 판매금액까지 모두 한 눈에 볼 수 있게 됩니다.

사장님은 판매수량, 판매금액, 평균 판매금액뿐만 아니라 요일/월/년에 따라 데이터를 그룹화하고 계산하여 다시 모아보기를 반복합니다. 여기에 빵집의 노하우가 더해지고, 그리고 최적의 판매전략을 찾아냅니다.

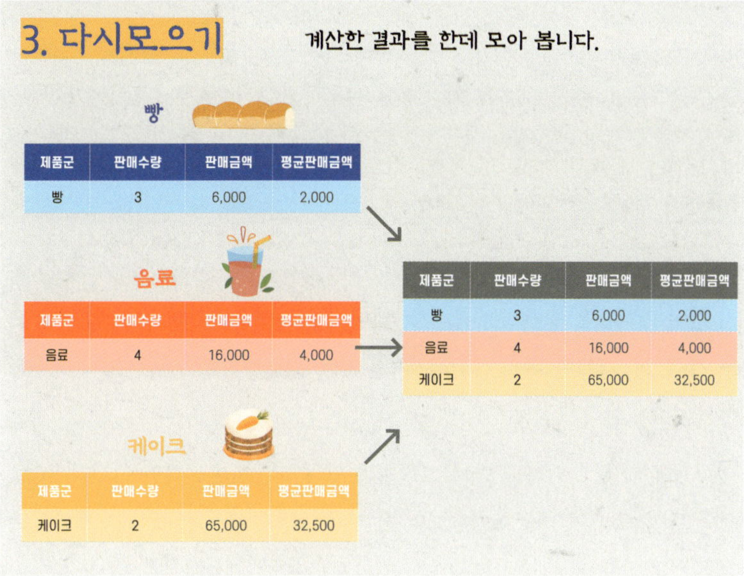

[그림 15-11] 데이터를 다시 모으기

05 데이터 사이언티스트처럼 생각하자

"아무 생각 없이 인터넷을 탐색하다가 인생 득템?"

실무에서는 초반에 데이터를 이렇게도 분석해보고, 저렇게도 분석해보는 과정이 있습니다. 우리가 인터넷을 탐색해보는 것처럼요. 인터넷으로 이 사이트도 들어가 보고 저 사이트도 들어가 보는 탐색을 하는 과정과 같다고 해서, 탐색적 데이터 분석(Exploratory Data Analysis)이라는 용어를 씁니다.

여기서 잠깐!

쓸데없는 얘기 하나!

- 지금은 구글 크롬이나 마이크로소프트 엣지 브라우저를 많이 쓰지만 예전에는 인터넷을 탐색한다는 의미의 인터넷 익스플로러(Internet Explorer)라는 브라우저를 썼습니다.
- 데이터 분석에는 왜 이렇게 어려운 용어가 많은 걸까요? 진입장벽만 높아 보이게 말이죠. 중요한 것은 개념원리와 활용이라는 사실을 인지해야 흔들리지 않습니다.

그런데 목적 없이 인터넷을 탐색하는 것처럼 데이터를 분석하다가는 끝이 없을지 모릅니다. 따라서 무엇을 기준으로 그룹을 나눌 것인지, 어떤 값을 계산하기를 원하는지 등의 목적을 가지고 시작하는 것이 중요합니다.

15장에서 다룬 데이터를 강력하게 만드는 방법은 엑셀, R, 파이썬뿐만 아니라 SQL, C# 등 모든 프로그래밍 언어, 그리고 태블로Tableau와 같은 시각화 툴에서 전부 같은 개념으로 통합니다. 다시 말해, 데이터를 기반으로 생각하는 힘, 즉 사고력이 중요한 것이죠.

'나는 이 값을 기준으로 데이터를 나눌 것이고, 이 정보를 원해!'라는 생각만 명확하다면, 어떤 툴이 되었든지 결국 원하는 값을 얻어낼 수 있습니다.

제빵그룹의 신화를 일으킨 '뚜루뚜루 카페' 회장님은 지난날, 데이터 사고력에 덕에 동네 빵집으로 시작해서 그룹Group으로 일으켰던 그때를 떠올리며 아침을 맞이합니다.

쓰기

요점이 요기니(Yogini)

혼자(하나의 데이터) 하는 일이 아니다.

01 서로 다른 두 개의 데이터를 공통된 키 값으로 합치는 것은 병합(Merge)

02 2개의 데이터 프레임을 서로 연결하는 것은 '데이터 잇기(Concat)'

03 데이터 매핑(Mapping)은 두 개의 서로 다른 데이터 간의 연결이 정의되는 프로세스

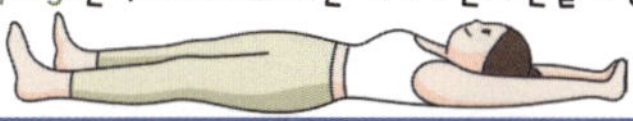

데이터를 한 데 붙이고, 연결하면 강력해져요

정리하기

1. 데이터를 강력하게 만드는 방법

01. 데이터 붙이기 1: 병합

- 데이터는 혼자서보다는 하나의 부서 단위의 활용을 넘어서는 경우가 많습니다.
- 목적에 맞는 데이터를 직접 만드는 과정에서 필요한 사고방식에는 세 가지가 있습니다. 바로 데이터를 붙이기, 짝짓기, 집계하기입니다.
- 서로 다른 두 개의 데이터를 한 데 붙이는 것을 '병합'이라고 합니다.
- 데이터를 합치는 기준이 되는 공통 값을 키(Key)라고 하고, 두 데이터 프레임에서 별도로 참조되는 두 개 이상의 데이터들을 값(Value)이라고 합니다.
- 데이터 병합(Merge) 방법에는 4가지가 있습니다.

  ① 교집합(Inner Join) 방식

  ② 합집합(Outer Join 또는 Full Join) 방식

  ③ 왼쪽 기준(Left Join) 방식

  ④ 오른쪽 기준(Right Join) 방식

02. 데이터 붙이기 2: 잇기

- 두 개의 데이터 프레임을 서로 연결하여 합치는 것을 '데이터 잇기'라고 합니다.
- 많은 프로그래밍 언어에서는 Concatenate(사슬 같이 잇다), 줄여서 Concat(컨캣)으로 표현합니다.

03. 데이터 짝짓기: 매핑

- 데이터 매핑은 두 개의 서로 다른 데이터가 만들어지고 이런 데이터 간의 연결이 정의되는 프로세스입니다.
- 데이터 매핑을 위해서는 서로 다른 데이터 간에 연결을 해주기 위한 정의 즉, 메타데이터가 필요합니다.
- 데이터 표준화는 기업의 시스템별로 산재해 있는 데이터에 대한 용어, 정의, 구조, 타입에 대한 기준을 수립하고 전사적으로 동일한 기준을 적용하는 것입니다.

2. 데이터 사이언티스트처럼 데이터를 생각하자.

01. 기업규모가 커질수록 데이터를 효과적으로 다뤄야 한다.

- 데이터는 수시로 변화하는 시장 상황, 고객의 마음 등을 실시간으로 보여주는 발자국이기 때문입니다.
- 데이터를 집계하는 사고방식: 나누기 → 계산하기 → 다시 모으기

02. 나누기: 분할

- 집계의 시작은 무엇을 기준으로 데이터를 나눌지에 대해 생각해보는 것입니다.
- 데이터를 몇 개로 구분지은 후 나누어 담는 것을 그룹화(Groupby)라고 합니다.
- 중복 없이 데이터를 추출하는 것은 '나누기' 사고의 두 번째 단계입니다.

03. 계산하기: 반영

- 우리가 무엇을 원하는지 목적에 대한 고민이 가장 우선되어야 합니다.
- 각 데이터 테이블에서 데이터 수, 합계, 평균 등을 뽑는 과정을 수행합니다.
- 대표적인 계산하기 종류: 데이터 수, 평균, 표준편차, 분산, 백분위수(25%, 50%, 75%), 최댓값, 최솟값, 전체 합계, 특정 값과 같거나(=) 작거나(〈) 큰(〉) 데이터만 필터링하기(골라내기)
- 그룹화할 데이터 열을 정하고, 계산할 데이터 열을 정해야 합니다.

04. 다시 모으기: 결합

- 집계하기의 마지막 단계는 각 테이블로 나누어져 있는 데이터들을 다시 하나의 데이터 테이블에 담는 과정입니다.

05. 데이터 사이언티스트처럼 생각하자.

- 분석 초기단계에 수집한 데이터를 다양한 관점에서 살펴보고 이해하는 과정을 탐색적 데이터 분석(Exploratory Data Analysis)이라고 합니다.
- 데이터를 강력하게 만드는 방법은 프로그래밍 언어에 있지 않고, 데이터를 기반으로 생각하는 힘, 사고력에 있습니다.

나는 처세술 대신 데이터 분석을 택했다

쉽게 이해하고 활용할 수 있는 AI, Big Data 입문서

16장

데이터를
적절히 저장해요

잔잔한 일요일 오후, 딸이 묻습니다.

"아빠, 주인공이 노트에다가 뭘 저렇게 쓰는거야?"

"딸, 무슨 영화 보는데?"

"응, 〈마션〉이라고, 주인공이 화성에서 혼자 살아 남아서 지구에 있는 사람들과 대화를 하고 있거든, 근데 48 = H, 4F = O, 57 = W 뭐 이런 식인데…, 도대체 뭐하는지 모르겠어."

"오, 초등학생이 그런 것까지 궁금해하다니! 그건 아스키 코드라고 하는거야."

"엉? 아스크림 코드."

"아니, '아스키 코드'라고 사람의 언어를 컴퓨터 언어로 바꿔주는 방식이야, 아빠가 좀 더 설명해줄 테니 들어봐~."

영화 〈마션〉에는 화성에서 조난당한 주인공이 특정 방식을 활용하여 지구와 통신하는 장면이 포함되어 있습니다. 이 방식을 이용해서 주인공이 어떻게 살아남았는지, 어떻게 구조할지 소통하게 됩니다. 이 부분에서 사람의 언어를 컴퓨터의 언어로 바꿔주는 방식 중 하나인 '아스키 코드'가 등장합니다.

이 장에서는 아날로그와 디지털 데이터의 특징에 대해 알아보고, 나아가 컴퓨터와 인간이 소통하는 방식에 대해 재미있는 사례를 통해 데이터를 어떻게 쓸 것인지에 대해 알아보겠습니다.

1 데이터를 알면 화성에서도 살아 돌아올 수 있다

01 아날로그와 디지털로 구분되는 데이터 특징

"우리 아기, 열을 좀 재 볼까?"

요즘은 어디에 가나 체온을 잴 일이 많아졌습니다. 그때마다 디지털 체온계를 사용하여 귀나 이마, 심지어 걸어가는 사람에 대해 열화상 카메라로 체온을 실시간 측정하고 있습니다. 예전에는 체온을 측정하는 방식이 조금 달랐습니다.

어린 시절 아파서 소아과에 갔던 기억이 납니다. 빨간 수은주로 표시된 기다란 온도계를 왼쪽 겨드랑이에 끼고 한참이 지나면 간호사 선생님이 그것을 빼서 열이 몇 도라고 알려주던 시절이 있었습니다.

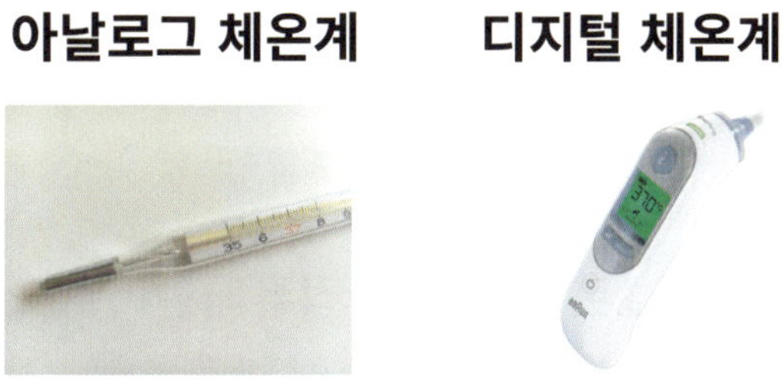

[그림 16-1] 아날로그 체온계와 디지털 체온계

마찬가지로 텔레비전도 아날로그 신호에서 디지털 신호로 변환된 시기가 있습니다. 2012년 지상파 아날로그 TV 방송이 56년 만에 완전히 종료되었고, 디지털 TV 방송 시대를 맞이했습니다.

여기서 아날로그는 온도, 빛, 소리 등 시간에 따라 변하는 값을 연속적으로 표현하는 것을 말하고, 디지털은 연속된 값을 끊어서 표현할 수 있는 숫자나 문자로 표현한 것을 말합니다. 앞서 살펴본 예로 아날로그 체온계는 수은주의 높이를 읽을 때 그 값은 36.81234...으로 딱 떨어져지지 않습니다. 즉, 연속적입니다. 반면에 우리가 사용하는 디지털 체온계는 36.8도와 같이 정해진 소수점 자리까지만 나타낼 수 있죠.

아날로그 데이터는 아날로그로 표현된 데이터 즉, 디지털 데이터의 반대입니다. 이것은 자연 상태에서 나타나는 연속적인 값을 데이터로 표현하는 방법입니다. 예를 들면, 텔레비전의 빛과 소리의 신호 강도는 끊임없이 변하고, 온도나 압력도 계속해서 변하는 상태의 연속된 데이터라는 특성이 있습니다.

반면에 디지털 데이터는 실제값에 가까운 '근삿값'을 나타냅니다. 예를 들어, 체온계에서 누구나 같은 값을 읽을 수 있는 것처럼 말입니다. 즉, 표준화되어 변경이 어렵지만, 데이터를 더하거나 빼는 가공이 쉽고, 또 컴퓨터나 디지털 저장소에 효율적으로 저장할 수 있습니다.

02 컴퓨터는 데이터를 어떻게 인식하나

그렇다면 컴퓨터는 데이터를 어떻게 저장하고 처리할까요? "컴퓨터는 0과 1만으로 정보를 표현해야 한다"라는 말을 들어봤을 겁니다. 그러면 2나 3과 같은 숫자는 대체 어떻게 표현할까요? 또 우리가 쓰는 한글, 영어와 같은 문자도 마찬가지고요.

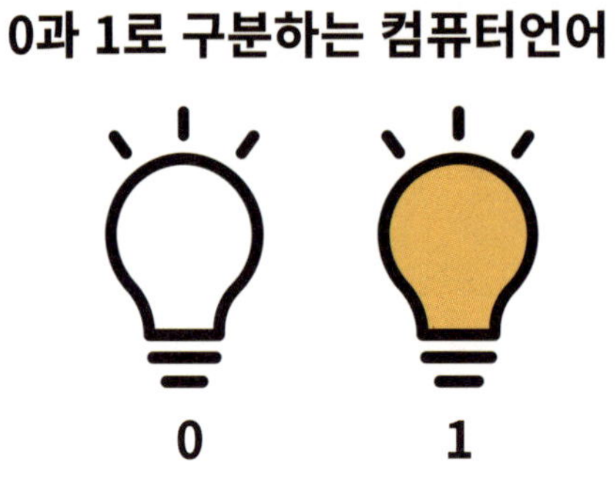

[그림 16-2] 0과 1로 정보를 표현하는 컴퓨터 언어

컴퓨터는 우리가 사용하는 문자, 그림, 숫자 등의 정보를 0과 1로 변환해야지만 이해할 수 있습니다. 그리고 전구 하나 당 1비트, 전구가 두 개 있으면 2비트라고 자릿수를 세기로 약속합니다.

이렇게 우리말을 컴퓨터가 알아들을 수 있게 바꿔주는 것은 '인코딩encoding'이라고 합니다. 반대로 컴퓨터의 언어를 우리의 말로 바꿔주는 것을 '디코딩decoding'이라고 해요.

- 인코딩: 사용자가 입력한 문자나 기호들을 컴퓨터가 이용할 수 있는 신호로 만드는 것
- 디코딩: 복호화 또는 디코딩은 부호화된 정보를 부호화되기 전으로 되돌리는 것

03 문자 데이터의 표현

혹시 외국 사람과 이야기해봤나요? 저는 중학교 때 영어학원에서 만난 원어민 선생님과의 대화가 그 첫 소통이었습니다. 서로 다른 언어를 쓰는 사람끼리도 의사소통을 하기 위해서는 둘 중 한 사람이 내가 사용하는 언어, 그러니까 한국어를 머릿속에서 대화하는 사람이 알아들을 수 있는 언어로 변환해서 이야기해야 하죠.

"한국인 → (한국어를 영어로 머릿속에서 생각) → 외국인,
인간 → (사람의 문자를 컴퓨터 언어로 변환) → 컴퓨터"

[그림 16-3] 인간과 컴퓨터의 소통 비교

그런데 앞서 컴퓨터는 0과 1만 이해할 수 있다고 했으니, 0과 1로 표현되는 수 즉, 2진수의 형태로 풀어서 알려줘야 합니다. 그런데 다양한 언어와 말들을 변환하려면 뭔가 약속이 필요합니다. 그래서 이렇게 인간의 문자를 컴퓨터가 알아들을 수 있는 2진수의 형태로 변환할 수 있게 국제사회에서 약속해서 만든 것을 '문자 코드'라고 합니다.

이 약속에는 대표적으로 '아스키 코드'[01]와 '유니 코드'가 있습니다. 여러분이 데이터를 활용/분석하다 보면 "어, 파일이 깨졌어요!"라고 당황할 때가 많은데, 이것은 컴퓨터 언어를 사람의 언어로 디코딩할 때 원래 썼던 약속이 아니라 다른 약속을 적용해서 그렇다고 보면 됩니다.

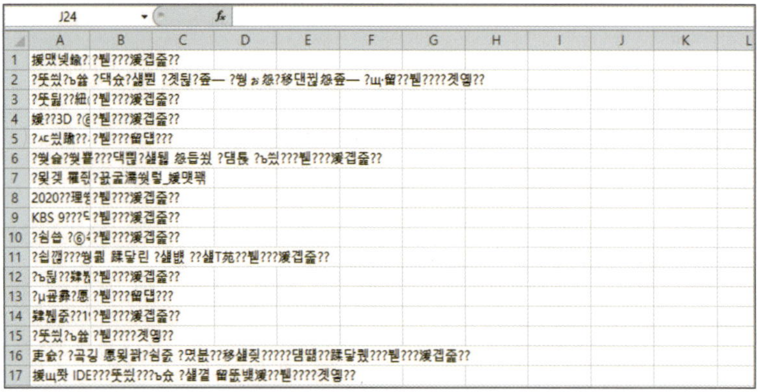

[그림 16-4] 디코딩 오류의 예[02]

04 아스키 코드

"Are you Receiving me?"
(제 말이 들리나요?)

---

01 미국 정보교환 표준 부호로, 간단히 줄여서 ASCII로 표현합니다. 영문 알파벳을 사용하는 대표적인 컴퓨터 문자 표현방식인 아스키는 컴퓨터와 통신 장비를 비롯한 문자를 사용하는 많은 장치에서 사용되며, 대부분의 문자 표현방식은 아스키에 기초를 두고 있습니다.

02 출처: https://smorning.tistory.com/269

[그림 16-5] 영화 〈마션〉 중 한 장면

〈마션〉이라는 영화가 있습니다. 2015년 개봉한 멧 데이먼 주연의 SF 영화입니다. 주인공 와트니는 화성 탐사 도중에 사고를 당하고 혼자서 살아남게 됩니다. 지구와 모든 연락 수단이 두절되고 남아있는 것은 '지구에서 원격 작동할 수 있는 회전 카메라' 단 하나뿐입니다. 여러분이 그 상황에 처했다면 지구에 어떻게 구조요청을 하겠습니까?

주인공 와트니는 회전하는 카메라를 가져와 가운데 "제 말이 들리나요?"라는 메시지를 꽂고 한 쪽에는 'YES', 다른 한 쪽에는 'NO'를 써 붙입니다. 그리고 지구에서 이 메시지를 확인하고 카메라를 'YES' 쪽으로 돌리는 순간, 와트니는 환호합니다.

그러나 YES와 NO, 단 두 개를 가지고는 의사소통에 한계가 있었습니다. 그래서 와트니는 죽은 동료의 수첩에서 아스키 코드를 얻게 되고, 이것을 이용해서 카메라가 360도 회전이 가능함을 이용해서 숫자 0~9와 문자 A~F를 16진수로 변환하여 원형 팻말을 만들어 지구와 교신하고 결국 구조됩니다. 즉, 16진수를 아스키 코드로 변환하고 이를 다시 영어 알파벳으로 변환해서 의사표시를 한 것이죠.

"16진수 → 아스키 코드 → 알파벳"

예를 들어, 48은 첫째 자릿수 4×16진수 + 둘째 자릿수 8을 더해서 64 + 8 = 72가 됩니다. 이것을 복호화(디코딩)하면 영어 알파벳으로 H가 되는 형태입니다.

48 4F 57 41 4C 49 56 45

↓

72 79 87 65 76 73 86 69

↓

H O W A L I V E

(어떻게 살아있나)

[그림 16-6] 〈마션〉에서 아스키 코드를 작성하는 모습

아스키 코드에는 대문자, 소문자, 구두점 및 숫자를 포함하여 선택할 수 있는 128개의 문자가 있습니다. 이 표를 사용하면 영어로 무엇이든 쓸 수 있습니다. 그렇다면 영어가 아닌 한글은 어떻게 할지 의문이 생깁니다. 우리 한글과 같이 영어의 알파벳을 사용하지 않는 다른 언어를 표현하려면 여러 가지 문자 코드 변환이 필요하겠죠?

이때 사용하는 코드가 '유니 코드Uni Code'라는 방식입니다. '유니 코드'는 문자에 부여되는 값을 모두 통일하여 전 세계 언어와 특수문자를 표현할 수 있도록 만든 국제 표준 코드라고 보면 됩니다. 이 유니 코드는 32개 자리로 표현되는 32비트 숫자입니다(한 자리는 1비트이므로 32비트가 됩니다).

05 아이폰과 갤럭시의 카메라 화소 비교

"아이폰 14에 4,800만 화소 탑재하나?"

스마트폰을 살 때 고려하는 요소 중 하나로 카메라 해상도를 많이 따져보게 됩니다. 과거에는 100만 화소도 높은 수준이었는데, 어느 새인가 1,000만 화소를 넘어 1억 화소를 이야기하고 있습니다. 그렇다면 이 '화소'라는 의미는 무엇일까요?

화소는 영어로 픽셀Pixel이라고 말하고, 이것은 사진을 구성하는 최소 단위를 가리킵니다. 해상도란 사진이 선명한 정도를 나타내는 단위로, 사진 전체를 구성하는 픽셀 수가 곧 해상도가 됩니다. 따라서 단위 면적당 픽셀 수가 많을수록 해상도가 높아지는 것입니다.

예를 들어, 가로 10픽셀×세로 10픽셀을 가지고 있는 사진의 경우 100픽셀의 해상도라고 말합니다. 따라서 우리 스마트폰에 들어가는 1,200만 화소의 경우 4,000픽셀×3,000픽셀을 가지고 있는 모눈 종이라고 이해하면 쉽습니다.

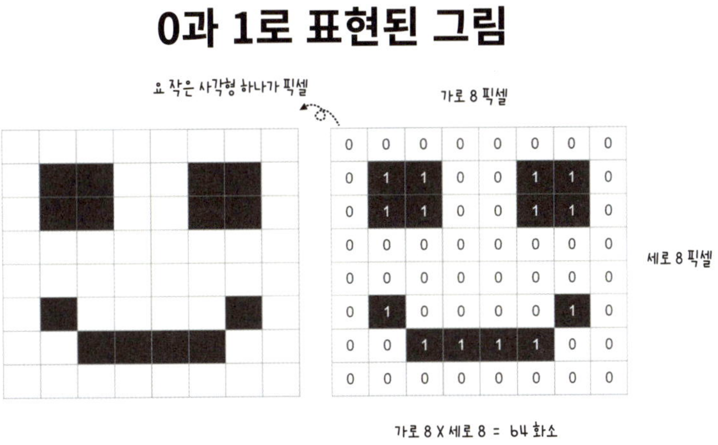

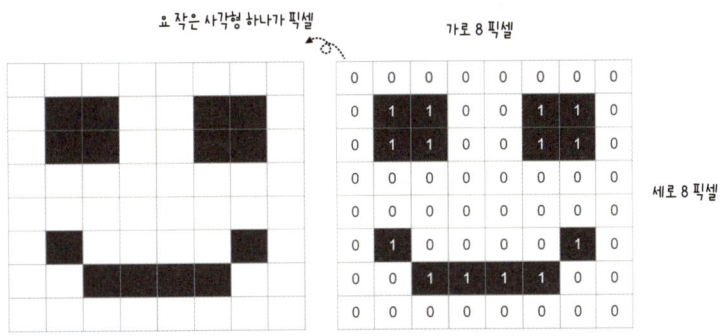

[그림 16-7] 픽셀을 표현한 모눈 종이

그렇다면 색상은 어떻게 표현된 것일까요? 디지털 사진에 1,200개 픽셀이 있다고 해서 1,200만 화소라고 얘기했는데, 이 한 픽셀 당 가질 수 있는 비트 수(컴퓨터 문자 자릿수)에 따라 표현할 수 있는 색상이 달라집니다.

예를 들어, 1비트인 경우, 검정(1)과 흰색(0) 두 가지 색만 표현되고, 우리가 흔히 말하는 256색의 경우, 8비트 그러니까 2의 8제곱(256) 개수만큼 색상 정보를 가질 수 있습니다. 그리고 오늘날에 많이 쓰는 24비트는 빛의 3원색인 빨강(R), 초록(G), 파랑(B)이 각 8비트씩 색상정보를 가지면서 2의 24제곱만큼(16,777,216) 우리가 보는 색상으로 표현해줍니다.

06 실무에서 디지털 데이터가 중요한 이유

우리는 지금 데이터를 활용하는 방법을 익히고 있습니다. 당연하게 들리겠지만 데이터가 없다면 활용할 수 없습니다. 실제로 현업에서 문제를 정의하고 원인을 분석하면서 데이터에 기반한 원인분석이나 해결방안을 도출하려고 할 때, 나한테 딱 맞는 데이터가 나오지 않습니다. 이럴 때 사용하는 방법에는 세 가지가 있습니다.

첫 번째는 현재까지 존재하는 데이터를 활용해서 나에게 필요한 데이터 형태로 가공하는 것입니다. 여기서 '가공한다'라는 의미는 입맛에 맞게 조작한다는 의미가 아닙니다. 데이터가 가지고 있는 구조, 형태를 변경하는 것을 말합니다. 예를 들어, 제품 판매 리스트만 덩그러니 있을 때, 고객별 맞춤형 추천 제품 목록을 만들고 싶다면, 제품 판매 리스트에 고객 정보, 그리고 제품 정보를 융합하여 하나의 새로운 데이터를 만들 수 있습니다.

두 번째는 '지금부터라도 데이터를 수집한다'입니다. 실제 현업에서는 문제를 먼저 정의하고 데이터로 풀겠다는 각오만 있지, 경험해보지 않은 문제와 장애물이 많습니다. 이럴 때 결국 맞닥뜨리는 현실은 "데이터가 없다"입니다. 좀 더 명확하게 얘기하자면 '올바른' '정확한' 데이터가 없습니다. 이 방법은 지금 당장 이 문제를 데이터로 해결할 수 없다는 '단점'이 존재합니다.

세 번째는 아날로그로 존재하는 데이터를 디지털 데이터로 변환하는 것입니다. 파이썬을 배우거나 인공지능을 활용하는 많은 분야에서는 반드시 필요한 부분입니다. 여기서 다룬 내용도 모두 여기에 해당하는 부분입니다.

우리 주변에는 생각보다 아직 디지털화되지 않은 데이터가 많습니다. 예를 들어, 문서의 자필서명을 한다든지, 온도와 습도 관리대장을 수기로 기록하는 일들입니다. 이런 아날로그 데이터들은 최근 기술(OCR, 광학 문자인식)로 디지털 데이터로 변환할 수 있습니다. 그럴 때 데이터의 특징 그리고 변환하고자 하는 형태에 맞게 표준화하는 일이 필요합니다.

이 장에서 다루는 아날로그와 디지털 데이터, 문자와 그림의 표현 방법을 통해서 데이터 쓰기에 대한 이해도가 조금 높아졌으면 좋겠습니다.

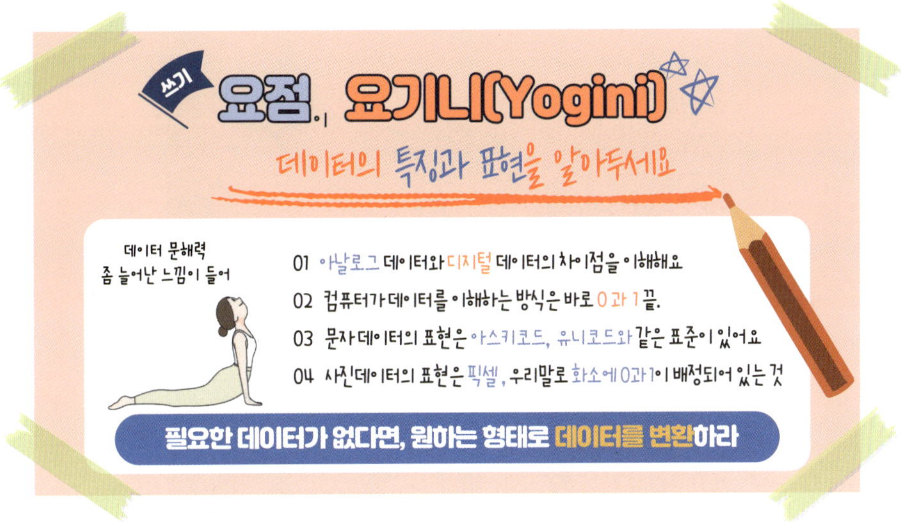

2 진달래와 철쭉을 구분하는 방법

01 진달래와 철쭉 구분하기

"철쭉과 진달래를 구분할 수 있나요?

[그림 16-9] 아파트 화단 핀 비슷하게 생긴 두 종류의 꽃

봄꽃이 피는 시기, 아이들과 아파트 단지를 산책했습니다. 알록달록 핀 꽃이 있어 웬만한 꽃 축제가 부럽지 않았습니다. 그러다가 "아빠, 이 꽃 이름이 뭐야?"라며 아이들이 꽃 이름을 물어봤는데, 진달래인지, 철쭉인지 긴가민가했습니다. 역시 모든 공부는 아이들의 궁금증으로부터 시작됩니다. 그래서 자랑스럽게 "그런 건 이렇게 알아보는 거야" 하며 스마트폰을 꺼내 들었습니다.

제품의 사진으로 종류를 분류하는 기술이 처음 나왔을 때는, 꽃 이름을 맞추는 정확도가 많이 떨어지거나, 아예 데이터가 없어서 분류가 불가능하기도 했습니다. 그래서 결과가 더욱 궁금했죠. 짠! 정답은 아래와 같습니다.

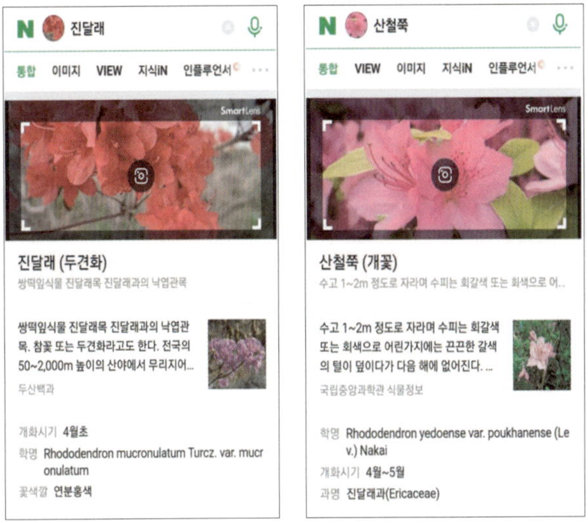

[그림 16-10] 네이버로 검색한 꽃 종류

이렇게 결과가 바로 나오니, 얼마나 편한 세상이 되었는지 모릅니다. 지금껏 진달래와 철쭉을 구분하지 못하다니, 저는 꽃에 대한 예의가 좀 부족했습니다. 하지만 반대로 사람들도 알지 못하는 꽃 이름을 수백 종류 이상 분류해낼 만큼 데이터도 많아지고, 인공지능 기술도 발전했다는 의미이기도 했습니다.

이런 기술의 뒷면에는 '딥러닝'이라는 인공지능 모델이 있습니다만, 이 장에서는 인공지능 기술 자체보다는 '꽃 사진'이라는 '데이터'에 주목하겠습니다.

여기서 잠깐!

꽃 종류를 검색하는 방법

1. '네이버 앱 〉 가운데 초록색 원 모양 클릭 〉 렌즈 클릭 〉 사진 촬영'을 하면 됩니다.
2. 진달래와 철쭉을 구분하는 방법은 다음과 같습니다.
   - [잎] 진달래는 꽃이 먼저 피고 잎사귀가 나고, 철쭉은 잎이 먼저 나고 꽃이 핍니다.
   - [나무 크기] 진달래는 나무 키가 큰 반면, 철쭉은 크기가 아담하고 키가 작습니다.
   - [꽃받침] 진달래는 꽃받침이 없고, 철쭉은 꽃받침이 있습니다.
   - [꽃잎] 진달래는 꽃잎에 무늬가 없는 반면, 철쭉은 곤충을 유인하기 위한 반점이 있습니다.

사진은 찍는 사람이나 찍히는 사람에 따라 형태가 일정할 수 없습니다. 가까이서 찍기도 하고, 화질도 다르고, 사진 크기도 다릅니다. 이처럼 일정한 형식이 없는 데이터를 '비정형 데이터'라고 합니다.

02 정형 데이터와 비정형 데이터의 차이

사진은 비정형 데이터입니다. 그러면 이제 데이터의 종류가 어떻게 나누어지는지를 알고 싶어집니다. 우선 데이터의 종류는 크게 '정형 데이터'와 '비정형 데이터'로 나눌 수 있습니다.

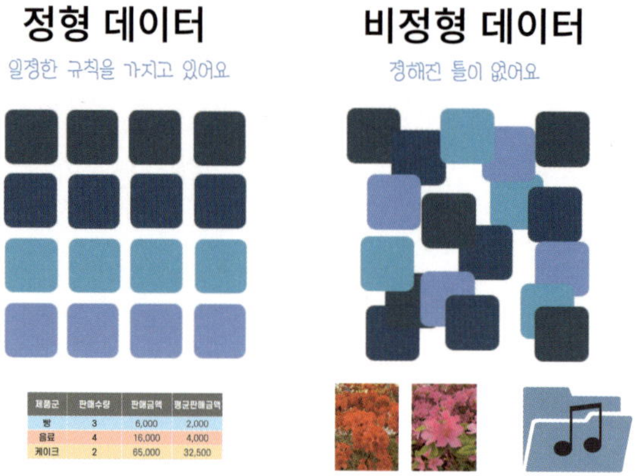

[그림 16-11] 정형 데이터와 비정형 데이터

① 정형 데이터

정형 데이터는 이름처럼 '정'해진 '형'식이 있는 데이터입니다. 가로와 세로, 그러니까 행과 열로 구성된 표(테이블) 형태의 데이터로 이해하면 좋겠습니다. 기업에서는 꼭 필요한 데이터들을 미리 정해 놓은 형식과 구조에 따라 저장을 해야 합니다. 예를 들면, 앞선 뚜루뚜루 빵집의 사례에서 본 것처럼, 제품군(빵/음료/케이크), 제품명(도넛/크루아상...), 판매수량, 판매금액 등의 값에 해당하는 칸을 사전에 만들어놓고 거기에 데이터를 쌓는 것을 말합니다.

이렇게 형식을 정해놓으면 뭐가 좋을까요? 정형 데이터의 장점은 정해진 형식과 저장 구조로 인해 나중에 데이터를 쉽게 검색, 선택, 업데이트, 삭제할 수 있다는 것입니다.

기업의 데이터베이스, 엑셀과 같은 스프레드시트가 정형 데이터에 해당됩니다. 예를 들면, 고객정보 데이터베이스, 제품별 판매수량 및 금액, 아파트 실거래가, 회사 임직원 인사정보 등 우리가 데이터라고 다루고 있는 대부분의 것이 정형 데이터입니다.

② 비정형 데이터

간단히 말하면, 한자로 아닐 비(非)를 사용하니까, 정형 데이터가 아닌 모든 데이터가 비정형 데이터입니다. 비정형 데이터는 미리 약속된 데이터 형식이나 패턴이 없는 데이터로, 구조화되어 있지 않아서 쉽게 검색할 수 없습니다. 앞서 제가 찍은 진달래와 철쭉 사진처럼, 비정형 데이터는 시스템이 아닌 사람이 만드는 경우가 많죠.

예를 들어, 고객센터에 전화를 하면 "전화 연결 후에는 서비스 품질 향상을 위해 통화 내용이 녹음될 수 있습니다"라는 멘트를 들어봤을 겁니다. 이처럼 녹음된 음성 오디오 파일도 대표적 비정형 데이터입니다.

또, 우리가 SNS에 올리는 사진, 그리고 글도 모두 비정형 데이터입니다. 또 기업에서 아직도 대부분의 일들이 워드, 파워포인트, PDF 등의 개별 파일로 진행되는데 이 모두가 비정형 데이터입니다. 이처럼 비정형 데이터도 문자, 숫자에서부터 이미지 및 오디오에 이르기까지 다양합니다.

03 비정형 데이터의 중요성

"매일 약 250억 바이트의 데이터가 생성되며,
전체 데이터의 80%가 비정형인 것으로 추산됩니다."
–글로벌 IT 컨설팅 기업 가트너(Gartner)

이렇듯 비정형 데이터가 데이터의 대부분을 차지하기 때문에 그 중요성을 간과할 수 없습니다. 이 80%의 데이터는 다루기가 어렵지만, 고객 분석, 수익성 개선 등 특정 문제와 목적이 있다면 그 가치가 높아집니다. 쏟아지는 포토리뷰, 피드백이 중요한 이유가 바로 고객으로부터 직접적으로 고객의 경험, 필요 및 요구사항을 얻을 수 있기 때문입니다. 정형 데이터뿐만 아니라, 비정형 데이터를 활용한다면 그렇지 않은 조직이나 개인에 비해 더 나은 의사결정을 내리고 경쟁력을 강화할 수 있습니다.

[그림 16-12] 정형 데이터와 비정형 데이터의 비율

만약, 비정형 데이터를 탐색하지 않는다면 엄청난 잠재력을 놓치고 있는 것입니다. 비정형 데이터를 효율적으로 분석하기 위해 앞서 소개한 딥러닝과 같은 현재 기술을 활용하면 중요한 행동 경향에 대한 통찰력을 얻을 수 있습니다.

"사람과 인공지능을 이어주는 비정형 데이터"

지금까지 알아본 표(테이블) 형태의 데이터는 엑셀 등으로 분석할 수 있는 방법이 많이 발전해 왔습니다. 하지만 사진, 글, 그림, 음성 등과 같은 비정형 데이터는 사람이 직접 열어서 보고, 듣고, 읽고 판단하는 방식 외에는 뾰족한 수가 없었죠. 사람은 결국 말하기, 듣기, 읽기, 쓰기를 통해 소통합니다. 이때 사람들의 말하기와 듣기는 음성 데이터가 되고, 사람들의 읽기와 쓰기는 텍스트 데이터, 보기는 이미지 데이터가 됩니다. 네, 맞습니다. 이렇게 사람들의 의사소통의 흔적으로 남은 이것들이 바로 비정형 데이터입니다.

그리고 이 데이터들을 학습한 인공지능이 사람들의 눈, 귀, 입, 손을 대신해줄 수 있습니다. 그때야 비로소 사람들의 삶을 더욱 편리하게 해 줄 수 있습니다. 요즘에 많이 친숙해진 AI 스피커는 사람들의 음성을 알아들을 수 있고, 자율주행 자동차는 사람들의 눈을 대신해줄 수 있습니다. 또 챗봇은 사람들의 손과 입을 대신해서 상담을 진행해주죠. 그리고 2023년 등장한 챗GPT는 미국 변호사 시험과 미국 수학능력 고사에서 상위 10% 성적을 얻을 수 있다고 합니다.[03] 이것들을 복합한 휴머노이드 로봇humanoid[04]이 대두되고 있습니다.

결국 사람에 좀 더 가까운 데이터가 바로 비정형 데이터입니다. 이것이 비정형 데이터를 중요하게 생각하는 이유이며, 데이터 활용과 데이터 사고력에 빠질 수 없는 이유입니다.

03 출처: 2023년 3월 15일 오픈AI, GPT-4 출시..."SAT 상위 10% 수준"/YTN 사이언스

04 인간의 형태를 모습으로 한 로봇을 의미합니다. 인간의 지능, 행동, 감각, 상호작용을 모방하여 인간을 대신하거나 협력하는 서비스를 목표로 하는 로봇입니다.

04 기업 데이터의 선순환 구조

앞서 네이버의 스마트 렌즈를 소개했지만, 구글과 마이크로소프트, 카카오도 비정형 데이터에 집중하고 있습니다. 비정형 데이터를 분석하는 것만으로도 기존에 얻지 못한 통찰력을 얻을 수 있지만, 정형 데이터와 융합된다면 어떨까요?

"정형 데이터 + 비정형 데이터, 이보다 더 강력할 순 없다."

예를 들어, 여러분 개개인의 글, 말, 사진과 같은 비정형 데이터가 이름, 연락처, 직업과 같은 개인의 정형 데이터와 인구, 소비 및 구매 통계와 같은 거시적 정형 데이터와 결합된다면 매우 강력해질 것입니다. 결국 정형 데이터와 비정형 데이터를 결합하면 기존에 우리가 풀 수 없었던 문제들에 좀 더 근본적으로 접근할 수 있습니다. 그리고 기존보다 데이터로 설명할 수 있는 현상의 범위가 넓어질 것입니다.

이런 의미에서 기업들은 다음과 같은 데이터 선순환 구조를 만들고 있습니다.

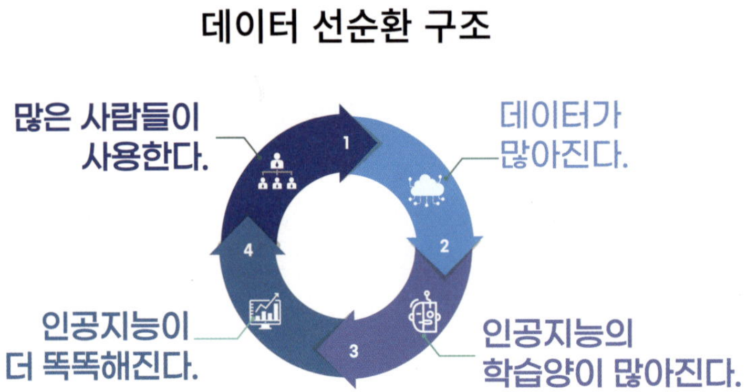

[그림 16-13] 데이터의 선순환 구조

1. 기업의 서비스를 많은 사람이 사용한다.
2. 데이터가 많아진다.
3. 인공지능의 학습 양이 많아진다.
4. 인공지능이 더 똑똑해진다. → 다시 1. 더 많은 사람이 사용한다.

이 장에서는 데이터를 쉽게 찾고, 효율적으로 쓰는 방법에 대해 알아보았습니다. 데이터는 정형과 비정형으로 나뉘고 둘이 하나가 되었을 때 그 힘이 커진다라는 사실을 알게 되었습니다. 그리고 이런 데이터가 많아질수록 인공지능이 똑똑해지고 사람들이 많이 모이고 또 비정형 데이터가 많아지는 선순환 구조까지 이해했습니다. 데이터로 이루어진 세상, 데이터를 이해하고 쓴다면 기존에 해결하지 못한 문제를 해결하는 데 도움을 줄 것이 분명해 보입니다.

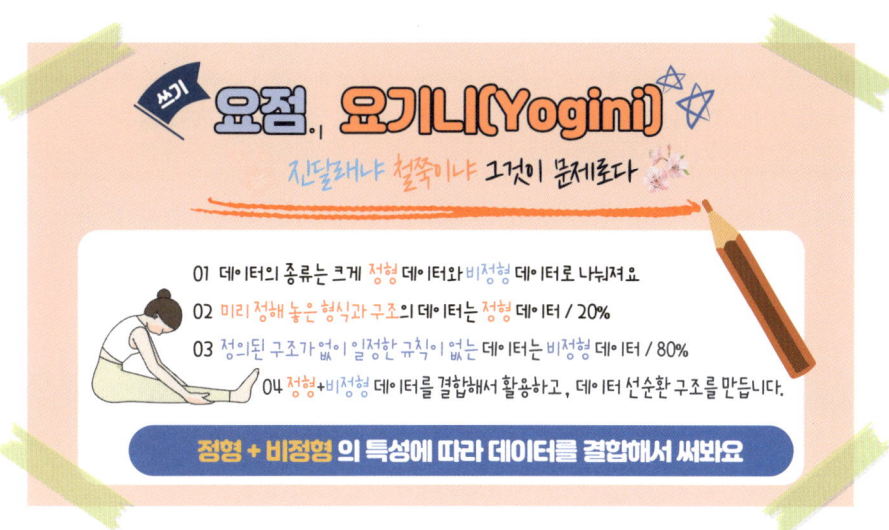

쓰기 요점이 요기니(Yogini)

진달래냐 철쭉이냐 그것이 문제로다

01 데이터의 종류는 크게 정형 데이터와 비정형 데이터로 나눠져요

02 미리 정해 놓은 형식과 구조의 데이터는 정형 데이터 / 20%

03 정의된 구조가 없이 일정한 규칙이 없는 데이터는 비정형 데이터 / 80%

04 정형+비정형 데이터를 결합해서 활용하고, 데이터 선순환 구조를 만듭니다.

정형 + 비정형의 특성에 따라 데이터를 결합해서 써봐요

정리하기

1. 데이터를 알면 화성에서도 살아 돌아올 수 있다

01. 아날로그와 디지털로 구분되는 데이터 특징

- 아날로그는 온도, 빛, 소리 등 시간에 따라 변하는 값을 연속적으로 표현하는 것을 말하고, 디지털은 연속된 값을 끊어서 표현할 수 있는 숫자나 문자로 표현한 것을 말합니다.
- 아날로그 데이터는 자연 상태에서 나타내는 연속적인 값을 데이터로 표현하는 방법입니다.
- 디지털 데이터는 실제 값에 가까운 근삿값을 나타냅니다. 표준화되어 변경이 어렵지만 데이터를 더하거나 빼는 가공이 쉽고, 또 컴퓨터나 디지털 저장소에 효율적으로 저장할 수 있습니다.

02. 컴퓨터는 데이터를 어떻게 인식하나.

- 컴퓨터는 우리가 사용하는 문자, 그림, 숫자 등의 정보를 0과 1로 변환해야만 이해할 수 있습니다.
- 인코딩: 사용자가 입력한 문자나 기호들을 컴퓨터가 이용할 수 있는 신호로 만드는 것입 니다.
- 디코딩: 복호화 또는 디코딩은 부호화된 정보를 부호화되기 전으로 되돌리는 것입니다.

03. 문자 데이터의 표현

- 인간의 문자를 컴퓨터가 알아들을 수 있는 2진수의 형태로 변환할 수 있게 '국제사회의 약속'을 만든 것을 문자 코드라고 합니다.
- 이 약속은 대표적으로 '아스키 코드'와 '유니 코드'가 있습니다.

04. 아스키 코드

- 미국 정보교환 표준 부호, 또는 줄여서 ASCII는 영문 알파벳을 사용하는 대표적인 컴퓨터 문자 표현 방식입니다. 아스키는 컴퓨터와 통신 장비를 비롯한 문자를 사용하는 많은 장치에서 사용되며, 대부분의 문자 표현 방식은 아스키에 기초를 두고 있습니다.

05. 아이폰과 갤럭시의 카메라 화소 비교

- 화소는 영어로 픽셀(Pixel)이라고 말하고, 이것은 사진을 구성하는 최소 단위를 가리킵니다.
- 단위 면적 당 픽셀의 수가 많을수록 해상도가 높아지는 것입니다.

06. 실무에서 디지털 데이터가 중요한 이유

- 나한테 딱 맞는 데이터가 나오지 않을때 사용하는 방법 세 가지는 다음과 같습니다.

① 현재까지 존재하는 데이터를 활용해서 내가 필요한 데이터의 형태로 가공한다.

② 지금부터라도 데이터를 수집한다.

③ 아날로그로 존재하는 데이터를 디지털 데이터로 변환한다.

2. 진달래와 철쭉을 구분하는 방법

01. 진달래와 철쭉 구분하기

- 데이터 종류는 크게 '정형 데이터'와 '비정형 데이터'로 나뉩니다.
- 사진과 같이 일정한 형식이 없는 데이터를 '비정형 데이터'라고 합니다.

02. 정형 데이터와 비정형 데이터 차이

- 정형 데이터는 이름처럼 '정'해진 '형'식을 가지고 있는 데이터입니다.
- 정형 데이터의 장점은 정해진 형식과 저장 구조로 인해 나중에 데이터를 쉽게 검색, 선택, 업데이트, 삭제할 수 있다는 것입니다.
- 비정형 데이터에서 비는 한자로 아닐 비(非)이므로 정형 데이터가 아닌 모든 데이터입니다.
- 비정형 데이터는 미리 약속된 데이터 형식이나 패턴이 없는 데이터로, 구조화되어 있지 않아서 쉽게 검색할 수 없습니다.

03. 비정형 데이터의 중요성

- 매일 약 250억 바이트의 데이터가 생성되며, 전체 데이터의 80%가 비정형 데이터인 것으로 추산됩니다.
- 정형 데이터뿐만 아니라, 비정형 데이터를 활용한다면 그렇지 않은 조직/사람에 비해 더 나은 의사결정을 내리고 경쟁력을 강화할 수 있습니다.
- 사람에 더 가까운 데이터가 바로 비정형 데이터입니다. 이것이 비정형 데이터가 중요한 이유이며, 데이터 활용과 데이터 사고력에 빠질 수 없는 이유입니다.

04. 기업 데이터의 선순환 구조

- 정형 데이터 + 비정형 데이터, 이 둘을 합치면 매우 강력해질 수 있습니다.
- 데이터 선순환 구조

  ① 기업의 서비스를 많은 사람이 사용한다.

  ② 데이터가 많아진다.

  ③ 인공지능의 학습 양이 많아진다.

  ④ 인공지능이 더 똑똑해진다. → 다시 ① 더 많은 사람이 사용한다.

나는 처세술 대신 데이터 분석을 택했다

쉽게 이해하고 활용할 수 있는 AI, Big Data 입문서

17장

올바른 데이터 구조를 선택해요

"여보, 내일 떠날 여행에 필요한 짐을 챙겨야 하니까 창고에서 트렁크 좀 꺼내줘요."

(창고를 열자 짐이 와르르 쏟아진다.)

"이게 다 뭐야?! 짐이 왜 이렇게 많아! 그리고 가방은 또 어디 있는 거야?"

가족 여행을 가기 위해 창고 안에서 트렁크 가방을 꺼내는 일이 이렇게 힘든 줄 몰랐습니다. 문득 남편은 회사에서 데이터 구조를 설계하던 순간이 떠오릅니다. 창고는 데이터 구조가 되고, 짐은 데이터가 되었습니다. 결국 창고 정리를 새로 하면서 남편은 생각합니다.

"데이터처럼 짐도 용도와 사용 빈도에 맞게 정리해 두어야겠어!"

"아니야, 그냥 둬~ 가끔씩 창고를 정리하는 남편 모습이 멋져 보이거든!"

"뭐라고~?"

데이터 구조를 잘 설계하면 데이터에 접근하기 편리하고, 데이터의 변경이나 추가 또는 삭제를 위한 작업이 용이합니다. 또 컴퓨터의 공간인 메모리를 적게 쓰고, 시간도 단축하는 등 이점이 많습니다.

이 장에는 데이터 구조와 알고리즘에 대해 알아보겠습니다.

1 데이터를 '구조'해 줘

01 기업 실무에서 데이터 쓰기의 중요성

초등학교 시절, 여름방학이 끝나고 새 학기가 시작하는 날이면 한두 명의 새 친구가 전학을 왔습니다. 한 한기 동안 친구들의 이름을 다 외운 후라서 새 친구의 이름을 기억하는 것도 어렵지 않고, 교실의 빈자리를 찾아 앉는 것도 그리 어려운 일은 아니었습니다.

"신규 고객인지 아닌지, 검색하는 데 10일?"

그로부터 20년이 지난 오늘, 박 사원은 회사의 고객 데이터 관리를 하고 있습니다. 방금 회사에 새로운 고객 한 명이 가입했습니다. 이제 고객들의 이름을 찾아내는 일은 초등학교 때 전학 온 친구의 이름을 기억하거나 자리를 배정해주는 일만큼 금방 해결할 수 없습니다.

실무에서 고객 규모가 작은 회사에서 고객 데이터를 앞뒤 순서가 있는 데이터 구조로 관리하고 있었습니다. 앞뒤 순서가 있는 데이터에서 중간에 있는 데이터를 찾기 위해서는 최악의 경우, 전부 꺼내봐야 합니다. 이 데이터는 신규고객이 가입할 때마다 고객 데이터를 매일 업데이트해서 저장해야 했습니다. 이것이 100명, 1000명 이하일 때는 기존 고객인지 여부를 확인하고, 데이터를 쓰는 방식으로 몇 분 정도 안에 해결되었습니다.

하지만 고객 수가 많을 때는 얘기가 달라집니다. 우리에게 친숙한 국내 통신업체 S사의 가입 고객 수는 3,024만 명(2022년 6월 기준)이고, 영화 스트리밍 기업 N사의 가입자 수는 2억 2,164만 명(2022년 1분기 기준)입니다. 3천만 명, 2억 명이라면 단순히 신규고객 이름을 기존 데이터베이스에서 검색하고 기존 고객인지 아닌지를 확인하는 데만 10일이 걸릴 것입니다. 이처럼 실제 데이터에서 빅데이터로 넘어가는 단계, 중소기업에서 대기업으로 넘어가는 단계에서 데이터 쓰기는 매우 중요합니다.

지금과 같은 추세라면 빅데이터를 보유하고 다룰 수 있는 대기업은 경쟁력이 계속 강화될 것이고, 반면에 새롭게 시장에 진입하려는 중소기업들은 '데이터 때문에' 기회를 얻지 못할 가능성이 커지게 됩니다. 실제 2021년 국내 기업의 빅데이터 도입률은 매출액 1,000억 원 이상인 대기업의 경우 38.9%인데 반해, 매출액 1,000억 미만의 중소기업인 경우 7.3%만이 도입한 것으로 나타났습니다.[01]

모든 것에는 작은 시작이 있기 마련입니다. '아이폰'으로 전 세계 사람들이 알고 있는 애플의 첫 시작도 스티브 잡스가 집 차고에서 컴퓨터를 조립하면서부터였습니다. 우리나라 최고의 기업 삼성전자 역시 대구 서문시장의 삼성상회에서부터 시작되었습니다. 데이터도 마찬가지입니다. 100명이었던 고객 데이터 파일은 어느 순간 엑셀로는 열지 못하는 순간이 올 것입니다. 여러분의 데이터 분석은 작은 데이터에서 시작하겠지만, 성공의 성공을 거듭하여 빅데이터를 만나게 될 것입니다. 이제 대표적인 데이터 구조에 대한 이해를 위해 다음의 이야기를 만나보겠습니다.

02 가장 안쪽에 있는 물건이 필요한 날이 창고를 정리하는 날이다

"창고에서 가방을 꺼낼 수가 없어!"

[사례 1] 창고에서 짐 꺼내기

코로나19로 인해 그동안 가지 못했던 여행을 정말 오랜만에 갑니다. "여보, 여행가방 좀 창고에서 꺼내 줘"라고 아내가 말했습니다. 그래서 창고를 열었는데 이게 웬 걸…. 장거리 여행을 갈 일이 없어서인지 여행가방이 창고 구석에 박혀 있었습니다. 창고 안에 쌓인 물건이 어마어마합니다. 도대체 뭘 어디서부터 시작해야 할지 모르는 상황입니다. 가만히 살펴보니, 뒤에 있는 빨간 여행가방을 꺼내려면 앞에서부터 차례대로 꺼내야 된다는 사실을 알게 되었습니다.

01 출처: 한국데이터 산업진흥원의 2021년 데이터 산업 현황조사

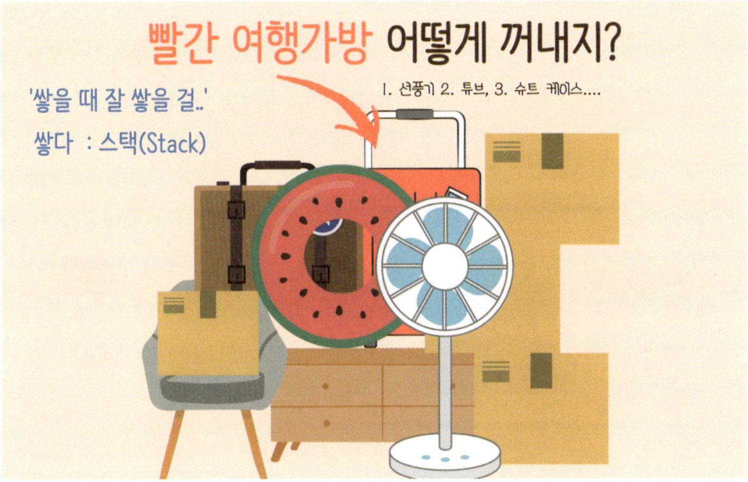

[그림 17-1] 창고 구석에 있는 빨간 여행가방을 꺼내자

그래서 선풍기를 꺼내고, 튜브를 꺼내고, 튜브를 꺼내다가 박스가 떨어져서 박스도 꺼내고. 이렇게 하나하나, 꺼내다 보니까 결국 여행가방을 꺼내다가 창고를 다 정리해 버렸습니다. 여행가기 전날 엄청나게 체력을 소진해버린 것입니다.

창고는 물건을 넣을 때 맨 먼저 넣은 물건을 가장 나중에 꺼낼 수밖에 없는 구조입니다. 물건을 안쪽부터 하나씩 차례대로 쌓아 나갑니다. 반면에 편리한 점도 있습니다. 가장 나중에 넣은 짐은 가장 먼저 뺄 수가 있습니다. 예를 들어, 갑자기 손님이 오면 눈에 보이는 지저분한 것들을 상자에 넣어 창고 문 바로 뒤에 놓으면, 손님이 돌아간 후에 바로 꺼낼 수 있습니다.

"창고 = 데이터를 담는 공간, 짐 = 데이터"

여기서 '창고 = 데이터를 담는 공간'이라고 생각하고, '짐 = 데이터'라고 생각해보면 어떨까요? 그러면 우리가 맨 마지막에 넣은 데이터는 가장 먼저 꺼낼 수 있고, 가장 처음 넣은 데이터는 맨 마지막에 꺼내게 됩니다. 이렇게 데이터를 담는 방식을 '스택STACK'이라고 합니다.

[그림 17-2] 스택 데이터 구조

스택은 말 그대로 '쌓다'라는 뜻이니까, "데이터를 창고에 쌓아둔다" 정도로 이해하면 좋을 것 같습니다. 그럼 이렇게 데이터를 쌓는 방식은 어디에 흔히 쓰일까요?

간혹 파워포인트나 엑셀 등에서 문서 작업을 하다가 바로 이전 작업 내용으로 되돌아가고 싶은 경우가 있을 겁니다. 이때 필요한 단축 키가 〈Ctrl〉+〈z〉입니다. 간혹 실수를 하거나, 이전 상태가 필요할 때 이처럼 취소하기 기능이 있어서 얼마나 다행인지 모릅니다. 우리 인생에도 이런 되돌리기 키가 있으면 얼마나 좋을까요?

이것을 데이터 관점에서 보면, 맨 마지막에 쌓은 작업 또는 기능의 데이터를 다시 지우는 것을 말합니다. 만약, 이런 데이터 구조 형태로 만들지 않고 검색하는 방식으로, 일일이 내가 한 일들에 이름을 붙여서 찾아서 지우는 방식이라면 얼마나 불편할까요? 인터넷 웹페이지에서와 같이 바로 전 페이지로 돌아갈 수도 있고, 텔레비전을 보다가 이전 채널로 갈 수 있는 것이 스택 데이터 구조의 예입니다.

이처럼 스택 데이터 구조는 데이터의 입출력 속도가 빠르다는 장점이 있는 반면, 앞서 창고에서 빨간 여행가방을 꺼낼 때처럼 특정 데이터의 삽입과 삭제가 비효율적이라는 단점이 있습니다.

우리는 스택 데이터 구조를 마지막(LAST)에 들어간(IN) 데이터가 가장 먼저(FIRST) 나온다고(OUT) 해서 'LAST IN FIRST OUT', 줄여서 'LIFO'라고 부릅니다.

거듭 얘기하지만, 멋진 용어는 중요하지 않습니다. 용어는 잠시 잊어도 좋습니다. "데이터 구조에 따라 데이터를 다루는 방식이 다르다"라는 것을 이해하는 것이 핵심입니다. 창고에 짐을 쌓는다(STACK)는 것만 기억해주기 바랍니다.

03 지구의 종말이 올 때까지의 시간을 계산하자

[사례 2] 하노이의 탑

사실, 방금 여러분이 익힌 스택 데이터 구조는 지구의 종말을 예언한 방법입니다. 무슨 이야기인지 모르겠다고요? 제가 스토리텔링을 좀 곁들여 설명하겠습니다.

스택은 세상의 종말을 예언합니다

인도 베레 나스에 있는 한 사원에는 세상의 중심을 나타내는 큰 돔이 있고, 그 안에 세 개의 다이아몬드 바늘이 동판 위에 세워져 있습니다. 바늘의 높이는 50cm, 굵기는 벌의 몸통만 합니다. 바늘 가운데 하나에는 신이 64개의 순금 원판을 끼워 놓았습니다. 가장 큰 원판이 바닥에 놓여 있고, 나머지 원판들이 점점 작아지며 꼭대기까지 쌓아 있습니다. 이것은 신성한 '브라흐마[2]의 탑'입니다. 브라흐마의 지시에 따라 승려들은 모든 원판을 다른 바늘로 옮기기 위해 밤낮 없이 차례로 제단에 올라 규칙에 따라 원판을 하나씩 옮깁니다. 이 일이 끝날 때, 탑은 무너지고 세상은 종말을 맞이하게 됩니다. -출처: 위키백과

'하노이 탑'에 얽힌 전설입니다. 세 개의 다이아몬드 바늘에 64개의 순금 원판을 전부 반대 쪽으로 옮기면 세상의 종말이 온다는 이야기죠. 혹시 다음처럼 생긴 것을 본 적이 있나요?

02 힌두교에 나오는 창조의 신입니다.

[그림 17-3] 하노이의 탑을 이용한 놀이기구[03]

이 하노이의 탑은 실제 어린이 두뇌개발에 좋은 보드게임으로 시중에 판매되고 있습니다. 일종의 퍼즐게임이죠. 크기가 다른 저 원판들을 다른 기둥으로 전부 같은 모양으로 옮기면 되는 게임입니다. 단 이 게임에는 두 가지 규칙이 있습니다.

❶ 한 번에 가장 위에 있는 원판 한 개만 옮길 수 있다.
❷ 큰 원판은 항상 작은 원판 아래 있어야 한다.

원판이 세 개인 가장 간단한 하노이의 탑 문제의 해결 순서는 다음과 같습니다. 눈으로 잘 따라오기 바랍니다.

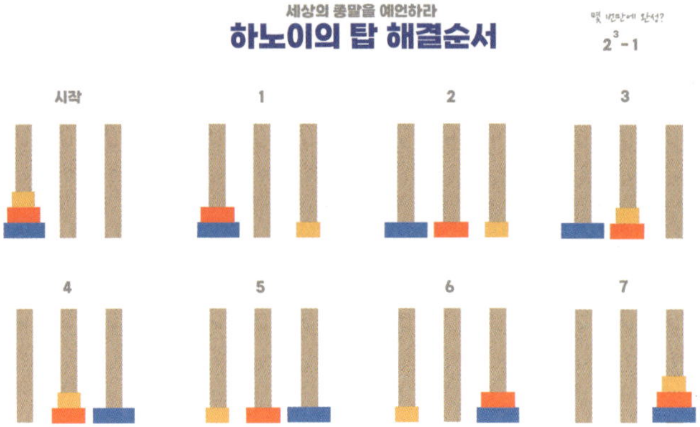

[그림 17-4] 하노이 탑의 해결 순서

03 출처: G마켓

하노이의 탑 문제에서 몇 번만에 문제해결이 가능할까요? 정답은 바로 다음과 같습니다.

"2의 □제곱 – 1"

하노이의 탑에서 원판이 3개라면, 2의 3제곱만큼 옮긴 수에서 1을 뺀 횟수만큼 원판을 이동하면 모두 옮길 수 있습니다. [그림 17–4]에서처럼 원판이 4개라면 2의 4제곱만큼 옮긴 수에서 1을 빼면 그 횟수가 나옵니다. 이것을 일반화해보면, 원판의 개수가 □개 일 때, 2의 □제곱 – 1번만큼 이동하면 게임을 마칠 수 있죠.

이제 다시 세상의 종말로 돌아가서, 원판의 수인 □에 64를 넣어볼까요?

2의 64제곱 – 1 = 18,446,744,073,709,551,615

약 1844경 번만큼 움직여야 합니다. 이를 시간으로 바꿔보겠습니다. 원판을 하나 옮길 때 1초씩만 걸린다고 가정해도, 약 5849억 4241만 7355년이 걸린다는 계산이 나옵니다.

스택이라는 데이터 구조를 사용하면 이렇게 간단해 보이는 원판 쌓기 작업도 오래 걸립니다. 따라서 우리가 손쉽고 빠르게 인터넷에서 검색하는 것과 같은 기능이 필요하다면, 스택보다는 다른 방식의 데이터 구조가 필요할 것입니다. 이것이 바로 우리가 데이터를 어떤 구조로 만들 것인지가 중요한 이유입니다. 데이터 구조는 그 활용 목적과 용도에 맞게 설계해야 하고 수집되어야 합니다.

04 줄을 잘 서야 한다고 들었습니다만

"QUEUE(큐)라는 단어를 아나요?"

[사례 3] 놀이동산에서 줄 서기

놀이동산에 가면 신나는 놀이기구를 탈 수 있어 좋은데, 한 가지 힘든 일이 있습니다. 바로 줄서기입니다. 이 줄서기를 우리는 영어로 Stand in line이라고 알고 있습니다. 그런데 다른 표현이 하나 더 있습니다. 바로 QUEUE(큐)입니다. Stand in line은 미국식 표현이고, QUEUE는 영국식 표현입니다.

[그림 17-5] 큐)[04]

그런데 이 줄서기는 참 공평한 방식인 것 같습니다. 먼저 온 사람에게 먼저 차례를 제공해주기 때문이죠. 가장 먼저 놀이기구에 줄을 선 사람에게, 가장 먼저 놀이기구를 탈 수 있게 해 줍니다.

"줄 = 데이터를 담는 공간, 사람 = 데이터"

이번에는 '줄 = 데이터를 담는 공간' '사람 = 데이터'라고 해볼까요?

이처럼 큐QUEUE 데이터 구조는 데이터가 입력된 순서대로 처리한다는 장점이 있는 반면에, 놀이동산 줄서기에서처럼 앞사람이 빠지면서 조금씩 계속 이동해야 한다는 점과 스택과 마찬가지로 중간에 있는 데이터에 대한 접근이 어렵다는 단점이 있습니다.

우리는 큐 데이터 구조를 가장 먼저(FIRST)에 들어간(IN) 데이터가 가장 먼저(FIRST) 나온다고(OUT) 해서 'FIRST IN FIRST OUT', 줄여서 'FIFO'라고 부릅니다. 쉽게 말해 '선착순'입니다.

04 출처: https://www.snappyjack.co.uk/pillar-sign---please-queue

[그림 17-6] 큐 데이터 구조

05 편의점에 음료수가 진열되는 방식

[사례 4] 편의점 냉장고

편의점에 가면 어떻게 유통기한이 많이 남아 있는 제품보다 유통기한이 조금 남은 제품이 항상 맨 앞에 있을까요?

편의점의 냉장고에 안쪽 창고에서 음료수를 넣으면 소비자가 보이는 냉장고 쇼케이스에서는 편의점 아르바이트생이 가장 먼저 넣은 음료수를 먼저 집게 됩니다. 사실 편의점의 냉장고 뒤편은 창고이고 직원이 넣은 음료는 경사진 진열대를 타고 앞으로 이동하게 됩니다.

"진열대 = 데이터를 담는 공간, 음료 = 데이터"

[그림 17-7] 큐의 예[05]

이렇게 먼저 넣은 음료가 먼저 소비자의 눈에 띄게 되는 것이죠. 마찬가지로, '진열대 = 데이터를 담는 공간' '음료 = 데이터'라고 해보겠습니다. 역시 큐QUEUE 데이터 구조에서 가장 먼저(FIRST)에 들어간(IN) 데이터가 가장 먼저(FIRST) 나옵니다(OUT).

06 이름과 전화번호가 뜻하는 것

이름: 홍길동
나이: 30
전화번호: 010-1234-5678
몸무게: 70

05 출처: 한국일보 뉴스

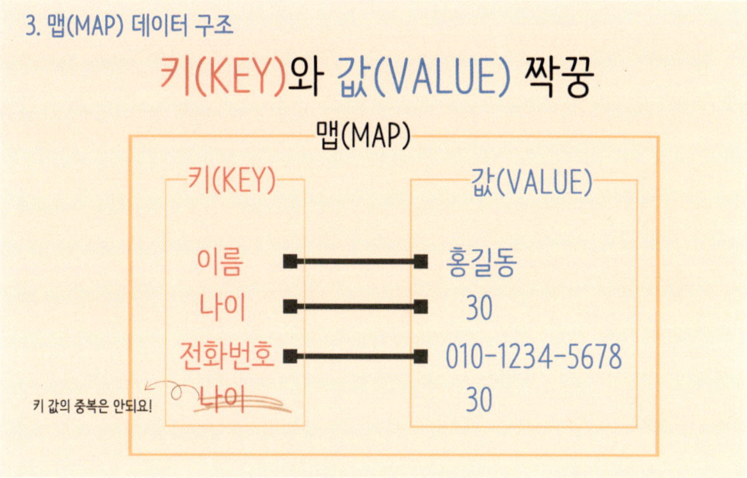

[그림 17-8] 맵 데이터 구조

[그림 17-8]에서 이름, 나이, 전화번호는 어떤 값을 나타내는지를 구분지어 줍니다. 그래서 다양한 값의 분류가 있을 때 '홍길동'은 이름에서 검색할 수가 있고, '30'은 나이에서 검색할 수 있습니다.

이처럼 어떤 데이터가 가지는 값을 구분해주는 '이름' '나이' '전화번호' 등의 데이터를 '키(KEY)'라고 하고, 실제 우리가 원하는 값인 '홍길동' '30' 등의 데이터를 '값(VALUE)'라고 합니다. 그리고 이름과 홍길동, 나이와 30을 연결하는 작업을 매핑MAPPING이라고 합니다. 이렇게 키와 값의 쌍으로 이루어진 데이터 구조를 맵MAP이라고 부릅니다.

이와 같은 맵 데이터 구조는 데이터의 검색 속도가 빠르고 키를 통해 값에 접근할 수 있다는 장점이 있는 반면에 데이터의 순서가 없다는 단점이 있습니다.

2 데이터 구조를 왜 알아야 하나

01 창고 정리가 필요한 이유

이제 결론을 얘기하기 위해 다시 창고로 돌아가겠습니다. 창고에서 여행가방을 꺼내기 위해 고생을 하고 저는 이렇게 다짐했습니다. '아, 이제부터는 다음에 활용하기 편하도록 차곡차곡 짐 정리를 잘하겠어!'라고 말이죠.

창고에 있는 물건을 필요할 때 쉽게 꺼내서 사용하려면 정리를 잘해야 합니다. 하지만 그보다 더 좋은 방법은 애초부터 목적에 맞는 공간에 보관하는 것입니다. 예를 들어, '자주 쓰는 물건은 쉽게 넣다 뺐다 할 수 있는 공간'에 넣는 것이고, 아이들 동화책처럼 순서가 있는 경우는 번호와 칸에 맞춰서 정리할 수 있는 공간'에 넣는 것입니다.

마찬가지로 데이터를 활용하려면 문제 해결에 적합하도록 데이터를 구조화해야 합니다. 데이터의 구조화란 데이터를 원하는대로 묶음으로 묶고, 활용하는 방법을 약속한 것을 말합니다. 데이터는 일정한 규칙 없이 저장하거나, 하나의 구조로만 활용하는 것보다 각 데이터와 문제의 특징에 맞게 저장하고 변형을 해야 합니다.

앞서 보았던 것처럼 인터넷에서 이전 페이지로 이동하려면 데이터를 스택 구조로 쌓아야 했고, 고객정보 데이터베이스를 구축하고 마케팅을 할 때는 키와 값을 가지는 맵 형태로 문제를 풀어야 합니다.

"문제에 적합한 데이터 구조를 선택하기 위해"

이렇게 '문제에 적합한 데이터 구조를 선택하는 것'이 문제 해결을 위한 첫 번째 단계이자, 가장 중요한 단계입니다. 이 단계에서는 "데이터를 적절한 공간에 저장하고, 빠르게 접근할 수 있다." 또는 "검색할 수 있다"라는 명제가 필요합니다.

02 문제를 푸는 공간과 시간

어떤 문제를 데이터 그리고 컴퓨터로 해결하려고 한다면, 무엇을 고려해야 할까요? 우선 컴퓨터가 계산할 수 있는 양이어야 하고, 빠른 시간에 해결하면 좋겠죠. 이런 생각이 들었다면 여러분은 이미 공간복잡도와 시간복잡도를 잘 이해하고 있는 겁니다. 다시 말하면, 계산을 하는 데 필요한 컴퓨터의 메모리(기억력)를 얼마나 사용하는지와 시간이 얼마나 걸리는지가 공간의 크기와 시간의 길이 개념입니다.

과거 컴퓨터가 처음 나왔던 시대를 기억하나요? 제 기억으로는 어렸을 적 플로피 디스크라는 커다랗고 가운데 구멍이 뚫린 저장장치를 사용했습니다. 지금과는 그 속도를 비교할 수 없을 정도로 느렸습니다. 그 당시 컴퓨터 사양은 간단한 계산을 할 때도 시간이 오래 걸리고 사용할 수 있는 공간도 매우 작았습니다. 그때는 컴퓨터에게 주어진 공간과 시간이 엄청나게 중요했겠죠?

그럼 오늘날에는 컴퓨터 성능이 획기적으로 향상되어 속도도 빠르고 메모리도 큰데, 그런 것을 고려하지 않아도 될까요? 정답은 "No"입니다. 오늘날에는 3D, 그래픽, 자율주행, AI 등 과거에 없었던 신개념이 등장했습니다. 따라서 문제를 해결하는 데 필요한 컴퓨터의 공간과 시간도 그것에 비례하여 커져 버렸습니다.

여기서 알고리즘이라는 개념이 나오는데, 알고리즘의 성능부터 이야기하면 다음 두 가지 지표로 표현합니다.

- **공간의 크기:** 얼마나 많은 저장 공간이 필요한지
- **시간의 길이:** 얼마나 오래걸리는지

따라서 좋은 알고리즘이란 위 공간과 시간 개념으로 정리하면 이렇습니다.

"공간을 작게 차지하고, 실행시간도 빠르다."

우선 공간의 크기에 대해 살펴보겠습니다. 공간은 알고리즘을 실행하는 데 필요한 저장공간의 양을 말합니다. 예를 들어, 옷장에 있는 공간을 살펴본다면, 옷을 걸어두는 옷걸이, 그리고 옷걸

이를 걸어두는 가로 봉, 그리고 서랍과 같은 고정된 공간이 있습니다. 그리고 그러한 공간을 제외하고 옷을 접어서 쌓아두거나 그 안에서 정리할 수 있는 오픈된 공간, 두 가지가 있습니다.

여기서 옷걸이, 봉, 서랍 같이 이미 정해진 공간을 '고정공간(C)'이라고 하고, 옷을 한 구석에서 다른 구석으로 옮기는 데 필요한 공간을 '가변공간(S)'라고 합니다. 알고리즘 입장에서 보면 옷걸이, 봉, 서랍은 프로그램을 저장하고, 데이터를 기억하는 데 필요한 고정적이며, 알고리즘 실행과 무관한 공간인 고정공간입니다.

반면에 알고리즘 실행 중에 동적으로 필요한 공간을 가변공간이라고 합니다. 공간의 크기는 이렇게 고정공간과 가변공간 둘을 더해서 계산해 준다고 이해하면 좋겠습니다.

"공간의 크기 = 고정공간(C) + 가변공간(S)"

그럼 이제 시간의 길이에 대해 알아보겠습니다. 시간의 길이는 어떤 문제를 해결하기 위해 사용된 알고리즘이 문제를 해결하는 데 걸리는 시간을 말합니다. 즉, 알고리즘의 효율성을 판단하는 지표입니다.

창고 정리의 예에서, 정리가 잘 되어 있는 창고에서 물건을 꺼내는 것이 정리가 엉망인 창고보다 더 빠를 겁니다. 이처럼 데이터도 정렬이 완료된 데이터가 뒤죽박죽 섞여있는 데이터보다 더 빨리 조회를 할 수 있습니다. 그리고 시간이 얼마나 걸리는지에 대한 효율성은 데이터에 따라 세 가지의 경우로 나누어 평가할 수 있습니다.

❶ 최선의 경우(Best Case): 실행시간이 가장 적은 경우를 말합니다.
❷ 평균적인 경우(Average Case): 모든 데이터의 입력을 고려하고, 각 데이터가 입력될 때 발생하는 확률을 고려한 평균 수행시간을 의미합니다.
❸ 최악의 경우(Worst case): 알고리즘의 수행시간이 가장 오래 걸리는 경우를 말합니다.

보통은 가장 오래 걸리는 경우, 최악의 경우를 기준으로 계산합니다. 예를 들어, 데이터가 1부터 10까지인 숫자 10개가 있다고 해보겠습니다. 그럼 데이터 개수(n)는 10개겠죠? 문제는 1부터 10까지의 합을 계산하는 것입니다. 여러 방법이 있겠지만 두 가지를 비교해 보겠습니다.

첫 번째는 1 + 2 + 3 + … + 10이 있습니다. 단순히 더하는 방법입니다. 이 방법을 사용하면 1 + 2 = 3에, 다시 3을 더하고, 그 결과에 다시 4를 더하고…. 이렇게 10번 더하기 계산을 해주면 됩니다.

그리고 다른 방식으로는 초등학교 때 배운 수학 공식을 사용합니다. 1부터 어떤 수까지의 합은 (어떤수 + 1) × 어떤 수 / 2로 계산할 수 있습니다. 여기서 어떤 수는 10입니다. 그러면 (10 + 1) × 10 / 2 = 55라고 계산할 수 있습니다.

이때 계산을 몇 번 해야 하나요? 10+ 1 한 번, 11 곱하기 10 = 110 두 번, 그리고 110 나누기 2 = 55 세 번입니다.

첫 번째 계산 방법은 10번의 연산을 수행한 반면, 두 번째 계산은 3번의 연산으로 같은 결과를 얻어냈습니다. 이렇듯 두 번째 방식이 첫 번째 방식보다 시간적인 측면에서 더 효율성이 높겠네요.

지금까지 설명한 '공간 크기'에 해당하는 멋진 용어는 '공간복잡도', '시간 길이'에 해당하는 멋진 용어가 바로 '시간복잡도'라는 개념입니다.

복잡해 보이지만 포인트는 이것입니다.

"데이터를 활용하여 문제를 풀 때 작은 공간 안에서 짧은 시간에 해결하는 것이 좋다."

이것만은 기억하면 됩니다. 이처럼 많은 데이터 구조, 시간과 공간의 개념들을 알아두면 우리가 일상에서 그리고 기업에서 발생하는 문제를 빠르고 쉽게 해결하는 최적의 방법을 찾을 수 있습니다. 이것은 우리가 컴퓨터에게 일을 시키는 절차인 알고리즘과 매우 밀접한 관계가 있습니다. 데이터를 쓰고 정리할 때 그 자체로 보면 지루하거나 왜 해야하는지 복잡해 보이는 경우가 대부분입니다. 하지만 문제 해결을 염두에 둔 데이터 구조는 결코 지루할 수 없겠죠?

쓰기

요점, 요기니(Yogini)

데이터의 구조를 구조하라!

01 맨 마지막에 넣은 데이터가 가장 먼저 나오는 스택(STACK) - 창고에 짐 쌓기

02 가장 먼저 넣은 데이터가 가장 먼저 나오는 큐(QUEUE) - 편의점에 음료수

03 키와 값의 짝꿍은 맵(MAP) - 이름은 홍길동

04 문제에 맞는 데이터 구조를 선택하는 것이 문제해결의 첫걸음

공간은 작게, 시간은 빠르게 문제를 해결하는 비결은 '데이터 구조'

정리하기

1. 데이터를 '구조'해 줘

01. 기업 실무에서 데이터 쓰기의 중요성

- 데이터에서 빅데이터로 넘어가는 단계, 중소기업에서 대기업으로 넘어가는 단계에서 데이터 쓰기는 매우 중요합니다.
- 빅데이터를 보유하고 다룰 수 있는 대기업들은 경쟁력이 계속 강화될 것이고, 반면에 새롭게 시장에 진입하려는 중소기업들은 '데이터 때문에' 기회를 얻지 못할 가능성이 커지게 됩니다.
- 데이터 분석은 작은 데이터에서 시작하겠지만, 성공을 거듭하여 빅데이터를 만나게 될 것입니다. 이때 데이터의 구조를 이해해야 문제를 적절히 풀 수 있습니다.

02. 가장 안쪽에 있는 물건이 필요한 날이 창고를 정리하는 날이다.

- '창고 = 데이터를 담는 공간'이라고 생각하고, '짐 = 데이터'라고 생각했을 때 맨 마지막에 넣은 데이터는 가장 먼저 꺼낼 수 있고, 가장 처음 넣은 데이터는 맨 마지막에 꺼내게 됩니다. 이렇게 데이터를 담는 방식을 스택(STACK)이라고 합니다.
- 스택을 사용하는 예
  ① 되돌아가기 버튼(〈Control〉+〈z〉 단축키)
  ② 인터넷 웹 페이지에서와 같이 바로 전 페이지로 돌아가기
  ③ 텔레비전을 보다가 이전 채널로 가기
- 스택의 장점: 데이터의 입출력 속도가 빠릅니다.
- 스택의 단점: 데이터의 삽입과 삭제가 비효율적입니다.
- 마지막(LAST)에 들어간(IN) 데이터가 가장 먼저(FIRST) 나온다고(OUT) 해서 LAST IN FIRST OUT, 줄여서 LIFO라고 부릅니다.

03. 지구의 종말이 올 때까지의 시간을 계산하자.

- 스택(STACK)이라는 데이터 구조를 사용하면 하노이 탑과 같이 간단해 보이는 작업도 오래 걸립니다.
- 따라서 데이터의 구조는 그 활용 목적과 용도에 맞게 설계되어야 하고 수집되어야 합니다.

04. 줄을 잘 서야 한다고 들었습니다만

- 놀이공원에서 줄을 서는 상황에서 '줄 = 데이터를 담는 공간' '사람 = 데이터'라고 생각합니다.
- 큐의 장점: 데이터를 입력된 순서대로 처리합니다.
- 큐의 단점: 놀이동산 줄서기에서처럼 앞사람(데이터)이 빠지면서 조금씩 계속 이동해야 합니다. 스택(STACK)과 마찬가지로 중간에 있는 데이터에 대한 접근이 어렵습니다.
- 가장 먼저(FIRST)에 들어간(IN) 데이터가 가장 먼저(FIRST) 나온다고(OUT) 해서 FIRST IN FIRST OUT, 줄여서 FIFO라고 부릅니다. 쉽게 말해 '선착순'입니다.

05. 편의점에 음료수가 진열되는 방식

- 편의점에서 음료수를 진열할 때 '진열대 = 데이터를 담는 공간' '음료 = 데이터'라고 생각합니다.
- 음료수도 마찬가지로 큐(QUEUE) 데이터 구조이며, 가장 먼저(FIRST)에 들어간(IN) 데이터가 가장 먼저(FIRST) 나옵니다(OUT).

06. 이름과 전화번호가 뜻하는 것

- 어떤 데이터가 가지는 값을 구분해주는 '이름' '나이' '전화번호' 등의 데이터를 '키(KEY)'라고 합니다.
- 실제 우리가 원하는 값인 '홍길동' '30' 등의 데이터를 값(VALUE)이라고 합니다.
- 이름과 홍길동, 나이와 30을 연결하는 것을 매핑(MAPPING)이라고 합니다.
- 키와 값의 쌍으로 이루어진 데이터 구조를 맵(MAP)이라고 부릅니다.
- 맵의 장점: 데이터의 검색 속도가 빠르고 키를 통해 값에 접근할 수 있습니다.
- 맵의 단점: 데이터의 순서가 없다는 단점이 있습니다.

2. 데이터 구조를 왜 알아야 하나

01. 창고 정리가 필요한 이유

- 창고에 있는 물건을 필요할 때 쉽게 꺼내서 사용하려면 정리를 잘해야 합니다.
- '자주 쓰는 물건은 쉽게 넣다 뺐다 할 수 있는 공간'에 넣는 것입니다.
- 동화책처럼 순서가 있는 경우는 번호와 칸에 맞춰서 정리할 수 있는 공간에 넣는 것입니다.
- 마찬가지로 데이터를 활용하려면 문제 해결에 적합하도록 데이터를 구조화해야 합니다.
- 데이터의 구조화란 데이터를 원하는 대로 묶음으로 묶고, 활용하는 방법을 약속한 것을 말합니다.
- 데이터는 일정한 규칙 없이 저장하거나, 하나의 구조로만 활용하는 것보다 각 데이터와 문제의 특징에 맞게 저장하고 변형해야 합니다.

02. 문제를 푸는 공간과 시간

- 알고리즘의 성능은 다음 두 가지 지표로 표현합니다.
  ① 공간의 크기: 얼마나 많은 저장 공간이 필요한지
  ② 시간의 길이: 얼마나 빠르게 실행되는지
- 좋은 알고리즘은 실행시간도 짧고, 저장공간도 적게 쓰는 것입니다.

[공간복잡도]

- 공간의 크기 = 고정공간(C) + 가변공간(S)입니다.
- 공간은 알고리즘을 실행하는 데 필요한 저장공간의 양입니다.

[시간복잡도]

- 시간의 길이는 어떤 문제를 해결하기 위해 사용된 알고리즘이 문제를 해결하는 데 걸리는 시간입니다.
- 시간의 길이는 알고리즘의 효율성을 판단하는 지표입니다.
- 시간이 얼마나 걸리는지에 대한 효율성은 데이터에 따라 세 가지의 경우로 나누어 평가할 수 있습니다.
  ① 최선의 경우(Best Case): 실행시간이 가장 적은 경우를 말한다.
  ② 평균적인 경우(Average Case): 모든 데이터의 입력을 고려하고, 각 데이터가 입력될 때 발생하는 확률을 고려한 평균 수행시간을 의미한다.
  ③ 최악의 경우(Worst case): 알고리즘의 수행시간이 가장 오래 걸리는 경우를 말한다.
- 보통은 가장 오래 걸리는 경우, 최악의 경우를 기준으로 계산합니다.

나는 처세술 대신 데이터 분석을 택했다

쉽게 이해하고 활용할 수 있는 AI, Big Data 입문서

18장

조직의 데이터를 물 흐르듯이 잘 써요

박익선 사원은 〈경영 분석 보고서〉의 매출 데이터 분석 업무를 훌륭히 해내면서 이제 좀 더 발전하고 싶었습니다. 그래서 인공지능 모델을 만들어 다음 분기 매출을 예측해보기로 합니다. 그런데 난관에 봉착했습니다. 각 부서에서 데이터에 대한 협조가 어렵다는 겁니다.

"CS팀장님, 매출 데이터 분석을 위해 CS 데이터가 꼭 필요합니다. 데이터를 요청해도 될까요?"
"글쎄, 우리 CS 데이터는 대외비가 많아서 어렵다니까요."
"저희가 회사를 위해서만 활용하겠습니다!"

"구매팀장님, 매출 데이터 예측 인공지능 모델을 만드는 데 구매 데이터가 꼭 필요해요. 데이터 좀 받을 수 있을까요?"
"인공지능이 매출을 예측한다고? 그게 맞겠어요?"
"할 수 있습니다. 도와주세요."

"원가팀장님, 매출 데이터 분석과 예측을 위해 원가 데이터를 받고 싶습니다."
"줄 수는 있지만, 실시간으로 달라지는 원가 데이터에 대한 전처리는 직접해야 합니다."
"네, 우선 해보겠습니다."

박익선 사원은 전사 데이터를 수집하기 위해서 같은 말을 여러 번 반복하며 데이터를 구걸했습니다. 데이터가 각 부서 안에서만 수집되고 활용되면서 타 부서와는 벽이 생기는 현상을 데이터 사일로(Data Silo) 현상이라고 합니다. 도대체 왜 회사는 이런 체계를 갖추지 못한 것일까요?

이 장에서는 데이터 사일로 현상을 해결하기 위해 데이터 흐름을 물의 흐름에 빗대어 알아보겠습니다.

1 데이터, 물 흐르듯이

01 물은 우리에게 어떻게 왔을까

사람은 일반적으로 하루에 2L의 물이 필요하다고 합니다. 우리 몸의 약 70%가 물로 구성되어 있기 때문입니다. 이렇듯 물은 우리에게 없어서는 안 되는 생명의 근원입니다. 다 동의하죠?

"그럼, 물은 우리에게 어떻게 왔을까요?"

우리는 수도관에 직접 연결된 정수기에서 나오는 물을 마시기도 하고, 마트에서 물을 사다 마시기도 합니다. 그 물은 생수병과 같이 특정 형태에 담겨 마트 선반 위에 진열됩니다.

양도 200ml, 500ml, 1.5L, 10L 등으로 다양합니다. 또 삼다수, 아이시스, 백산수, 평창수 등 저마다 이름도 다르고 만든 회사도 다릅니다. 제조사들은 물을 소매점으로 보내기 전, 창고에 많은 양의 생수를 저장해 놓습니다.

이름에서 볼 수 있듯이 제주 삼다수는 제주에서, 평창수는 평창이 원산지라고 합니다. 그리고 물의 원산지(水原)인 상수원에 물이 고여 드는 방식 또한 여러 가지가 있습니다. 하늘에서 내린 비가 고이기도 하고, 지하수가 땅으로부터 스며 나오기도 합니다. 또 여러 산의 계곡에서 물줄기가 모여들어 호수를 만듭니다.

그리고 이렇게 모여든 물은 정수 처리 시설을 거치면서 불순물을 깨끗하게 거릅니다. 이제 제조사들은 물을 일정한 형태와 규격의 용기와 박스에 담아 창고에 넣습니다. 물은 창고에서 마트로 운송되고 그때야 비로소 우리는 물을 살 수 있습니다.

물이 우리에게 오기까지 순서를 정리해보면 아래와 같습니다.

"비, 지하수, 물줄기 → 호수 → 창고 → 마트 → 우리(사용자)"

02. 데이터, 물 쓰듯이

물건을 헤프게 쓰거나 돈 따위를 흥청망청 쓸 때, 우리는 '물 쓰듯이'라는 표현을 씁니다. 물 쓰듯이라는 표현에 해당하는 영어는 'Splash Out(스플래시 아웃)'으로 역시 물과 관련된 표현이라는 점은 참 신기합니다.

이렇게 한번 생각해보겠습니다. 휘발유 가격이 비싸다고 합니다. 대략 1L에 1,500원~2,000원 정도입니다. 그런데 사실 편의점에서 파는 500ml 생수 한 병은 1,000원 내외입니다. 두 병이면 1L이니까 물 값이 그 비싼 휘발유 값과 거의 같습니다. 오늘날 물이 귀한 상황에서 '물 쓰듯이"라는 표현은 어떻게 보면 시대에 맞지 않는 말인지도 모르겠습니다.

"물 쓰듯이"

물은 '흐른다' '쓴다' '생존에 필수적이다' 이 정도 특징이 있습니다.

'흐르고(Flow)' '활용하고(Use)' '생존에 필수적(Essential)'인 것이 또 있습니다. 바로 '데이터'입니다.

"데이터 쓰듯이"

우리 모두는 이 책의 앞부분에 언급한 데이터 '생존'의 시대에 살고 있습니다. 앞서 살펴본 것과 같이 우리에게 친근하지만 필수적인 물과 같은 데이터를 친숙하면서도 효과적으로 저장하고 다루는 방법에 대해 알아보겠습니다. 준비되었죠?

2 데이터 마트, 웨어하우스, 레이크

01 물은 마트에서, 데이터는 데이터 마트에서

물이 우리에게 오기까지 순서를 기억하죠?

"비, 지하수, 물줄기 → 호수 → 창고 → 마트 → 우리"
(거꾸로 보면)
"우리 ← 마트 ← 창고 ← 호수 ← 비, 지하수, 물줄기"

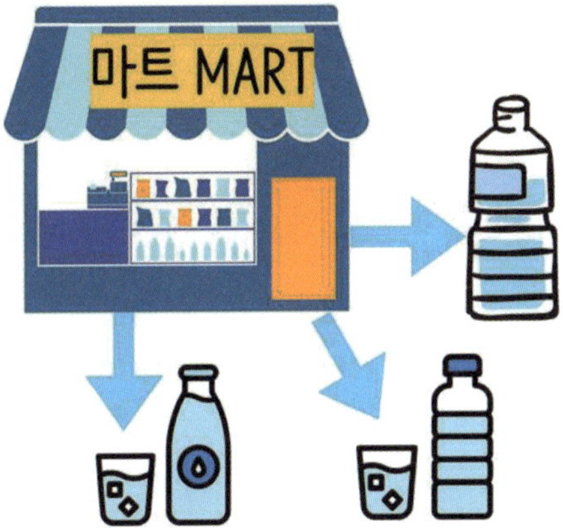

[그림 18-1] 물이 담긴 형태

우리는 물을 어떻게 구했죠? 가장 중요한 사실은 우리가 물을 '마트'에서 구해왔다는 것입니다. 바로 마트는 최종 사용자에게 물을 전달하는 역할을 하고 있습니다.

데이터에도 마트가 있는데, 말 그대로 '데이터 마트Data Mart'라고 합니다. 데이터 마트는 사용자가 데이터를 사용하기 위한 목적으로 만든 데이터 저장 형태를 말합니다. 또 데이터를 꺼내서 최종 사용자에게 제공해주는 역할을 합니다. 데이터 마트를 만드는 목적은 특정 부서나 업무를 위한 것이므로 우리가 물을 사는 마트처럼 접근(Access)하기 쉽습니다.

"마트 = 우리가 바로 마실 물을 얻을 수 있는 곳,
데이터 마트 = 사용자가 원하는 데이터를 얻을 수 있는 곳"

앞서 언급했듯이 마트에서는 용도에 맞게 다양한 물을 판매하고 있습니다. 데이터 마트 역시 데이터를 원하는 만큼 용도에 맞게 저장하고 검색하고 활용할 수 있습니다. 다른 말로 하면, 소규모 단위의 데이터를 유연하게 저장해서 관리할 수 있다는 특징이 있습니다. 그리고 여러 브랜드의 물이 있는 것처럼, 회사 내의 여러 조직들이 저마다 원하는 형태로 데이터 마트를 구성하고 원하는 양만큼 데이터를 저장하고 활용합니다.

데이터 마트 특징을 다음과 같이 세 가지로 정리해보겠습니다.

1. 필요한 양의 데이터만 저장하기 때문에 데이터의 조회와 접근이 쉽다.
2. 회사 전체 데이터 저장소를 구축하는 것보다 시간과 비용이 절약된다.
3. 작은 단위 데이터를 유연하게 저장하고 관리할 수 있다.

이렇게 데이터 마트를 구축하면 여러 효율적인 부분이 있어 보이지만, 모든 부서에서 저마다의 형식과 규칙으로 데이터 마트를 만든다면 어떻게 될까요? 아마 중복되기도 하고, 또 비어 있는 부분, 규칙이 다른 부분이 분명히 발생하겠죠? 그럼 시간이 갈수록, 조직이 커질수록, 더욱 데이터를 관리하기 어렵고 비효율적이 될 겁니다.

일반적으로 물이 마트 선반에 놓이기 전, 이들은 대형 창고에서 운송되었습니다. 창고는 마트보다 더 큰 개념입니다. 그러니까 물은 창고에서 필요한 만큼만 빼내서 마트로 배송되는 것이죠. 이처럼 데이터 마트는 데이터 창고에서 원하는 만큼 꺼내서 사용자한테 제공해주는 역할을 합니다. 창고는 영어로 '웨어하우스Warehouse'라고 합니다. 앞으로는 창고를 웨어하우스로 부르기로 하겠습니다. 크기나 앞뒤를 따져본다면, 데이터 마트는 데이터 웨어하우스의 일부분이며, 더 작은 크기의 개념이라고 이해하면 좋겠습니다.

[그림 18-2] 데이터 창고에서 원하는 만큼만 데이터를 꺼내주는 데이터 마트

여러 부서나 조직에서 무분별하게 데이터 마트가 증가하는 것을 정리하기 위해 바로 전사적인 데이터 웨어하우스 구축이 필요합니다. 자, 그럼 이제 데이터 웨어하우스(창고)에 대해 알아볼까요?

02 창고는 정해진 형태에 맞게 물(데이터)을 저장하는 곳이다

"창고하면 뭐가 떠오르나요?"

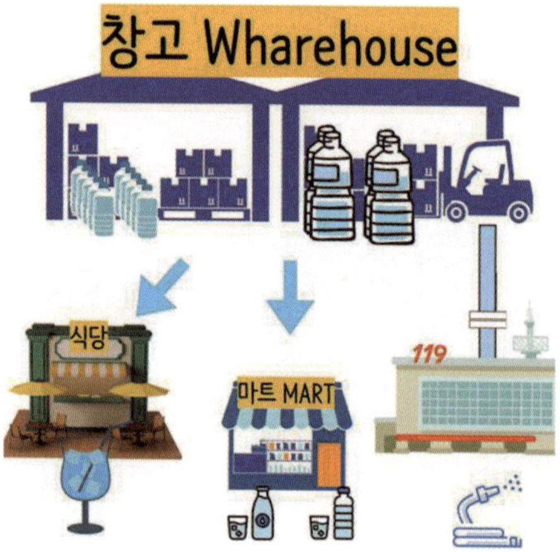

[그림 18-3] 웨어하우스의 구조

커다란 건물, 잘 짜인 선반, 그리고 선반 위에 크기가 정해진 박스들, 그 안에 들어있는 같은 크기의 물병들이 생각납니다. 우리는 17장에서 철쭉과 진달래를 구분하는 사진 데이터에서 정형/비정형 데이터를 배웠습니다. 정형 데이터란 '정'해진 '형'태가 있는 데이터입니다. 이처럼 창고 역시 건물, 선반, 박스, 물병과 같이 잘 짜인 틀, 형태에 대해서만 저장을 하고 있습니다. 다시 말해, 데이터 웨어하우스는 정형 데이터를 저장하는 데 특화되어 있습니다.

그리고 창고는 모든 브랜드(부서)의 물(데이터)을 취급합니다. 이처럼, 데이터 웨어하우스는 회사 전체 시스템에서 축적된 데이터를 전사 공통의 형식으로 변환해서 관리하는 저장소를 말합니다. 회사에서 기획, 영업, 구매, 설계, 제작, 품질, 인사 등 다양한 부서의 데이터를 저장하고 다루는 저장소입니다.

데이터 웨어하우스는 말 그대로 데이터(Data)와 창고(warehouse)가 결합된 단어입니다. 웨어하우스(창고)는 단순히 물건만 보관하는 창고지만, 실제 데이터 웨어하우스 개념은 데이터뿐만이 아니라 분석 방법까지도 포함합니다. 즉 단순히 창고 개념이 아니라, 조직 내 의사결정을 지원하는 데이터 관리 시스템입니다.

이쯤에서 데이터 웨어하우스와 데이터 마트의 차이점을 정리해보겠습니다.

구분	데이터 웨어하우스	데이터 마트
개념	회사의 주요 의사결정을 위해 전체 데이터와 정보를 저장하는 공간이다.	전사 단위 데이터 웨어하우스에서 일부분을 나타내는 하위 저장소 개념이다.
데이터	데이터 전체다.	데이터를 선택해서 추출(Extract), 변환(Transform) 및 불러온(Load) 것이다.
통합/분산	회사 전체 관점으로 한 군데서 통합 저장, 관리한다.	개별 부서 또는 업무단위 관점에서 데이터를 나누어서 저장, 관리한다.
관리기준	체계적인 구조와 규칙이 있다.	부서와 업무단위 기준에 따른다.
구축난이도	매우 크고, 통합되어 실패 위험이 높고 한 번에 구축이 어려울 수 있다.	상대적으로 구축이 쉽고 위험이 적다. 데이터 중복, 규칙이 다른 표준화 문제가 있다.

[표 18-1] 데이터 웨어하우스와 데이터 마트의 비교

"데이터 웨어하우스는 왜 필요할까요?"

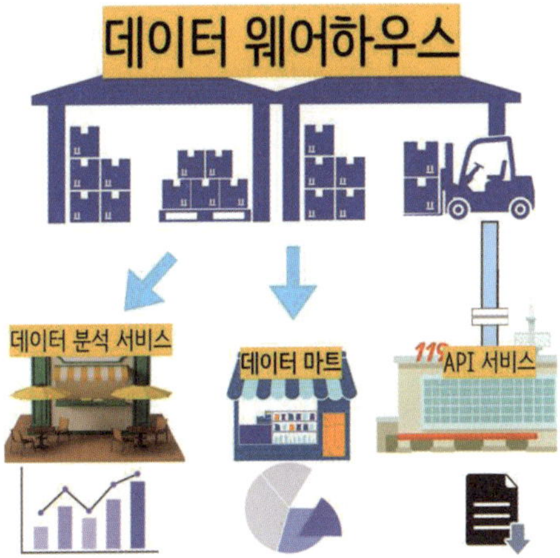

[그림 18-4] 데이터 웨어하우스의 필요성

회사는 그 분야별로 다르지만, 일반적으로 실시간으로 데이터가 수집되고 분석이 필요합니다.

예를 들어 대형문고에서는 어떤 분야의 어떤 책이 많이 팔렸는지 실시간으로 집계합니다. 그리고 베스트셀러를 서점 홈페이지와 매대에 올려놓죠.

은행에서는 대출, 예금, 적금, 증권 등을 식별 관리하고, 예측모델을 사용하여 보이스 피싱과 같은 불법거래를 예측하기도, 성향에 따른 투자를 추천하기도 합니다. 이처럼 데이터 웨어하우스는 이런 모든 활동을 가능하게 합니다.

그럼 데이터 웨어하우스의 데이터는 어디서 올까요? 물의 흐름을 다시 상기해보겠습니다.

03 내 데이터는 호수, 그대 노 저어 오오

앞서 물은 이름에서 볼 수 있듯이 제주 삼다수는 제주에서, 평창수는 평창에서 왔다고 했습니다. 그 원산지인 상수원은 호수입니다. 아직 물의 목적이 정해지지 않은 경우, 호수에 물이 담겨 있습니다. 이처럼 데이터 레이크(호수)는 물이 비, 지하수, 계곡 물줄기에서 온 것처럼, 다양한 소스로부터 데이터를 얻게 됩니다.

이때, 이 데이터들은 정해진 형태가 있는 정형 데이터가 아니라, 외부에서 얻어진 빗방울과 같이 자연 상태 그대로의 비정형 데이터(사진, 음성, 텍스트)가 전부 포함되어 있습니다. 그리고 데이터의 목적이 아직 정의되지 않은 경우에는 데이터 레이크에서 수집하고 있을 수 있습니다.

정리하면, 데이터 레이크는 정형 데이터나 반정형 데이터, 비정형 데이터 모두를 저장, 처리, 보호하기 위한 데이터 저장소입니다.

데이터 레이크는 가공되지 않은 상태 그대로의 데이터를 저장하고, 크기와 종류에 제한 없이 다양한 데이터를 처리할 수 있습니다. 데이터 레이크에서는 공급라인을 통해 데이터 웨어하우스와 데이터 마트에 데이터를 보내줍니다. 경우에 따라서는 데이터 웨어하우스 없이 바로 데이터 마트만을 구축해서 사용하기도 합니다.

[그림 18-5] 데이터 레이크

또한 상수원 호수에 있는 물을 처리장에서 약품, 미생물 등으로 깨끗하게 처리하는 것처럼 데이터 레이크의 데이터는 있는 그대로의 원시 상태의 데이터이기 때문에, 사전처리를 통해 정형 데이터로 깨끗하게 정리해준 후 데이터 웨어하우스와 데이터 마트로 보내줍니다.

다음은 데이터 레이크라는 단어를 처음 언급한 〈펜타호〉라는 미국 회사의 CTO 제임스 딕슨의 말입니다.

> "데이터 마트를 병에 든 물의 저장고로 생각한다면,
> 데이터 레이크는 보다 자연스러운 상태의 큰 물입니다.
> 데이터 레이크의 내용은 소스에서 흘러들어옵니다.
> 호수를 채우기 위해 다양한 호수 사용자들이 와서
> 조사하거나 잠수하거나 샘플을 채취할 수 있습니다."

데이터 레이크에 데이터를 저장하고 접근할 때는 기준과 정책이 있어야 합니다. 권한(누가 그 데이터를 사용할 수 있나?), 목적(데이터를 사용하는 목적이 무엇인가?)을 명시해야 합니다. 이렇게 데이터의 공유와 보안에 대한 기준과 정책을 마련하는 것을 '거버넌스Governance'라고 합니다.

오늘날 데이터 레이크에서는 데이터를 '분석'할 수도, 예측을 위한 '모델'을 생성할 수도 있습니다. 또한 전통적인 데이터 웨어하우스의 대시보드, 시각화뿐만 아니라, 인공지능 모델을 활용하여 복잡한 의사결정을 단순화하는 데이터 저장과 처리의 기반이 됩니다.

지금까지 알아본 데이터 레이크의 특징을 정리하면 다음과 같습니다.

❶ 자연/원시 형식으로 저장된 데이터의 시스템 또는 저장소다.
❷ 정형(행과 열로 구성된), 반정형(규칙이 있는), 비정형(이미지, 오디오) 데이터를 모두 포함한다.
❸ 데이터가 부서 밖으로 공유되지 못하는 데이터 사일로 현상을 해결해줄 수 있다.
❹ 관리 기준과 정책인 거버넌스가 있어야 한다.

04 데이터에 대한 이해로 부서 간의 장벽을 허물자

지금까지 데이터 쓰기를 위해 데이터와 물의 흐름을 비교하며 데이터 저장소의 개념을 이해했습니다. 물과 같은 데이터의 순환이 원활하지 못하면 어떨까요?

"흐르지 않는 물은 썩는 것처럼,
흐르지 못하는 데이터도 썩을 수밖에 없습니다."

부서 또는 업무 단위로 시스템을 사용하고 데이터를 저장, 활용하다 보면 각 부서, 업무단위별로 데이터를 공유할 수 없는 장벽이 생기고, 데이터 구조와 형태가 표준화되지 않는 현상이 있는데 이것을 '데이터 사일로 현상' '사일로화 된다'라고 이야기했습니다.

이런 데이터 사일로 현상이 있다면 데이터로 전체를 바라보는 관점이 아니라, 개별 부서의 단편적인 부분만을 데이터로 설명할 수밖에 없습니다. 그렇기 때문에 전체를 바라보고 융합할 수 있는 데이터 레이크나 데이터 웨어하우스의 구축과 운영이 필요합니다.

도입글로 돌아가서 박익선 사원에게 닥친 '데이터 사일로' 현상을 해결하려면 어떻게 해야 할까요? 그 답은 바로 데이터의 '통합' '중앙 집중화'입니다. 그러기 위해 많은 기업은 언제 어디서나 접근이 가능한 클라우드 기반의 데이터 웨어하우스나 데이터 레이크를 도입하고 있습니다. 대표적으로 마이크로소프트Microsoft의 애저Azure, 아마존Amazon의 Redshift(레드시프트), 구글의 빅쿼리Big Query 등의 도입을 검토합니다. 하지만 도입만이 능사가 아닙니다. 비싼 클라우드 플랫폼의 도입 이전에 실무적으로 중요한 일이 있습니다.

바로 '누가 그 데이터를 사용할 수 있는가?' '어디까지 공유할 것인가?'에 대한 기준과 정책인 거버넌스, 그리고 데이터의 명칭, 정의, 형식과 규칙을 통일하는 데이터 표준화가 필요합니다. 그리고 이런 기준과 정책, 저장소의 운영과 데이터 품질을 관리해 줄 조직이 있어야 합니다. 데이터 웨어하우스를 처음부터 구축하는 일은 오랫동안 진행될 고된 여정입니다. ① 거버넌스 ② 표준화 ③ 조직, 이 세 가지 준비물을 꼭 챙기기 바랍니다.

"데이터 레이크를 보유한 조직은 수익 성장에서 유사한 회사보다 9% 더 나은 성과를 보인다."

– 미국 국제 마케팅 정보회사 Aberdeen –

데이터 흐름과 관리는 종종 보이지 않지만 복잡한 프로세스와 구조로 되어 있습니다. 그래서 우리에게 물이 오기까지의 과정과 데이터가 공급자에서 소비자까지 오는 프로세스로 단순화하여 설명했습니다.

데이터 저장소는 형식이나 구조에 따라 필요한 모든 데이터를 수집할 수 있어야 하고, 우리는 데이터로부터 새로운 통찰력을 얻어 낼 수 있어야 합니다. 일반적으로 우리는 회사의 모든 데이터에서 통찰력을 얻어내고 싶어합니다. 하지만 데이터 마트, 데이터 웨어하우스, 데이터 레이크 개념이 없이는 서로 자기 데이터에 대해서만 말할 뿐입니다.

우리가 얻고 싶어 하는 '통찰력'이란 예리한 관찰력으로 사물을 꿰뚫어 보는 힘입니다. 통찰력의 통은 통할 통(洞)으로, 서로 통하도록 하는 것입니다. 통하게 만드는 데는 바로 표준화를 위해 잘 짜인 데이터 구조와 정의가 필요합니다. 데이터를 이해하면 기업의 운영, 의사결정의 효율성이 높아집니다.

또한 데이터가 적절하게 구성되어 있어야 빅데이터, 인공지능 모델을 개발하기 쉽습니다. 목표는 데이터를 명확한 성능으로 완전하고 안전한 방식으로 사용자에게 전달하는 것입니다. 그렇기 때문에 데이터의 분석과 활용을 위한 전략적 수준과 저장과 관리 같은 운영 수준 모두에서 데이터를 보는 눈을 넓혀야 합니다.

데이터 기반 의사결정과 업무추진을 포기하게 만드는 가장 빠른 방법은 부정확하고, 불완전한 데이터를 제공하는 것입니다. 데이터를 신뢰할 수 없다면 사람들은 언제든지 내 컴퓨터 안에 있는 엑셀로 되돌아갈 것입니다. 이는 데이터를 이해하고 쓰는 것이 매우 중요한 이유입니다.

데이터 마트, 웨어하우스, 레이크 구축을 통해 빠르고 정확한 데이터를 공유하는 기업의 경쟁력은 다를 수 밖에 없습니다. 데이터를 분석하는 데 입력되는 데이터의 품질이 좋지 못하다면 여러분은 목적을 달성하기 어렵거나, 먼 길을 돌아가야 할 것입니다. 결국 돌고 돌아 "데이터가 문제다"라는 결론을 내지 않으려면 올바른 데이터 사용하기를 꼭 기억해주기 바랍니다.

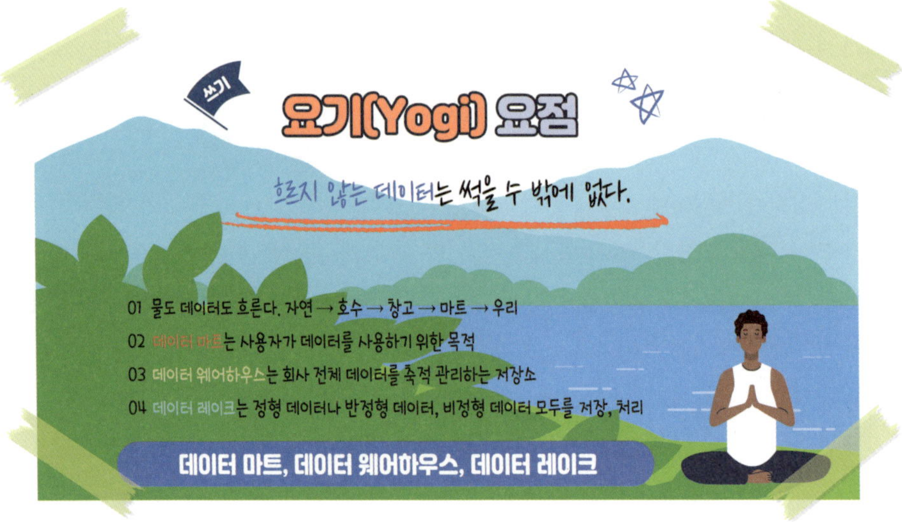

정리하기

1. 데이터, 물 흐르듯이

01. 물은 우리에게 어떻게 왔을까

- 비, 지하수, 물줄기 → 호수 → 창고 → 마트 → 사용자
- 하늘에서 비가 내리기도 하고, 지하수가 땅에서 스며들기도 하고, 또 여러 산의 계곡에서 물줄기들이 모여들어 호수를 만듭니다.
- 물은 정수 처리 시설을 거치면서 불순물들이 깨끗하게 걸러집니다.
- 제조사들은 물을 일정한 형태, 규격, 포장지, 박스에 담아 창고에 넣습니다.
- 물은 창고에서 마트로 배달되고 우리는 마트에서 물을 구매합니다.
- 데이터도 물과 같은 흐름을 따라 움직입니다.

02. 데이터, 물 쓰듯이

- 물의 특징: 흐른다. 쓴다. 생존에 필수적이다.
- 데이터의 특징: 흐르고(Flow), 활용하고(Use), 생존에 필수적(Essential)이다.

2. 데이터 마트, 웨어하우스, 레이크

01. 물은 마트에서, 데이터는 데이터 마트에서

[데이터 마트]

- 데이터 마트는 사용자가 데이터를 사용하기 위한 목적으로 만든 데이터 저장 형태를 말합니다.
- 데이터를 꺼내서 최종 사용자에게 제공해주는 역할을 합니다.
- 데이터 마트의 목적은 특정 업무나 부서를 위해 만든 것으로, 우리가 물을 사는 마트처럼 접근하기 쉽습니다.

[데이터 마트의 장점]

- 데이터 마트 역시 데이터를 원하는 만큼 용도에 맞게 저장하고 검색하고 활용할 수 있습니다.
- 소규모 단위의 데이터를 유연하게 저장, 관리할 수 있습니다.
- 회사 내의 여러 조직들이 저마다 원하는 형태로 데이터 마트를 구성하고 원하는 양만큼 데이터를 저장하고 그 데이터를 활용합니다.

[데이터 마트의 특징]

- 필요한 양의 데이터만 저장하기 때문에 데이터 조회, 접근이 쉽습니다.
- 회사 전체 데이터 웨어하우스를 구축하는 것보다 시간과 비용이 절약됩니다.
- 데이터 웨어하우스의 부분 또는 하위 개념이며, 작은 단위 데이터를 유연하게 저장 관리할 수 있습니다.

02. 창고는 정해진 형태에 맞게 물(데이터)을 저장하는 곳이다.

[데이터 웨어하우스를 구축하는 이유]

- 모든 부서에서 저마다의 형식과 규칙으로 데이터를 만든다면 중복, 비어 있는 부분, 규칙이 다른 부분이 발생합니다.
- 조직이 커질수록 데이터를 더욱 관리하기 어렵고 비효율적입니다.
- 무분별하게 데이터 마트가 증가하는 것을 정리해야 합니다.

[데이터 웨어하우스]

- 데이터 웨어하우스는 데이터(Data)와 창고(Warehouse)가 결합된 단어입니다.
- 데이터 웨어하우스는 정형 데이터를 저장하는 데 특화되어 있습니다.
- 정형 데이터란 '정'해진 '형'태가 있는 데이터입니다.
- 데이터 웨어하우스는 회사 전체 시스템에서 축적된 데이터를 전사 공통의 형식으로 변환해서 관리하는 저장소를 말합니다.

[데이터 마트와 데이터 웨어하우스의 차이점]

- 데이터 웨어하우스는 회사의 주요 의사결정을 위해 전체적으로 데이터와 정보를 저장하는 공간이며, 데이터 마트는 전사 단위 데이터 웨어하우스에서 일부를 나타내는 하위 개념입니다.
- 데이터 웨어하우스는 전체 데이터이고, 데이터 마트는 여기서 데이터를 선택해서 추출(Extract), 변환(Transform) 및 로드(Load)한 것입니다.
- 데이터 웨어하우스는 전체적인 관점으로 한 군데서 통합 관리하는 시스템입니다. 따라서 체계적인 구조와 규칙이 있습니다. 반면 데이터 마트는 개별 부서의 관점에서 데이터를 나누어서 저장하는 장소입니다.
- 데이터 웨어하우스는 매우 크고, 통합되어 있기 때문에 실패 위험이 높으며, 한 번에 구축이 어려울 수 있습니다. 반면에 데이터 마트는 구축이 쉽고 위험이 작지만, 데이터의 중복이나 규칙이 상이한 표준화 문제가 있습니다.

03. 내 데이터는 호수, 그대 노 저어 오오

[데이터 레이크]

- 데이터 레이크는 정형 데이터나 반정형 데이터, 비정형 데이터 모두를 저장, 처리, 보호하기 위한 데이터 저장소입니다.
- 데이터 레이크(호수)는 물이 비, 지하수, 계곡 물줄기에서 온 것처럼, 다양한 소스로부터 데이터를 얻게 됩니다.
- 데이터들은 정해진 형태가 있는 정형 데이터뿐만 아니라, 외부에서 얻어진 빗방울과 같이 자연 상태 그대로의 비정형 데이터(사진, 음성, 텍스트)가 전부 포함되어 있습니다.
- 데이터의 목적이 아직 정의되지 않은 경우에 데이터 레이크에 수집하고 있을 수 있습니다.
- 원시 상태 그대로의 데이터를 저장하고, 크기와 종류 제한 없이 다양한 데이터를 처리할 수 있습니다.
- 데이터 레이크의 데이터는 원시 상태의 데이터이기 때문에, 사전 처리를 통해 정형 데이터로 깨끗하게 정리해준 후 데이터 웨어하우스와 데이터 마트로 보내줍니다.

[데이터 거버넌스]

- 데이터의 공유와 보안에 대한 기준과 정책을 마련하는 것은 거버넌스(Governance)라고 합니다.

[데이터 레이크의 특징]

- 데이터 레이크는 자연/원시 형식으로 저장된 데이터의 시스템 또는 저장소입니다.
- 데이터 레이크는 정형(행과 열로 구성된), 반정형(규칙이 있는), 비정형(이미지, 오디오) 데이터를 모두 포함합니다.
- 데이터 레이크는 데이터가 부서 밖으로 공유되지 못하는 데이터 사일로 현상을 해결해줄 수 있습니다.
- 데이터 레이크에는 거버넌스가 있어야 합니다.

04. 데이터에 대한 이해로 부서 간의 장벽을 허물자.

- 흐르지 않는 물은 썩는 것처럼, 흐르지 못하는 데이터도 썩을 수밖에 없습니다.
- 데이터 마트, 웨어하우스, 레이크 구축을 포기하게 만드는 가장 빠른 방법은 부정확하고, 불완전한 데이터를 제공하는 것입니다.
- 표준화를 위해 잘 짜인 데이터 구조와 정의는 기업의 운영, 의사결정의 효율성을 높여줍니다.
- "데이터 레이크를 보유한 조직은 수익 성장에서 유사한 회사보다 9% 더 나은 성과를 보인다." – 미국 국제 마케팅 정보회사 Aberdeen

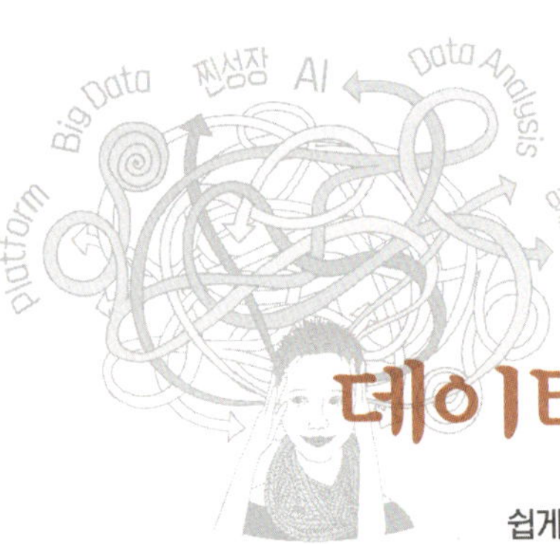

나는 처세술 대신 데이터 분석을 택했다

쉽게 이해하고 활용할 수 있는 AI, Big Data 입문서

19장

데이터 분석과 활용 실무를 세팅해요

박익선 사원은 이제 입사한지 1년이 되었습니다. 데이터 분석 업무도 재미있고, 성장하는 느낌이 확실히 들어 천직이라는 생각이 들었습니다. 하지만 업무와 성과에 대한 부담이 생겼습니다. 정 과장님하고 커피 한 잔을 하면서 이야기를 나누어 봅니다.

"과장님, 제가 입사한지 벌써 1년이 되었어요. 데이터 분석은 너무 재밌고 좋은 것 같아요."
"벌써, 1년이 됐어요? 시간 참 빠르네요. 뭐 어려운 점은 없어요?"
"아…, 요즘 들어서 팀장님이 저에 대한 믿음이 생기셨는지 어려운 과제를 많이 주세요."
"이번에 맡겨진 매출 예측 과제를 말하는 거죠?"
"네, 그것도 그렇고요. 과장님한테 배운대로 문제정의부터 원인분석과 문제해결을 하고 싶은데, 도저히 시간이 없어요. 잡무도 많고…. 과장님은 어떻게 하시나요?"
"맞아요. 바로 시간 확보가 제일 어렵죠. 우리 회사는 '생각'할 시간을 잘 안 준다는 게 어려운 점이죠. 그럴 때는 본인과의 회의 시간을 잡아보는 게 어때요? 혼자 아이디어 룸에 들어가서 나 혼자 문제정의부터 해결방안까지 생각하는 회의를 하는 거죠. 그런 후 그 결과를 가지고 다시 팀원들과 회의하면 좋아요."

데이터 사고력과 활용능력에 대한 교육훈련만 마치면 바로 성과를 낼 수 있을까요? 박익선 사원이 힘들어하는 부분은 바로 시간이 없다는 문제입니다. 이처럼 데이터를 활용하기 위해서는 조직의 적절한 환경이 뒷받침되어야 합니다.

이 장에는 개인과 조직의 데이터 활용 환경과 구체적 방법을 알아보겠습니다.

1 데이터의 궁극적인 목적은 활용이다

01 데이터, 활용할 수 있는가

우리나라에는 [공공데이터의 제공 및 이용 활성화에 관한 법률], 줄여서 [공공데이터 법]이 있습니다. 이 법의 목적은 "공공기관이 보유·관리하는 데이터의 제공 및 그 이용 활성화에 관한 사항을 규정함으로써 국민의 공공데이터에 대한 이용권을 보장하고, 공공데이터의 민간 활용을 통한 삶의 질 향상과 국민경제 발전에 이바지함을 목적으로 한다"라고 되어 있습니다. 정리하면 "데이터에 대한 국민의 이용과 활용을 목적으로 한다"입니다.

정부는 이 법을 통해 중앙행정기관, 지자체, 공공기관 등을 대상으로 공공데이터 개방, 활용, 관리체계, 품질 등 5개 영역, 18개 평가지표를 운영하고 있습니다. 2021년 평가결과를 확인해보면 관리체계는 67.8점, 개방 65.8점, 품질 58.4점인 반면에 활용은 50.9점으로 가장 낮게 평가되었습니다. 정부도 '공공데이터의 활용도 제고와 활용지원'에 대한 노력을 높이는 중입니다. 결국 데이터를 축적하고 관리하는 목적으로 '활용'에 초점을 맞추고 있습니다.

"공공데이터법에 따른 실태조사결과, 활용은 가장 낮은 50.9점으로 평가"

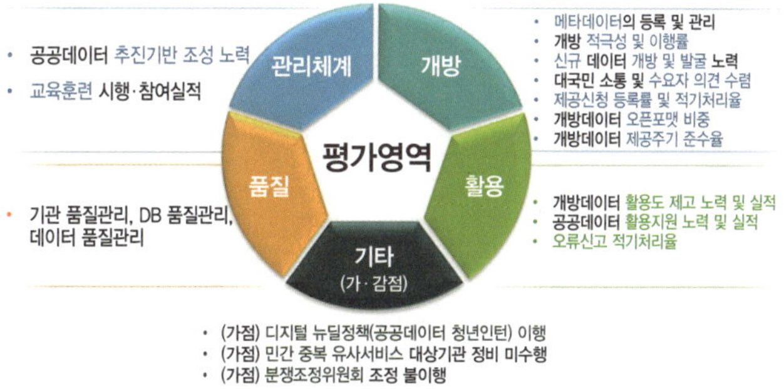

[그림 19-1] 공공데이터 제공 운영실태 평가 결과(행정안전부, 2021.4.20)

02 조직이 데이터를 잘 활용하기 위한 환경 조건

'노오력'이라는 말이 있습니다. 모든 일을 개인의 의지와 노력 부족의 탓으로 돌리는 윗세대의 충고를 비꼬는 단어입니다. 그도 그럴 것이 노력만이 아니라, 환경이 중요하다는 사실은 이제 어렵지 않게 찾을 수 있습니다.

"107명 vs. 2명"

2022년 서울대에 합격한 서울지역 학생 중에서 강남구 소재 고등학교 출신이 다른 구에 소재한 학교 출신의 50배가 넘었다는 뉴스 기사가 있었습니다. 이와 같은 격차는 서울대 입시뿐만 아니라, SKY(고소득층 자녀비율 2017년 41.4% → 2019년 55.1%), 의대와 로스쿨(SKY대학 의대 신입생 중 고소득층 자녀비율 74.1%, 로스쿨 58.3%) 진학에서도 데이터[01]로 확인할 수 있었습니다. 대학 입시에서 개인의 노력보다는 교육환경이 많은 영향을 미친다는 결론입니다.

그렇다면 디지털 역량에 있어서는 어떨까요? 서울특별시교육청 교육연구정보원의 [Z세대 서울 학생의 디지털 문해력과 학교환경과의 관계](2022. 8. 24)에 따르면 가정이나 학교의 환경에 따라 중고생 디지털 문해력(리터러시)의 차이가 있는 것으로 나타났습니다. 이 연구에서 디지털 문해력은 창의 융합, 온라인 협업, 미디어 비판, 미디어 활용, 4개 항목에 대해 1점(전혀 아니다; 최저 점수)부터 4점(매우 그렇다; 최고 점수)까지로 평가되었습니다.

평가 결과 전체 평균은 미디어 활용(3.28), 미디어 비판(3.22), 온라인 협업(3.08), 창의 융합(2.97) 순으로 나타났는데, 4가지 항목 모두에서 "가정 형편이 좋을수록 점수가 높다"로 나타났습니다. 또한 학교의 디지털 기반 교육 환경이 좋을수록, 교사의 디지털 관련 수업이나 ICT 활용 횟수가 많을수록 학생들의 디지털 문해력 평균 점수가 높았습니다. 학생들은 자신들의 학교 환경을 디지털 기반 교육환경으로 인식하였는데, 이런 인식 안에는 학교 간 환경의 격차가 존재하는 것으로 나타났습니다. 일반적인 학업 성취도뿐만 아니라, 디지털 역량 역시 환경이 큰 영향을 미친다는 결론에 도달했습니다.

---

01 출처: 한국장학재단(2020.10), 세계일보(2021.5)

"공부를 잘 하는 비결 vs. 데이터를 잘 활용하는 비결"

수십 년이 지나도 인기를 끄는 방법론은 아마 '공부 잘 하는 법'이 아닐까 합니다. 특히 부모님들이 본인(아이)보다 더 관심이 많은 분야이기도 합니다. 주변에 공부 잘하는 아이가 있다면 문제집은 뭘 쓰는지, 학원은 어디를 보내는지 궁금해 합니다. 그리고 공부를 잘하는 아이가 쓰는 문제집과 같은 것을 사서 풀게 하고, 같은 학원에 보내면 성적이 확 오르지 않을까 기대합니다.

앞서 언급했던, 공부를 잘하는 환경을 단순히 부모의 경제여건으로 치부하기보다 세부적인 여건으로 나누어 생각해보겠습니다. 다음처럼 정리할 수 있습니다.

1. 공부하기 좋은 시간과 공간의 환경
2. 훌륭한 선생님
3. 공부하는 방법 또는 커리큘럼

조직의 데이터 활용 능력도 마찬가지입니다. 조직이 데이터 활용을 잘 하려면 데이터 분석에 필요한 시간과 공간을 제공하고, 훌륭한 리더가 데이터에 기반한 조직문화를 이끌어가야 합니다. 또한 정해진 데이터 분석 프로세스에 따라 역량을 갖추고 단계별 업무를 진행하는 것입니다. 이 세 가지 조건에 대해 좀 더 이야기해보겠습니다.

① 공부하기 좋은 시간과 공간: 시간과 (오프라인/온라인) 공간 확보

공부하기에 좋은 환경은 크게 보면 알맞은 시간과 공간을 제공하는 것입니다. 데이터 분석도 마찬가지로 그에 적합한 시간과 공간을 제공하는 것입니다.

이 책에서 설명한 모든 것을 익힌다 할지라도, 또는 데이터 분석 툴을 기가 막히게 다룬다고 할지라도 실무에서 데이터로 성과를 창출하기는 솔직히 어려울지 모릅니다. 그 이유는 바로 '시간' 때문입니다. 실제 기업의 조직 등에서 프로젝트를 진행함에 있어 방해 받기 쉬운 환경이 많습니다. 꼭 해야 하는 단체 활동이나 행정 처리와 같이 주의력과 시간을 동시에 빼앗아가는 것이 문제입니다. 이처럼 시간을 확보할 수 없는 환경에서는 제 아무리 데이터 사고와 분석, 활용의 경험이 많다고 하더라도 프로젝트 기간이 금방 흘러가게 됩니다.

이렇게 시간이 부족한 환경을 관리하는 방식 한 가지를 소개하려고 합니다. 많은 기업에서 의사결정 단계가 많기 때문에 조직을 민첩하게 만들기 위해 노력하고 있습니다. 그 중 하나가 애자일agile[02]이라는 기법입니다.

애자일 기법 중 소프트웨어 개발에 많이 사용되는 방식은 바로 스크럼Scrum이라는 업무 방식이 있습니다. 스크럼은 5명 내외의 여러 소규모의 팀이 개발을 위해 짧은 업무주기(예를 들어, 하루 또는 일주일)를 반복합니다. 이때 해야 할 일을 리스트로 만들고, 각자 업무주기마다 완성하여 결과물을 제출합니다. 이때 데일리 스크럼Daily Scrum이라는 시간을 짧게 갖으면서 그날 이슈사항에 대해 공유하고 의사결정을 진행합니다. 만약, 데일리 스크럼 회의가 진행되기 어렵다하더라도 데이터에 대한 논리적 생각(사고)을 정리하는 시간으로 할애합니다.

공부를 잘하기 위한 환경으로 적절한 조도와 소음이 없는 공간이 필요한데, 스크럼에서도 마찬가지로 원활한 소통을 위해 이를테면, 소파가 있는 넓은 회의실과 같이 오프라인에서의 열린 공간(Open Space)과 슬랙slack 또는 구글이나 마이크로소프트의 팀즈teams와 같이 데이터와 분석 결과물의 공유가 자유로운 온라인 공간을 활용해야 합니다.

② 훌륭한 선생님: 직책자와 리더의 역할

하나, 목표를 명확히 정해줄 것

일반적으로 IT기업이나 분석팀이 아니라면 직책자 또는 리더는 데이터 분석 툴을 다루지 못할 가능성이 높습니다. 그들은 업무범위가 넓기 때문에 데이터 분석을 할 필요는 없습니다. 그렇다고 해서 데이터 기반 사고를 하지 않아도 된다는 의미는 아닙니다. 직책자 역시 데이터 사고력을 가지고 문제를 명확하게 짚어줘야 합니다. 데이터로 성과를 내려면 데이터 분석을 하는 목적을 명확하게 정의하고, 완성된 성과물에 대한 이미지를 제시할 수 있어야 합니다. 단순히 데이터를 이용해서 어떤 멋진 결과를 만들어내라는 식의 지시는 서로 간에 괴리를 낳을 수밖에 없습니다. 데이터 분석의 결과가 최종적으로 어떤 의사결정과 행동으로 이어지는지, 변화를 만들어낼 수 있는지를 고민해보고 이끌어주어야 합니다.

---

02 변화에 빠르게 대응하기 위해서 민첩성을 바탕으로 짧은 프로젝트 주기를 반복하고, 팀들의 협력을 통해 하나의 큰 프로젝트를 완성하는 방법입니다.

둘, 데이터 사고와 분석에 대한 가치를 존중할 것

인공지능과 빅데이터에 대해 매체로부터 자주 접하게 되다보니 이것들이 말만하면 뚝딱 나오는 요술상자라고 생각하는 사람이 많습니다. 또는 생각만 하면 뭐든지 가능하다고 잘못 이해하는 경우도 있습니다. 불가능한 것은 없지만 반대로 중요한 것은 시간과 자원입니다. 리더는 일에 알맞은 시간과 자원을 투입할 수 있는 여건을 만들어 주어야 합니다. 데이터를 어떻게 활용할 것인지 논리적으로 생각하는 시간에 대한 가치, 그리고 고루한 분석의 작업에 대해 인정이 필요합니다.

팀원들이 분석한 결과에 대해 "그건 데이터 분석을 하지 않아도 알 수 있어요"가 아니라 "기존에 경험으로 알던 사항을 데이터로 증명해 냈군요." "분석을 통해 아무 관계도 밝혀내지 못했네요"가 아니라 "분석한 요인 간에 관계가 없음을 데이터로 확인했군요"라는 방식의 피드백이 중요합니다. 데이터 기반으로 만들어낸 결과에 대해 리더가 제대로 이해를 못한다거나, 관심이 없다면 팀원들은 힘이 빠질 것입니다. 리더 또한 앞서 이 책에서 담고 있는 데이터 말하기, 듣기, 읽기, 쓰기 문해력을 바탕으로 분석된 결과에 대해 일정 수준의 소통과 피드백할 수 있어야 합니다.

셋, 꼭 필요한 데이터 기반의 의사결정을 구분할 것

모든 업무를 데이터 기반으로 해야 하는 것은 아닙니다. 오히려 모든 부분이 데이터 기반으로 되었을 때 경험과 지식, 그리고 데이터가 논리적으로 잘 구성되었을 때가 좀 더 가치를 창출하는 경우가 많습니다. 데이터로 성과를 내라고 하면서 시간은 주지 않거나, 반드시 해야 하는 일의 단계나 프로세스화가 되어 있지 않다면 조직 구성원들은 힘들고 어려운 데이터 분석을 회피하게 될 것입니다. 업무에 있어서 '데이터 분석을 안 해도 되는 과정' vs. '필요한 부분에 반드시 해야 하는 과정'으로 인식하는 부서는 차이가 존재합니다. 데이터 기반으로 결정해야 하는 사항을 정의하고 실행해나가는 조직은 차이를 만들어내고 앞으로 나아갑니다.

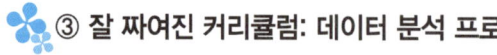

③ 잘 짜여진 커리큘럼: 데이터 분석 프로세스

조직의 데이터 활용 역량이 들쑥날쑥하다면 왜일까요? 이유는 담당자, 데이터, 환경, 방법론 등 다양하겠지만 문제는 데이터 분석 프로세스가 제대로 짜여있는지의 여부입니다. 데이터 활용 역량은 데이터 분석 문제해결 프로세스에서 필요한 역량으로 구성됩니다. 문제정의 → 데이터 수집 및 전처리 → 데이터 분석 → 모델링 및 관리의 4단계를 거치는 것으로 간단히 정리하고 마지막 20장에서 좀 더 자세하게 알아보겠습니다.

2 데이터 활용 실무 정보

01 데이터 활용을 위해 꼭 알아야 할 플랫폼

데이터 사고력과 분석능력을 기르려면 다양한 데이터를 다뤄보는 방법 외에 왕도는 없습니다. 필요한 데이터를 구하는 데이터 수집 능력이야말로 매우 중요한 실무 역량 중에 하나입니다. 여기서는 데이터 활용에 필요한 대표적인 국내와 국외 빅데이터 플랫폼 10곳을 소개하겠습니다.

① 공공데이터 포털

우리나라에는 '공공데이터 포털'이라고 해서 국가(행정안전부)에서 운영하는 데이터 제공 시스템이 있습니다. 여기에는 국가가 보유한 다양한 공공데이터를 개방하여 누구나 편리하고 손쉽게 활용할 수 있게 하는 것을 목적으로 합니다.

데이터는 얻는 방법은 첫째, 원하는 단어를 검색해서 그것과 관련된 데이터를 찾을 수 있습니다. 예를 들어 '서울시 학원'이라고 검색하면 강동구, 동작구와 같이 행정구역별로 올려놓은 초등 교습소부터 고등학교 입시학원까지의 데이터를 얻을 수 있습니다.

그리고 원하는 분야별로 데이터를 얻을 수도 있습니다. 금융, 산업, 교육, 국토관리 등 저마다 원하는 주제에 대해서 등록된 데이터를 바로 검색해서 볼 수 있습니다. 예를 들어 국토관리에 대한 주제로 선택을 하면, 제주도 서귀포시 주유소 현황이라든지, 아파트 매매 가격지수 등의 데이터를 직접 수집할 수 있습니다.

만약, 원하는 데이터가 없다면, 공공데이터 제공 신청을 통해 관련 법에 따라 절차대로 신청해서 조치를 받을 수도 있습니다.

참 편리해 보이는 공공데이터 포털은 CSV, API, JSON 등 잘 이해하지 못하는 용어가 많이 보입니다. 데이터를 어느 정도 다룰 줄 아는 사람들에게는 편리하지만 여전히 API 등 개념이 어려운 일반 국민들은 좀처럼 접근하기가 어렵습니다.

- https://www.data.go.kr

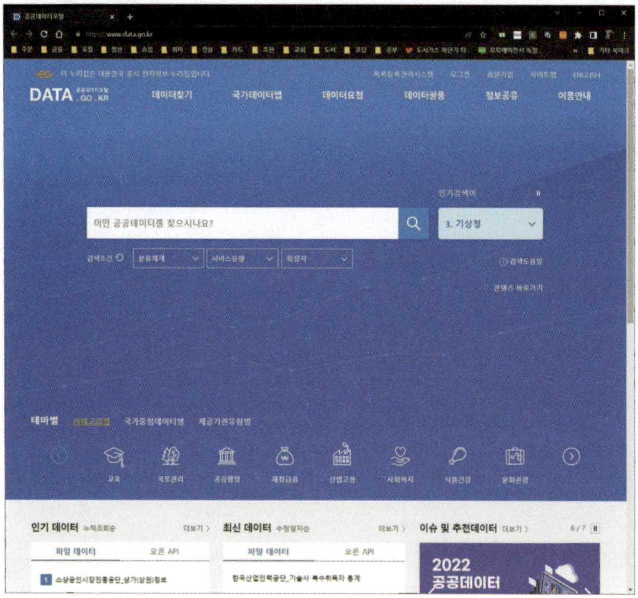

[그림 19-2] 공공데이터 포탈

② 통합 데이터 지도

그래서 정부는 국민 누구나 손쉽게 활용할 수 있는 데이터 통합 플랫폼을 만들었습니다. 그것이 바로 '통합 데이터 지도'라는 사이트입니다. 통합 데이터 지도는 공공과 민간에서 제공하는 데이터를 쉽게 검색·활용할 수 있도록 지원합니다. 통합 데이터 지도는 흩어져 있는 다양한 데이터에 접근할 수 있도록 해주는 지도와 같은 역할을 합니다.

또한 물을 한 곳에 가두는 댐처럼 데이터를 한 곳에 모이도록 하는 사업의 일환입니다. 우리가 알아본 데이터 레이크보다 더 큰 개념으로 기업을 넘어 국가의 데이터 저장소라고 생각하면 좋을 것 같습니다.

이 사이트는 2021년 12월 30일부터 오픈한 서비스입니다. 국내 22개 데이터 플랫폼의 6만 5000건을 통합 데이터 지도에서도 검색이 가능하게 되었습니다. 통합 데이터 지도와 기존 공공데이터 포털 간 연계를 통해 공공과 민간이 함께 구축해온 방대한 데이터에 대한 접근성과 활용도가 높아졌습니다.

통합 데이터 지도에서는 문화, 통신, 유통, 금융 등 16개 카테고리별로 데이터를 직접 수집하고 분석 결과를 얻을 수 있습니다. 예를 들어, 금융 카테고리를 클릭하면, 금융 빅데이터 등 8개 데이터 플랫폼 기업들의 데이터 센터로 바로 들어갈 수 있습니다.

- https://www.bigdata-map.kr

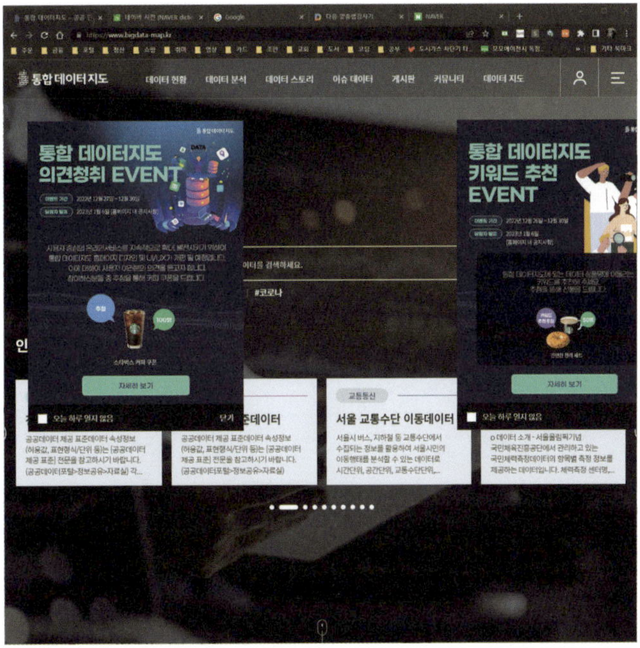

[그림 19-3] 통합 데이터 지도

③ 한국은행 경제통계시스템(ECOS)

금리, 통화량, 환율, 증권과 같은 금융지표, 국민소득, 산업 활동, 경기, 심리 등 실물지표, 그리고 고용과 인구, 대외거래, 물가를 포함한 100대 통계지표를 엑셀 파일부터 API를 통한 방법으로 활용할 수 있는 우리나라의 경제통계시스템입니다.

- https://ecos.bok.or.kr/

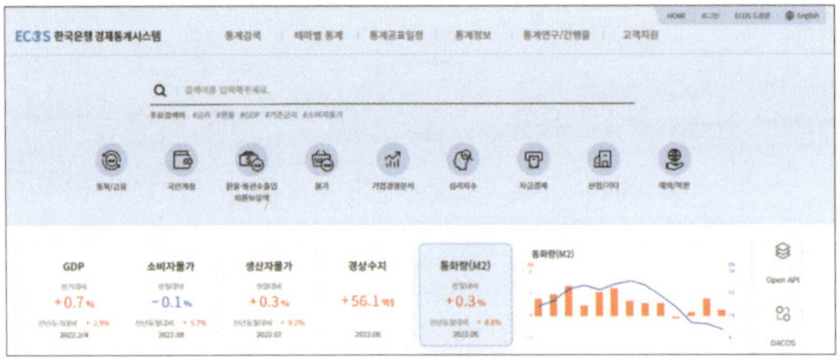

[그림 19-5] 한국은행 경제통계시스템

④ 대한민국 통계청

국가통계포털, 마이크로 데이터, 통계지리정보 등 공공 데이터뿐만 아니라 데이터 설명 자료나 데이터의 활용에 대한 유용하고 재미있는 지식을 제공하고 있습니다.

- https://kostat.go.kr

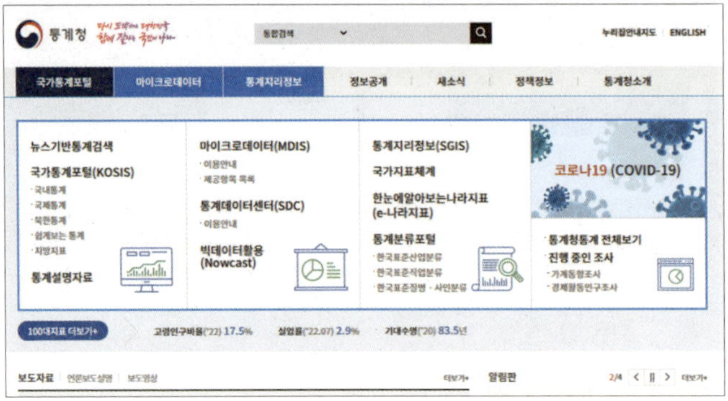

[그림 19-5] 대한민국 통계청

⑤ 네이버 데이터 랩

네이버에서 운영하는 데이터 랩으로 네이버 검색을 기반으로 서비스를 제공합니다. 검색어 트렌드, 쇼핑 인사이트, 지역통계, 카드사용통계, 댓글 통계에 대한 데이터가 제공됩니다. 주로 창업을 계획하거나, 소상공인의 비즈니스에 도움을 주기 위해 만들어진 서비스입니다.

- https://datalab.naver.com/

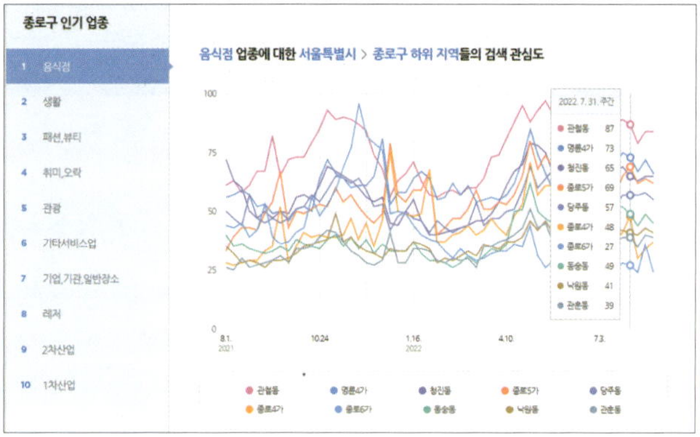

[그림 19-6] 네이버 데이터 랩

⑥ 깃허브

깃허브GitHub는 개발자들의 놀이터로 잘 알려져 있으며, 세계적으로 가장 인기 있는 오픈소스 저장소 호스팅 서비스 중 하나입니다. 깃허브는 프로그래밍에 대해 다양한 언어로 만들어진 소스코드를 공개하고 있습니다. 데이터 분석, 머신러닝, 딥러닝 등 원하는 언어로 구성된 코드와 데이터를 얻을 수 있습니다.

- https://github.com/

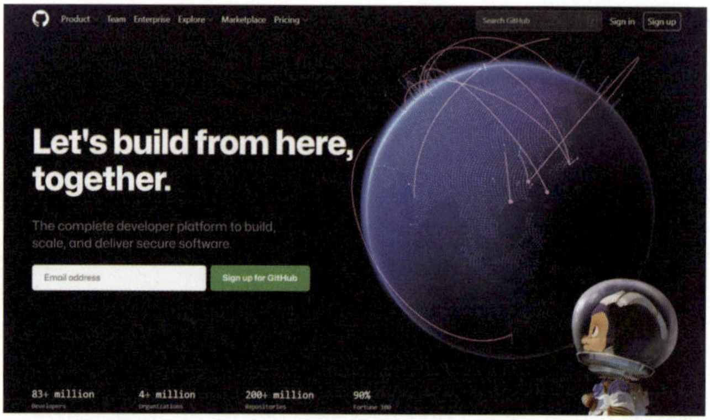

[그림 19-7] 깃허브

또한 깃허브에서는 실시간으로 세계의 공공데이터 셋을 제공합니다. 농업, 생물학, 기후, 컴퓨터, 보안, 경제 등 다양한 주제에 대해 품질이 높은 데이터를 얻을 수 있습니다.

- https://github.com/awesomedata/awesome-public-datasets

⑦ 페이퍼스 위드 코드

페이퍼스 위드 코드Papers With Code는 연구 논문(Paper)과 함께 프로그래밍 코드Code를 얻을 수 있는 사이트입니다. 수치해석, 자연어처리, 컴퓨터 비전 등 각 연구 주제별 현재 최고의 성능을 제공하는 인공지능 모델 State of the Art(SOTA) 등을 제공해주고 있습니다.

- https://paperswithcode.com/

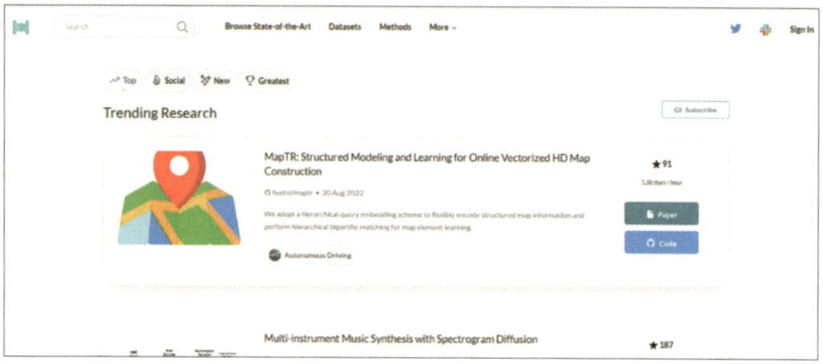

[그림 19-8] 페이퍼스 위드 코드

⑧ 미국 연방 준비은행 경제 데이터(FRED)

미국 세인트루이스 연방 준비은행의 연구부서에 유지관리하는 데이터베이스이고, 미국뿐만 아니라 다양한 출처와 세계의 은행, 기업, 물가, 고용, 인구, 금리 등의 시계열 데이터를 제공합니다. 웹 사이트에서 기간별 데이터를 시각화하거나 다운받을 수도 있고, API 또한 제공하고 있습니다.

- https://fred.stlouisfed.org/

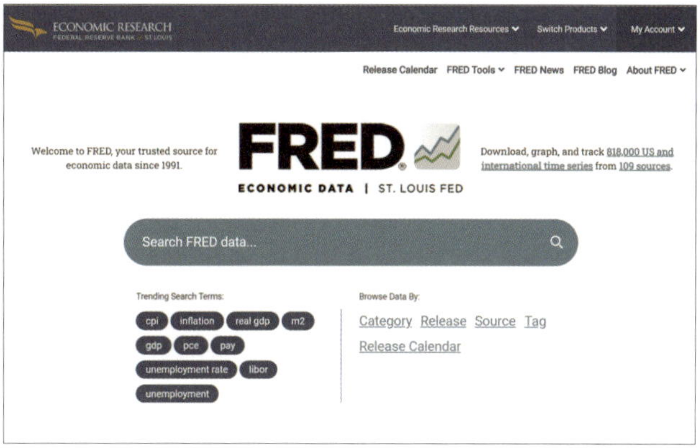

[그림 19-9] 연방준비은행 경제 데이터

⑨ 아카이브(arxiv)

미국 코넬대학교에 관리하는 논문, 코드, 데이터 저장 사이트입니다. 통계학과 컴퓨터 공학 등 출판 전(preprint)과 출판 후 논문과 함께 코드, 데이터가 제공되기 때문에 연구 분야 데이터 분석에서 유용하게 활용됩니다.

- https://arxiv.org/

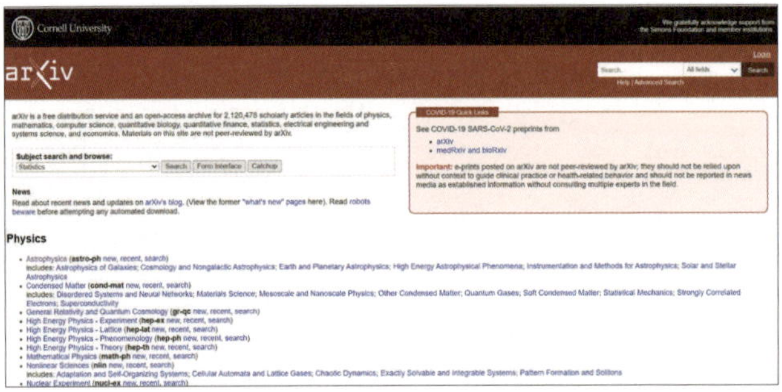

[그림 19-10] 코넬대 아카이브

⑩ 구글 데이터셋 서치

구글에서 만든 데이터 세트에 대한 검색엔진입니다. 간단한 키워드 검색을 사용하여 웹 전체에 존재하는 수천 개의 저장소에 호스팅된 데이터 세트를 검색할 수 있습니다.

- https://datasetsearch.research.google.com/

[그림 19-11] 구글 데이터셋 서치

02 빅데이터 플랫폼의 활용 사례

이 책에서는 앞서 소개한 10개의 빅데이터 플랫폼 중에서 두 번째로 소개한 [통합 데이터 지도]라는 서비스의 활용을 예로 들어 설명하겠습니다. 정부는 2021년 12월 [통합 데이터 지도]라는 데이터 서비스를 만들었습니다. [통합 데이터 지도]는 우리나라의 빅데이터를 활용하기 편리하도록 모두 모아놓았다고 볼 수 있습니다. '지도'라고 해서 네이버 지도와 같은 지도가 아니라, 어떤 데이터가 필요할 때 어디로 가야 할지 알려주는 나침반 역할을 해서 지도라는 이름이 붙었다고 이해하면 좋겠습니다.

[그림 19-12] 데이터 지도 네트워크

"구슬이 서말이어도 꿰어야 보배"라는 말처럼 우리에게는 '활용'이 중요합니다(책을 읽는 동안 직접 따라하면 좋겠습니다). 창업에 관련된 데이터를 예시로 활용해보도록 하고, 주제는 우리에게 가장 친근한 치킨으로 알아보겠습니다.

"금요일에 생닭을 몇 마리나 납품받아야 할까?"

먼저 통합 데이터 지도 사이트에 접속합니다(https://www.bigdata-map.kr). 그리고 마우스를 아래로 내리면, 데이터 지도 네트워크의 16개 항목이 나옵니다. 그럼 여기서 데이터 금융 빅데이터에 들어가서 [플랫폼 서비스] → [대박 날 지도] 메뉴에 들어가면 다음과 같이 상권분석 데이터를 기반으로 한 서비스가 제공됩니다.

① 내가 원하는 창업 분석 보고서를 얻는 방법

1. 업종을 선택합니다. → (치킨)
2. 지역을 선택합니다. → (일단 강서구로 갑니다.)
   서울특별시 → 강서구 → 화곡3동 → 공원 인근
3. 창업 성공지수를 선택하고, [분석하기] 버튼을 클릭합니다.

이제 1분이 채 되지 않아 분석 보고서가 나옵니다. 다음은 치킨 업종에 대해 서울특별시 강서구 화곡 3동 데이터 분석 보고서입니다. 우선 기본적으로 창업 성공지수를 보면, 위험/경계/주의/좋음 4단계로 표현되어 있습니다.

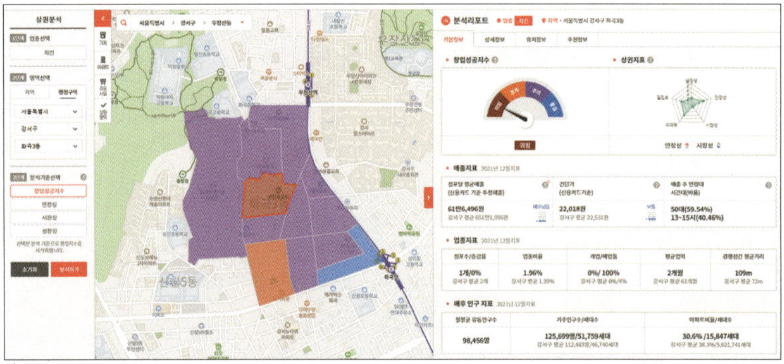

[그림 19-13] 데이터 분석 보고서

여기서 창업 성공 지수란 기초구역 단위 내 시장 수요 대비 경쟁과 선택 업종의 성장성, 안정성, 시장성을 고려하여 선택 업종의 창업 시 성공 정도를 판단하는 지표입니다.

"수식 창업 성공지수 = 100 − (시장성 + 성장성 + 안정성) / 3"

❶ 시장성 = (기초구역 내 분기 매출액 / 분기 점포 수) − (시군구 내 분기 매출액 / 분기 점포 수)
❷ 성장성 = 당년 분기 매출액 / 전년 동분기 매출액
❸ 안정성 = 1 − (폐업 점포 수 / 신규 점포 수)

분석보고서는 [기본정보] [상세정보] [위치정보] [추천정보], 4개 탭으로 구성되어 있습니다.

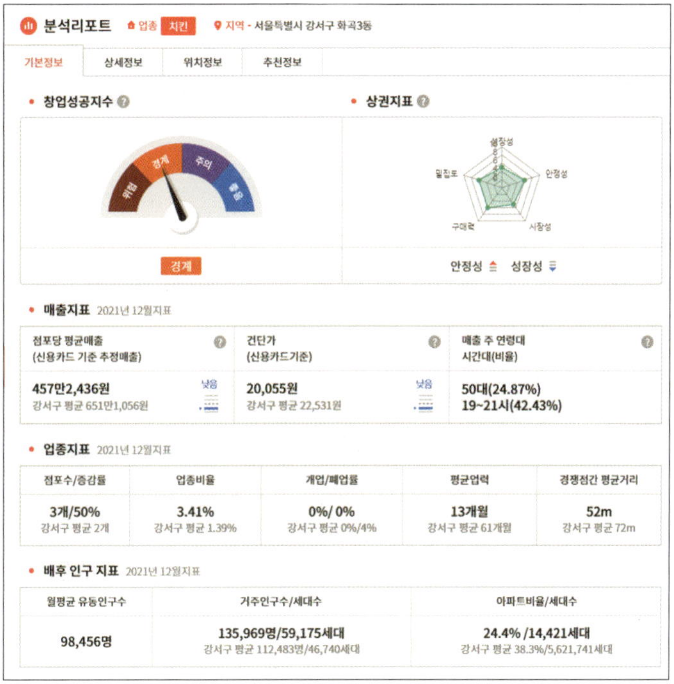

[그림 19-14] 분석보고서

치킨가게의 매출은 보니, 점포당 매출이 평균 457만 원/월입니다. 신용카드만을 기준으로 한 금액이기 때문에 실제 더 많을 수 있습니다. 다른 업종과 다른 동네를 함께 비교해 볼 수도 있습니다. 그리고 주요 손님 연령대는 50대이고, 시간은 저녁 7시~9시 사이에 결제가 많이 된 것을 확인할 수 있습니다. 또 건당 매출액을 보면 손님들이 한 번에 결제하는 금액을 약 2만 원입니다.

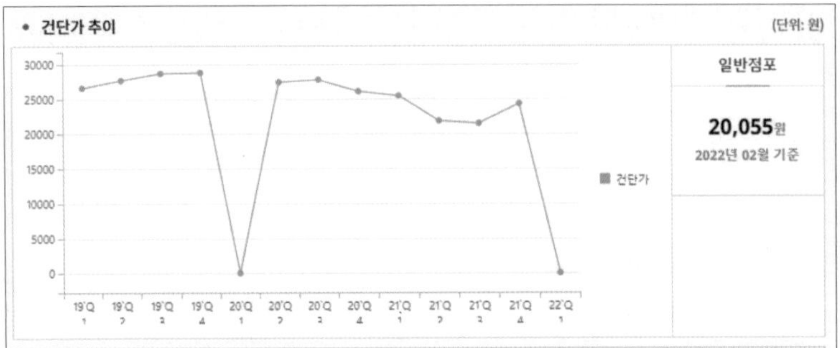

구분	19`Q1	19`Q2	19`Q3	19`Q4	20`Q1	20`Q2	20`Q3	20`Q4	21`Q1	21`Q2	21`Q3	21`Q4	22`Q1
건단가	26,563	27,653	28,652	28,773	-	27,409	27,741	26,082	25,452	21,813	21,453	24,269	-

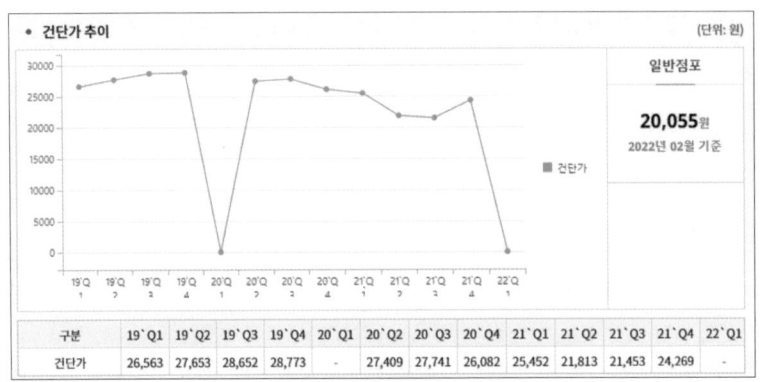

[그림 19-15] 건당 단가 추이

점포당 매출액 추이를 보면 코로나19가 시작되었던 2020년 1분기에는 데이터가 없지만 코로나19 이전에 비해서 확실히 매출액이 줄어들었고, 2021년 4분기까지도 감소하고 있는 것으로 나타나고 있습니다. 치킨집을 비롯해서 많은 자영업자 분들이 힘들 것 같습니다.

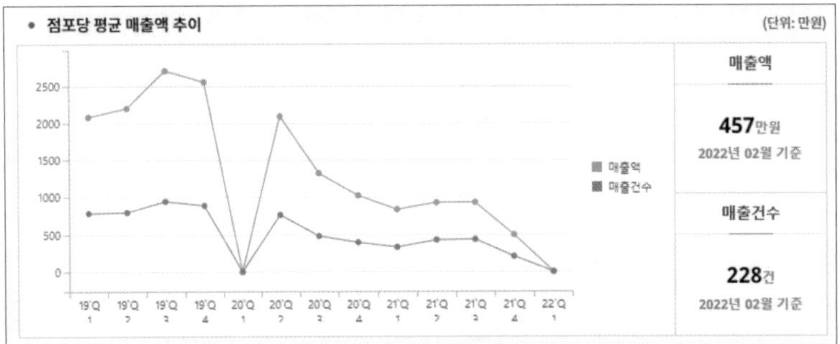

구분	19`Q1	19`Q2	19`Q3	19`Q4	20`Q1	20`Q2	20`Q3	20`Q4	21`Q1	21`Q2	21`Q3	21`Q4	22`Q1
매출액	2,081	2,197	2,703	2,551	-	2,091	1,322	1,022	835	927	929	494	-
매출건수	784	795	943	887	-	763	477	392	328	425	433	204	-

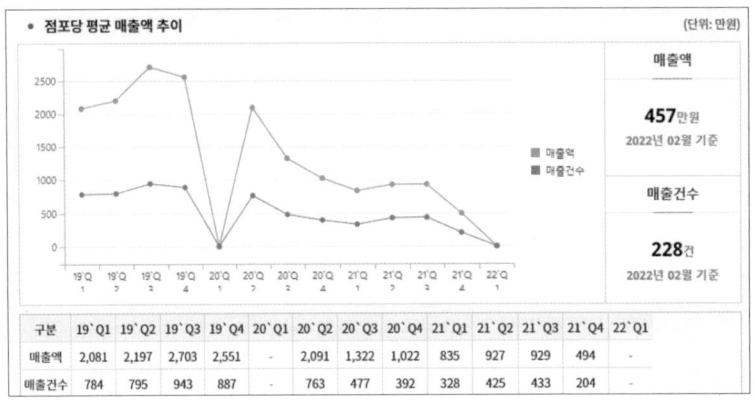

[그림 19-16] 점포당 평균 매출액 추이

시간대별 매출액의 비율을 살펴볼 수 있습니다. 데이터는 봄/여름/가을/겨울, 계절별 그리고 시간대별로 제공되고 있습니다. 노란색인 겨울의 경우, 확실히 다른 계절에 비해서 이른 시간에 매출이 발생하고 있습니다. 아마도 날이 빨리 어두워지고 추워지기 때문에 그만큼 사람들도 주문이나 방문 판매가 이른 시간으로 앞당겨진다고 생각됩니다. 아르바이트나 직원을 고용한다면 해당 시간대에 인원을 집중하도록 해야겠습니다.

• 시간대별 매출액 비율

시간대	봄	여름	가을	겨울
01~06시	0.70%	1.87%	2.81%	1.41%
07~09시	0.00%	0.00%	0.00%	0.00%
09~11시	0.00%	0.00%	0.00%	0.00%
11~13시	0.00%	0.00%	0.00%	0.00%
13~15시	0.30%	0.00%	0.00%	1.11%
15~17시	2.14%	2.41%	0.75%	2.53%
17~19시	22.39%	23.93%	21.44%	22.42%
19~21시	38.07%	37.72%	36.05%	44.47%
21~23시	36.39%	34.07%	38.95%	28.06%
23~01시	0.00%	0.00%	0.00%	0.00%

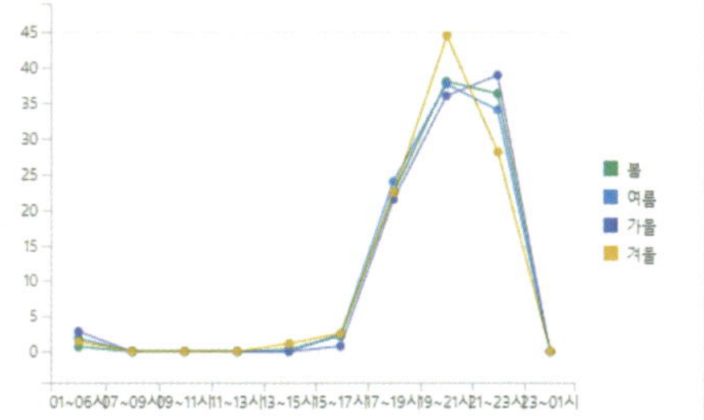

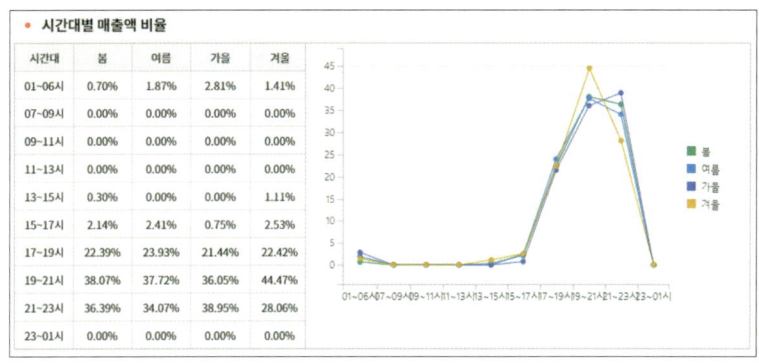

[그림 19-17] 시간대별 매출액 비율

이제 우리가 원하던 요일별 매출액을 비교해 보겠습니다. 보통 '불금'이라고 해서 금요일에 치킨을 많이 먹을 것 같았는데, 데이터로 확인해보니 사실 토요일에 매출액이 가장 높았습니다. 여기서 주의할 점은 '많이(건수)'와 '매출액이 높은(결제금액)'은 다르다는 것입니다. 또한 다음의 데이터는 배달과 매장 판매 데이터가 한 데 섞여있는 데이터로 이해해야 합니다.

데이터에 나타난 정보만을 읽어본다면, 대부분의 계절에서 '토요일 매출 비중이 가장 높다'는 것을 알 수 있습니다. 하지만 '여름의 경우(하늘색), 금요일에 비해 비율이 소폭 낮다'는 것을 확인할 수 있습니다.

금요일에 목요일 대비 1.1배, 1.06배 더 팔리니까, 금요일만을 위해서 재료를 함부로 많이 주문하면 안 되겠다는 판단이 듭니다. 특히 계절별로 차이가 있음을 인지하고 재료를 준비해야겠습니다. 평균 데이터는 일반적인 날을 기준으로 집계되므로, 월드컵 등의 특별한 날은 별도 네이버에서 검색 빈도 등의 데이터를 좀 더 고려해야합니다(네이버 데이터 랩).

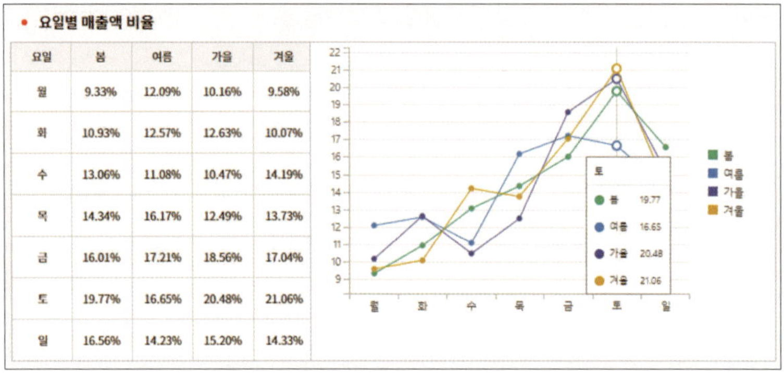

요일	봄	여름	가을	겨울
월	9.33%	12.09%	10.16%	9.58%
화	10.93%	12.57%	12.63%	10.07%
수	13.06%	11.08%	10.47%	14.19%
목	14.34%	16.17%	12.49%	13.73%
금	16.01%	17.21%	18.56%	17.04%
토	19.77%	16.65%	20.48%	21.06%
일	16.56%	14.23%	15.20%	14.33%

[그림 19-18] 요일별 매출액 비율

그리고 성별/연령대별 매출액 비율 데이터를 확인할 수도 있습니다. 이 데이터를 살펴본다면, 어느 고객에게 타깃팅을 분명히 해서 광고를 해야 할지 알 수가 있겠죠?

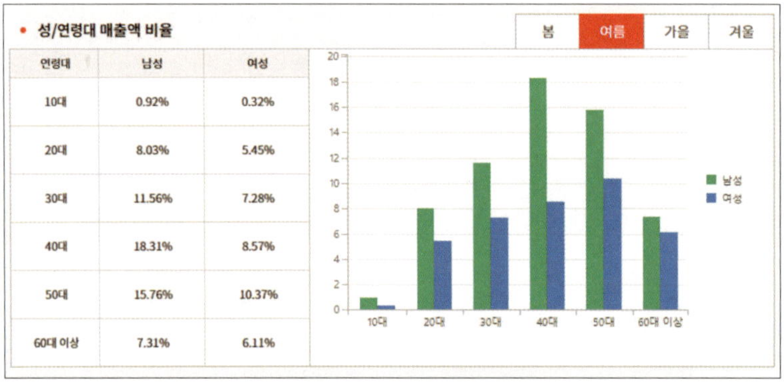

연령대	남성	여성
10대	0.92%	0.32%
20대	8.03%	5.45%
30대	11.56%	7.28%
40대	18.31%	8.57%
50대	15.76%	10.37%
60대 이상	7.31%	6.11%

[그림 19-19] 성별/연령대별 매출액 비율

심지어 이런 분석 데이터를 1분 만에 만들어준 것도 모자라서, 내가 치킨집을 창업한다면 어느 동네에서 성공할 확률이 높은지 지역도 추천해주고 있습니다. 치킨 업종으로 업체 수, 판매금액 등을 고려했을 때 창업 성공지수가 높은 지역은 염창동, 등촌 1동 등의 순으로 분석되고 있습니다.

분석리포트 업종 치킨 지역 - 서울특별시 강서구 화곡3동

기본정보 | 상세정보 | 위치정보 | 추천정보

• 추천지역 (치킨 업종의 강서구 내 창업성공지수 상위 5개 지역)

순위	행정구역	우편번호	창업성공지수	분석리포트
1	염창동	07540	99.8	보기
2	등촌1동	07566	99.2	보기
3	화곡본동	07721	99	보기
4	공항동	07622	98.4	보기
5	등촌3동	07575	97.4	보기

• 추천 업종 (선택 상권 내 창업성공지수 상위 5개 업종)

순위	업종	창업성공지수	분석리포트
1	음악/미술	99.1	보기
2	유치원/어린이집	99	보기
3	백반/한정식	98.6	보기
4	곱창/양구이	98.4	보기
5	고시원	96	보기

[그림 19-20] 분석리포트

② 업종에 대한 흥망성쇠

방금 전까지는 '우리 동네 치킨집을 운영한다. 요일별로 얼마나 재료를 준비해야 하나?'라는 제한적인 목적으로 데이터를 살펴보았습니다. 이번에는 '은퇴 후에 치킨집을 창업하면 어떨까?'라는 좀 다른 목적으로 데이터를 살펴보겠습니다.

앞서 살펴본 데이터의 방식이 바로 일전에 학습한 잠자리의 눈으로 데이터를 바라본 것이고, 이제는 좀 더 넓은 시각인 독수리의 눈으로 살펴보겠습니다. 우선 우리나라 치킨집의 총 영업점포 수 추이를 살펴봅니다. 다음 그래프는 〈국토연구원〉에서 분석한 치킨집의 흥망성쇠입니다.

치킨집은 2000년부터 2008년까지 급격히 점포 수가 늘어나는 팽창단계를 지나 2015년까지는 그 수가 정체했고, 그리고 이제는 점차 점포 수가 줄어드는 쇠퇴단계를 보이고 있습니다.

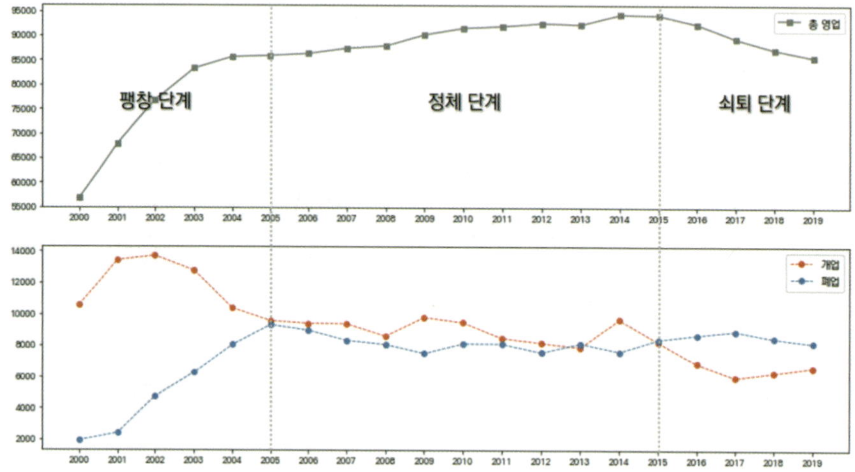

[그림 19-21] 국토 이슈보고서 29호 시공간 변화로 살펴본 지역별 치킨집의 흥망성쇠[03]

③ 요일별 배달 금액 평균 및 배달 건수

통합 데이터 지도에서는 데이터 스토리라는 메뉴를 제공합니다. 여기서는 주제별로 분석된 데이터를 확인할 수 있는데요. 우리 목적과 유사한 배달 데이터를 확인해보겠습니다.

다음 그래프는 평균 주문금액과 배달 수를 한눈에 볼 수 있다는 점입니다. 주목할 점은 배달 서비스의 수요가 가장 활발한 날이 일요일이었다면, 배달 서비스에 가장 많은 돈을 쓰는 요일은 토요일로 나타났습니다. 특히 우리가 생각했던 것보다 금요일은 배달 건수가 적네요. 그리고 토요일에는 평균 주문금액이 많은 것으로 보아 비싼 것을 주문하는 것으로 판단할 수 있겠습니다. 데이터는 이처럼 재밌는 결과도 보여줍니다.

03 출처: 국토연구원

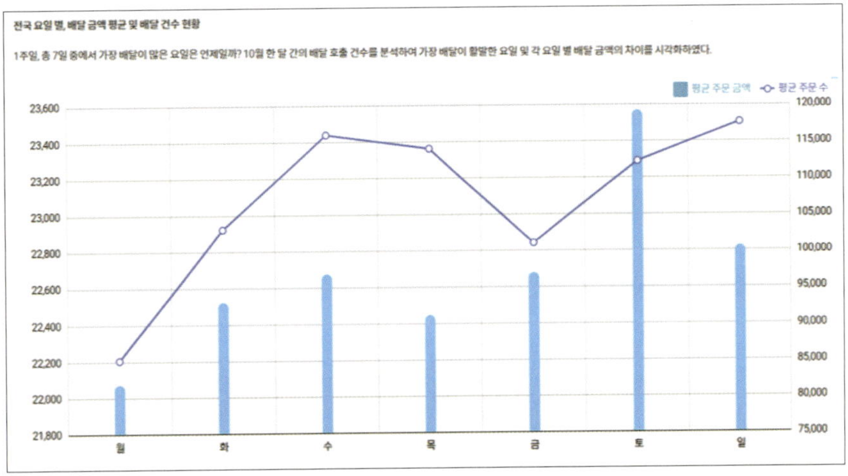

[그림 19-22] 통합 데이터 지도 〉 배달 호출 데이터를 활용한 전국 배달정보 현황

짧은 활용 예시지만, 정말 임팩트있는 것 같습니다. 빅데이터 플랫폼의 활용이 생각보다 쉽다는 것을 확실하게 각인시켜주는 것 같네요. 막연하고 어렵게만 느껴졌던 빅데이터 플랫폼의 활용은 생각보다 쉽습니다. 이렇게 우리는 눈으로 볼 수 없었던 데이터를 클릭 몇 번으로 확인할 수 있는 세상에 살고 있습니다. 모두가 R, 파이썬, 엑셀을 잘하는 데이터 사이언티스트가 될 필요는 없습니다. 거듭 얘기하지만 데이터에서 중요한 것은 '활용할 수 있는가?'입니다.

우리는 정보는 힘이라고 배웠습니다. 그리고 그 정보는 데이터에 기반해서 만들어집니다. 데이터를 활용할 수 있고 없고는 힘을 넘어 생존의 문제입니다.

"데이터는 모두에게 같은 기회를 제공하는가?"

이 책의 맨 앞에서 '인생은 B(Birth)와 D(Death) 사이의 C(Choice)다'라고 얘기했습니다. 오늘날 사람들은 데이터를 기반으로 정보와 지식을 얻게 되고 순간의 선택이 그들의 삶이 됩니다. 과거에 비해 데이터가 개방되었고, 할 수 있는게 무궁무진하다고 흔히들 말합니다.

하지만 제가 봤을때는 단서를 붙여야 합니다. 바로 '데이터를 활용할 수 있는 사람들에 한해서' 입니다. 이 책도, 제 지식도 맨 몸의 텅빈 머리로 태어나 사회에서 얻은 선물이라고 생각합니다. 그래서 데이터로 세대가 구분되지 않고, 계층이 구분되지 않았으면 좋겠다는 의미에서 지역아동센터에서 코딩교육을 통해 직접 나누고 있습니다. 데이터 → 정보 → 지식 → 지혜 → 삶으로 이어지는 데이터 사고와 활용이 평등한 사회에서 여러분도 무한한 창의를 펼치면 좋겠습니다.

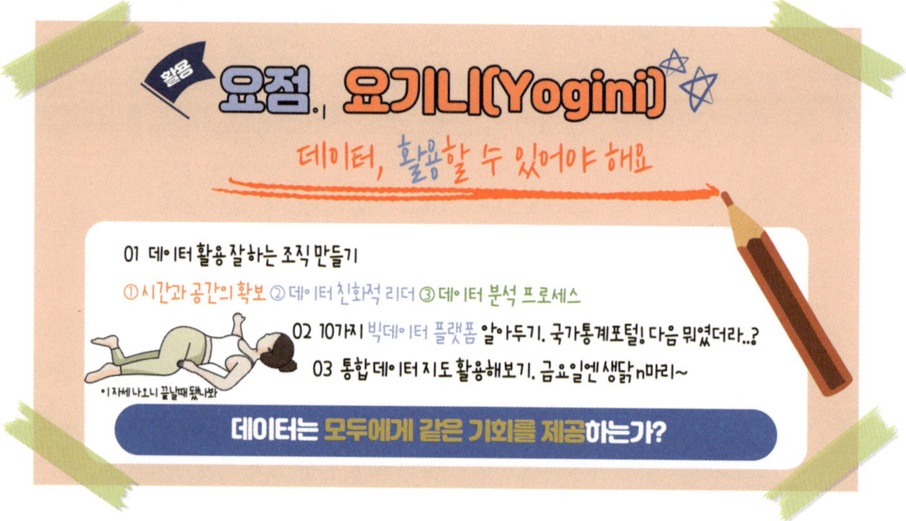

정리하기

1. 데이터의 궁극적인 목적은 활용이다

01. 데이터, 활용할 수 있는가.

- 공공 데이터법은 국민의 데이터 이용과 활용을 목적으로 하는 것처럼, 데이터를 축적하고 관리하는 이유는 궁극적으로 '활용'에 초점을 맞추고 있습니다.
- 대학 입시에서, 디지털 역량에서 모두 환경이 많은 영향을 미칩니다. 데이터 활용을 잘하는 조직을 만들기 위해서는 적절한 환경을 만들어 주어야 합니다.

02. 조직이 데이터를 잘 활용하기 위한 환경조건

[공부하기 좋은 시간과 공간: 시간과 (오프라인/온라인) 공간 확보]

- 공부하기에 좋은 환경은 크게 알맞는 시간과 공간을 제공하는 것입니다. 데이터 분석도 마찬가지로 그에 적합한 시간과 공간을 제공하는 것입니다.
- 많은 기업에서 의사결정 단계가 많기 때문에 조직을 민첩하게 만들기 위해 노력하고 있습니다. 그중 하나가 애자일(agile)이라는 기법입니다.
- 애자일 기법 중 소프트웨어 개발에 많이 사용되는 방식은 바로 스크럼(Scrum)이라는 업무 방식이 있습니다. 스크럼은 5명 내외의 여러 소규모의 팀들이 개발을 위해 짧은 업무주기(예를 들어, 하루 또는 일주일)를 반복합니다.
- 오프라인의 열린 공간(Open Space)과 슬랙(slack) 또는 구글이나 마이크로소프트의 팀즈(teams)와 같이 데이터와 분석결과물의 공유가 자유로운 온라인 공간을 활용합니다.

[훌륭한 선생님: 직책자와 리더의 역할]

- 목표를 명확히 정해줄 것
- 데이터 사고와 분석에 대한 가치를 존중할 것
- 꼭 필요한 데이터 데이터 기반 의사결정을 구분할 것

[잘 짜여진 커리큘럼: 데이터 분석 프로세스]

- 문제정의 → 데이터 수집 및 전처리 → 데이터 분석 → 모델링 및 관리의 4 단계

2. 데이터 활용 실무 정보

01. 데이터 활용을 위해 꼭 알아야 할 플랫폼

① 공공데이터 포털

② 통합 데이터 지도

③ 한국은행 경제통계시스템(ECOS)

④ 대한민국 통계청

⑤ 네이버 데이터 랩

⑥ 깃허브(GitHub)

⑦ 페이퍼스 위드 코드(Papers With Code)

⑧ 미국 연방준비은행 경제 데이터(FRED)

⑨ 아카이브(arxiv)

⑩ 구글 데이터셋 서치

02. 빅데이터 플랫폼의 활용 사례

- 내가 원하는 창업 분석 보고서를 얻는 방법

  ① 업종을 선택 → 지역을 선택 → 창업 성공지수를 선택하고, [분석하기] 버튼을 클릭

  ② 업종의 흥망성쇠 데이터 확인

  ③ 요일별 배달 금액 평균 및 배달 건수 데이터 확인

20장

데이터 활용 역량, 조금만 노력하면 쑥쑥 자라요

박익선 사원은 〈매출 실적 분석 보고서〉부터 예측 모델 개발까지, 제법 업무에 자신이 생겼습니다. 그런데 〈매출 실적 분석 보고서〉는 그때 잠시, 예측 모델도 처음에는 이슈가 되었지만 점차 관심이 시들해졌습니다. 그러면서 항상 성과를 내는 정 과장님과 진솔한 대화를 하게 되었습니다.

"과장님, 프로젝트를 할 때는 뭔가 될 것 같고 힘들게 했는데, 너무 허무해요."

"어떤 면에서요?"

"분석 과제를 발굴하고 문제 정의하는 것도 쉽지 않아요. 그런데 위에서는 잘 몰라주는 것 같아요. 또 데이터 수집은 얼마나 어려웠는데요. 근데 기껏 데이터 분석과 모델 개발로 마무리를 지었는데, 현업 활용도가 낮은 것 같아요."

"익선 씨, 이제 하산해도 되겠는데요!"

"제가요? 과장님이 진행하신 프로젝트는 어떻게 그렇게 성과를 냈나요? 비결 좀 알려 주세요."

"익선 씨, 그건 말이지…."

데이터로 문제를 해결하는 과정은 문제 정의부터 데이터 수집, 데이터 분석, 결론 도출과 실행으로 이뤄집니다. 이제 각 과정에서 필요한 능력과 현업의 꿀팁을 전수할 시간입니다.

1 데이터 활용 역량이 중요한 이유

01 이 시대에 필요한 역량

1990년대 개인 컴퓨터(PC, Personal Computer), 2000년대 인터넷, 2010년대 스마트폰, 그리고 오늘날 사물인터넷(IoT), 클라우드(인터넷 저장 공간) 등이 확산하면서 다양한 디지털 개념 또한 등장하게 되었습니다.

이런 정보통신기술의 융합으로 이루어진 4차 산업혁명은 데이터를 기반으로 한 빅데이터와 인공지능 산업의 빠른 성장을 가져왔습니다. 특히 코로나19 이후 사람들이 인터넷 공간에서 보내는 시간이 늘어나면서 데이터의 생산, 공유, 확산이 더욱 빨라졌습니다.

하지만 역설적으로 엄청나게 많은, 그리고 순식간에 지나가는 빠른 데이터 속에서 '의미 있는 데이터 찾기'는 점점 더 어려워졌습니다.

"바다에서 진주를 찾는 능력, 이것을 가공해 보석을 만드는 역량"

바로 이런 오늘날의 상황이 개인이나 기업에게 데이터 활용 역량이 필요한 이유입니다. 데이터를 얻을 수 있는 환경이 넓어지면서 데이터 문해력(literacy)의 유형이 많아졌습니다. 그럴수록 데이터를 다루고 활용할 수 있는 능력, 복잡한 디지털 환경 속에서 본질을 이해할 수 있는 능력을 갖춘 사람들이 필요하게 되었습니다.

우리는 앞서 데이터 레이크–데이터 웨어하우스–데이터 마트의 개념을 살펴보며, 데이터는 우리에게 물과 같다고 얘기했습니다. 물이 비, 지하수 등 자연에서 생성되는 것처럼, 데이터도 사람, 컴퓨터, 기계에서 끊임없이 생산됩니다.

호수의 물이 깨끗이 걸러지고 목적에 맞게 창고에 저장되고, 마트를 거쳐 우리 손에 전달되는 것처럼, 데이터도 형태가 정해진 것과 정해지지 않은 것을 한 곳에 모아놓습니다. 그리고 목적에 따라 데이터 웨어하우스, 데이터 마트를 거쳐 분석과 인공지능 모델 개발에 쓰이고 있습니다.

이렇듯 4차 산업혁명으로 오늘날 데이터는 물과 같이 생존에 필수가 되었습니다. 이로 인해 데이터를 해석하고 활용하는 능력은 이제 데이터 분석가, 데이터 사이언티스트와 같은 전문 영역의 사람들에게만 필요한 것이 아닙니다.

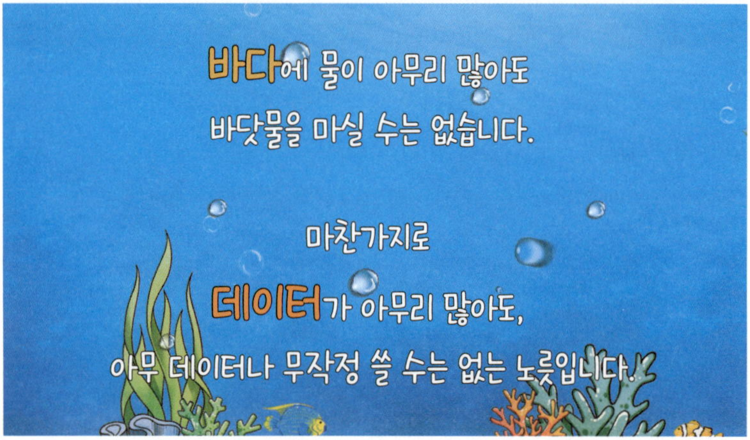

[그림 20-1] 바다와 데이터의 비교

그러므로 우리가 생활하고, 일하는 다양한 분야의 데이터를 수집해서 분석하고, 그것을 합리적인 의사결정에 쓸 수 있도록 기초역량을 길러야 합니다. 무엇보다 중요한 것은 데이터를 기술적으로 다루는 것 이전에, 문제의 원인과 해결방안을 논리적으로 생각하고 원하는 목적을 달성할 수 있는 힘입니다.

그런데 자격증을 앞세운 사회적 분위기는 MZ세대를 비롯한 많은 분에게 데이터 분석 능력을 취업과 자기 계발을 위한 일종의 스펙SPEC 쌓기로 인식하게 하는 것 같아 안타깝습니다. 가고자 하는 방향이 없다면, 지금 딛는 그 걸음이 목적지와 다른 방향일 수 있는 것처럼, 목적이 없는 데이터 분석 역량 쌓기는 흔들리고, 길을 잃기 마련입니다.

많은 분이 데이터 분석을 자기 계발을 위한 자격증 공부에서 시작할 것이라 생각합니다. 그리고 데이터로 문제를 해결하는 프로세스를 수험서에서 배울 것 같습니다. 하지만 학교 시험문제가 현실의 문제와는 많이 다릅니다. 마찬가지로 실제 데이터 분석 업무를 수년간 수행해 보니 많은 부분에서 책의 그것과는 달랐습니다.

과거 데이터 관련 업무는 엑셀, R, SQL로 수행해왔습니다. 그리고 지금은 파이썬으로 같은 업무를 수행하고 있습니다. 그 과정에서 얻게 된 것은 언어가 아니었습니다. 바로 문제를 해결하는 노하우와 절차였습니다. 그리고 수많은 시행착오를 반복하면서, 제 주변 분석 과제도 같은 어려움과 고민을 한다는 것을 알게 되었습니다.

이 책은 같은 어려움을 먼저 겪고 해결한 저와 동료들, 그리고 학생들의 이야기입니다. 모두가 같은 시행착오를 반복할 필요는 없습니다. 아무쪼록 이 책이 개인적인 목표 달성과 기업의 성과를 이끌어내는 데 도움이 되었으면 좋겠습니다. 그런 의미에서 마지막으로 실무적인 관점에서 직접적인 도움이 되는 데이터 활용 역량을 정리하고자 합니다.

2 개인에게 필요한 4가지 데이터 활용 역량과 현업 꿀팁

01 개인에게 필요한 데이터 활용 역량을 키워요(feat. 현업 꿀팁)

데이터 활용 역량을 높이기 위해 조직과 개인의 역할을 나누어 생각해볼 수 있습니다. 조직은 전체적인 관점에서 이야기했다면, 여기서는 개인에게 필요한 4가지 데이터 활용 역량을 정리해 보겠습니다.

여러분은 이 책을 읽고(강의를 듣고) 개인적으로 인생이나, 재테크, 그리고 회사 업무에 데이터 사고 → 분석 → 활용으로 이어지는 경험을 하게 될 겁니다. 그런데 술술 읽었던 책과는 달리 막상 활용을 하려면, 막히는 부분이 생기게 됩니다. 그럴 때는 데이터로 문제를 해결하는 프로세스를 생각해보는 방법을 추천합니다.

앞서 문제 해결 프로세스는 문제정의 → 원인 분석 → 해결방안의 순으로 설명했습니다. 데이터 분석을 통한 문제 해결 역시 유사한 방식으로 전개됩니다.

〈 데이터 분석 문제 해결 프로세스 〉

"문제정의 → 데이터 수집 및 전처리 → 데이터 분석 → 모델링 및 관리"

데이터 분석을 통한 문제 해결 프로세스는 책이나 이론마다 조금씩 다를 수 있습니다. 하지만 각 단계에서 필요한 역량은 다음과 같이 뽑아낼 수 있습니다.

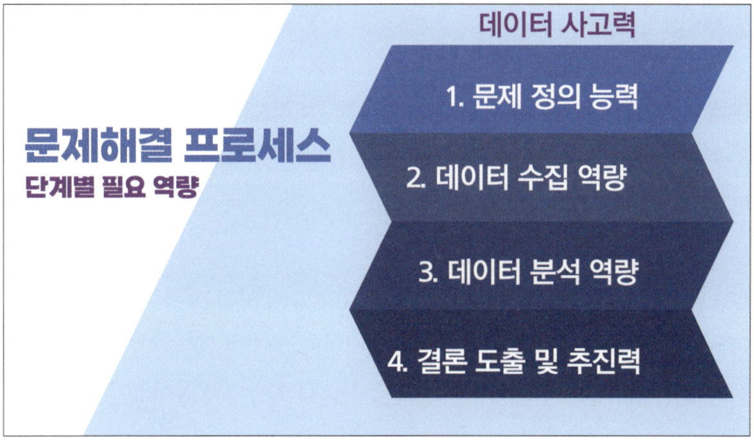

[그림 20-2] 문제해결 프로세스

이 책에서 주로 설명하는 데이터 사고력은 모든 문제 해결의 기반이 되는 땅(earth)과 같습니다. 비옥한 땅에서 문제가 싹트고, 열매도 맺을 수 있습니다. 가장 중요한 사고력이 기반이 되어야만 데이터를 이해하고 최종 목적지까지 이끌어나갈 수 있는 것입니다.

그러한 땅이 준비되었다면 첫째로 문제에 대한 명확한 인식을 통해 목적을 명확히 하는 것이 필요합니다. 세상에는 상상하지 못할 양의 데이터가 존재합니다. 그렇기 때문에 한정된 시간 안에서 우리에게 꼭 필요한 데이터를 파악하고 찾아내는 일이 그 다음 할 일입니다. 이렇게 수집된 데이터는 우리가 살펴본 데이터, 통계, 컴퓨터 지식을 통해 분석의 성과물로 나옵니다. 그러면 우리는 리포팅도 하고 의사결정을 합니다.

각 단계에서 필요한 능력을 본격적으로 알아보겠습니다.

02 문제정의 능력

"나에게 단 1시간이 주어진다면, 문제를 정의하는 데 55분을 쓰고, 해결책을 찾는 데는 오직 5분만 쓸 것이다."[01]

– 아인슈타인(Albert Einstein) –

아인슈타인이 남긴 이 명언은 문제를 정확하게 알아야 그에 맞는 해결책도 찾을 수 있다는 의미입니다. 그만큼 문제정의는 중요합니다. 이 책에서 학습한 대로 문제의 현재 상태와 이상적인 상태의 차이를 확인하고 문제를 정의하는 능력을 꾸준히 연습해서 높여나가기 바랍니다.

현업에서는 수십 년 동안 일을 했지만 문제정의에 여전히 서투른 경우가 많습니다. 가장 많은 경우가 "데이터로 문제를 해결한다"라는 틀에 갇혀 있는 경우입니다. "데이터가 먼저다"가 아니고 "문제정의가 우선이다"를 명심하세요. 내가 풀고자 하는 문제가 있어야지 데이터를 활용할 수 있습니다.

문제정의 상황의 예를 들어 보겠습니다. "콜센터의 고객만족도를 높여라"라는 문제가 있습니다. 그렇다면 '고객만족도'란 무엇인가요? 단순히 고객만족도 조사 결과를 0점~5점으로 평가하는 방법이 있겠네요. 하지만 좀 더 구체적으로 접근해보겠습니다.

우선 고객만족도를 높이는 문제에서 '고객만족도'가 무엇인지 그 의미가 모호합니다. 그렇다면 이 모호한 고객만족도를 숫자로 정의하는 것부터가 문제정의의 시작입니다.

고객만족도 = 고객 요청사항 처리율 + 처리속도 + 긍정 고객 피드백 비율

- 고객 요청사항 처리율 = 처리 건수 / 접수 건수
- 처리속도 = (처리일자 – 접수일자) / 목표기간
- 긍정 고객 피드백 비율 = 긍정 언어 / 전체 언어(비정형 언어분석)

---

01 "If I had only 1 hour to save the world, I would spend 55 minutes defining the problem and only 5 minutes finding the solution."

이처럼 정성적인 문제를 정량으로 바꿔서 정의하고, 그것을 데이터로 해결하는 역량이 필요합니다.

"아빠, 나는 키가 얼마나 클 수 있을까?"

사춘기에 들어선 딸이 요즘 키가 잘 자라지 않는다며 고민하고 있습니다. 그래서 아이와 어떻게 하면 키가 크는지를 찾아보는데, '키는 유전'이라는 정보를 우연히 마주하게 되었습니다.

[그림 20-3] 키와 관련한 유전 정보

엄마 키와 아빠 키를 입력하면 아이의 키를 계산해주는 사이트를 찾았습니다.

1. 아빠 키를 입력하세요.
2. 엄마 키를 입력하세요.
3. 여러분의 예상키는 ○○○cm입니다.

아빠 키 □

엄마 키 △

아이 키 ○

여기에 쓰인 공식은 '(아빠 키 + 엄마 키) + 13 / 2'입니다. 이것을 바로 '자녀 키 예측공식'이라고 합니다.

아이 키 ○ = (아빠 키 ㅁ + 엄마 키 △) + 13 / 2

이것을 좀 어른스럽게 바꿔볼까요? 아주 조금만요.

아빠 키 ㅁ = X_1
엄마 키 △ = X_2
아이 키 ○ = Y

아이 키 Y = (아빠 키 X_1 + 엄마 키 X_2) + 13 / 2

이렇게 아이 키와 같이 최종적으로 구하고자 값을 데이터 분석에서는 Y값이라고 합니다. 그리고 Y값에 영향을 주는 다양한 원인(X)을 찾아서 생각해보는 것이 바로 문제정의입니다. 어디서 많이 본 것 같죠?

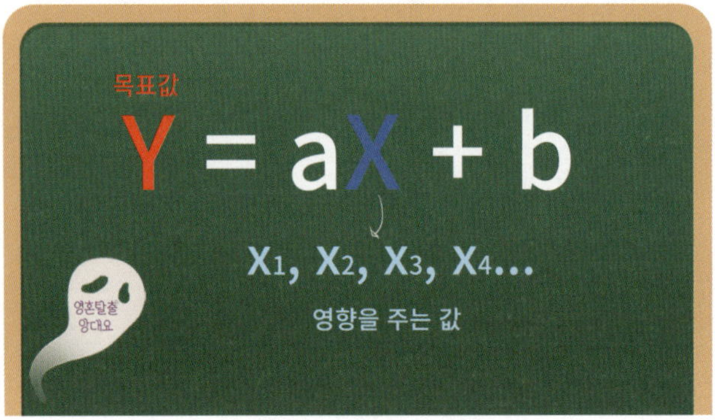

[그림 20-4] 키를 구하는 공식

Y = aX +b

목표값(Y) = 영향을 주는 값(X)들로 나타내기

제가 예로 든 자녀 키는 아빠 키와 엄마 키만으로 결정되는 것으로 간단히 계산했지만 실제로는 그렇지 않겠죠? 실제로는 X_1(아빠 키), X_2(엄마 키) 외에도, X_3(식사량), X_4(수면시간), X_5(운동량) … 등 다양한 원인이 존재합니다. 이처럼 정확히 원하는 값 Y를 정의하고 이 값에 영향을 주는 X들을 정의해주는 것이 바로 '문제정의'입니다.

문제정의 능력을 요약하면 다음과 같습니다.

문제정의 능력

- 전문분야에서 문제를 정의하고 원인 후보를 생각하고, 해결방안을 도출해내는 프로세스 사고 능력
  → **현업 꿀팁** 논리적 사고(Logical Tree)를 통해 문제에 영향을 주는 요소들을 생각해본다.
- 원하는 바가 무엇인지를 인식하고, 해당 목적을 중심으로 필요한 데이터를 정리하는 능력
  → **현업 꿀팁** Y = aX+b의 형태로 표현한다. 이때 정성적인 지표는 정량적인 지표로 바꾼다.

03 데이터 수집 역량

두 번째는 데이터 수집 역량입니다. 데이터를 수집하기 위해 가장 먼저 할 일은 무엇일까요? 바로 일이 일어나는 순서에 따라 데이터가 생성되는 부분을 파악하거나, 데이터 생성이 필요한 부분을 인식하는 것입니다. 그 다음은 일이나 비즈니스 프로세스에 따라 생성되는 데이터의 종류, 시점을 정리해보는 것입니다.

여러분의 이해를 돕기 위해 콜센터 업무를 계속 예로 들어보겠습니다. 콜센터의 업무 프로세스를 다음처럼 생각해서 정리해봅니다.

-시작-

① 고객이 전화를 건다. 〉 상담번호(ID), 접수 일시(Date), 지역(센터), 고객명, 상담자명 등

② 상담원이 고객의 문제를 듣고 안내한다. 〉 접수내용, 문제 유형, 카테고리(분류) 등

③ 조치를 위해 필요한 부서나 협력사에 내용을 전달한다. 〉 담당부서, 담당자, 전화번호 등

④ 필요한 업무 일정을 잡는다. 〉 조치계획 일시, 이관 부서, 방문 담당자 등

⑤ 다시 고객에게 연락한다. 〉 조치계획, 일시 등

⑥ 업무를 처리한다. 〉 처리완료 사진, 방문 담당자, 처리 일시, 고객확인 등

-종료-

이렇게 데이터 수집을 위해서는 업무 프로세스를 이해하는 것이 중요합니다. 만약, 해당 업무에 대한 지식이 없다면 여기가 바로 현장 또는 현업 전문가의 인터뷰가 필요한 순간입니다. 물론 여러분이 현업 전문가인 경우가 가장 좋겠죠?

이 중에서 앞서 정의한 '고객만족도'에 해당하는 데이터, 즉 문제해결에 필요한 데이터가 무엇인지를 생각해서 정리해봅니다.

- 고객 요청사항 처리율 = 처리 건수 / 접수 건수
  → 접수된 고객상담 데이터 리스트(개수 계산), 처리된 고객상담 데이터 리스트(개수 계산)
- 처리속도 = (처리일자 – 접수일자) / 목표기간
  → 처리 일시, 접수 일시, 평균 처리기간
- 긍정 고객 피드백 비율 = 긍정 언어 / 전체 언어(비정형 언어분석)
  → 접수 내용, 문제 유형, 카테고리, 긍정어와 부정어(사전 정의)

이렇게 필요한 데이터를 파악했다면 그 데이터를 어디서 얻을 수 있는지를 생각해보고 실제로 수집해야 합니다. 회사 내부 또는 외부에 있는지 데이터의 원천(소스)을 파악하고, 데이터를 다운받을 수 있는지 아니면 특정 프로그램의 쿼리[02]를 작성해서 받을 수 있는지 확인합니다.

02 데이터베이스나 파일의 내용 중 원하는 내용을 검색하기 위하여 몇 개의 코드(code)나 키(Key)를 요청하는 것을 말합니다.

다른 예로 주식이 오를 때만 관심을 갖는 사람은 주식이 항상 오른다고 착각을 합니다. 주가가 오를 때마다 데이터를 수집했기 때문에 항상 오른다고 판단하게 되는 것이죠. "데이터는 시기에 따라 데이터가 달라 보이기 때문에 수집 주기에 유의해야 합니다"를 유념했으면 좋겠습니다.

데이터 수집 단계에서의 역량을 요약하면 다음과 같습니다.

데이터 수집 역량

- 문제 해결에 필요한 데이터를 생각하고, 데이터를 정리할 수 있는 능력
  → **현업 꿀팁** 전문가 인터뷰를 통해 일이 발생하는 순서에 따라 생성되는 데이터 형태/타입/정의를 알아본다.
- 원하는 데이터의 소스를 파악하고 수집하는 능력
  → **현업 꿀팁** 다운로드, 쿼리, API, 웹 크롤링 등 본인에게 적합한 방식을 선택한다.

04 데이터 분석 역량

데이터 분석 단계는 탐색적 데이터 분석과 데이터 시각화 역량, 둘로 나누어 설명할 수 있습니다.

① 탐색적 데이터 분석 능력

탐색적 데이터 분석은 수집한 데이터를 다양한 관점에서 파악하는 단계로, 그래프나 통계적인 방법으로 자료를 직관적으로 이해하는 과정입니다. 이 과정은 전체적인 관점에서 독수리의 눈으로 데이터의 분포를 파악하거나 데이터 간의 상관관계, 일정한 주기나 패턴을 확인하는 작업이 포함됩니다.

데이터를 다양한 관점에서 바라보고 탐색하다 보면, 목적에 맞는 통찰(Insight)을 찾아낼 수 있습니다. 사실 이 과정은 고된 시간입니다. 들이는 시간에 비해 원하는 목적에 맞는 결과가 도출될 수도 그렇지 않을 수도 있습니다.

이 과정에서는 데이터를 다양한 방식으로 생각해보는 시도가 필요합니다. 우리는 데이터의 붙이기, 짝짓기, 집계하기를 통해 데이터를 융합하는 방법을 배웠습니다. 또 상관관계와 인과관계 같이 각 데이터 변수 간의 관계를 파악해 볼 수도 있습니다.

탐색적 데이터 분석은 데이터 사고력 + 전문지식 + 경험에 기반이 되어서 완성되는 훌륭한 역량입니다. 여러분은 이 책을 통해서 데이터 사고력을 갖췄고, 각자 분야의 전문지식도 있습니다. 그렇다면 약간의 경험만으로 데이터를 바라보고 목적에 맞는 통찰력을 찾아내는 역량이 나도 모르게 생길 것이라고 확신합니다.

② 데이터 시각화 역량

데이터 분석에서의 다음 역량은 데이터 시각화 능력(+스킬)입니다. 데이터 분석의 목적은 내 의견이나 주장을 상대방에게 전달하고 설득하기 위함입니다. 그러기 위해서 분석 결과는 다른 사람과 공유되어야 합니다. 그래서 그것의 표현에 신경을 써야 합니다. 따라서 데이터 시각화 역시 데이터를 분석하는 목적 중심적으로 접근해야 하는 것이죠.

어떻게 데이터를 표현할지 모르겠다면, 스스로에게 다음 질문을 해보세요.

"무엇을 보여주고 싶은가?"

비교, 분포, 구성, 관계 4가지 카테고리로 나누어 봅니다. 그런 다음 변수의 수와 그중 하나가 시간인지 여부에 따라 차트 유형을 선택합니다. 다음은 데이터 시각화를 만드는 사고방식에서 제법 많이 쓰이는 선택지 차트입니다.

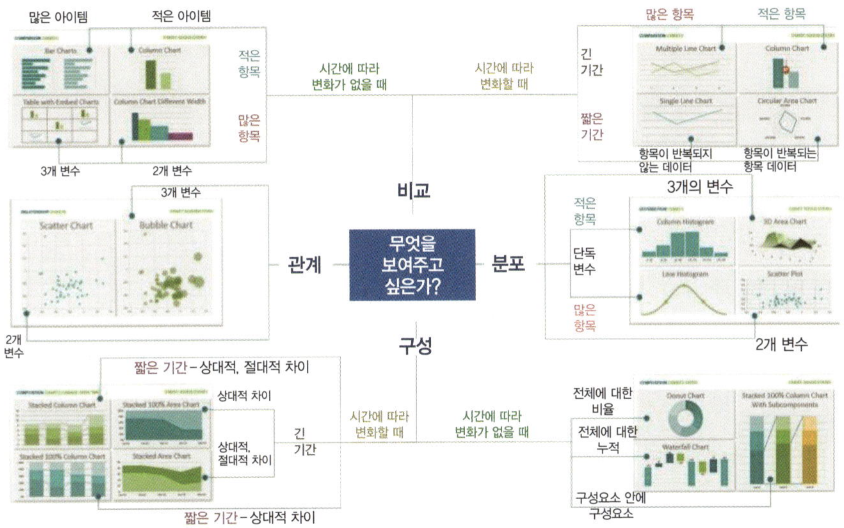

[그림 20-6] 선택지 차트[03]

여기서도 제가 하고 싶은 얘기는 '스킬Skill'을 익히는 것이 아니라, 사고력을 키우는 것이 중요하다는 것입니다. 이미 잘 구성된 프로그래밍 코드와 예제는 얼마든지 있습니다. 중요한 것은 내가 원하는 목적이 무엇인지 그리고 내 데이터에 맞는 시각화는 어떤 것인지에 따라 활용하는 역량입니다.

데이터 분석 역량을 요약하면 다음과 같습니다.

데이터 분석 역량

- 데이터를 다양한 관점에서 바라보고 탐색하면서 통찰을 찾아내는 능력
  → **현업 꿀팁** 데이터의 붙이기, 짝짓기, 집계하기를 통해 데이터를 융합하고 서로 간의 관계(상관관계, 가능하면 인과관계)를 찾는다.
- 발견한 정보를 다른 사람과 공유할 수 있도록 표현하는 시각화 구현 능력
  → **현업 꿀팁** '무엇을 보여주고 싶은가?'를 생각해보고, 비교, 분포, 구성, 관계 중 하나를 선택한다. 세부적인 기술보다 목적에 맞는 데이터 표현이 중요하다.

03 앤드류 아벨라(Andrew V. Abela)의 차트 선택 방법

05 결론 도출 및 추진력

데이터 분석과 활용의 목적은 무엇이었나요? 바로 데이터를 바탕으로 합리적인 의사결정을 하기 위함입니다.

데이터 기반 의사결정(DDDM, Data-Driven Decision Making)이란 데이터에 기반하여 목표에 맞게 전략적으로 선택을 하고, 행동을 이끌어내는 것입니다. 이 말을 다시 두 부분으로 나누어 보겠습니다. 첫 번째는 '목표에 맞는 전략적 선택' 그리고 두 번째는 '행동을 이끌어 내는 것'입니다.

목표에 맞는 전략적 선택이란 다시 문제의 정의로 돌아갑니다. 고객만족도라는 예시에서 마무리를 지어보겠습니다. 앞서 고객만족도는 다음과 같이 정의했습니다.

"고객만족도 = 고객 요청사항 처리율 + 처리속도 + 긍정 고객 피드백 비율"

고객만족도를 높이는 것은 목표이고, 처리율/처리속도/긍정 비율을 높이기 위해 전략적 선택이 필요합니다. 이를 테면, 처리율과 처리속도가 콜센터 직원 수와 관련이 있다면, 직원 수를 늘리는 의사결정이 요구됩니다. 또 긍정 비율을 높이기 위해 직원들에게 고객 대응 매뉴얼이나 주기적 교육연수 등을 실시해야 할 수도 있습니다.

이처럼 단순히 현상을 파악하는 것이 목표가 아니라, 행동을 기반에 둔 의사결정(선택)을 하는 것이 필요합니다. 데이터 분석의 결과를 수치와 통계 중심으로 접근하기보다는 해당 분야의 전문지식과 함께 고려해야만 목적에 맞는 결론 도출이 가능합니다.

"Well done is better than well said."

– Benjamin Franklin –

미국 건국의 아버지로 알려진 벤자민 플랭클린의 명언입니다. "훌륭한 행동이 훌륭한 말보다 낫다"라는 뜻인데, 저는 이 말을 "훌륭한 행동이 훌륭한 데이터 분석보다 낫다"로 옮겨보고 싶습니다.

역사는 반복된다고 하죠. 역사를 배움으로써 현재 우리가 당면한 여러 문제를 올바르게 파악하고 대처할 수 있습니다. 지금 이 순간도 과거가 되고 있습니다. 과거 없는 현재란 있을 수 없듯이 미래도 과거와 현재의 위에 쌓입니다.

마찬가지로 데이터는 과거와 현재에 대한 흔적이고 역사입니다. 실제 데이터 분석을 하고 활용하는 이유는 과거와 현재의 현상을 바라기 위함이 아닙니다. 과거와 현재의 역사를 데이터로부터 뽑아내고, 이것을 통해 미래 행동에 영향을 주기 위함입니다. 그렇기 때문에 도출된 결론을 행동으로 실천하는 것이야말로 앞선 모든 과정의 최종 목적입니다.

아이디어만 무성한 부장님으로부터 "왜 이렇게 데이터 분석이 오래 걸려?"라는 말을 들을 수도 있습니다. 또 실력이 쌓이고 데이터 분석과 활용이 어느 정도 궤도에 올라와서 과거에 했던 일과 프로젝트를 뒤돌아보면 이런 생각이 들것입니다. '분석하고 인공지능 모델을 만들었는데 이것이 실제 잘 운영되고 있을까?'

제가 생각하는 데이터 활용의 노력을 아래 한 문장으로 정리하고 싶습니다.

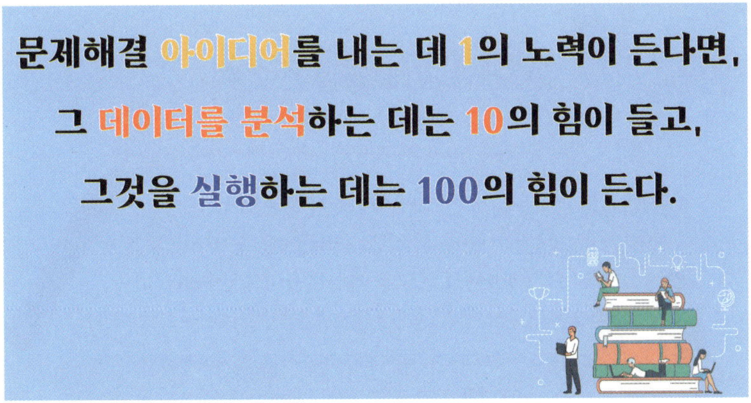

[그림 20-7] 데이터 활용의 노력에 대한 정리

주식을 아무리 분석하고, 부동산을 아무리 분석해도 매도와 매수라는 용기로 이어지지 못한다면 분석은 아무 소용이 없습니다. 단순히 버튼을 누르는 것도 힘든데, 지속적인 행동의 변화를 이끌어 내는 데는 보다 큰 힘이 듭니다. 데이터 분석의 최종 목적은 '실천과 행동'이라는 점을 명심했으면 좋겠습니다.

결론 도출 및 추진력을 요약하면 다음과 같습니다.

결론 도출 및 추진력

- 목적 중심으로 데이터에서 원하는 결론을 도출해내는 능력
  → **현업 꿀팁** 다시 문제정의로 돌아가 애초에 원하는 목적에 맞는 결론을 내린다.
- 결론을 실천과 행동으로 추진하는 힘
  → **현업 꿀팁** 데이터 기반 결론과 의사결정을 행동으로 실현할 수 있는 인력, 시간, 환경을 만든다.

마지막 주제는 현업과 맞닿아 있고, 책의 실무 요약을 담았습니다. 엄청난 속도로 수없이 생산되는 데이터 중에서 원하는 데이터를 모아서, 올바른 방법으로 분석하고, 결정하고 행동한다. 이것이 전부입니다.

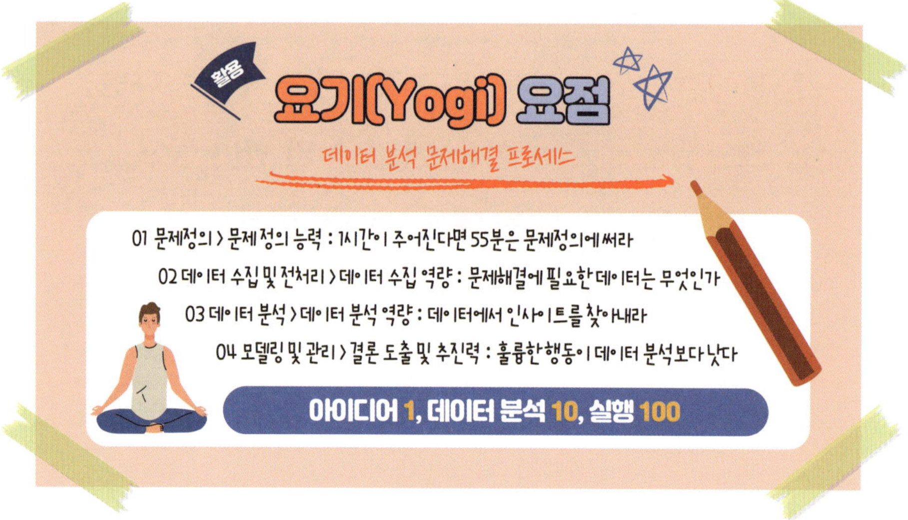

정리하기

1. 데이터 활용 역량이 중요한 이유

01. 이 시대에 필요한 역량

- 1990년대 개인 컴퓨터(PC), 2000년대 인터넷, 2010년대 스마트폰, 그리고 오늘날 사물인터넷(IoT), 클라우드(인터넷상 저장공간) 등이 확산하면서 다양한 디지털 개념도 등장하게 되었습니다.
- 엄청나게 많은 양과 순식간에 지나가는 빠른 데이터 속에서 '의미 있는 데이터 찾기'는 점점 더 어려워졌습니다.
- 4차 산업혁명으로 오늘날 데이터는 물과 같이 생존에 필수가 되었습니다. 이로 인해 데이터를 해석하고 활용하는 능력은 이제 데이터 분석가, 데이터 사이언티스트와 같은 전문 영역의 사람들에게만 필요한 것이 아닙니다.
- 바다에 물이 아무리 많아도 바닷물을 마실 수는 없습니다. 마찬가지로 데이터가 아무리 많아도, 아무 데이터나 무작정 쓸 수는 없습니다.
- 원래 설정한 목적, 무엇을 말하고 싶은지, 말해야 하는지, 상대방이 알고 싶어 하는 것은 무엇인지 등을 명확히 하는 것이 중요합니다.

2. 개인에게 필요한 4가지 데이터 활용 역량과 현업 꿀팁

01. 개인에게 필요한 데이터 활용 역량을 키워요(feat. 현업 꿀팁)

- 데이터 분석 문제 해결 프로세스: 문제정의 → 데이터 수집 및 전처리 → 데이터 분석 → 모델링 및 관리
- 문제 해결 프로세스 단계별 필요 역량: 문제정의 능력, 데이터 수집 역량, 데이터 분석 역량, 결론 도출 및 추진력

"MZ세대, 거인의 어깨 위에 올라서길."

1. 혼자 하는 일이 아니다

아직도 생생히 기억납니다. 대학생 시절, 캠퍼스에서 한 중년 외국인 여성 분이 말을 걸어왔습니다. 그녀는 학교에 교수로 지원을 하려고, 원서를 내기 위해 왔고 행정과가 어딘지 물어봤습니다. 행정과로 동행하는 길에 이런저런 얘기를 나눴는데, 한 가지 기억에 남는 말이 있습니다.

"나는 영어를 가르치러 왔지만 길을 가르쳐 준 것은 너다."
(I came to teach English, It was you who taught me the way.)

영어로 소통을 했지만 문제는 '행정과로 가는 길'을 알아내는 것이었고, 그 답은 한국인 대학생 안에 있었습니다. 그녀와 저는 잠시 동안이었지만 원 팀One Team으로 문제를 해결한 셈이었죠.

데이터로 성과를 이끌어내는 데는 앞서 소개한 다양한 능력이 필요합니다. 분야의 전문지식, 문제 해결 능력, 데이터 전처리 스킬, 통계지식, 머신러닝과 딥러닝, 판단력과 추진력까지….

MZ세대를 포함한 많은 이가 착각하는 것이 있습니다. 바로 위에 나열한 모든 역량을 '혼자서' 다 갖춰야 한다고 생각한다는 점입니다. 저도 위에 있는 역량을 모두 가지고 있지 않습니다. 그리고 아직 저 모든 능력을 완벽하게 가지고 있는 사람을 보지 못했습니다.

이것도 배워야 하고, 저것도 배워야 하고, 그래서 새로 나오는 기술과 언어 때문에 계속 공부만 하고 있지는 않은가요? 데이터 사이언스 분야는 오늘날 세상에서 가장 빠르게 변화하는 분야 중 하나입니다. 계속 공부를 해야 하는 것은 맞지만, 혼자서 언제까지나 '준비'만 할 수는 없습니다.

누구나 더 잘하는 것이 있고, 해당분야의 전문가들이 있습니다. 데이터의 저장소를 설계하고 데이터베이스를 관리하는 백 엔드Back End 분야의 데이터 엔지니어, 사용자와 컴퓨터가 소통할 수 있는 화면을 설계하는 프런트 엔드Front End 쪽의 웹 개발자, 통계지식을 기반으로 머신러닝과 딥러닝에 대한 프로그래밍이 가능한 데이터 사이언티스트, 그리고 현업에 대한 전문지식을 겸비한 현업 전문가와 비즈니스 분석가.

문제를 해결하는 최선의 방법은 이 모두와 함께 하나의 팀으로 협업하는 것입니다. 그런데 이때, 컴퓨터 공학과를 나온 데이터 엔지니어들이 사용하는 용어와 통계학과를 나온 데이터 사이언티스트들의 용어, 그리고 건축학과나 경영학과 등 각자 분야의 전문가들과 비즈니스 분석가들이 쓰는 용어는 다를 수밖에 없습니다. 심지어 컴퓨터 공학과 출신 엔지니어도 활용 언어에 따라 그 표현 방식과 문법이 다릅니다.

한국 사람과 미국 사람이 만났을 때 대화를 하려면 말이 통해야 하는 것처럼 위의 전문가들이 함께 일하려면, 서로서로 말이 통해야 되지 않을까요? 그때 서로 이해의 문을 열어주는 것이 개념과 원리를 바탕으로 한 '데이터 사고력'입니다.

혼자 하는 일이 아닙니다. 어깨 위에 모든 짐을 혼자 지고 뛰면, 멀리 갈 수 없습니다. 데이터 사고력과 함께 여러분만의 분야에서 전문가가 된다면, 자연스레 팀이 생기고 문제를 해결할 수 있는 능력도 생기고, 재미와 보람도 가지게 될 것이라 믿습니다.

2. 거인의 어깨 위에 올라서라

"바퀴의 재발명(Reinventing the wheel)"

영어에 Reinvent the wheel이라는 표현이 있습니다. 우리나라 말로는 "바퀴를 다시 발명하다"라는 뜻입니다. 바퀴가 발명된 지는 이미 오랜 시간이 지났는데, 이런 바퀴를 다시 발명한다는 것은 의미 없는 일이라고 할 수 있습니다. 다시 말해, 세상에 이미 있는 것을 다시 만드느라 쓸데없이 시간을 낭비한다는 뜻으로 쓰이는 표현입니다.

여러분은 이미 해결된 문제를 다시 푸는 데 일생을 바치겠습니까? 지구상에는 다양한 문제를 해결하기 위해 노력한 수많은 사람이 있습니다. 지금 이 순간에도 같은 문제를 고민하는 사람이 있을 수도 있고, 바로 직전에 그 문제를 풀었을 수도 있습니다. 그들이 생각하는 방식, 사고력, 프로그래밍 코드, 연구 이론, 중도에 포기한 실패 사례까지도 우리에게는 소중한 자원입니다.

비행기를 발명한 라이트 형제는 놀랍게도 자전거 가게의 수리공이었습니다. 그들은 자전거 가게로 번 돈을 가지고 치밀하게 공부했습니다. 기존 비행기에 대해 연구했던 정보들을 모았고, 모르는 것은 전문연구소에 물어보기를 주저하지 않았습니다. 고등학교 중퇴의 자전거 수리공이라는 타이틀은 중요한 것이 아니었습니다.

짐작할 수 있겠지만 라이트 형제의 비행기는 한 번에 성공한 것은 아니었습니다. 그것은 805번째의 실패 후 806번 째의 성공이라고 알려졌습니다. 전구를 발명한 에디슨도 비슷한 말을 합니다. "나는 999번의 실패를 한 것이 아니라 전구가 켜지지 않는 999가지의 이유를 알게 된 것이다."

그들이 세계 최초로 무언가를 발명할 수 있었던 것은 바로 수많은 실패 위에서 섰기 때문입니다. 우리는 항상 성공하는 프로젝트만을 맡고 싶어 합니다. 데이터 분석도 마찬가지입니다. 한 번에 멋지게 성공하고 싶겠지만 그 반대입니다. 입증하고자 하는 가설은 맞지 않을 것이고, 데이터는 여기저기 이빨이 빠졌을 것입니다. 때로는 완벽한 데이터 분석과 모델을 만들었는데도 현업에서 좀 쓰다가 쓰레기통에 처박아 버릴 수도 있습니다.

이를 통해 더 많은 것을 배우고, 주변의 수많은 선생님으로부터 배우게 됩니다. 배울 수 있는 것은 성공만으로부터가 아닙니다. 그것은 여러분의 실패일 수도 있고, 다른 사람들의 실패일 수도 있습니다.

'그거 내가 해봤는데 안돼'라는 말은 '어제' '그 사람'의 이야기입니다. '오늘' '내가' 한다면 가능한 것이 오늘날의 기술변화 속도입니다. 마지막으로 다음 질문을 통해 스스로 데이터 기반 사고와 활용을 점검해보기를 권합니다.

1. 문제가 무엇인가?
2. 해결에 필요한 데이터는 어디에 있는가?
3. 결론을 행동으로 옮겼는가?

"거인의 어깨 위에 올라선 난쟁이는 거인보다 더 멀리 본다"는 말처럼, 앞서 언급한 라이트 형제와 에디슨의 성공은 이미 수많은 인류의 실패 위에 다시 그들만의 실패를 더한 성과물입니다.

이렇듯 우리의 지식은 개인의 것이기에 앞서 인류의 역사와 유산입니다. 우리의 선배들에게서 물려받은 지식과 데이터라는 토대 위에서 무한한 창의를 펼치고, 성과를 이루기를 기원합니다.

찾아보기

34

5V 52

5WHY 102

A

Abstraction 81

Algorithm 82

arxiv 405

B

Back End 439

Basic Dos 62

Box Plot 259

C

C# 62

C++ 62

C 언어 62

Catch Up 29

Concat 313

cookie 55

D

Daily Scrum 396

Dasa Scientise 51

Data-Driven Decision Making 434

Data Literacy 128

Data Mapping 315

Data Native 28

Data World 36

datum 47

DDDM 434

decoding 333

DIKW 피라미드 48

Divide and Conquer 79

E

ECOS 402

encoding 333

Exploratory Data Analysis 324

F

FIFO 360

FIRST IN FIRST OUT 360

Fishbone Diagram 102

Fotran 62

FRED 405

Front End 439

Full Join 311

G~H

Game Changer 72

Garbage In 50

Garbage Out 50

GIGO 50

Give Up 30

Groupby 317

Grow Up 28

Hypothesis Testing 298

I~J

Information 48

Inner Join 311

IoT 421

Java 62

K

Knowledge 48

L

LAST IN FIRST OUT 357

Left Join 312

LIFO 357

Logical Tree 101

M

MAP 363

MAPPING 363

mean 266

median 266

mode 266

My Data 38

O

OCR 339

Outer Join 311

P

Pascal 62

Pixel 337

Probability 294

Python 62

Q

QR코드 30

QUEUE 362

R

R 62

Reverse Causation 245

S~W

Scrum 396

Stagnation 132

Storytelling 131

Time Line 55

Traffic 39

Wisdom 48

ㄱ

가비지 인, 가비지 아웃 50

가설 검증 298

가짜뉴스 199

값(Value) 310

게임 체인저 72

경제성장률 GDP 187

공공데이터 법 393

공공데이터 포털 34, 399

구간분할 222

구글 데이터셋 서치 406

기댓값 234

기업경영분석 42

기준 시점 182

깃허브 403

ㄴ

네이버 데이터 랩 403

논리구조 163

논리적 트리 101

ㄷ

대체출산율 112

대한민국 통계청 402

데이터 기반 근거 163

데이터 기반 비판적 사고방법 202

데이터 기반 의사결정 35, 434
데이터 네이티브 28
데이터 레이크 421
데이터 마트 421
데이터 매핑 315
데이터 문해력 58, 128
데이터 분석 툴 중심 96
데이터 사고력 65
데이터 사이언티스트 51
데이터 산업 현황 조사 40
데이터 선순환 구조 346
데이터 세계 36
데이터 웨어하우스 421
데이터의 흐름 39, 163
데이터 잇기 313
데이터 중심 96
데이터 출처 182
데이터 프레임 310
데일리 스크럼 396
디코딩 333
딥러닝 64
딥마인드 59

ㅁ

마이 데이터 38
매핑 363
맵 363
머신러닝 64
목적 중심 97
문자 코드 334
문제 해결 역량 98
미국 연방 준비은행
경제 데이터 405

ㅂ

바로 교집합 311
백 엔드 439
병합 308
복리의 마법 235
분산 270
분석 78
분할 77
분할과 정복 79
붉은 깃발법 71
비율 282
비정형 데이터 342
비트 수 338

ㅅ

사물 인식 55
사물인터넷 421
산포도 267
상관관계 242
상자 수염 그림 259
생선뼈 다이어그램 102
소비자 물가지수 280
스크럼 396
스태그플레이션 132
스토리텔링 131
시간 순서 244
실패 박물관 301

ㅇ

아스키 코드 334
아카이브 405
알고리즘 77
알파고 59
역인과 관계 245
오토 ML 서비스 65
왼쪽 기준 방식 312
욤 키푸르 전쟁 135
유니 코드 334, 336
이상 값 259
이상치 259

인공지능 39
인과관계 242
인코딩 333
인터넷 저장 공간 421

ㅈ
자바 62
자율주행 자동차 74
재현성 244
정기 통계 품질진단 보고서 256
정보 48
정형 데이터 342
제3원인 유무 244
중심 극한 정리 258
중앙값 266
중위소득 221
지식 48
지혜 48
집계하기 317

ㅊ
최빈값 266
추상화 77, 81
추세 282

ㅋ
컨캣 313
컴퓨터 문자 자릿수 338
컴퓨팅 사고력 76
쿠키 55
큐 362
크기 282
클라우드 76, 421
키 310

ㅌ
타임라인 55
통합 데이터 지도 400
트래픽 39

ㅍ
파스칼 62
파이썬 62
패턴인식 77
팩트 체크 202
페이퍼스 위드 코드 404
편차 268, 282
평균 266
평균과 중앙값 217
포트란 62
표본 수 258
표준편차 271
프런트 엔드 439
프로그래밍 언어 63
플랫폼 39
픽셀 337

ㅎ
하노이의 탑 357
한국 부동산원 255
한국은행 경제통계시스템 402
합계출산율 112
합집합 311
해시태그 34
확률 294
확률과 통계 240

나는 처세술 대신 데이터 분석을 택했다

쉽게 이해하고 활용할 수 있는 AI, Big Data 입문서